经济应用数学

JINGJI YINGYONG SHUXUE

主　　编　黄己立　高继文
编写人员　（以姓氏笔画为序）
文　平　李　茂　高继文
黄己立　訾化影

中国科学技术大学出版社

内 容 简 介

本书内容符合高职高专经济数学的教学要求，内容包括函数、极限与连续、导数与微分、导数的应用、积分及其应用、常微分方程初步、行列式、矩阵、线性方程组、线性规划初步、概率初步、数理统计初步，共11章.

本书可作为高职高专经济类及管理类各专业通用的高等数学教材，也可作为经济管理类人员更新知识的自学参考用书.

图书在版编目(CIP)数据

经济应用数学/黄已立，高继文主编.—合肥：中国科学技术大学出版社，2012.8
ISBN 978-7-312-03099-4

Ⅰ.经…　Ⅱ.①黄…②高…　Ⅲ.经济数学—高等职业教育—教材　Ⅳ.F224.0

中国版本图书馆CIP数据核字(2012)第169062号

出版　中国科学技术大学出版社
安徽省合肥市金寨路96号，230026
http://press.ustc.edu.cn
印刷　合肥学苑印务有限公司
发行　中国科学技术大学出版社
经销　全国新华书店
开本　710 mm×960 mm　1/16
印张　18
字数　350千
版次　2012年8月第1版
印次　2012年8月第1次印刷
定价　32.00元

前　言

本书是根据教育部颁发的《高职高专人才培养目标》和《关于加强高职高专教育教材建设的若干意见》等文件精神，并配合高等职业教育基础课程改革建设项目的实施，在分析了高职高专大众化教育现状的基础上编写的一本面向经济管理类专业的数学教材.

高等职业教育要求培养具有一定理论基础、初步掌握高新技术、面向生产和管理第一线的高素质应用型人才.因此，把知识、能力、素质培养贯穿于课程教学的始终，是本教材编写的出发点，也是落脚点.

本教材力求结合社会对高职人才要求的变化，遵循“以应用为目的，以必需、够用为度”的原则，精选教学内容，突出教学重点，把握教学难点；力求语言通俗，深入浅出地阐述数学的基本原理，淡化繁琐的理论叙述及证明，突出表现解决问题的基本思想和基本步骤；力求体现数学在经济管理类各专业的应用，为学生学好专业课打下良好基础；力求在结构上进行优化，每章开篇有学习目标，章末有知识小结，使学生在学习之前先明确方向，学习之后对知识能总结提炼；力求与现代教育技术进行整合，将数学建模思想、数学实验融入教材之中，以体现高职高专教学实践性的特点；力求突出培养学生的适应能力，全书对知识的讲解和应用都融会了一定的引例和经济案例，并配备适量的习题，既注重了数学方法的训练，又强调了知识在实践中的应用.

本教材内容符合高职高专经济数学的教学要求，内容包括函数、极限与连续、导数与微分、导数的应用、积分及其应用、常微分方程初步、行列式、矩阵、线性方程组、线性规划初步、概率初步、数理统计初步，共计11章.前三章由李茂编写，第4章、第5章由高继文编写，第6章、第7章、第8章由訾化影编写，第9章、第10章、第11章由文平编写.

本书可作为高职高专经济类及管理类各专业通用的高职数学教材，也可作为经济管理类人员更新知识的自学参考用书.

编　者

2012年6月

目　　录

第 1 章　函数与极限

函数是对现实世界中各种变量之间相互依存关系的一种抽象，极限是微积分学中一个重要的基本概念．在这一章中，我们首先介绍函数的一般概念、极限的概念以及与它有关的无穷小量和无穷大量，建立极限的运算法则，并在此基础上研究函数的连续性．

1.1　函　　数

1.1.1　函数的概念

1．函数的定义

如果当变量 x 在其变化范围内任意取定一个数值时，量 y 按照一定的法则 f 总有确定的数值与它对应，则称 y 是 x 的函数．变量 x 的变化范围叫做这个函数的定义域．通常 x 叫做自变量，y 叫做函数值（或因变量），变量 y 的变化范围叫做这个函数的值域．为了表明 y 是 x 的函数，我们用记号 $y=f(x)$，$y=F(x)$ 等等来表示．这里的字母 f，F 表示 y 与 x 之间的对应法则即函数关系，它们是可以任意采用不同的字母来表示的．如果自变量在定义域内任取一个确定的值时，函数只有一个确定的值和它对应，这种函数叫做单值函数，否则叫做多值函数．这里我们只讨论单值函数．

2．函数相等

由函数的定义可知，一个函数的构成要素为：定义域、对应关系和值域．由于值域是由定义域和对应关系决定的，所以，如果两个函数的定义域和对应关系完全一致，我们就称两个函数相等．

3. 函数的表示方法

(1) 解析法:用数学式子表示自变量和因变量之间的对应关系的方法即是解析法.

例 1 $y=9x+200$.

(2) 表格法:将一系列的自变量值与对应的函数值列成表来表示函数关系的方法即是表格法.例如在实际应用中,我们经常会用到的平方表、三角函数表等都是用表格法表示的函数.

(3) 图示法:用坐标平面上的曲线来表示函数的方法即是图示法.一般用横坐标表示自变量,纵坐标表示因变量.

1.1.2 函数的性质

1. 函数的有界性

如果对属于某一区间 D 的所有 x 值总有 $|f(x)|\leqslant M$ 成立,其中 M 是一个与 x 无关的常数,那么我们就称 $f(x)$ 在区间 D 上有界,否则便称无界.

注 一个函数,如果在其整个定义域内有界,则称为有界函数.

例 2 函数 $\cos x$ 在 $(-\infty,+\infty)$ 内是有界的.

2. 函数的单调性

如果函数 $f(x)$ 在区间 (a,b) 内随着 x 增大而增大,即:对于 (a,b) 内任意两点 x_1 及 x_2,当 $x_1<x_2$ 时,有 $f(x_1)<f(x_2)$,则称函数 $f(x)$ 在区间 (a,b) 内是单调增加的.如果函数 $f(x)$ 在区间 (a,b) 内随着 x 增大而减小,即:对于 (a,b) 内任意两点 x_1 及 x_2,当 $x_1<x_2$ 时,有 $f(x_1)>f(x_2)$,则称函数 $f(x)$ 在区间 (a,b) 内是单调减小的.

例 3 函数 $f(x)=x^2$ 在区间 $(-\infty,0)$ 上是单调减小的,在区间 $(0,+\infty)$ 上是单调增加的.

3. 函数的奇偶性

如果函数 $f(x)$ 对于定义域内的任意 x 都满足 $f(-x)=f(x)$,则 $f(x)$ 叫做偶函数;如果函数 $f(x)$ 对于定义域内的任意 x 都满足 $f(-x)=-f(x)$,则 $f(x)$ 叫做奇函数.

注 偶函数的图像关于 y 轴对称,奇函数的图像关于原点对称.

4. 函数的周期性

对于函数 $f(x)$，若存在一个不为零的数 l，使得关系式 $f(x+l)=f(x)$ 对于定义域内任何 x 值都成立，则 $f(x)$ 叫做周期函数，l 是 $f(x)$ 的周期.

注 我们说的周期函数的周期是指最小正周期.

例 4 函数 $y=\sin x$ 是以 2π 为周期的周期函数；函数 $y=\tan x$ 是以 π 为周期的周期函数.

1.1.3 初等函数

1. 基本初等函数

我们最常用的有六种基本初等函数，分别是：常数函数、指数函数、对数函数、幂函数、三角函数及反三角函数. 下面我们用表 1.1 来把它们总结一下.

表 1.1 基本初等函数

函数名称	函数的记号	函数的图像	函数的性质
指数函数	$y=a^x$ $(a>0, a\neq 1)$	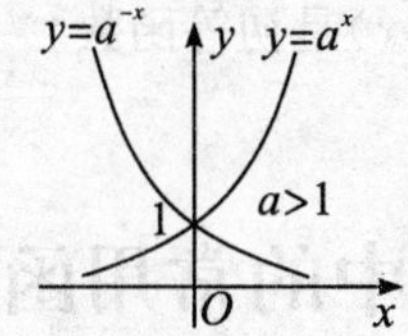	(1) 不论 x 为何值，y 总为正数； (2) 当 $x=0$ 时，$y=1$
对数函数	$y=\log_a x$ $(a>0, a\neq 1)$	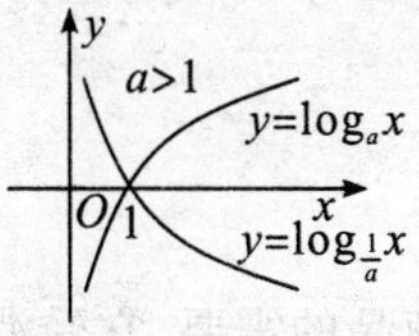	(1) 其图像总位于 y 轴右侧，并过 $(1,0)$ 点； (2) 当 $a>1$ 时，$y=\log_a x$ 在区间 $(0,1)$ 的值为负，在区间 $(1,+\infty)$ 的值为正；在定义域内单调增
幂函数	$y=x^a$ (a 为任意实数)	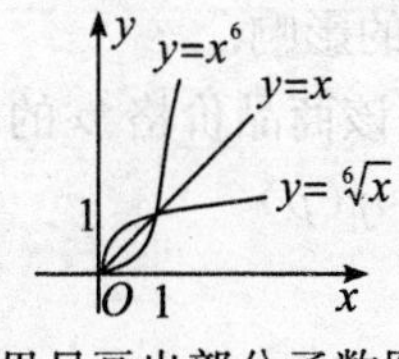 这里只画出部分函数图像的一部分	令 $a=\frac{m}{n}$. (1) 当 m 为偶数、n 为奇数时，y 是偶函数； (2) 当 m,n 都是奇数时，y 是奇函数； (3) 当 m 为奇数、n 为偶数时，y 在 $(-\infty,0)$ 无意义

（续表）

函数名称	函数的记号	函数的图像	函数的性质
三角函数	$y=\sin x$（正弦函数） 这里以正弦函数为例	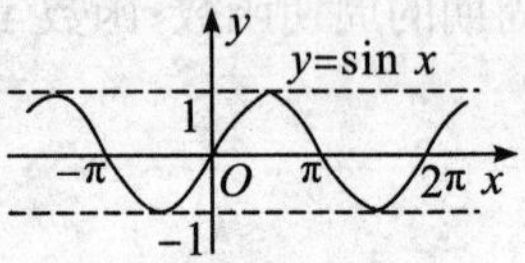	(1) 正弦函数是以 2π 为周期的周期函数； (2) 正弦函数是奇函数且 $\vert \text{six}\ x \vert \leqslant 1$
反三角函数	$y=\arcsin x$（反正弦函数） 这里以反正弦函数为例	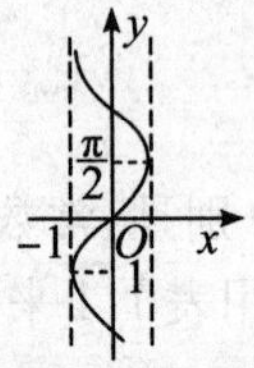	由于此函数为多值函数，因此把此函数值限制在 $\left[-\frac{\pi}{2},\frac{\pi}{2}\right]$ 上，并称其为反正弦函数的主值

2．初等函数

由基本初等函数与常数经过有限次的有理运算及有限次的函数复合所产生，并且能用一个解析式表出的函数称为初等函数．

例 5　$y=2^{\cos x}+\ln(\sqrt[3]{4^{3x}+3}+\sin 8x)$ 是初等函数．

1.2　经济学中的常用函数

1.2.1 需求函数

需求是指消费者在一定条件下对商品的需要，它受消费者收入，商品的质量、价格，相关商品的质量、价格等许多因素的影响．

这里，把商品的需求量 Q_d 只看作是该商品价格 p 的函数，记为

$$Q_d=f(p)$$

一般地，它是减函数．

1.2.2 供给函数

供给是指在某时期内,生产者在一定条件下愿意并可能出售的产品即商品.商品的供给量 Q_s 也看作是该商品价格 p 的函数,记为

$$Q_s = f(p)$$

一般地,它是增函数.

1.2.3 总成本函数

总成本 C 是指生产某产品时所需要的成本总额.它是产量 Q 的函数,记为 $C(Q)$.

$$C(Q) = c_0 + c_1(Q)$$

其中,c_0 是固定成本,如企业管理费、设备折旧费等;$c_1(Q)$ 是可变成本,如生产该产品所投入的原材料、燃料、动力费用及生产人员的工资等.

1.2.4 总收益(总收入)函数

总收益 R 是指产品出售后,所得到的全部收入.它是销量 Q 的函数,记为 $R(Q)$(通常假设产销平衡).

若产品的单位售价 p 不变,则

$$R(Q) = pQ$$

若价格 p 是产量 Q 的单调减少函数 $p(Q)$,则

$$R(Q) = p(Q)Q$$

1.2.5 总利润函数

利润是生产中获得的总收益与投入的总成本之差,

$$L(Q) = R(Q) - C(Q)$$

1.3 数列的极限

1.3.1 数列的概念及简单性质

我们先来回忆一下初等数学中学习过的数列的概念.

定义 1.3.1 若按照一定的法则，将第一个数 a_1、第二个数 a_2……依次排列下去，使得任何一个正整数 n 对应着一个确定的数 a_n，那么，我们称这列有次序的数 $a_1,a_2,\cdots,a_n,\cdots$ 为**数列**，简记为 $\{a_n\}$. 数列中的每一个数叫做数列的项. 第 n 项 a_n 叫做数列的**一般项**或**通项**.

例 1 (1) $1,\frac{1}{2},\frac{1}{3},\cdots,\frac{1}{n}\cdots$;

(2) $1,-1,\cdots,(-1)^{n-1},\cdots$;

(3) $2,4,6,\cdots,2n,\cdots$;

(4) $2,\frac{3}{2},\frac{4}{3},\cdots,\frac{n+1}{n},\cdots$.

它们都是数列，其通项分别为 $\frac{1}{n},(-1)^{n-1},2n,\frac{n+1}{n}$.

例 2 战国时代哲学家庄周所著的《庄子·天下篇》引用过一句话："一尺之棰，日取其半，万世不竭."也就是说，一根一尺长的木棒，每天截去一半，这样的过程可以一直无限制地进行下去. 将每天截后的木棒排成一列，其长度组成的数列为 $\left\{\frac{1}{2^n}\right\}$，随着 n 无限的增加，木棒的长度无限地趋近于零.

在数轴上，数列的每项都相应有点对应它. 如果将 x_n 依次在数轴上描出点的位置，我们能否发现点的位置的变化趋势呢？显然，$\left\{\frac{1}{2^n}\right\}$，$\left\{\frac{1}{n}\right\}$ 是无限接近于 0 的；$\{2n\}$ 是无限增大的；$\{(-1)^{n-1}\}$ 的项是在 1 与 −1 两点上跳动的，不接近于某一常数；$\left\{\frac{n+1}{n}\right\}$ 无限接近于常数 1.

注 我们也可以把数列 a_n 看作自变量为正整数 n 的函数，即 $a_n=f(n)$，它的定义域是全体正整数.

1.3.2 数列的极限

极限的概念是求实际问题的精确解答而产生的.

例 3 我们可通过作圆的内接正多边形，近似求出圆的面积.

设有一圆，首先作圆的内接正六边形，把它的面积记为 A_1；再作圆的内接正十二边形，其面积记为 A_2；再作圆的内接正二十四边形，其面积记为 A_3；依次做下去（一般把内接正 $6\times2^{n-1}$ 边形的面积记为 A_n，$n\in\mathbf{N}^*$），可得一系列内接正多边形的面积：

$$A_1,A_2,A_3,\cdots,A_n,\cdots$$

它们就构成一个有序数列. 我们可以发现，当内接正多边形的边数无限增加时，A_n

也无限接近某一确定的数值(圆的面积),这个确定的数值在数学上被称为数列$A_1,A_2,A_3,\cdots,A_n,\cdots$当$n\to\infty$(读作$n$趋近于无穷大)的极限.

注 上面这个例子就是我国古代数学家刘徽(公元3世纪)的割圆术.

定义 1.3.2 一般地说,对于数列$\{a_n\}$,若当n无限的增大时a_n能无限地接近某一个常数A,则称此数列为收敛数列,常数A称为它的**极限**.记作

$$\lim_{x\to\infty}x^n=a \quad 或 \quad x_n\to a(n\to\infty).$$

收敛数列的特性是"随n无限的增大a_n能无限地接近某一个常数A".这就是说,当n充分大时,数列的通项a_n与常数A之差的绝对值可以任意小.即不管事先给多么小的一个正数,比如0.1,0.01,0.001,…,我们都能找到一个相应的自然数N,当$n>N$时

$$|a_n-A|<0.1,0.01,0.001,\cdots$$

我们来观察$\left\{\frac{n+1}{n}\right\}$的情况.不难发现$\frac{n+1}{n}$随着$n$的增大,无限地接近于1,即$n$充分大时,$\frac{n+1}{n}$与1可以任意地接近,即$\left|\frac{n+1}{n}-1\right|$可以任意地小,换言之,当$n$充分大时$\left|\frac{n+1}{n}-1\right|$可以小于预先给定的无论多么小的正数$\varepsilon$.例如,取$\varepsilon=\frac{1}{100}$,则有

$$\left|\frac{n+1}{n}-1\right|=\frac{1}{n}<\frac{1}{100} \quad\Rightarrow\quad n>100$$

即$\left\{\frac{n+1}{n}\right\}$从第101项开始,以后的项

$$x_{101}=\frac{102}{101},\quad x_{102}=\frac{103}{102},\quad\cdots$$

都满足不等式$|x_n-1|<\frac{1}{100}$,或者说,当$n>100$时,有

$$\left|\frac{n+1}{n}-1\right|<\frac{1}{100}$$

同理,若取$\varepsilon=\frac{1}{10\,000}$,则有

$$\left|\frac{n+1}{n}-1\right|=\frac{1}{n}<\frac{1}{10\,000} \quad\Rightarrow\quad n>10\,000$$

即$\left\{\frac{n+1}{n}\right\}$从第10 001项开始,以后的项

$$x_{10\,001}=\frac{10\,002}{10\,001},\quad x_{10\,002}=\frac{10\,003}{10\,002},\quad\cdots$$

都满足不等式$|x_n-1|<\frac{1}{10\,000}$,或说,当$n>10\,000$时,有$\left|\frac{n+1}{n}-1\right|<\frac{1}{10\,000}$.

一般地,不论给定的正数 ε 多么小,总存在一个正整数 N,当 $n>N$ 时,有 $\left|\frac{n+1}{n}-1\right|<\varepsilon$.这就充分体现了当 n 越来越大时,$\frac{n+1}{n}$ 无限接近于1这一事实.这个数"1"称为当 $n\to\infty$ 时,$\left\{\frac{n+1}{n}\right\}$ 的极限.

例4 证明数列

$$2,\frac{3}{2},\frac{4}{3},\cdots,\frac{n+1}{n},\cdots$$

收敛于1.

证明 对 $\forall\varepsilon>0$,要使得 $\left|\frac{n+1}{n}-1\right|=\frac{1}{n}<\varepsilon$,只需 $n>\frac{1}{\varepsilon}$,所以取 $N=\left[\frac{1}{\varepsilon}\right]$,当 $n>N$ 时,有 $\left|\frac{n+1}{n}-1\right|=\frac{1}{n}<\varepsilon$,所以 $\lim\limits_{n\to\infty}\frac{n+1}{n}=1$.

1.3.3 数列极限的性质

定理1.3.1(唯一性) 数列 x_n 不能收敛于两个不同的极限.

定理1.3.2(有界性) 若数列 x_n 收敛,那么它一定有界,即:对于数列 x_n,存在正数 M,对一切 n,有 $|x_n|\leqslant M$.

注 本定理的逆定理不成立,即有界未必收敛.例如数列 $x_n=(-1)^{n+1}$ 是有界的($|x_n|\leqslant 1$),但数列不收敛.

定理1.3.3 如果 $\lim\limits_{x\to\infty}x_n=a$ 且 $a>0$($a<0$),那么存在正整数 $N>0$,当 $n>N$ 时,$x_n>0$($x_n<0$).

推论1 设 $\lim\limits_{n\to\infty}a_n=a$,$\lim\limits_{n\to\infty}b_n=b$.若 $a>b$ 则 $\exists N,\forall n<N$,有 $a_n>b_n$.

推论2 设 $\lim\limits_{n\to\infty}a_n=a$,$\lim\limits_{n\to\infty}b_n=b$.若 $\exists N,\forall n<N$ 时 $a_n<b_n$,则 $a\leqslant b$.

1.4 函数的极限

前面我们学习了数列的极限,已经知道数列可看作一类特殊的函数,即自变量取1至∞内的正整数,若自变量不再限于正整数的顺序,而是连续变化的,就成了函数.下面我们来学习函数的极限.

函数的极限有两种情况:(1) 自变量无限增大时;(2) 自变量无限接近某一定点 x_0,如果此时函数值无限接近于某一常数 A,就叫做函数存在极限.下面我们结合着数列的极限来学习一下函数极限的概念.

1.4.1 自变量趋向无穷大时函数的极限

定义 1.4.1 如果$|x|$无限增大(即 $x\to\infty$)时,函数 $f(x)$的值无限接近于一个确定的常数 A,则称 A 为函数$f(x)$当 $x\to\infty$时的极限,记作

$$\lim_{x\to\infty}f(x)=A \quad 或者 \quad 当\ x\to\infty 时,f(x)\to A.$$

定义 1.4.2 如果当 $x\to+\infty(x\to-\infty)$时,函数 $f(x)$的值无限接近于一个确定的常数 A,则称 A 为函数$f(x)$当 $x\to+\infty(x\to-\infty)$时的极限,记作

$$\lim_{x\to+\infty}f(x)=A \quad \left(\lim_{x\to-\infty}f(x)=A\right)$$

定理 1.4.1 $\lim\limits_{x\to\infty}f(x)=A$ 的充要条件是 $\lim\limits_{x\to+\infty}f(x)=\lim\limits_{x\to-\infty}f(x)=A$.

例 1 $\lim\limits_{x\to\infty}\arctan x$ 是否存在.

证明 由图 1.1 可知 $\lim\limits_{x\to+\infty}\arctan x=\frac{\pi}{2}$, $\lim\limits_{x\to-\infty}\arctan x=-\frac{\pi}{2}$.

由于 $\lim\limits_{x\to+\infty}\arctan x=\frac{\pi}{2}\neq\lim\limits_{x\to-\infty}\arctan x=-\frac{\pi}{2}$,所以$\lim\limits_{x\to\infty}\arctan x$ 不存在.

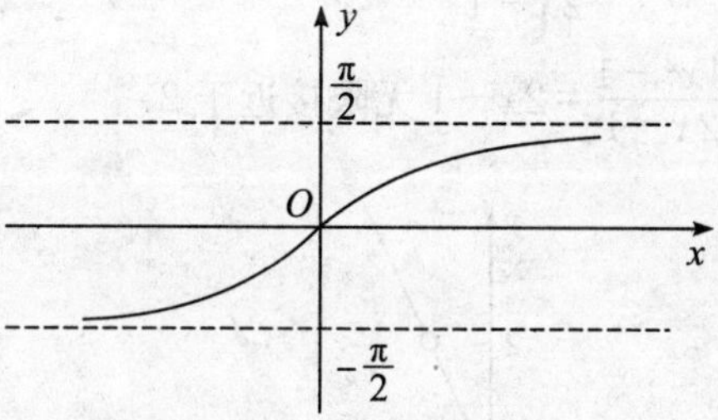

图 1.1 arctan x 的图像

例 2 求函数极限 $\lim\limits_{n\to+\infty}\frac{2^n}{2^n+1}$.

解 当 $n\to+\infty$时,$2^n\to+\infty$,$\frac{1}{2^n}\to0$,因此

$$\lim_{n\to+\infty}\frac{2^n}{2^n+1}=\lim_{n\to+\infty}\frac{1}{1+\frac{1}{2^n}}=1$$

例 3 试讨论下列函数当 $x\to\infty$时的函数极限.

(1) $y=\mathrm{e}^x$; (2) $y=\frac{1}{x}$.

解 $x\to\infty$包含两种情况,一是 $x\to+\infty$,二是 $x\to-\infty$.

(1) $\lim\limits_{x \to +\infty} e^x = +\infty$, $\lim\limits_{x \to -\infty} e^x = 0$.

从而 $x \to \infty$ 时, $y = e^x$ 的极限不存在.

(2) $\lim\limits_{x \to +\infty} \dfrac{1}{x} = 0$, $\lim\limits_{x \to -\infty} \dfrac{1}{x} = 0$.

从而 $x \to \infty$ 时, $y = \dfrac{1}{x}$ 的极限存在.

1.4.2 自变量趋向有限值时的函数极限

定义 1.4.3 如果 $x \to x_0$(不要求 $x = x_0$),函数 $f(x)$ 的值无限接近于一个确定的常数 A,则称 A 为函数 $f(x)$ 当 $x \to x_0$ 时的极限,记作

$$\lim_{x \to x_0} f(x) = A \quad 或者 \quad 当\ x \to x_0\ 时, f(x) \to A$$

考察 $x \to \dfrac{1}{2}$ 时,函数 $f(x) = \dfrac{4x^2 - 1}{2x - 1}$ 的变化情况.

分析 $f(x) = \dfrac{4x^2 - 1}{2x - 1}$ 在 $x = \dfrac{1}{2}$ 处没有意义.

但是当 $x \neq \dfrac{1}{2}$ 时, $f(x) = \dfrac{4x^2 - 1}{2x - 1} = 2x + 1$. 从图 1.2 可知, x 无限趋近 $\dfrac{1}{2}$,但不等于 $\dfrac{1}{2}$,对应的函数值 $\dfrac{4x^2 - 1}{2x - 1} = 2x + 1$ 无限接近于 2.

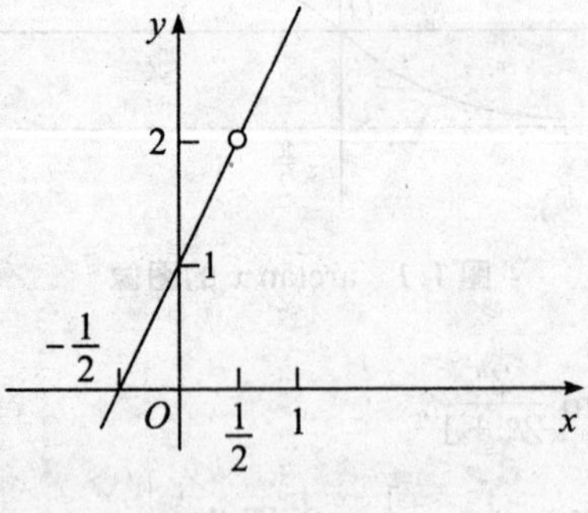

图 1.2

结论 $x \to \dfrac{1}{2}$ 时, $f(x) = \dfrac{4x^2 - 1}{2x - 1} \to 2$.

下面我们用表 1.2 把函数极限与数列极限对比一下.

表 1.2

数列极限的定义	函数极限的定义
存在数列 $a_n = f(n)$ 与常数 A，任给一正数 $\varepsilon > 0$，总可找到一正整数 N，对于 $n > N$ 的所有 a_n 都满足 $\lvert a_n - A \rvert < \varepsilon$，则称数列 a_n，当 $x \to \infty$ 时收敛于 A，记为 $\lim\limits_{n\to\infty} a_n = A$	存在函数 $y = f(x)$ 与常数 A，任给一正数 $\varepsilon > 0$，总可找到一正数 X，对于适合 $\lvert x \rvert > X$ 的一切 x，都满足 $\lvert f(x) - A \rvert = \varepsilon$，函数 $y = f(x)$ 当 $x \to \infty$ 时的极限为 A，记为 $\lim\limits_{x\to\infty} f(x) = A$
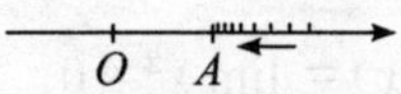	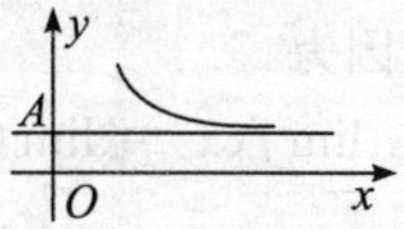

从表 1.2 我们发现了什么？试思考之.

例如：函数 $f(x) = \dfrac{x^2 - 1}{x - 1}$，当 $x \to 1$ 时函数值的变化趋势如何？函数在 $x = 1$ 处无定义. 我们知道对实数来讲，在数轴上任何一个有限的范围内，都有无穷多个点. 我们把 $x \to 1$ 时函数值的变化趋势用表列出，如表 1.3.

表 1.3

x	…	0.9	0.99	0.999	…	1	…	1.001	1.01	1.1	…
$f(x)$	…	1.9	1.99	1.999	…	2	…	2.001	2.01	2.1	…

从中我们可以看出 $x \to 1$ 时，$f(x) \to 2$，而且只要 x 与 1 有多接近，$f(x)$ 就与 2 有多接近.

当 $x \to x_0$ 时，x 既可以从 x_0 点的左侧无限接近于 x_0（记为 $x \to x_0 - 0$ 或 $x \to x_0^-$），也可以从 x_0 点的右侧无限接近于 x_0（记为 $x \to x_0 + 0$ 或 $x \to x_0^+$）.

定义 1.4.4 如果 $x \to x_0^-$ 时，函数 $f(x)$ 的值无限接近于一个确定的常数 A，则称 A 为函数 $f(x)$ 当 $x \to x_0^-$ 时的左极限，记作 $\lim\limits_{x\to x_0^-} f(x) = A$，或者 $f(x_0^-) = A$.

定义 1.4.5 如果 $x \to x_0^+$ 时，函数 $f(x)$ 的值无限接近于一个确定的常数 A，则称 A 为函数 $f(x)$ 当 $x \to x_0^+$ 时的右极限，记作 $\lim\limits_{x\to x_0^+} f(x) = A$，或者 $f(x_0^+) = A$.

一般地，左极限与右极限统称为单侧极限.

定理 1.4.2 当 $\lim\limits_{x\to x_0^-} f(x) = \lim\limits_{x\to x_0^+} f(x) = A$ 时，有 $\lim\limits_{x\to x_0} f(x) = A$，反之亦然.

例 4 求 $\lim\limits_{x\to 2} \dfrac{x^2 - 3x + 2}{x - 2}$.

解 $\lim\limits_{x\to 2} \dfrac{x^2 - 3x + 2}{x - 2} = \lim\limits_{x\to 2} \dfrac{(x-2)(x-1)}{x - 2} = \lim\limits_{x\to 2}(x - 1) = 1$.

例 5 设函数 $f(x)=\begin{cases}\dfrac{x^2+x}{x}, & x\neq 0\\ 0, & x=0\end{cases}$,求$\lim\limits_{x\to 0}f(x)$.

解 $\lim\limits_{x\to 0}f(x)=\lim\limits_{x\to 0}\dfrac{x^2+x}{x}=\lim\limits_{x\to 0}(x+1)=1$.

例 6 试求函数 $f(x)=\begin{cases}x+1, & -\infty<x<0\\ x^2, & 0\leqslant x\leqslant 1\\ 1, & x>1\end{cases}$ 在 $x=0$ 和 $x=1$ 处的极限.

解 (1) 因为

$$\lim_{x\to 0^-}f(x)=\lim_{x\to 0^-}(x+1)=1,\quad \lim_{x\to 0^+}f(x)=\lim_{x\to 0^+}x^2=0.$$

函数 $f(x)$在 $x=0$ 处左、右极限存在但不相等,所以,由定理 1.4.2 可知当 $x\to 0$ 时,$f(x)$的极限不存在.

(2) 因为

$$\lim_{x\to 1^-}f(x)=\lim_{x\to 1^-}x^2=1,\quad \lim_{x\to 1^+}f(x)=\lim_{x\to 1^+}1=1$$

函数 $f(x)$在 $x=1$ 处左、右极限存在且相等,所以,当 $x\to 1$ 时,$f(x)$的极限存在且$\lim\limits_{x\to 1}f(x)=1$.

例 7 求证 $\operatorname{sgn}(x)=\begin{cases}1, & x>0\\ 0, & x=0\\ -1, & x<0\end{cases}$ 在 $x=0$ 处极限不存在.

证明 由于$\lim\limits_{x\to 0^+}\operatorname{sgn}(x)=\lim\limits_{x\to 0^+}1=1$,$\lim\limits_{x\to 0^-}\operatorname{sgn}(x)=\lim\limits_{x\to 0^-}(-1)=-1$,所以由定理 1.4.2 知$\lim\limits_{x\to 0}\operatorname{sgn}(x)$不存在.

1.4.3 函数极限的性质

定理 1.4.3(函数极限的唯一性) 如果$\lim\limits_{x\to x_0}f(x)$存在,则这个极限唯一.

定理 1.4.4(函数极限的局部有界性) 如果$\lim\limits_{x\to x_0}f(x)$存在,那么存在常数 $M>0$和 $\delta>0$,使得当 $0<|x-x_0|<\delta$ 时,有$|f(x)|\leqslant M$.

定理 1.4.5(函数极限的局部保号性) 若$\lim\limits_{x\to x_0}f(x)=A$,且 $A>0$(或 $A<0$),则存在常数 $\delta>0$,使得当 $0<|x-x_0|<\delta$ 时,$f(x)>0$(或 $f(x)<0$).

推论 若$\lim\limits_{x\to x_0}f(x)=A$,且$\exists\,\delta>0$,当 $x\in\mathring{U}(x_0,\delta)$时,$f(x)\geqslant 0$(或 $f(x)\leqslant 0$),则 $A\geqslant 0$(或 $A\leqslant 0$).

1.5 无穷大量与无穷小量

1.5.1 无穷小的定义

定义 1.5.1 极限为零的变量称为无穷小量.即若变量 y 在其变化过程中以零为极限,则称变量 y 在此变化过程中是一个无穷小量.无穷小量简称无穷小.

例如:因为$\lim\limits_{x\to\infty}\dfrac{1}{x}=0$,所以当 $x\to\infty$ 时,变量 $y=\dfrac{1}{x}$是无穷小.

理解无穷小的概念,应注意以下两点:

(1) 无穷小量是相对于自变量的某个变化过程而言的,例如,$y=\dfrac{1}{x}$,当 $x\to\infty$ 时是一个无穷小量,而当 $x\to1$ 时就不是无穷小.

(2) 无穷小量是一个变量,不能将其与一个很小的正数混为一谈.

下面的定理说明了函数极限与无穷小量之间的关系:

定理 1.5.1 在自变量的同一变化过程 $x\to x_0$(或 $x\to\infty$)中,函数 $f(x)$具有极限 A 的充分必要条件是$f(x)=A+\alpha$,其中 α 是无穷小.

1.5.2 无穷小量的性质

(1) 有限个无穷小量的和(差)也是无穷小量:

$$\lim_{x\to\infty}x_n=0,\lim_{x\to\infty}y_n=0 \quad\Rightarrow\quad \lim_{x\to\infty}(x_n\pm y_n)=0$$

(2) 无穷小量乘以任意常数 C 也是无穷小量:

$$\lim_{x\to\infty}x_n=0 \quad\Rightarrow\quad \lim_{x\to\infty}(C\cdot x_n)=0$$

(3) 有限个无穷小量的积是一个无穷小量:

$$\lim_{x\to\infty}x_n=0,\lim_{x\to\infty}y_n=0 \quad\Rightarrow\quad \lim_{x\to\infty}(x_n\cdot y_n)=0$$

(4) $\{|x_n|\}$也是无穷小量:

$$\lim_{x\to x_0}x_n=0 \quad\Leftrightarrow\quad \lim_{x\to x_0}|x_n|=0$$

(5) 无穷小与有界函数的积为无穷小.

例 1 求$\lim\limits_{x\to0}x\sin\dfrac{1}{x}$.

解 因为$\left|\sin\dfrac{1}{x}\right|\leqslant1$,所以 $\sin\dfrac{1}{x}$是个有界变量.又因为$\lim\limits_{x\to0}x=0$,所以当 $x\to0$

时，$x\sin\frac{1}{x}$是无穷小量与有界变量的乘积，所以$\lim\limits_{x\to 0}x\sin\frac{1}{x}=0$.

1.5.3 无穷大量

定义 1.5.2 如果在自变量的变化过程中，对于任意给定的正数 M（无论多么大），因变量在变化到一定程度后，恒有$|y|>M$成立，则称 y 在此变化过程中为无穷大量，简称无穷大，记为

$$\lim y=\infty$$

此时 lim 下方未注明自变量的变化过程，是指对已经介绍过的各种变化过程都成立.

例如：变量 $y=\frac{1}{x}$，当 $x\to 0$ 时是一个无穷大量.

如果上述定义中限制 y 只取正值或者只取负值，则可类似地定义正无穷大或负无穷大，并分别记为

$$\lim y=+\infty \quad 或 \quad \lim y=-\infty$$

无穷大量具有以下性质：

性质 1 无穷大量与有界变量的代数和是无穷大量.

性质 2 无穷大量与非零常数的乘积是无穷大量.

例如：当 $x\to\infty$ 时，$x+\sin x$，$3x$ 都是无穷大量.

性质 3 有限个无穷大量与无穷大量的乘积是无穷大量.

例如：当 $x\to\infty$ 时，$y=3x^2-4x+6$ 为无穷大量. 因为该函数可变形为 $y=x(3x-4)+6$.

1.5.4 无穷小量与无穷大量之间的关系

定理 1.5.2 在自变量的同一变化过程中，若因变量 y 是无穷大量，则$\frac{1}{y}$是无穷小量；若 y 是无穷小量（$y\neq 0$），则$\frac{1}{y}$是无穷大量.

1.5.5 无穷小量的比较

定义 1.5.3 设 α，β 都是 $x\to x_0$ 时的无穷小量，且 β 在 x_0 的去心邻域内不为零.

(1) 如果$\lim\limits_{x\to x_0}\frac{\alpha}{\beta}=0$，则称 α 是β 的高阶无穷小或β 是α 的低阶无穷小.

(2) 如果$\lim\limits_{x\to x_0}\dfrac{\alpha}{\beta}=C\neq0$,则称 α 和β 是同阶无穷小.

(3) 如果$\lim\limits_{x\to x_0}\dfrac{\alpha}{\beta}=1$,则称 α 和β 是等价无穷小,记作:$\alpha\sim\beta$(α 与β 等价).

例 2 讨论当 $x\to0$ 时,x 与 $3x$,$\sin x$ 是否为等价无穷小,x^2 与 $3x$ 是否为同阶无穷小.

解 因为$\lim\limits_{x\to0}\dfrac{x}{3x}=\dfrac{1}{3}$,所以当 $x\to0$ 时,x 与 $3x$ 是同阶无穷小.

因为$\lim\limits_{x\to0}\dfrac{x^2}{3x}=0$,所以当 $x\to0$ 时,x^2 是 $3x$ 的高阶无穷小.

因为$\lim\limits_{x\to0}\dfrac{\sin x}{x}=1$,所以当 $x\to0$ 时,$\sin x$ 与 x 是等价无穷小.

1.6 极限的四则运算法则

前面已经学习了数列极限的运算规则,我们知道数列可作为一类特殊的函数,故函数极限的运算规则与数列极限的运算规则相似.

定理 1.6.1 若已知 $x\to x_0$(或 $x\to\infty$)时,$f(x)\to A$,$g(x)\to B$,则

$$\lim_{x\to x_0}(f(x)\pm g(x))=A\pm B$$

$$\lim_{x\to x_0}f(x)\cdot g(x)=A\cdot B$$

$$\lim_{x\to x_0}\frac{f(x)}{g(x)}=\frac{A}{B}\quad(B\neq0)$$

推论 $\lim\limits_{x\to x_0}k\cdot f(x)=kA$($k$ 为常数),$\lim\limits_{x\to x_0}[f(x)]^m=A^m$($m$ 为正整数).

在求函数的极限时,利用上述规则就可把一个复杂的函数化为若干个简单的函数来求极限.

例 1 求$\lim\limits_{x\to1}\dfrac{3x^2+x-1}{4x^3+x^2-x+3}$.

解

$$\begin{aligned}\lim_{x\to1}\frac{3x^2+x-1}{4x^3+x^2-x+3}&=\frac{\lim\limits_{x\to1}3x^2+\lim\limits_{x\to1}x-\lim\limits_{x\to1}1}{\lim\limits_{x\to1}4x^2+\lim\limits_{x\to1}x^2-\lim\limits_{x\to1}x+\lim\limits_{x\to1}3}\\&=\frac{3+1-1}{4+1-1+3}\\&=\frac{3}{7}\end{aligned}$$

例 2 求$\lim\limits_{x\to\infty}\dfrac{3x^3-4x^2+2}{7x^3+5x^2-x-3}$.

此题如果像上题那样求解,则会发现此函数的极限不存在.我们通过观察可以发现此分式的分子和分母都没有极限,像这种情况怎么办呢?下面我们把它解出来.

解
$$\lim_{x\to\infty}\frac{3x^3-4x^2+2}{7x^3+5x^2-x-3}=\lim_{x\to\infty}\frac{3-\dfrac{4}{x}+\dfrac{2}{x^3}}{7+\dfrac{5}{x}-\dfrac{3}{x^3}}=\frac{3}{7}$$

注 通过此例题我们可以发现,当分式的分子和分母都没有极限时就不能运用商的极限的运算规则了,应先把分式的分子、分母转化为存在极限的情形,然后运用规则求之.

总结如下:
$$\lim_{x\to\infty}\frac{a_0x^m+a_1x^{m-1}+\cdots+a_m}{b_0x^n+b_1x^{n-1}+\cdots+b_n}=\begin{cases}\dfrac{a_0}{b_0}, & 当\ n=m\\ 0, & 当\ n>m\\ \infty, & 当\ n<m\end{cases}$$

1.7 两个重要极限

1.7.1 第一个重要极限

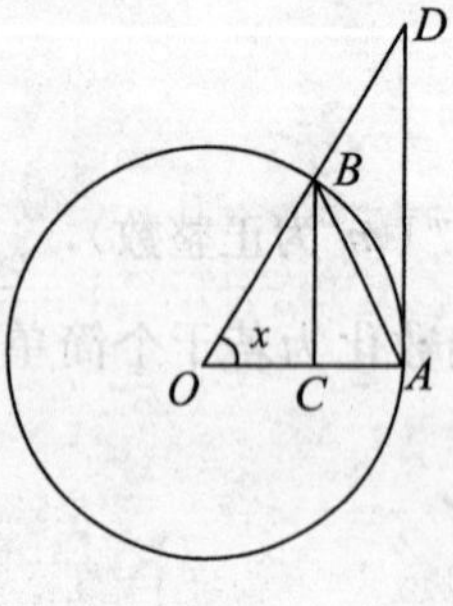

图 1.3

$$\lim_{x\to 0}\frac{\sin x}{x}=1$$

证明 作单位圆,如图 1.3.

设圆心角为$\angle AOB=x$,并设$0<x<\dfrac{\pi}{2}$,见图 1.3.不难发现:$S_{\triangle AOB}<S_{扇形AOB}<S_{\triangle AOD}$,故
$$\frac{1}{2}\sin x<\frac{1}{2}x<\frac{1}{2}\tan x$$

即

$\sin x<x<\tan x$

$\Rightarrow\quad 1<\dfrac{x}{\sin x}<\dfrac{1}{\cos x}$

$\Rightarrow\quad \cos x<\dfrac{\sin x}{x}<1$ $\left(因为\ 0<x<\dfrac{\pi}{2},所以以上不等式不改变方向\right)$

当 x 改变符号时，$\cos x$，$\dfrac{x}{\sin x}$ 及 1 的值均不变，故对满足 $0<|x|<\dfrac{\pi}{2}$ 的一切 x，有 $\cos x<\dfrac{\sin x}{x}<1$.

又因为 $\cos x=1-(1-\cos x)=1-2\sin^2\dfrac{x}{2}>1-2\cdot\dfrac{x^2}{4}=1-\dfrac{x^2}{2}$，所以

$$1-\frac{x^2}{2}<\cos x<1 \quad\Rightarrow\quad \lim_{x\to0}\cos x=1$$

而 $\lim\limits_{x\to0}\cos x=\lim\limits_{x\to0}1=1$，因此 $\lim\limits_{x\to0}\dfrac{\sin x}{x}=1$，证毕.

例 1 求 $\lim\limits_{x\to0}\dfrac{1-\cos x}{x^2}$.

解 原式 $=\lim\limits_{x\to0}\dfrac{2\sin^2\dfrac{x}{2}}{x^2}=\dfrac{1}{2}\lim\limits_{x\to0}\dfrac{\sin^2\dfrac{x}{2}}{\left(\dfrac{x}{2}\right)^2}=\dfrac{1}{2}\lim\limits_{x\to0}\left(\dfrac{\sin\dfrac{x}{2}}{\dfrac{x}{2}}\right)^2=\dfrac{1}{2}\cdot1^2=\dfrac{1}{2}$.

例 2 求 $\lim\limits_{x\to0}\dfrac{\arcsin x}{x}$.

解 $\lim\limits_{x\to0}\dfrac{\arcsin x}{x}\overset{t=\arcsin x}{=\!=\!=}\lim\limits_{t\to0}\dfrac{t}{\sin t}=\lim\limits_{t\to0}\dfrac{1}{\dfrac{\sin t}{t}}=1$.

例 3 求 $\lim\limits_{x\to\pi}\dfrac{\sin x}{x-\pi}$.

解 $\lim\limits_{x\to\pi}\dfrac{\sin x}{x-\pi}=\lim\limits_{x\to\pi}\dfrac{\sin(\pi-x)}{x-\pi}\overset{t=\pi-x}{=\!=\!=}\lim\limits_{t\to0}\dfrac{\sin t}{-t}=-1$.

例 4 求 $\lim\limits_{x\to0}\dfrac{\tan 3x}{x}$.

解 $\lim\limits_{x\to0}\dfrac{\tan3x}{x}=\lim\limits_{x\to0}3\cdot\dfrac{\sin3x}{3x}\cdot\dfrac{1}{\cos x}=3\cdot1\cdot1=3$.

1.7.2 第二个重要极限

$$\lim_{x\to\infty}\left(1+\frac{1}{x}\right)^x=\mathrm{e}$$

例 5 求 $\lim\limits_{x\to\infty}\left(1+\dfrac{2}{x}\right)^x$.

解 $\lim\limits_{x\to\infty}\left(1+\dfrac{2}{x}\right)^x=\lim\limits_{x\to\infty}\left[\left(1+\dfrac{1}{x/2}\right)^{\frac{x}{2}}\right]^2=\left[\lim\limits_{x\to\infty}\left(1+\dfrac{1}{x/2}\right)^{\frac{x}{2}}\right]^2=\mathrm{e}^2$.

例 6 求 $\lim\limits_{x\to0}(1+x)^{\frac{1}{x}}$.

解 $\lim\limits_{x\to 0}(1+x)^{\frac{1}{x}} \xlongequal{z=\frac{1}{x}} \lim\limits_{z\to\infty}\left(1+\frac{1}{z}\right)^{z}=\mathrm{e}.$

例 7 求$\lim\limits_{x\to\infty}\left(1-\frac{1}{x}\right)^{x+1}$

解

$$\text{原式}=\lim_{x\to\infty}\left[\left(1+\frac{1}{-x}\right)^{-x}\right]^{-1}\left(1-\frac{1}{x}\right)$$

$$=\left[\lim_{x\to\infty}\left(1+\frac{1}{-x}\right)^{-x}\right]^{-1}\cdot\lim_{x\to\infty}\left(1-\frac{1}{x}\right)=\mathrm{e}^{-1}\cdot 1=\frac{1}{\mathrm{e}}$$

例 8 $\lim\limits_{n\to\infty}\left(\frac{2n-1}{2n+1}\right)^{n}$.

解

$$\lim_{n\to\infty}\left(\frac{2n-1}{2n+1}\right)^{n}=\lim_{n\to\infty}\left(1-\frac{2}{2n+1}\right)^{n}$$

$$=\lim_{n\to\infty}\left(1-\frac{1}{n+\frac{1}{2}}\right)^{n+\frac{1}{2}}\cdot\left(1-\frac{1}{n+\frac{1}{2}}\right)^{-\frac{1}{2}}=\frac{1}{\mathrm{e}}\cdot 1^{-\frac{1}{2}}=\frac{1}{\mathrm{e}}$$

例 9 求$\lim\limits_{x\to\infty}\left(1-\frac{2}{x}\right)^{x}$.

解 令 $t=\frac{-x}{2}$,则 $x=-2t$.因为 $x\to\infty$,故 $t\to\infty$,则

$$\lim_{x\to\infty}\left(1-\frac{2}{x}\right)^{x}=\lim_{x\to\infty}\left(1+\frac{1}{t}\right)^{-2t}=\lim_{t\to\infty}\left(1+\frac{1}{t}\right)^{-2t}=\lim_{t\to\infty}\left[\left(1+\frac{1}{t}\right)^{t}\right]^{-2}=\mathrm{e}^{-2}$$

1.7.3 运用等价无穷小求极限

例 10 已知 $x\to 0$ 时,$1-\cos x$ 和 $a\sin^2 x$ 是等价无穷小,求 a.

解 根据等价无穷小的概念,得到

$$1=\lim_{x\to 0}\frac{1-\cos x}{a\sin^2 x}=\lim_{x\to 0}\frac{\sin^2\frac{x}{2}}{a\sin^2 x}$$

$$=\lim_{x\to 0}\left(\frac{\sin\frac{x}{2}}{\frac{x}{2}}\right)^{2}\left(\frac{x}{\sin x}\right)^{2}\frac{1}{2a}=\frac{1}{2a}$$

所以 $a=\frac{1}{2}$.

几个常用的等价无穷小:当 $x\to 0$ 时,

(1) $\sin x\sim x$; (2) $\ln(1+x)\sim x$; (3) $\mathrm{e}^x-1\sim x$;

(4) $\tan x\sim x$; (5) $\arctan x\sim x$; (6) $\arcsin x\sim x$;

(7) $1-\cos x \sim \frac{x^2}{2}$.

例如(6)可证明如下：

令 $y=\arcsin x$，则$\lim\limits_{x\to 0}\frac{\arcsin x}{x}=\lim\limits_{y\to 0}\frac{y}{\sin y}=1$.

其余的等价式就不一一证明了，请同学们自己验证.

定理 1.7.1(等价无穷小替换定理) 若 $\alpha(x)\sim\alpha_1(x)$，$\beta(x)\sim\beta_1(x)$，且 $\lim\frac{\alpha_1(x)}{\beta_1(x)}$存在(或无穷大量)，则$\frac{\alpha(x)}{\beta(x)}$也存在(或无穷大量)，并且

$$\lim\frac{\alpha(x)}{\beta(x)}=\lim\frac{\alpha_1(x)}{\beta_1(x)}\quad\left(\text{或}\lim\frac{\alpha(x)}{\beta(x)}=\infty\right)$$

例 11 求$\lim\limits_{x\to 0}\frac{\ln(1+x)}{e^x-1}$.

解 由等价无穷小替换，原极限$=\lim\limits_{x\to 0}\frac{x}{x}=1$.

例 12 求$\lim\limits_{x\to 0}\frac{\sin x-\tan x}{\sin^3 x}$.

解 $\lim\limits_{x\to 0}\frac{\sin x-\tan x}{x^3}=\lim\limits_{x\to 0}\frac{\sin x(\cos x-1)}{x^3\cos x}=\lim\limits_{x\to 0}\frac{\cos x-1}{x^2}=-\frac{1}{2}$.

错误解法 (1) $\lim\limits_{x\to 0}\frac{\sin x-\tan x}{x^3}=\lim\limits_{x\to 0}\frac{\sin x-\sin x}{x^3}=0$.

(2) $\lim\limits_{x\to 0}\frac{\sin x-\tan x}{x^3}=\lim\limits_{x\to 0}\frac{\sin x}{x^3}-\lim\limits_{x\to 0}\frac{\tan x}{x^3}=0$.

注意 (1) 和、差形式一般不能进行等价无穷小替换，只有因子乘积形式才可以进行等价无穷小替换.

(2) 极限存在才能进行四则运算.

1.8 复利与连续复利

定义 1.8.1 复利就是“利生利”，就是把每一分赢利全部转换为投资本金.

复利的要素：初始本金、报酬率和时间.

复利的作用：威力惊人！成功的职业理财专家与普通投资者的差别在很大程度上就在于前者充分利用了复利的效应.

如果现在你有1万元资本进行你的“百万富翁”的财富积累计划，每年你如保持30%的复利收益率，那么只需要经过17～18年的时间你就能成为“百万富翁”.

为了进一步说明复利概念我们来看下面的例题.

例 1 复利的收益具有加速效益,如表 1.4.

表 1.4

	5%	10%	15%	20%	25%	30%	35%
第 1 年	1.05	1.1	1.15	1.2	1.25	1.3	1.35
第 3 年	1.1576	1.331	1.5209	1.728	1.9531	2.197	2.4604
第 5 年	1.2763	1.6105	1.9239	2.4883	3.0518	3.7129	4.4840
第 10 年	1.6289	2.5937	3.7014	6.1917	9.3132	13.786	20.1066
第 15 年	2.0789	4.1772	7.1212	15.407	28.4217	51.186	90.159
第 20 年	2.6532	6.7275	13.701	38.338	86.736	190.05	404.27
第 30 年	4.3219	17.449	26.359	237.38	807.80	2620	8128.5

解 我们来计算一下:设一笔贷款 A_0(称为本金),年利率为 r,则:

1 年后本利和为 $A_1 = A_0(1+r)$;

2 年后本利和为 $A_2 = A_1(1+r) = A_0\,(1+r)^2$;

……

k 年后本利和为 $A_k = A_0\,(1+r)^k$.

如果一年分 n 期计息,年利率为仍为 r,则每期利率为$\dfrac{r}{n}$,则:

1 年后的本利和为 $A_1 = A_0\left(1+\dfrac{r}{n}\right)^n$;

……

k 年后本利和为 $A_k = A_0\left(1+\dfrac{r}{n}\right)^{nk}$.

如果计息期数 $n\to\infty$,即每时每刻计算复利(称为连续复利),则 k 年后本利和为

$$A_k = \lim_{n\to\infty} A_0\left(1+\frac{r}{n}\right)^{nk} = \lim_{n\to\infty} A_0\left[\left(1+\frac{1}{\frac{n}{r}}\right)^{\frac{n}{r}}\right]^{rk} = A_0\mathrm{e}^{rk}$$

有人曾做过一个实验,如果今天你有 1 000 元拿出来投资,常年的复利报酬率为 34%,那 40 年后这笔投资会有多少?被实验者所给的答案多是介于 1 万元到 100 万元之间,答得最高的是位主修经济学和统计学的,说是 1 000 万元.其实真正的答案比 1 000 万元还要多而且超过 100 倍,答案是 12 000 多万元,也就是说

1 000元的投资 40 年后就取得 12 万倍以上的报酬，就是区区 1 元钱也已经变成 12 万元的现金！

1.9 函数的连续性

现实世界中的很多变量，例如气温、人的体重、物体运动的路程等等，其变化过程都是连续不断的. 这种现象反映在数学上就是函数的连续性.

1.9.1 连续函数的概念

1. 函数在一点处的连续性

观察图 1.4，如果我们给出一个函数的图像，从直观上看，一个函数在一点 $x=x_0$ 处连续，就是说图像在点 $x=x_0$ 处是不中断的. 下面我们一起来看一下几个函数的图像，并观察一下它们在 $x=x_0$ 处的连续情况以及极限情况.

分析图 1.4，第一，看函数在 x_0 处是否连续；第二，在 x_0 处是否有极限，若有极限，与 $f(x_0)$ 的值关系如何.

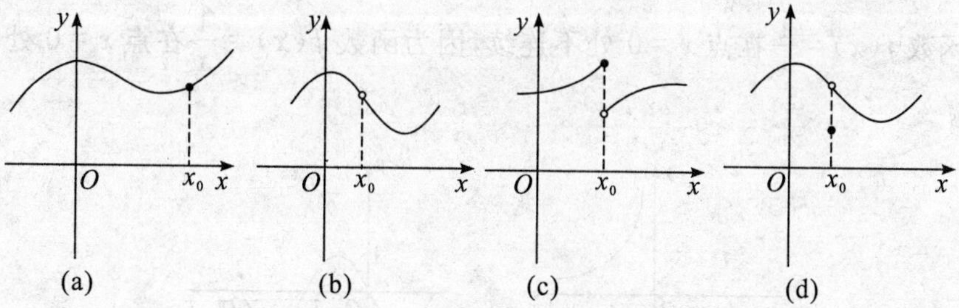

图 1.4

图 1.4(a)中，函数在 x_0 连续，在点 x_0 处有极限，并且极限就等于 $f(x_0)$.

图 1.4(b)中，函数在 x_0 不连续，在点 x_0 处有极限，但极限不等于 $f(x_0)$，因为函数在 x_0 处没有定义.

图 1.4(c)中，函数在 x_0 不连续，在点 x_0 处没有极限.

图 1.4(d)中，函数在 x_0 处不连续，在点 x_0 处有极限，但极限不等于 $f(x_0)$ 的值.

如果函数在点 $x=x_0$ 处连续，那么，根据图 1.4(b)，函数在点 $x=x_0$ 处要有定义；根据图 1.4(c)，函数在 $x=x_0$ 处要有极限；根据图 1.4(d)，函数在 $x=x_0$ 处的极限要等于函数在 $x=x_0$ 处的函数值即 $f(x_0)$.

综上，函数 $f(x)$ 在点 $x=x_0$ 处连续必须满足下面三个条件：

(1) 函数 $f(x)$ 在点 $x=x_0$ 处有定义；

(2) $\lim\limits_{x\to x_0} f(x)$ 存在；

(3) $\lim\limits_{x\to x_0} f(x)=f(x_0)$，即函数 $f(x)$ 在点 x_0 处的极限值等于这一点的函数值.

如果上述三个条件中有一个条件不满足，就说函数 $f(x)$ 在点 x_0 处不连续. 根据以上三个条件，我们就可以给出函数在一点处连续的定义.

定义 1.9.1 如果函数 $f(x)$ 在点 $x=x_0$ 处有定义，$\lim\limits_{x\to x_0} f(x)$ 存在，且 $\lim\limits_{x\to x_0} f(x)=f(x_0)$，那么函数 $f(x)$ 在点 $x=x_0$ 处**连续**.

由定义知，如果函数 $y=f(x)$ 在点 $x=x_0$ 处及其附近有定义，并且 $\lim\limits_{x\to x_0} f(x)=f(x_0)$，就说函数 $f(x)$ 在点 x_0 处连续.

例 1 讨论下列函数在给定点处的连续性：

(1) $f(x)=\dfrac{1}{x}$，点 $x=0$；　(2) $g(x)=\sin x$，点 $x=0$.

分析 我们如果要很直观地看在给定点处是否连续，画图方法最方便.

如图 1.5 我们已经画出了两个函数的图像. 从图 1.5 中，我们可以直接看出在点 $x=0$ 处函数连续的情况.

函数 $f(x)=\dfrac{1}{x}$ 在点 $x=0$ 处不连续，因为函数 $f(x)=\dfrac{1}{x}$ 在点 $x=0$ 处没有定义.

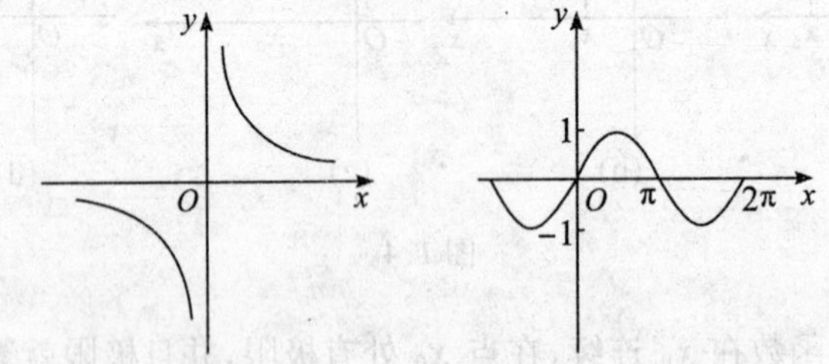

图 1.5

函数 $g(x)=\sin x$ 在点 $x=0$ 处连续，因为函数 $g(x)=\sin x$ 在点 $x=0$ 处及附近都有定义，$\lim\limits_{x\to 0}\sin x$ 存在且 $\lim\limits_{x\to 0}\sin x=0$，而 $\sin 0=0$.

解 (1) 因为函数 $f(x)=\dfrac{1}{x}$ 在点 $x=0$ 处没有定义，所以它在点 $x=0$ 处不连续.

(2) 因为$\lim\limits_{n\to 0}\sin x=0=\sin 0$,所以函数 $g(x)=\sin x$ 在点 $x=0$ 处是连续的.

注意 $g(x)=\sin x$ 在点 $x=0$ 处连续的条件只要把第三个条件写出来就可以,因为它已经包含前两个条件了,我们已经知道函数在一点连续的定义了.

那怎么根据在一点连续的定义来定义在一个开区间(a,b)内连续的定义？区间是由点构成的,只要函数 $f(x)$在开区间内的每一个点都连续,那么它在开区间内也就连续了.

2. 函数在区间上的连续性

定义 1.9.2 如果函数 $f(x)$在某一开区间(a,b)内每一点处连续,就说函数 $f(x)$在开区间(a,b)内连续,或 $f(x)$是开区间(a,b)内的连续函数.

类似地,如果 $f(x)$在开区间(a,b)内连续,且在左端点 $x=a$ 处有 $\lim\limits_{x\to a^+}f(x)=f(a)$,在右端点 $x=b$ 处有 $\lim\limits_{x\to b^-}f(x)=f(b)$,就说函数 $f(x)$在闭区间$[a,b]$上连续,或 $f(x)$是闭区间$[a,b]$上的连续函数.

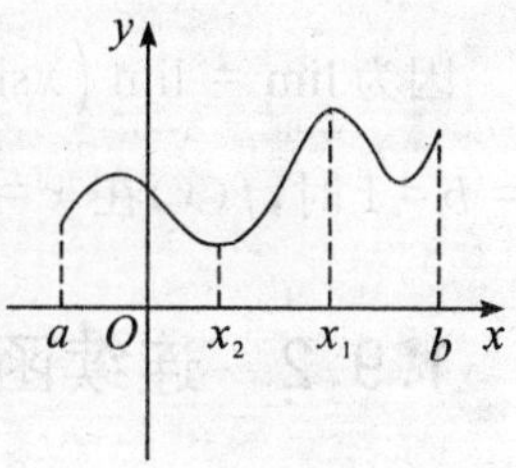

图 1.6

如果函数 $f(x)$在闭区间$[a,b]$上是连续函数,那它的图像肯定是一条连续曲线(如图 1.6).

3. 单侧连续

定义 1.9.3 若函数 $y=f(x)$在点 x_0 处有

$$\lim_{x\to x_0^-}f(x)=f(x_0)\quad 或\quad \lim_{x\to x_0^+}f(x)=f(x_0)$$

则分别称函数 $y=f(x)$在 x_0 处**左连续或右连续**.

注意 左连续、右连续都不能说明连续,连续是既左连续又右连续.

定理 1.9.1 函数 $y=f(x)$在 x_0 处连续的充要条件是函数在该点处左、右连续,即

$$\lim_{x\to x_0^-}f(x)=f(x_0)=\lim_{x\to x_0^+}f(x)$$

例 2 求下列极限:

(1) $\lim\limits_{x\to 1}e^{x^2-1}$.

分析 连续函数求极限只需直接代入.

解 $\lim\limits_{x\to 1}e^{x^2-1}=1$.

(2) $\lim\limits_{x\to 1}\dfrac{x-1}{\sqrt{3x-2}-\sqrt{x}}$.

分析 这是“$\frac{0}{0}$”型极限，使分母有理化.

解 原极限 $=\lim\limits_{x\to1}\frac{(x-1)(\sqrt{3x-2}+\sqrt{x})}{2(x-1)}=1$.

例 3 确定 a,b 使 $f(x)=\begin{cases}\frac{\sin x}{x}, & x<0\\ a, & x=0\\ x\sin\frac{1}{x}+b, & x>0\end{cases}$ 在 $x=0$ 处连续.

解 $f(x)$在 $x=0$ 处连续$\Leftrightarrow\lim\limits_{x\to0^+}f(x)=\lim\limits_{x\to0^-}f(x)=f(0)$.

因为$\lim\limits_{x\to0^+}=\lim\limits_{x\to0^+}\left(x\sin\frac{1}{x}+b\right)=b$；$\lim\limits_{x\to0^-}f(x)=\lim\limits_{x\to0^-}\frac{\sin x}{x}=1$；$f(0)=a$. 所以 $a=b=1$ 时，$f(x)$在 $x=0$ 处连续.

1.9.2 连续函数的性质

1. 连续函数的运算

利用函数在某点连续的定义和极限的四则运算法则，易知连续函数有下列运算法则.

定理 1.9.2 设函数 $f(x)$和 $g(x)$在点 x_0 处都连续，则函数 $f(x)+g(x)$，$f(x)-g(x)$，$f(x)\cdot g(x)$，$\frac{f(x)}{g(x)}(g(x_0)\neq0)$在点 x_0 处连续.

连续函数的四则运算法则可以推广到有限个连续函数的情形.

定理 1.9.3 设函数 $y=f(u)$在点 u_0 处连续，函数 $u=\varphi(x)$在点 x_0 处连续，且 $u_0=\varphi(x_0)$，则复合函数 $y=f[\varphi(x)]$在 x_0 处连续.

因为初等函数是由基本初等函数经过有限次四则运算和有限次复合运算得到的，所以，由定理 1.9.2 和定理 1.9.3 有：

定理 1.9.4 一切初等函数在其定义区间内是连续的.

例 4 求$\lim\limits_{x\to1}\frac{e^{x^2-1}-\sin\left(\frac{\pi}{2}x\right)}{8x-5}$.

解 易知函数$\frac{e^{x^2-1}-\sin\left(\frac{\pi}{2}x\right)}{8x-5}$是初等函数，其定义域为 $D=\left(-\infty,\frac{5}{8}\right)\cup\left(\frac{5}{8},+\infty\right)$. $1\in D$，因此该函数在点 $x=1$ 处连续，所以

$$\lim_{x\to1}\frac{e^{x^2-1}-\sin\left(\frac{\pi}{2}x\right)}{8x-5}=\frac{e^{1^2-1}-\sin\left(\frac{\pi}{2}\times1\right)}{8\times1-5}=0$$

因此，求函数当自变量趋于函数的连续点的极限时，只要把该函数的连续点代入函数求值即可.

2. 函数连续性在求极限中的应用

定理 1.9.5 设有函数 $u=\varphi(x)$，若 $\lim\limits_{x\to x_0}\varphi(x)=u_0$，函数 $y=f(u)$ 在 u_0 点处连续，则

$$\lim_{x\to x_0}f(\varphi(x))=f(u_0)=f(\lim_{x\to x_0}\varphi(x))$$

该定理说明，对连续函数来说，极限符号 lim 与函数符号 f 可以交换运算次序. 利用连续函数这一性质，可以很方便地进行一些极限的计算.

例 5 求极限 $\lim\limits_{x\to0}\cos(1+x)^{\frac{1}{x}}$.

解 $\lim\limits_{x\to0}\cos(1+x)^{\frac{1}{x}}=\cos[\lim\limits_{x\to0}(1+x)^{\frac{1}{x}}]=\cos e$.

例 6 求极限 $\lim\limits_{x\to0}\frac{\ln(1+x)}{x}$.

解 $\frac{\ln(1+x)}{x}=\ln(1+x)^{\frac{1}{x}}$. 尽管函数 $\ln(1+x)^{\frac{1}{x}}$ 在 $x=0$ 点处不连续，但 $\lim\limits_{x\to0}(1+x)^{\frac{1}{x}}=e$ 存在，且函数 $y=\ln u$ 在 $u=e$ 处连续，所以

$$\lim_{x\to0}\frac{\ln(1+x)}{x}=\lim_{x\to0}\ln(1+x)^{\frac{1}{x}}=\ln[\lim_{x\to0}(1+x)^{\frac{1}{x}}]=\ln e=1$$

推论 若 $y=f(x)=a>0$，$\lim g(x)=b$（a，b 为常数），则

$$\lim f(x)^{g(x)}=[\lim f(x)]^{\lim g(x)}=a^b$$

例 7 求极限 $\lim\limits_{x\to0}(1+\sin x)^{\frac{1}{x}}$.

解 $\lim\limits_{x\to0}(1+\sin x)^{\frac{1}{x}}=\lim\limits_{x\to0}[(1+\sin x)^{\frac{1}{\sin x}}]^{\frac{\sin x}{x}}=[\lim\limits_{x\to0}(1+\sin x)^{\frac{1}{\sin x}}]^{\lim\limits_{x\to0}\frac{\sin x}{x}}=e^1=e$.

3. 闭区间上连续函数的性质

定理 1.9.6(最值定理) 若函数 $y=f(x)$ 在闭区间 $[a,b]$ 上连续，则 $f(x)$ 在 $[a,b]$ 上一定有最大值和最小值.

注意 若函数在开区间内连续，则它在该区间内未必能取得最大值和最小值. 如函数 $y=2x+1$ 在 $(0,1)$ 内连续，但此函数在 $(0,1)$ 内既没有最大值，也没有最小值.

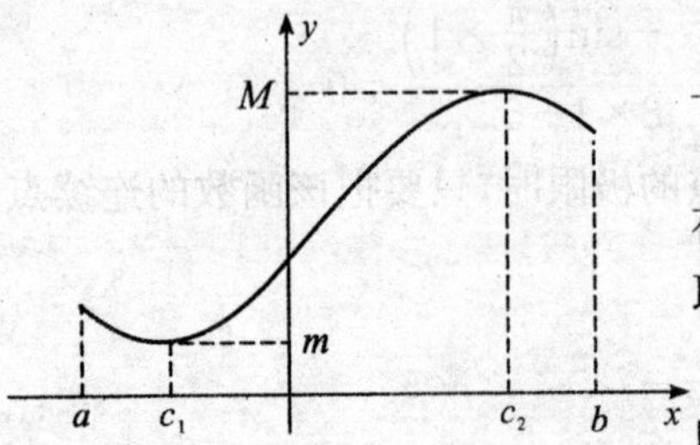

图 1.7

推论 若函数 $y=f(x)$ 在闭区间 $[a,b]$ 上连续，则它在该区间上有界. 如图1.7所示.

定理 1.9.7(介值定理) 若函数 $y=f(x)$ 在闭区间 $[a,b]$ 上连续，则它在 $[a,b]$ 内能够取得介于最小值和最大值之间的任何值.

推论(零点定理) 若函数 $y=f(x)$ 在闭区间 $[a,b]$ 上连续，且 $f(a)f(b)<0$，则至少存在一个 $c\in(a,b)$，使得 $f(c)=0$.

推论的几何意义是，若连续函数 $y=f(x)$ 在 $[a,b]$ 的端点处的函数值异号，则点 $P(a,f(a))$ 与 $Q(b,f(b))$ 之间的图像必与 x 轴相交.

例 8 方程 $x^5-3x=1$ 至少有一个根介于 1 和 2 之间.

证明 令 $f(x)=x^5-3x-1$，则 $f(1)=-3<0, f(2)=25>0$.

根据零点定理：至少存在一点 $\xi\in(1,2)$，使得 $f(\xi)=0$，即方程 $x^5-3x=1$ 至少有一个根介于 1 和 2 之间.

例 9 证明方程 $x^3-4x^2+1=0$ 在 $(0,1)$ 内至少有一个实根.

证明 令 $f(x)=x^3-4x^2+1$，显然函数 $f(x)$ 在 $[0,1]$ 上连续. 又

$$f(0)=1>0,\quad f(1)=-2<0$$

由零点定理知，至少存在一点 $c\in(0,1)$，使得 $f(c)=0$. 即方程 $x^3-4x^2+1=0$ 在 $(0,1)$ 内至少有一实数根 c.

1.10 函数的间断点

1.10.1 间断点的定义

定义 1.10.1 我们把不满足函数连续性的点称为**间断点**.

它包括三种情形：(1) $f(x)$ 在 x_0 无定义；

(2) $f(x)$ 在 $x\to x_0$ 时无极限；

(3) $f(x)$ 在 $x\to x_0$ 时有极限但不等于 $f(x)$.

下面我们通过例题来学习一下间断点的类型：

例 1 正切函数 $y=\tan x$ 在 $x=\frac{\pi}{2}$ 处没有定义，所以点 $x=\frac{\pi}{2}$ 是函数 $y=\tan x$

的间断点. 因$\lim\limits_{x \to \frac{\pi}{2}} \tan x = \infty$,所以我们称$x = \frac{\pi}{2}$为函数$y = \tan x$的无穷间断点.

例 2 函数$y = \sin \frac{1}{x}$在点$x = 0$处没有定义. 当$x \to 0$时,函数值在-1与$+1$之间变动无限多次,我们就称点$x = 0$为函数$y = \sin \frac{1}{x}$的振荡间断点.

例 3 函数$f(x) = \begin{cases} x-1, & x<0 \\ 0, & x=0 \\ x+1, & x>0 \end{cases}$当$x \to 0$时,左极限$\lim\limits_{x \to 0^-} f(x) = -1$,右极限$\lim\limits_{x \to 0^+} f(x) = 1$,可以看出函数左、右极限虽然都存在,但不相等,故函数在点$x = 0$不存在极限. 我们还可以发现在点$x = 0$时,函数值产生跳跃现象,因此我们把这种间断点称为跳跃间断点. 我们把上述三种间断点用几何图形表示出来,如图 1.8 所示.

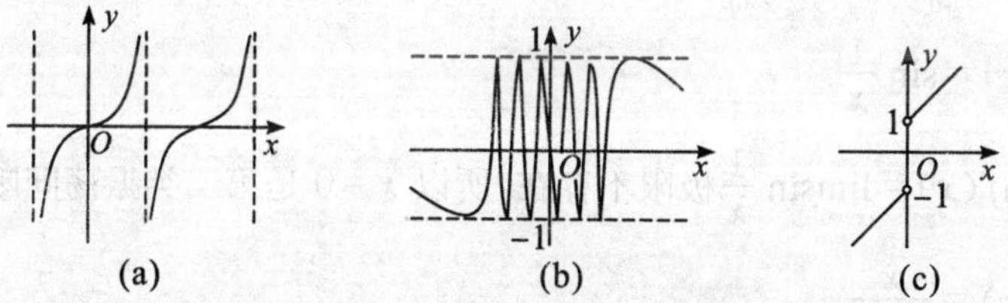

图 1.8

1.10.2 间断点的分类

我们通常把间断点分成两类:如果x_0是函数$f(x)$的间断点,但其左、右极限都存在,我们把x_0称为函数$f(x)$的第一类间断点.

如果$\lim\limits_{x \to x_0^+} f(x) = \lim\limits_{x \to x_0^-} f(x) \neq f(x_0)$,即左、右极限存在且相等但不等于$f(x_0)$,我们把$x_0$称为可去间断点.

不是第一类间断点的任何间断点,称为第二类间断点. 比如跳跃间断点就是第二类间断点.

请读者思考,无穷间断点、振荡间断点是第一类还是第二类间断点.

例 4 求下列函数的间断点并进行分类:

(1) $f(x) = \frac{x^2 - 1}{x + 1}$.

分析 函数在$x = -1$处没有定义,考察该点的极限.

解 因为$\lim\limits_{x\to-1}\dfrac{x^2-1}{x+1}=\lim\limits_{x\to-1}(x-1)=-2$,但 $f(x)$在 $x=-1$ 处没有定义,所以 $x=-1$ 是第一类可去间断点.

(2) $f(x)\begin{cases}x\sin\dfrac{1}{x}, & x\neq0\\ 1, & x=0\end{cases}$.

分析 $x=0$ 是分段函数的分段点,考察该点的极限.

解 因为$\lim\limits_{x\to0}x\sin\dfrac{1}{x}=0$,而 $f(0)=1$,所以 $x=0$ 是第一类可去间断点.

总结 只要改变或重新定义 $f(x)$在 x_0 处的值,使它等于$\lim\limits_{x\to x_0}f(x)$,就可使函数在可去间断点 x_0 处连续.

(3) $f(x)=e^{\frac{1}{x}}$.

解 因为$\lim\limits_{x\to0^+}f(x)=\lim\limits_{x\to0^+}e^{\frac{1}{x}}=+\infty$.所以 $x=0$ 是第二类无穷间断点.

(4) $f(x)=\sin\dfrac{1}{x}$.

解 $\lim\limits_{x\to0}f(x)=\lim\limits_{x\to0}\sin\dfrac{1}{x}$极限不存在,所以 $x=0$ 是第二类振荡间断点.

(5) $f(x)=\dfrac{x}{\sin x}$.

解 间断点:$x=k\pi(k=0,\pm1,\pm2,\cdots)$.

当 $x=0$ 时,因$\lim\limits_{x\to0}\dfrac{x}{\sin x}=1$,故 $x=0$ 是可去间断点.

当 $x=k\pi(k=\pm1,\pm2,\cdots)$时,因$\lim\limits_{x\to k\pi}\dfrac{x}{\sin x}=\infty$,故 $x=k\pi(\pm1,\pm2,\cdots)$是无穷间断点.

习 题 1

1. 区间$[a,+\infty)$表示不等式(　　).

A. $a<x<+\infty$　　B. $a\leqslant x<+\infty$

C. $a<x$　　D. $a\geqslant x$

2. 若 $\varphi(t)=t^3+1$,则 $\varphi(t^3+1)=$(　　).

A. t^3+1　　B. t^6+2

C. t^9+2　　D. $t^9+3t^6+3t^3+2$

3. 函数 $f(x)=\ln(3x+1)+\sqrt{5-2x}+\arcsin x$ 的定义域是(　　)

A. $\left(-\frac{1}{3},\frac{5}{2}\right)$　　B. $\left(-1,\frac{5}{2}\right)$

C. $\left(-\frac{1}{3},1\right)$　　D. $(-1,1)$

4. 下列函数相等的是(　　).

A. $f(x)=x^2,g(x)=\sqrt{x^4}$　　B. $f(x)=x,g(x)=(\sqrt{x})^2$

C. $f(x)=\frac{\sqrt{x-1}}{\sqrt{x+1}},g(x)=\sqrt{\frac{x-1}{x+1}}$　　D. $f(x)=\frac{x^2-1}{x-1},g(x)=x+1$

5. 设函数 $f(x)=e^x(x\neq0)$,那么 $f(x_1)\cdot f(x_2)$ 为(　　).

A. $f(x_1)+f(x_2)$　　B. $f(x_1+x_2)$

C. $f(x_1x_2)$　　D. $f\left(\frac{x_1}{x_2}\right)$

6. 已知 $f(x)$在区间$(-\infty,+\infty)$上单调递减,则 $f(x^2+4)$的单调递减区间是(　　).

A. $(-\infty,+\infty)$　　B. $(-\infty,0)$

C. $[0,+\infty)$　　D. 不存在

7. 函数 $y=10^{x-1}-2$ 的反函数是(　　).

A. $y=\lg\frac{x}{x-2}$　　B. $y=\log_x 2$

C. $y=\log_2\frac{1}{x}$　　D. $y=1+\lg(x+2)$

8. 设函数 $f(x)=\begin{cases}a^x, & x\text{ 是有理} \\ 0, & x\text{ 是无理数}\end{cases}$ $(0<a<1)$,则(　　).

A. 当 $x\to+\infty$ 时,$f(x)$是无穷大　　B. 当 $x\to+\infty$ 时,$f(x)$是无穷小

C. 当 $x\to-\infty$ 时,$f(x)$是无穷大　　D. 当 $x\to-\infty$ 时,$f(x)$是无穷小

9. 设 $f(x)$在 $\mathbf{R}$ 上有定义,函数 $f(x)$在点 x_0 左、右极限都存在且相等,是函数 $f(x)$在点 x_0 连续的(　　).

A. 充分条件　　B. 充分且必要条件

C. 必要条件　　D. 非充分也非必要条件

10. 若函数 $f(x)=\begin{cases}x^2+a, & x\geqslant1 \\ \cos\pi x, & x<1\end{cases}$ 在 $\mathbf{R}$ 上连续,则 a 的值为(　　).

A. 0　　B. 1　　C. -1　　D. -2

11. 若函数 $f(x)$在某点 x_0 极限存在,则(　　).

A. $f(x)$在 x_0 的函数值必存在且等于极限值

B. $f(x)$在 x_0 函数值必存在,但不一定等于极限值

C. $f(x)$在 x_0 的函数值可以不存在

D. 如果 $f(x_0)$存在,则必等于极限值

12. 数列 $0,\frac{1}{3},\frac{2}{4},\frac{3}{5},\frac{4}{6},\cdots$(　　).

A. 以 0 为极限　　B. 以 1 为极限

C. 以$\frac{n-2}{n}$为极限　　D. 不存在在极限

13. $\lim\limits_{x\to\infty}x\sin\frac{1}{x}=$(　　).

A. ∞　　B. 不存在　　C. 1　　D. 0

14. $\lim\limits_{x\to\infty}\left(1-\frac{1}{x}\right)^{2x}=$(　　).

A. e^{-2}　　B. ∞　　C. 0　　D. $\frac{1}{2}$

15. 无穷小量是(　　).

A. 比零稍大一点的一个数　　B. 一个很小很小的数

C. 以零为极限的一个变量　　D. 数零

16. 设 $f(x)=\begin{cases}2^x, & -1\leqslant x<0\\ 2, & 0\leqslant x<1\\ x-1, & 1\leqslant x\leqslant 3\end{cases}$,则 $f(x)$的定义域为______,$f(0)=$______,$f(1)=$______.

17. 已知函数 $y=f(x)$的定义域是$[0,1]$,则 $f(x^2)$的定义域是______.

18. 若 $f(x)=\frac{1}{1-x}$,则 $f[f(x)]=$______,$f\{f[f(x)]\}=$______.

19. 设 $f\left(\frac{1}{x}\right)=x+\sqrt{1+x^2}$,则 $f(x)=$______.

20. $\lim\limits_{x\to\infty}(\sqrt{n+3}-\sqrt{n})\sqrt{n-1}=$______.

21. $\lim\limits_{n\to\infty}\dfrac{1+\frac{1}{2}+\frac{1}{4}+\cdots+\frac{1}{2^n}}{1+\frac{1}{3}+\frac{1}{9}+\cdots+\frac{1}{3^n}}=$______.

22. $\lim\limits_{x\to 0^+}x\ln x=$______.

23. $\lim\limits_{x\to\infty}\dfrac{(2x-3)^{20}(3x+2)^{30}}{(5x+1)^{50}}=$______.

24. 函数 $f(x)=\begin{cases}x, & x<1\\ x-1, & 1\leqslant x<2\\ 3-x, & x\geqslant 2\end{cases}$的不连续点为______.

25. $\lim\limits_{n\to\infty}3^n\sin\dfrac{x}{3^n}=$ ______.

26. 函数 $f(x)=\dfrac{1}{x^2-1}$ 的连续区间是______.

27. 设 $f(x)=\begin{cases}1, & x\geqslant 0\\ -1, & x<0\end{cases}$,$g(x)=\sin x$,复合函数 $f[g(x)]$ 的连续区间是______.

28. 设 $f(x)=\begin{cases}\dfrac{\sin x}{x}, & -\infty<x<0\\ (1-x)^2, & 0\leqslant x<+\infty\end{cases}$,求 $\lim\limits_{x\to 0}f(x)$.

29. 设 $x_n=\dfrac{1^2+2^2+\cdots+n^2}{n^2}-\dfrac{n}{3}$,求 $\lim\limits_{n\to\infty}x_n$.

30. 若 $f(x)=\dfrac{1}{x^2}$,求 $\lim\limits_{\Delta x\to 0}\dfrac{f(x+\Delta x)-f(x)}{\Delta x}$.

31. 求下列函数的间断点,并判别间断点的类型:

(1) $y=\dfrac{x}{(1+x)^2}$; (2) $y=\dfrac{1+x}{2-x^2}$; (3) $y=\dfrac{|x|}{x}$; (4) $y=[x]$.

32. 设 $f(x)=\begin{cases}x, & 0<x<1\\ \dfrac{1}{2}, & x=1\\ 1, & 1<x<2\end{cases}$.

(1) $\lim\limits_{x\to 1}f(x)$ 存在吗?

(2) $f(x)$ 在 $x=1$ 处连续吗?若不连续,说明是哪类间断;若是可去间断点,则补充定义,使其在该点连续.

33. 根据连续函数的性质,验证方程 $x^5-3x=1$ 至少有一个根介于1和2之间.

34. 验证方程 $x\cdot 2^x=1$ 至少有一个小于1的根.

第 2 章　导数与微分

微分学是微积分的重要组成部分，它是从数量关系上描述物质运动的数学工具. 它的基本概念主要包括导数与微分，其中导数反映出函数相对于自变量的变化快慢的程度，而微分则指明当自变量发生微小变化时，函数大体上变化多少.

在这一章中，首先介绍导数和微分这两个密切相关的概念和运算，然后利用导数研究函数的某些特性，包括函数的单调性、函数的极值、函数的凸性和拐点等. 在利用导数讨论函数特性的时候，以拉格朗日定理为中心的微分中值定理起着非常关键的作用，因此微分中值定理是本章的重点内容之一. 另外，在本章中，我们还将介绍一些利用导数和微分的概念解决实际问题的实例，以加强大家对这些概念的理解，提高应用能力.

2.1　导数的概念

2.1.1　导数概念的引入

引例 1(变速直线运动的瞬时速度问题)　设一物体作变速直线运动，其运动方程为 $s = s(t)$，求 t_0 时刻的瞬时速度 $v(t_0)$.

解　在 t_0 时刻取增量 Δt，则在 t_0 到 $t_0 + \Delta t$ 这段时间内的平均速度为

$$\bar{v} = \frac{\Delta s}{\Delta t} = \frac{s(t_0 + \Delta t) - s(t_0)}{\Delta t}$$

显然，这个平均速度 $\bar{v}$ 是随 Δt 而变化的，当 $|\Delta t|$ 很小时，$\bar{v}$ 可以作为物体在 t_0 时刻的速度的近似值，$|\Delta t|$ 越小，近似程度越高；当 $\Delta t \to 0$ 时，$\bar{v}$ 的极限就是物体在 t_0 时刻的瞬时速度，即

$$v(t_0) = \lim_{\Delta t \to 0} \bar{v} = \lim_{\Delta t \to 0} \frac{\Delta s}{\Delta t} = \lim_{\Delta t \to 0} \frac{s(t_0 + \Delta t) - s(t_0)}{\Delta t}$$

这就是说，物体运动的瞬时速度是路程的增量与时间的增量之比，当时间的增量趋于零时的极限.

引例 2(平面曲线的切线问题)

(1) 曲线的切线定义

在平面解析几何中,圆的切线定义为“与圆只有一个交点的直线”,对于一般的平面曲线来说,这个定义并不适用,例如,抛物线 $y=x^2$ 在原点 O 处,两个坐标轴都与曲线只有一个交点,但实际上只有 x 轴是该抛物线的切线.

问题 怎样定义平面曲线在一点处的切线呢?

在曲线 C 上点 M 附近,再取一点 N,当 N 沿 C 移动而趋向于 M 时,割线 MN 的极限位置 MT 就称为曲线 C 在 M 处的切线(图 2.1).

(2) 在直角坐标系下曲线的切线的斜率

设平面曲线 $C: y=f(x)$,求 C 上点 $M(x_0,y_0)$ 处的切线的斜率.

解 在 C 上另取一点 $N(x_0+\Delta x, f(x_0+\Delta x))$,则割线 MN 的斜率为

$$\bar{k}=\tan\varphi=\frac{\Delta y}{\Delta x}=\frac{f(x_0+\Delta x)-f(x_0)}{\Delta x}$$

当 $N\to M$ 时,$MN\to MT$.

当 $\Delta x\to 0$ 时,$\bar{k}$ 的极限就为切线 MT 的斜率:

$$k=\tan\alpha=\lim_{\varphi\to\alpha}\tan\varphi=\lim_{\Delta x\to 0}\frac{\Delta y}{\Delta x}=\lim_{\Delta x\to 0}\frac{f(x_0+\Delta x)-f(x_0)}{\Delta x}$$

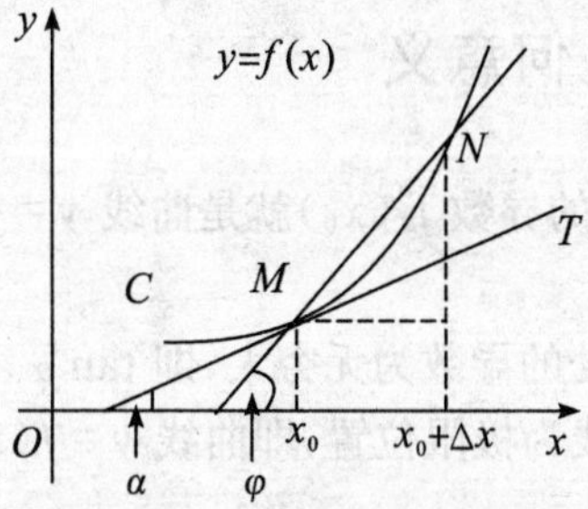

图 2.1

总结 以上两个问题,虽然它们的实际背景不同,但从数量上看,它们有共同的本质:它们都是当自变量的增量趋于零时,函数的增量与自变量的增量之比的极限.抽去这些问题的不同的实际意义,只考虑它们的共同性质,就可得出函数的导数定义.

2.1.2 导数的定义

定义 2.1.1 设函数 $y=f(x)$ 在点 x_0 处的某邻域内有定义,当自变量 x 在 x_0 处有增量 Δx 时,相应地函数 y 有增量

$$\Delta y=f(x_0+\Delta x)-f(x_0)$$

如果当 $\Delta x\to 0$ 时，$\dfrac{\Delta y}{\Delta x}$的极限存在，这个极限就称为函数 $y=f(x)$在点 x_0 处的导数，记为 $f'(x_0)$，即

$$f'(x_0)=\lim_{\Delta x\to 0}\frac{\Delta y}{\Delta x}=\lim_{\Delta x\to 0}\frac{f(x_0+\Delta x)-f(x_0)}{\Delta x} \tag{1}$$

也可以记作

$$y'|_{x=x_0},\quad \frac{\mathrm{d}y}{\mathrm{d}x}|_{x=x_0}\quad 或\quad \frac{\mathrm{d}}{\mathrm{d}x}f(x)|_{x=x_0}$$

如果式(1)的极限存在，就称函数 $f(x)$在点 x_0 处可导.

如果式(1)的极限不存在，就称函数 $y=f(x)$在点 x_0 处不可导.

如果式(1)的极限为无穷大，就称函数 $y=f(x)$在点 x_0 处导数为无穷大.

注 (1) 令 $x=x_0+\Delta x$，则定义式(1)也可写为

$$f'(x_0)=\lim_{\Delta x\to 0}\frac{f(x_0+\Delta x)-f(x_0)}{\Delta x}=\lim_{x\to x_0}\frac{f(x)-f(x_0)}{x-x_0}$$

(2) 令 $\Delta x=-h$，则定义式(1)也可写为

$$f'(x_0)=\lim_{h\to 0}\frac{f(x_0-h)-f(x_0)}{-h}=\lim_{h\to 0}\frac{f(x_0)-f(x_0-h)}{h}$$

2.1.3 导数的几何意义

函数 $y=f(x)$在点 x_0 的导数 $f'(x_0)$就是曲线 $y=f(x)$在点 $M_0(x_0,y_0)$处的切线的斜率.

如果 $y=f(x)$在点 x 处的导数为无穷大，即 $\tan\alpha$ 不存在，这时曲线 $y=f(x)$的割线以垂直于 x 轴的直线为极限位置，即曲线 $y=f(x)$在点 $M_0(x,y)$处具有垂直于 x 轴的切线.

根据导数的几何意义并应用直线的点斜式方程，可以得到曲线 $y=f(x)$在定点 $M_0(x_0,y_0)$处的切线方程为

$$y-y_0=f'(x_0)(x-x_0)$$

过切点 M_0 且与该切线垂直的直线叫做曲线 $y=f(x)$在点 M_0 处的法线. 如果 $f'(x_0)\neq 0$，法线的斜率为 $-\dfrac{1}{f'(x_0)}$，则法线方程为

$$y-y_0=-\frac{1}{f'(x_0)}(x-x_0)$$

例 1 求曲线 $y=x^2$ 上(1,1)处切线的方程.

解 $k=y'|_{x=1}=\lim\limits_{\Delta x\to 0}\dfrac{f(1+\Delta x)-f(1)}{\Delta x}=\lim\limits_{\Delta x\to 0}\dfrac{(1+\Delta x)^2-1^2}{\Delta x}=2.$

所求的切线方程为 $y-1=2\cdot(x-1)$，即 $y=2x-1$.

2.1.4 函数的可导性与连续性的关系

前面我们定义了函数在一点连续的概念，现在又学习了函数在一点可导的概念，它们都是用极限来定义的，那么，这两个概念之间有没有关系呢？我们先看下面这个例子：

例2 讨论函数 $f(x)=\begin{cases} x\sin\dfrac{1}{x}, & x\neq 0 \\ 0, & x=0 \end{cases}$ 在 $x=0$ 处的可导性与连续性.

解 因为

$$\lim_{\Delta x\to 0}\frac{\Delta y}{\Delta x}=\lim_{\Delta x\to 0}\frac{f(0+\Delta x)-f(0)}{\Delta x}=\lim_{\Delta x\to 0}\frac{\Delta x\sin\dfrac{1}{\Delta x}}{\Delta x}=\lim_{\Delta x\to 0}\sin\frac{1}{\Delta x}$$

不存在，所以 $f(x)$ 在 $x=0$ 处不可导.

因为 $\lim\limits_{x\to 0}x=0$，$\left|\sin\dfrac{1}{x}\right|\leqslant 1$，所以 $\lim\limits_{x\to 0}f(x)=\lim\limits_{x\to 0}x\sin\dfrac{1}{x}=0=f(0)$，所以 $f(x)$ 在 $x=0$ 处连续.

问题 由上例可以看到，若函数在一点连续，则函数在这点不一定可导；那么，函数在一点可导是否一定在该点连续呢？答案是肯定的.

事实上，设函数 $y=f(x)$ 在点 x_0 处可导，即极限 $\lim\limits_{\Delta x\to 0}\dfrac{\Delta y}{\Delta x}=f'(x_0)$ 存在. 由函数极限存在与无穷小的关系知

$$\frac{\Delta y}{\Delta x}=f'(x_0)+\alpha \quad (\alpha \text{ 是当 } \Delta x\to 0 \text{ 时的无穷小})$$

上式两端同乘以 Δx，得 $\Delta y=f'(x_0)\Delta x+\alpha\Delta x$. 不难看出，当 $\Delta x\to 0$ 时，$\Delta y\to 0$. 这就是说，函数 $y=f(x)$ 在点 x_0 处是连续的.

定理2.1.1 如果函数 $y=f(x)$ 在点 x_0 处可导，则函数在该点处必连续.

可见："函数 $y=f(x)$ 在点 x_0 处可导"这个条件要比"函数在点 x_0 处连续"这个条件强.

2.1.5 单侧导数

$f(x)$ 在点 x_0 处的左导数，记为 $f'_-(x_0)$，即(利用左极限定义)

$$f'_-(x_0)=\lim_{\Delta x\to 0^-}\frac{\Delta y}{\Delta x}=\lim_{\Delta x\to 0^-}\frac{f(x_0+\Delta x)-f(x_0)}{\Delta x}$$

$f(x)$在点 x_0 处的右导数，记为 $f'_+(x_0)$，即(利用右极限定义)

$$f'_+(x_0)=\lim_{\Delta x\to 0^+}\frac{\Delta y}{\Delta x}=\lim_{\Delta x\to 0^+}\frac{f(x_0+\Delta x)-f(x_0)}{\Delta x}$$

结论 $f'(x_0)=A \Leftrightarrow f'_-(x_0)=A, f'_+(x_0)=A.$

例 3 讨论函数 $f(x)=|x|$在 $x=0$ 处的可导性.

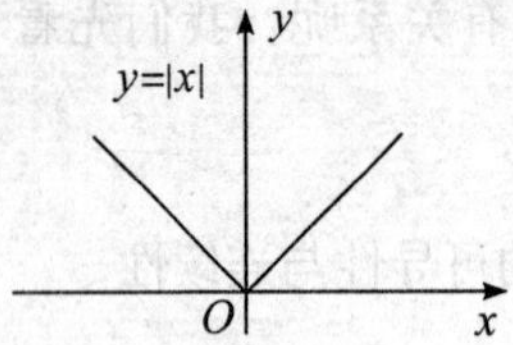

图 2.2

解 如图 2.2，则有

$$f'_+(0)=\lim_{\Delta x\to 0^+}\frac{f(0+\Delta x)-f(0)}{\Delta x}=\lim_{\Delta x\to 0^+}1=1$$

$$f'_-(0)=\lim_{\Delta x\to 0^-}\frac{f(0+\Delta x)-f(0)}{\Delta x}=\lim_{\Delta x\to 0^-}(-1)=-1$$

所以，$f'_+(0)\neq f'_-(0)$，从而 $f(x)=|x|$在 $x=0$ 处不可导.

2.1.6 导函数

函数 $y=f(x)$在区间(a,b)内可导等价于：函数 $y=f(x)$在区间(a,b)内的每一点都可导.

函数 $y=f(x)$在区间$[a,b]$上可导等价于：

(1) $y=f(x)$在区间(a,b)内的每一点都可导；

(2) $f(x)$在 $x=a$ 处右可导，在 $x=b$ 处左可导.

设函数 $y=f(x)$在区间 I 上可导，则对于 I 内的每一个 x 值，都有唯一确定的导数值与之对应，这就构成了 x 的一个新的函数，这个新的函数叫做原来函数 $y=f(x)$的**导函数**，记为 y'，$f'(x)$，$\frac{\mathrm{d}y}{\mathrm{d}x}$或$\frac{\mathrm{d}f(x)}{\mathrm{d}x}$.

在式(1)中，把 x_0 换成 x，即得 $y=f(x)$的导函数公式

$$f'(x)=\lim_{\Delta x\to 0}\frac{\Delta y}{\Delta x}=\lim_{\Delta x\to 0}\frac{f(x+\Delta x)-f(x)}{\Delta x}$$

显然，函数 $y=f(x)$在点 x_0 处的导数 $f'(x_0)$就是导函数 $f'(x)$在 $x=x_0$ 处的函数值，即

$$f'(x_0)=f'(x)|_{x=x_0}.$$

注意 $f'(x_0)\neq[f(x_0)]'$.

为方便起见，在不致引起混淆的地方，导函数也简称导数.

求函数 $y=f(x)$的导数可分为以下三个步骤：

(1) 求增量：$\Delta y=f(x+\Delta x)-f(x)$；

(2) 作比值：$\dfrac{\Delta y}{\Delta x}=\dfrac{f(x+\Delta x)-f(x)}{\Delta x}$；

(3) 取极限：$f'(x)=\lim\limits_{\Delta x\to 0}\dfrac{\Delta y}{\Delta x}$.

例 4 求函数 $y=C$（C 为常数）的导数.

解 $y'=\lim\limits_{\Delta x\to 0}\dfrac{f(x+\Delta x)-f(x)}{\Delta x}=\lim\limits_{\Delta x\to 0}\dfrac{C-C}{\Delta x}=0$，即$(C)'=0$.

2.2 导数的运算

我们知道，根据导数的定义可以求出一些简单函数的导数.但是，对于比较复杂的函数，直接根据定义求它们的导数往往比较困难.本节将介绍导数的四则运算及复合函数的运算.有了这些运算，再把基本初等函数的导数求出来，那么初等函数求导数问题就解决了.

2.2.1 导数的四则运算

定理 2.2.1 设函数 $u(x)$，$v(x)$在点 x 处可导，则它们的和、差、积与商在 x 处也可导，且：

(1) $[u(x)\pm v(x)]'=u'(x)\pm v'(x)$；

(2) $[u(x)v(x)]'=u(x)v'(x)+u'(x)v(x)$；

(3) $\left[\dfrac{u(x)}{v(x)}\right]'=\dfrac{u'(x)v(x)-u(x)v'(x)}{v^2(x)}\ (v(x)\neq 0)$.

下面仅对(2)加以证明.

证明 设 $f(x)=u(x)v(x)$，则有

$$\begin{aligned}f'(x)&=\lim_{h\to 0}\frac{f(x+h)-f(x)}{h}\\&=\lim_{h\to 0}\frac{u(x+h)v(x+h)-u(x)v(x)}{h}\\&=\lim_{h\to 0}\left[\frac{u(x+h)-u(x)}{h}v(x+h)+u(x)\frac{v(x+h)-v(x)}{h}\right]\\&=u'(x)v(x)+u(x)v'(x)\end{aligned}$$

注意到常数的导数为零，利用上述公式就有推论 1.

推论 1 $[Cu(x)]'=Cu'(x)$（C 为常数）.

利用商的导数公式及$(1)'=0$，即可证得推论 2.

推论 2 $\left(\dfrac{1}{u(x)}\right)'=-\dfrac{u'(x)}{u^2(x)}(u(x)\neq 0)$.

连续使用乘法的导数公式，即可证得推论 3.

推论 3

$$[u(x)v(x)w(x)]'=u'(x)v(x)w(x)+u(x)v'(x)w(x)+u(x)v(x)w'(x)$$

说明：定理中的(1)和(2)可以推广到有限个函数的情形.

例 1 已知函数 $y=\sqrt{x}(x^3-4\cos x-\sin 1)$，求 y'及$y'|_{x=1}$.

分析 首先把 y 看成两个函数$u=\sqrt{x}$及$v=x^3-4\cos x-\sin 1$ 的乘积，然后再分别利用和的求导公式.

解

$$y'=(\sqrt{x})'(x^3-4\cos x-\sin 1)+\sqrt{x}(x^3-4\cos x-\sin 1)'$$

$$=\frac{1}{2\sqrt{x}}(x^3-4\cos x-\sin 1)+\sqrt{x}(3x^2+4\sin x)$$

$$y'|_{x=1}=\frac{1}{2}(1-4\cos 1-\sin 1)+(3+4\sin 1)$$

$$=\frac{7}{2}+\frac{7}{2}\sin 1-2\cos 1.$$

注意 这里要注意$(\sin 1)'=0$，而不是$(\sin 1)'=\cos 1$.这是初学者常犯的一个小错误.

例 2 求正切函数 $y=\tan x$ 的导数.

解

$$(\tan x)'=\left(\frac{\sin x}{\cos x}\right)'=\frac{(\sin x)'\cos x-\sin x(\cos x)'}{\cos^2 x}$$

$$=\frac{\cos^2 x+\sin^2 x}{\cos^2 x}=\frac{1}{\cos^2 x}=\sec^2 x$$

所以

$$(\tan x)'=\sec^2 x$$

类似地，可以推导出

$$(\cot x)'=-\csc^2 x$$

例 3 求正割函数 $y=\sec x$ 的导数.

解 由$(\sec x)'=\left(\dfrac{1}{\cos x}\right)'=\dfrac{-(\cos x)'}{\cos^2 x}=\dfrac{\sin x}{\cos^2 x}=\sec x\tan x$.得

$$(\sec x)'=\sec x\tan x$$

类似地，可以推导出

$$(\sec x)'=-\csc x\cot x$$

例 4 求函数 $y=\dfrac{1+\sin^2 x}{\sin 2x}$的导数.

解 因为

$$y=\frac{1+\sin^2 x}{\sin 2x}=\frac{\sin^2 x+\cos^2 x+\sin^2 x}{\sin 2x}$$

$$=\frac{2\sin^2 x+\cos^2 x}{2\sin x\cos x}=\tan x+\frac{1}{2}\cot x$$

所以 $y'=\sec^2 x-\frac{1}{2}\csc^2 x$.

总结 应当注意,在求导之前尽可能先对函数进行简化,往往能使计算变得简单.上题若直接用商的求导法则,将不会比此法简单,用现有的知识甚至做不出来.原因是题目中涉及的两个函数$\sin^2 x$ 和 $\sin 2x$ 不是简单函数,而是复合函数.那么,复合函数如何求导呢?

2.2.2 复合函数的求导法则

问题 求函数 $y=\sin 2x$ 对 x 的导数.

提问 已知$(\sin x)'=\cos x$,那么$(\sin 2x)'$是否等于 $\cos 2x$?

解

$$\begin{aligned}y'&=(\sin 2x)'=(2\sin x\cos x)'\\&=2[\cos x\cos x+\sin x(-\sin x)]\\&=2(\cos^2 x-\sin^2 x)\\&=2\cos 2x\neq\cos 2x\end{aligned}$$

启发与思考 $y=\sin 2x$ 可以看作是由 $y=\sin u$, $u=2x$ 复合而成的函数.由于

$$\frac{\mathrm{d}y}{\mathrm{d}u}=\cos u=\cos 2x,\quad \frac{\mathrm{d}u}{\mathrm{d}x}=(2x)'=2$$

所以

$$\frac{\mathrm{d}y}{\mathrm{d}u}\cdot\frac{\mathrm{d}u}{\mathrm{d}x}=\cos 2x\cdot 2=2\cos 2x$$

于是,在本例中有等式$\frac{\mathrm{d}y}{\mathrm{d}x}=\frac{\mathrm{d}y}{\mathrm{d}u}\cdot\frac{\mathrm{d}u}{\mathrm{d}x}$.

一般地,有如下复合函数的求导法则:

定理 2.2.2(链式法则) 设函数 $u=\varphi(x)$在 x 处可导,而 $y=f(u)$在对应的 u 处可导,则复合函数 $y=f[\varphi(x)]$在 x 处可导,且

$$y'_x=y'_u\cdot u'_x \quad 或 \quad y'_x=f'(u)\cdot\varphi'(x) \quad 或 \quad \frac{\mathrm{d}y}{\mathrm{d}x}=\frac{\mathrm{d}y}{\mathrm{d}u}\cdot\frac{\mathrm{d}u}{\mathrm{d}x}$$

注 1 此定理可推广到函数是有限多个的情形.

例如:设 $y=f(u)$, $u=\varphi(v)$, $v=\psi(x)$均可导,则复合函数 $y=f[\varphi(\psi(x))]$

也可导，且$\dfrac{dy}{dx}=\dfrac{dy}{du}\cdot\dfrac{du}{dv}\cdot\dfrac{dv}{dx}$.

注 2 使用链式法则的关键是首先把复合函数分解为一些简单函数（基本初等函数）的复合，然后由最外层开始先使用法则，再利用求导公式，一层层求导．注意不能脱节，不能遗漏．

例 5 设 $y=\sin^2 x$，求 y'_x.

解 $y=\sin^2 x$ 可看成是由 $y=u^2$ 及 $u=\sin x$ 复合而成的．所以

$$y'_x=\frac{dy}{du}\cdot\frac{du}{dx}=2u\cdot\cos x=2\sin x\cos x=\sin 2x$$

例 6 设 $\alpha\in\mathbf{R}$，求幂函数 $y=x^\alpha(x>0)$ 的导数．

解 $y=x^\alpha=e^{\alpha\ln x}$ 可看成是由 $y=e^u$ 及 $u=\alpha\ln x$ 复合而成的．所以

$$y'_x=\frac{dy}{du}\cdot\frac{du}{dx}=e^u\cdot(\alpha\ln x)'=e^{\alpha\ln x}\cdot\frac{\alpha}{x}=\alpha x^{\alpha-1}$$

说明 这里利用了公式$(\ln x)'=\dfrac{1}{x}$，另外，注意最后的结果要代回原变量．

当我们对复合函数的分解非常熟悉后，就不必写出中间变量，只要认清复合层次，一步步逐层求导就可以了．

例 7 求函数 $y=e^{\sin\frac{1}{x}}$ 的导数．

解 $y'=e^{\sin\frac{1}{x}}\left(\sin\dfrac{1}{x}\right)'=e^{\sin\frac{1}{x}}\cdot\cos\dfrac{1}{x}\cdot\left(\dfrac{1}{x}\right)'=-\dfrac{1}{x^2}e^{\sin\frac{1}{x}}\cdot\cos\dfrac{1}{x}$.

例 8 设 $y=\sqrt{x^2+1}$，求 y'.

解 $y'=\dfrac{1}{2\sqrt{x^2+1}}\cdot 2x=\dfrac{x}{\sqrt{x^2+1}}$.

例 9 设 $y=\ln(x+\sqrt{x^2+1})$，求 y'.

解

$$\begin{aligned}y'&=\frac{1}{x+\sqrt{x^2+1}}\cdot(x+\sqrt{x^2+1})'\\&=\frac{1}{x+\sqrt{x^2+1}}\cdot\left(1+\frac{x}{\sqrt{x^2+1}}\right)\\&=\frac{1}{\sqrt{x^2+1}}\end{aligned}$$

注意 对由多个复合函数通过四则运算组成的函数，求导时通常先作四则求导运算，再作复合求导运算．

例 10 已知 $f(u)$ 可导，$y=f(\sin^2 x)+f(\cos^2 x)$，求 y'.

解

$$\begin{aligned}y'&=[f(\sin^2 x)]'+[f(\cos^2 x)]'\\&=f'(\sin^2 x)\cdot(\sin^2 x)'+f'(\cos^2 x)\cdot(\cos^2 x)'\end{aligned}$$

$= f'(\sin^2 x)\cdot(2\sin x\cos x)+f'(\cos^2 x)\cdot[2\cos x(-\sin x)]$
$= \sin 2x[f'(\sin^2 x)-f'(\cos^2 x)]$

注意 $[f(\sin^2 x)]'$与$f'(\sin^2 x)$含义的区别是：$[f(\sin^2 x)]'$表示函数$f(\sin^2 x)$对 x 的导数；而 $f'(\sin^2 x)$表示函数 $f(\sin^2 x)$对$\sin^2 x$ 的导数.

2.2.3 反函数的求导法则

定理 2.2.3 设函数 $f(x)$在 I_x 内单调、可导且 $f'(x)\neq 0$，则其反函数 $x=f^{-1}(y)$在对应区间 I_y 内也可导且$[f^{-1}(y)]'=\dfrac{1}{f'(x)}$.（反函数的导数等于原函数导数的倒数.）

提示 $[f^{-1}(y)]'=\lim\limits_{\Delta y\to 0}\dfrac{\Delta x}{\Delta y}=\lim\limits_{\Delta y\to 0}\dfrac{1}{\dfrac{\Delta y}{\Delta x}}=\lim\limits_{\Delta x\to 0}\dfrac{1}{\dfrac{\Delta y}{\Delta x}}=\dfrac{1}{\lim\limits_{\Delta x\to 0}\dfrac{\Delta y}{\Delta x}}=\dfrac{1}{f'(x)}$.

注 (1) 由 $f(x)$单调、可导知 $f^{-1}(y)$单调、可导，故 $\Delta y\neq 0$，$\Delta x\neq 0$，且 $\Delta y\to 0$，$\Delta x\to 0$；

(2) $f'(x)\neq 0$.

例 11 $y=\arctan x$，求 y'.

解 因直接函数 $x=\tan y$ 在$\left(-\dfrac{\pi}{2},\dfrac{\pi}{2}\right)$上可导，且$\dfrac{\mathrm{d}x}{\mathrm{d}y}=\sec^2 y\neq 0$，由反函数的求导法则知：$y=\arctan x$ 在$(-\infty,+\infty)$上可导，且

$$(\arctan x)'=\frac{1}{(\tan y)'}=\frac{1}{\sec^2 y}=\frac{1}{1+\tan^2 y}=\frac{1}{1+x^2}$$

类似地可推得

$$(\arccos x)'=-\frac{1}{\sqrt{1-x^2}}$$

$$(\arcsin x)'=\frac{1}{\sqrt{1-x^2}}$$

$$(\cot x)'=-\frac{1}{1+x^2}$$

例 12 设 $y=\log_a x(a>0,a\neq 1)$，求 y'.

解 因直接函数 $x=a^y$ 在$(-\infty,+\infty)$上可导，且$\dfrac{\mathrm{d}x}{\mathrm{d}y}=a^y\cdot\ln a\neq 0$，由反函数的求导法则知：$y=\log_a x$ 在$(0,+\infty)$上可导，且

$$(\log_a x)'=\frac{1}{(a^y)'}=\frac{1}{a^y\cdot\ln a}=\frac{1}{x\ln a}$$

特别地，$(\ln x)'=\dfrac{1}{x}$.

例 13 求分段函数 $f(x)=\begin{cases}x^3, & x<0\\ x^2, & x\geqslant 0\end{cases}$ 的导数.

解 当 $x<0$ 时，$f'(x)=3x^2$；

当 $x>0$ 时，$f'(x)=2x$；

当 $x=0$ 时，由于

$$f'_+(0)=\lim_{x\to 0^+}\frac{f(x)-f(0)}{x}=\lim_{x\to 0^+}\frac{x^2-0}{x}=0$$

$$f'_-(0)=\lim_{x\to 0^-}\frac{f(x)-f(0)}{x}=\lim_{x\to 0^-}\frac{x^3-0}{x}=0$$

所以，$f'(0)=0$.

综上可得 $f'(x)=\begin{cases}3x^2, & x<0\\ 2x, & x\geqslant 0\end{cases}$.

例 14 求下列函数的导数：

(1) $y=2^{\tan\frac{1}{x}}$； (2) $y=\sin^2(2-3x)$； (3) $y=\log_3\cos\sqrt{x^2+1}$.

解 (1) 设 $y=u$，$u=\tan v$，$v=\dfrac{1}{x}$. 由定理 2.2.3 得

$$y'_x=y'_u\cdot u'_v\cdot v'_x=2^u(\ln 2)\frac{1}{\cos^2 v}\left(\frac{-1}{x^2}\right)=\frac{2^{\tan\frac{1}{x}}\ln 2}{x^2\cos^2\frac{1}{x}}$$

(2) $y'=2\sin(2-3x)\cos(2-3x)(-3)=-3\sin 2(2-3x)$.

(3)
$$y'=\frac{1}{\cos\sqrt{x^2+1}\ln 3}(-\sin\sqrt{x^2+1})\cdot\frac{2x}{2\sqrt{x^2+1}}$$

$$=-\frac{x}{\ln 3\sqrt{x^2+1}}\tan\sqrt{x^2+1}$$

至此，我们不仅推得了所有基本初等函数的导数公式，而且还给出了函数四则运算的求导法则和复合函数的求导法则，这些是初等函数求导运算的基础，必须熟练掌握，为了便于查阅和记忆，现把基本初等函数的导数公式归纳如下：

(1) $(C)'=0$； (2) $(x^\alpha)'=\alpha x^{\alpha-1}$（$\alpha$ 为实数）；

(3) $(\sin x)'=\cos x$； (4) $(\cos x)'=-\sin x$；

(5) $(\tan x)'=\sec^2 x$； (6) $(\cot x)'=-\csc^2 x$；

(7) $(\sec x)'=\sec x\cdot\tan x$； (8) $(\csc x)'=-\csc x\cdot\cot x$；

(9) $(\mathrm{e}^x)'=\mathrm{e}^x$； (10) $(a^x)'=a^x\ln a$；

(11) $(\ln x)'=\dfrac{1}{x}$； (12) $(\log_a x)'=\dfrac{1}{x\ln a}$；

(13) $(\arcsin x)'=\dfrac{1}{\sqrt{1-x^2}}$； (14) $(\arccos x)'=-\dfrac{1}{\sqrt{1-x^2}}$；

(15) $(\arctan x)'=\frac{1}{1+x^2}$； (16) $(\text{arccot}\, x)'=-\frac{1}{1+x^2}$.

2.3 高阶导数

我们知道，变速直线运动的速度 $v(t)$是位置函数 $s(t)$对时间 t 的导数，即 $v=\frac{\mathrm{d}s}{\mathrm{d}t}$或$v=s'$，而加速度 a 又是速度对时间 t 的变化率，即速度 v 对时间 t 的导数：

$$a=\frac{\mathrm{d}v}{\mathrm{d}t}=\frac{\mathrm{d}}{\mathrm{d}t}\left(\frac{\mathrm{d}s}{\mathrm{d}t}\right) \quad 或 \quad a=(s')'$$

这种导数的导数$\frac{\mathrm{d}}{\mathrm{d}t}\left(\frac{\mathrm{d}s}{\mathrm{d}t}\right)$或$(s')'$叫做$s$对$t$的二阶导数，记作$\frac{\mathrm{d}^2 s}{\mathrm{d}t^2}$或$s''(t)$. 所以，直线运动的加速度就是位置函数 s 对时间 t 的二阶导数.

一般地，函数 $y=f(x)$的导数 $y'=f'(x)$仍然是 x 的函数. 我们把 $y'=f'(x)$的导数叫做函数 $y=f(x)$的二阶导数，记作 y''或$\frac{\mathrm{d}^2 y}{\mathrm{d}x^2}$，即

$$y''=(y')' \quad 或 \quad \frac{\mathrm{d}^2 y}{\mathrm{d}x^2}=\frac{\mathrm{d}}{\mathrm{d}x}\left(\frac{\mathrm{d}y}{\mathrm{d}x}\right)$$

相应地，把 $y=f(x)$的导数 $y'=f'(x)$叫做函数 $y=f(x)$的一阶导数.

类似地，二阶导数的导数，叫做三阶导数，三阶导数的导数叫做四阶导数，一般地，$n-1$ 阶导数的导数叫做 n 阶导数，分别记作

$$y''',y^{(4)},\cdots,y^{(n)} \quad 或 \quad \frac{\mathrm{d}^3 y}{\mathrm{d}x^3},\frac{\mathrm{d}^4 y}{\mathrm{d}x^4},\cdots,\frac{\mathrm{d}^n y}{\mathrm{d}x^n}$$

函数 $y=f(x)$具有 n 阶导数，也常说成函数 $y=f(x)$为 n 阶可导的. 如果函数 $y=f(x)$在点 x 处具有n 阶导数，那么 $y=f(x)$在点 x 的某一邻域内必定具有一切低于n 阶的导数. 二阶及二阶以上的导数统称高阶导数.

由此可见，求高阶导数就是多次接连地求导数. 所以，仍可应用前面学过的求导方法来计算高阶导数.

例 1 已知 $y=ax+b$，求 y''.

解 因为 $y'=a$，故 $y''=0$.

例 2 求下列函数的二阶导数：

(1) $y=2x^3-3x^2+5$； (2) $y=x\cos x$.

解 (1) $y'=6x^2-6x$，$y''=(6x^2-6x)'=12x-6$.

(2) $y'=\cos x-x\sin x$, $y''=-\sin x-\sin x-x\cos x=-2\sin x-x\cos x$.

例 3 设 $f(x)=x^2\ln x$,求 $f'''(2)$.

解 因为 $f'=2x\ln x+x$, $f''(x)=2\ln x+3$, $f'''(x)=\dfrac{2}{x}$,所以 $f'''(2)=1$.

例 4 求对数函数 $y=\ln(1+x)$的 n 阶导数.

解 $y'=\dfrac{1}{1+x}$, $y''=-\dfrac{1}{(1+x)^2}$, $y'''=\dfrac{1.2}{(1+x)^3}$, $y^{(4)}=-\dfrac{1\cdot 2\cdot 3}{(1+x)^4}$, $\cdots$.

一般地,可得 $y^{(n)}=(-1)^{n-1}\dfrac{(n-1)!}{(1+x)^n}$.

例 5 求正弦与余弦函数的 n 阶导数.

解 对 $y=\sin x$,

$$y'=\cos x=\sin\left(x+\frac{\pi}{2}\right)$$

$$y''=\cos\left(x+\frac{\pi}{2}\right)=\sin\left(x+\frac{\pi}{2}+\frac{\pi}{2}\right)=\sin\left(x+2\,\frac{\pi}{2}\right)$$

$$y'''=\cos\left(x+2\,\frac{\pi}{2}\right)=\sin\left(x+3\,\frac{\pi}{2}\right)$$

$$y^{(4)}=\cos\left(x+3\,\frac{\pi}{2}\right)=\sin\left(x+4\,\frac{\pi}{2}\right)$$

一般地,可得 $y^{(n)}=\sin\left(x+n\,\dfrac{\pi}{2}\right)$,即

$$(\sin x)^{(n)}=\sin\left(x+n\,\frac{\pi}{2}\right)$$

用类似地方法,可得 $(\cos x)^{(n)}=\cos\left(x+n\,\dfrac{\pi}{2}\right)$.

2.4 几种特殊函数的求导方法

2.4.1 隐函数求导

1. 隐函数的定义

形如 $y=f(x)$的函数为显函数;而由方程 $F(x,y)=0$ 或 $f(x,y)=g(x,y)$所确定的函数为隐函数.

隐函数求导法:将方程两端对 x 求导(y 看成 x 的函数),然后解出 y'.

对由 $F(x,y)=0$ 确定的方程 $y=f(x)$的求导法可用以下两种方法求得:

(1) 方程两边对 x 求导,注意 y 是 x 的函数,要用复合函数求导法;

(2) 利用微分不变性,对方程两边求微分,然后解出 $\frac{dy}{dx}$.

例 1 求由方程 $x^2+y^2=4$ 所确定的隐函数 y 的导数.

解 方程两边对 x 求导,得 $(x^2)'+(y^2)'=(4)'$,即 $2x+2y\cdot y'=0$,解出 y',得 $y'=-\frac{x}{y}$.

例 2 求由方程 $e^y=xy$ 所确定的隐函数 y 的导数.

解 因为 y 是 x 的函数,所以 e^x 是 x 的复合函数,将所给方程两边同时对 x 求导,得 $e^y\cdot y'=x'y+xy'$,解之得 $y'=\frac{y}{e^y-x}$.

例 3 求曲线 $xy+\ln y=1$ 在点(1,1)处的切线方程.

解 由导数的几何意义知道,所求切线的斜率就是函数的导数.把方程两边分别对 x 求导,有 $(xy)'+(\ln y)'=(1)'$.从而

$$y'=-\frac{y^2}{xy+1}$$

将数值代入上式得

$$y'|_{x=1,y=1}=-\frac{1}{2}$$

于是所求的切线方程为 $y-1=-\frac{1}{2}(x-1)$,即 $x+2y-3=0$.

2.4.2 对数求导法

对数求导法多用于求幂指函数 $f(x)^{g(x)}$ 与多因式函数求导问题,两边取对数,变显函数为隐函数,再使用隐函数求导法求导.

例 4 $y=\sqrt[3]{\frac{x(3x-1)}{(5x+3)(2-x)}}\ \left(\frac{1}{3}<x<2\right)$.

解

$$\ln y=\frac{1}{3}[\ln x+\ln(3x-1)-\ln(5x+3)-\ln(2-x)]$$

$$\frac{1}{y}y'=\frac{1}{3}\left(\frac{1}{x}+\frac{3}{3x-1}-\frac{5}{5x+3}+\frac{1}{2-x}\right)$$

所以

$$y'=\frac{1}{3}\left(\frac{1}{x}+\frac{3}{3x-1}-\frac{5}{5x+3}+\frac{1}{2-x}\right)\sqrt[3]{\frac{x(3x-1)}{(5x+3)(2-x)}}$$

例 5 已知 $y=\sqrt{\frac{(x-1)(x-2)}{(x-3)(x-4)}}$,求 y'.

解 $$\ln y=\frac{1}{2}[\ln(x-1)+\ln(x-2)-\ln(x-3)-\ln(x-4)]$$

$$\frac{1}{y}y'=\frac{1}{2}\left(\frac{1}{x-1}+\frac{1}{x-2}-\frac{1}{x-3}-\frac{1}{x-4}\right)$$

$$y'=\frac{1}{2}\sqrt{\frac{(x-1)(x-2)}{(x-3)(x-4)}}\left(\frac{1}{x-1}+\frac{1}{x-2}-\frac{1}{x-3}-\frac{1}{x-4}\right)$$

幂指函数的一般形式为 $y=u^{v}(u>0)$,其中 u,v 是 x 的函数.如果 u,v 都可导,则可利用对数求导法求出幂指函数的导数:先在两边取对数,得

$$\ln y=v\ln u$$

上式两边对 x 求导,注意到 y,u,v 都是 x 的函数,得

$$\frac{1}{y}y'=v'\ln u+v\frac{1}{u}u'$$

于是

$$y'=y\left(v'\ln u+\frac{vu'}{u}\right)=u^{v}\left(v'\ln u+\frac{vu'}{u}\right)$$

幂指函数也可表示为 $y=\mathrm{e}^{v\ln u}$,这样,便可直接求得

$$y'=\mathrm{e}^{v\ln u}\left(v'\ln u+v\frac{u'}{u}\right)=u^{v}\left(v'\ln u+\frac{vu'}{u}\right)$$

例 6 求 $y=x^{\sin x}(x>0)$的导数.

解 此函数为幂指函数,先在两边取对数,得

$$\ln y=\sin x\ln x$$

上式两边对 x 求导,注意到 y 是 x 的函数,得

$$\frac{1}{y}y'=\cos x\ln x+\sin x\frac{1}{x}$$

于是

$$y'=y\left(\cos x\ln x+\frac{\sin x}{x}\right)=x^{\sin x}\left(\cos x\ln x+\frac{\sin x}{x}\right)$$

2.5 微 分

2.5.1 微分的定义

实例 一块正方形金属薄片受温度变化的影响时,其边长由 x_0 变到了 $x_0+\Delta x$,则此薄片的面积改变了多少?

解答 设此薄片的边长为 x,面积为 A,则 A 是 x 的函数:$A=x^2$.薄片受温度

变化的影响面积的改变量，可以看成是当自变量 x 在 x_0 取增量 Δx 时，函数 A 相应的增量 ΔA，即

$$\Delta A=(x_0+\Delta x)^2-x_0^2=2x_0\Delta x+(\Delta x)^2$$

从上式我们可以看出，ΔA 分成两部分，第一部分 $2x_0\Delta x$ 是 Δx 的线性函数，即图 2.3 中灰色部分；第二部分 $(\Delta x)^2$，即图 2.3 中的黑色部分，当 $\Delta x\to 0$ 时，它是 Δx 的高阶无穷小，表示为 $o(\Delta x)$.

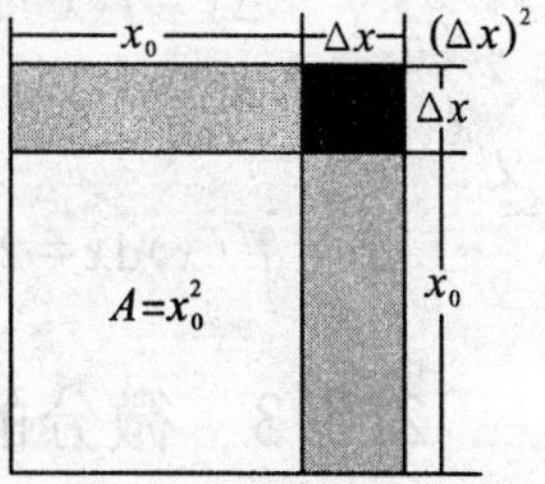

图 2.3

由此我们可以发现，如果边长变化的很小时，面积的改变量可以近似地用第一部分来代替. 下面我们给出微分的数学定义：

定义 2.5.1 若 $y=f(x)$ 在 x_0 处的增量 Δy 可表示为 $\Delta y=A\Delta x+o(x)$，其中 A 为不依赖于 Δx 的数，则称 $y=f(x)$ 在 x_0 处**可微**，称 $A\Delta x$ 为 $f(x)$ 的**微分**，记为 $\mathrm{d}y$，即 $\mathrm{d}y=A\mathrm{d}x$.

通过上面的学习我们知道：微分 $\mathrm{d}y$ 是自变量改变量 Δx 的线性函数，$\mathrm{d}y$ 与 Δy 的差 $o(\Delta x)$ 是关于 Δx 的高阶无穷小量，我们把 $\mathrm{d}y$ 称作 Δy 的线性主部. 于是我们又得出：当 $\Delta x\to 0$ 时，$\Delta y\approx \mathrm{d}y$. 导数的记号为 $\frac{\mathrm{d}y}{\mathrm{d}x}=f'(x)$，现在我们可以发现，它不仅表示导数的记号，而且还可以表示两个微分的比值（把 Δx 看成 $\mathrm{d}x$，即：定义自变量的增量等于自变量的微分），还可表示为 $\mathrm{d}y=f'(x_0)\mathrm{d}x$.

2.5.2 可微与可导的关系

可微与可导的关系如下：

$$\text{可微} \Leftrightarrow \text{可导}$$

证明 必要性：$y=f(x)$ 在 x_0 处可微 $\Rightarrow \Delta y=A\Delta x+o(x)$，则

$$\frac{\Delta y}{\Delta x}=A+\frac{o(\Delta x)}{\Delta x} \quad \Rightarrow \quad \lim_{\Delta x\to 0}\frac{\Delta y}{\Delta x}=A=f'(x_0)$$

充分性：$y=f(x)$ 在 x_0 处可导

$$\Rightarrow \quad \lim_{\Delta x\to 0}\frac{\Delta y}{\Delta x}=f'(x_0)$$

$$\Rightarrow \quad \frac{\Delta y}{\Delta x}=f'(x_0)+\alpha$$

$$\Rightarrow \quad \Delta y=f'(x_0)\Delta x+\alpha\Delta x=f'(x_0)\Delta x+o(\Delta x)$$

$\Rightarrow \quad y=f(x)$ 在 x_0 处可微

定理 2.5.1 如果函数在某区间上可导，则它在此区间上一定可微，反之亦

成立.

例 1 求 $y=x^2+1$ 在 $x=1,\Delta x=0.1$ 时的改变量与微分.

解 记 $y=f(x)=x^2+1$,

$$\Delta y=f(x+\Delta x)-f(x)=2x\Delta x+(\Delta x)^2$$

$$\Delta y_{|x=1,\Delta x=0.1}=0.21$$

又

$$dy=f'(x)dx=2xdx,\text{所以 } dy_{|x=1,\Delta x=0.1}=0.2.\text{两者之间只相差 }0.01.$$

2.5.3 微分的几何意义

因为

$$dy=f'(x)\Delta x=\tan\alpha\Delta x=\frac{PQ}{MQ}\Delta x=PQ$$

所以几何上 dy 表示曲线在点$(x_0,f(x_0))$处切线的增量.即函数微分的几何意义是:当自变量在点 x_0 处取得改变量 Δx 时,微分 dy 就是过点 MT 的纵坐标 PQ(图 2.4).而 NP 则表示 dy 与 Δy 之差,它随着 $\Delta x\to 0$ 而更快地趋向于零,是 Δx 的高阶无穷小.于是,当$|\Delta x|$较小时,函数的改变量 Δy 就可以用函数的微分 dy 来近似.从而体现了近似计算中的"以曲代直"的思想.

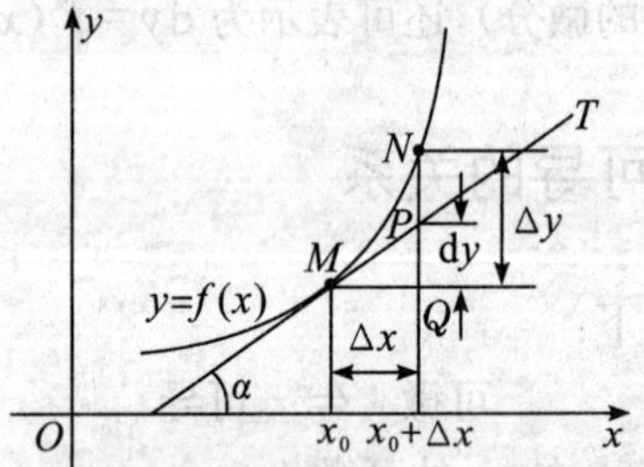

图 2.4

2.5.4 微分公式与微分法则

1. 基本初等函数的微分公式

由于函数微分的表达式为 $dy=f'(x)dx$,于是我们通过基本初等函数导数的公式可得出基本初等函数微分的公式,下面我们用表格来把基本初等函数的导数公式与微分公式(部分公式)对比一下(表 2.1).

表 2.1

导数公式	微分公式
$(C)'=0$	$\mathrm{d}(C)=0$
$(x)'=1$	$\mathrm{d}(x)=\mathrm{d}x$
$(x^n)'=nx^{n-1}$	$\mathrm{d}(x^n)=nx^{n-1}\mathrm{d}x$
$(\sin x)'=\cos x$	$\mathrm{d}(\sin x)=\cos x\mathrm{d}x$
$(\mathrm{e}^x)'=\mathrm{e}^x$	$\mathrm{d}(\mathrm{e}^x)=\mathrm{e}^x\mathrm{d}x$
$(\ln x)'=\dfrac{1}{x}$	$\mathrm{d}(\ln x)=\dfrac{\mathrm{d}x}{x}$

2. 微分运算法则

由函数和、差、积、商的求导法则,可推出相应的微分法则.为了便于理解,下面我们用表格来把微分的运算法则与导数的运算法则对照一下(表 2.2).

表 2.2

函数和、差、积、商的求导法则	函数和、差、积、商的微分法则
$(u\pm v)'=u'\pm v'$	$\mathrm{d}(u\pm v)=\mathrm{d}u\pm\mathrm{d}v$
$(Cu)'=Cu'$	$\mathrm{d}(Cu)=C\mathrm{d}u$
$(uv)'=u'v+uv'$	$\mathrm{d}(uv)=v\mathrm{d}u+u\mathrm{d}v$
$\left(\dfrac{u}{v}\right)'=\dfrac{u'v-uv'}{v^2}$	$\mathrm{d}\left(\dfrac{u}{v}\right)=\dfrac{v\mathrm{d}u-u\mathrm{d}v}{v^2}$

例 2 求下列函数的微分:

(1) $y=x^3\mathrm{e}^{2x}$; (2) $y=\arctan\dfrac{1}{x}$.

解 (1) $y'=3x^2\mathrm{e}^{2x}+2x^3\mathrm{e}^{2x}=x^2\mathrm{e}^{2x}(3+2x)$, $\mathrm{d}y=y'\mathrm{d}x=x^2\mathrm{e}^{2x}(3+2x)\mathrm{d}x$.

(2) $y'=\dfrac{\dfrac{-1}{x^2}}{1+\dfrac{1}{x^2}}=-\dfrac{1}{1+x^2}$, $\mathrm{d}y=-\dfrac{1}{1+x^2}\mathrm{d}x$.

2.5.5 微分形式的不变性

设 $y=f(u)$,不论 u 是自变量还是中间变量,都有 $\mathrm{d}y=f'(u)\mathrm{d}u$.

证明 若 u 是自变量,则 $\mathrm{d}y=f'(u)\mathrm{d}u$;

若 u 是中间变量，则 $\mathrm{d}y=f'(\varphi'(x))\varphi'(x)\mathrm{d}x=f'(u)\mathrm{d}u$.

由此可见，不论 u 是自变量还是中间变量，$y=f(u)$的微分 $\mathrm{d}y$ 总可以用$f'(u)$与 $\mathrm{d}u$ 的乘积来表示，我们把这一性质称为微分形式的不变性.

例 3 $y=\mathrm{e}^{-ax}\sin bx$，求 $\mathrm{d}y$.

解法 1 由 $y'=-a\mathrm{e}^{-ax}\sin bx+b\mathrm{e}^{-ax}\cos bx$ 得

$$\mathrm{d}y=(-a\mathrm{e}^{-ax}\sin bx+b\mathrm{e}^{-ax}\cos bx)\mathrm{d}x$$

解法 2

$$\begin{aligned}\mathrm{d}y&=\mathrm{d}(\mathrm{e}^{-ax}\sin bx)=\sin bx\mathrm{d}\mathrm{e}^{-ax}+\mathrm{e}^{-ax}\mathrm{d}(\sin bx)\\&=\sin bx\mathrm{e}^{-ax}\mathrm{d}(-ax)+\mathrm{e}^{-ax}\cos bx\mathrm{d}(bx)\\&=-a\sin bx\mathrm{e}^{-ax}\mathrm{d}x+b\mathrm{e}^{-ax}\cos bx\mathrm{d}x\end{aligned}$$

2.5.6 微分用于近似计算

实际中经常会遇到一些函数表达式较复杂的运算，但是结果又并非要求十分精确，在这种情况下，可考虑使用微分来做近似的计算.

条件：$f'(x_0)\neq 0$，$|\Delta x|$比较小，$f(x_0)$，$f'(x_0)$容易求；

公式 1：$\Delta y\approx \mathrm{d}y=f'(x_0)\Delta x$；

公式 2：$f(x_0+\Delta x)\approx f(x_0)+f'(x_0)\Delta x$.

例 4 求$\sqrt{26}$的近似值.

解 作函数 $f(x)=\sqrt{x}$，故 $x_0=25$，$\Delta x=1$，$f'(x)=\dfrac{1}{2\sqrt{x}}$，所以

$$\sqrt{26}=f(25)+f'(25)1=\sqrt{25}+\frac{1}{2\sqrt{25}}=5.1$$

利用 $f(x)\approx f(0)+f'(0)x$（$|x|$很小），可证得以下的几个公式：

(1) $\sqrt[n]{1+x}=1+\dfrac{1}{n}x$；

(2) $\sin x\approx x$，$\tan x\approx x$；

(3) $\mathrm{e}^x\approx 1+x$，$\ln(1+x)\approx x$.

例 5 有一批半径为 1 cm 的球，为了提高球面光滑度要镀上一层铜，厚度为 0.01 cm. 估计一下每只球需要多少铜.（铜的密度：8.9 g/cm^3）

解 球的体积为 $V=\dfrac{4}{3}\pi R^3$，问题变为当 $R_0=1$ 变到 $R_0+\Delta R=1+0.01$ 时求 Δv.

因为 $V'=4\pi R^2$，所以 $\Delta V\approx \mathrm{d}V=4\pi R^2\Delta R$，将数据代入可以算出

$$\Delta V\approx 0.13\ \mathrm{cm}^3$$

所以每只球需要铜 0.13×8.9=1.16 (g).

例 6 求$\sqrt{1.05}$的近似值.

解 令 $f(x+\Delta x)=\sqrt{x+\Delta x}$，则由$\sqrt{1.05}=\sqrt{1+0.05}$知 $x=1,\Delta x=0.05$，所以

$$f(x+\Delta x)\approx f(x)+f'(x)\Delta x=\sqrt{x}+\frac{1}{2\sqrt{x}}\Delta x=1+\frac{1}{2}\cdot 0.05=1.025$$

故其近似值为 1.025(精确值为 1.024 695).

2.6 导数在经济学中的应用

2.6.1 边际与边际分析

边际概念是经济学中的一个重要概念，通常指经济变量的变化率，即经济函数的导数称为**边际**.而利用导数研究经济变量的边际变化的方法，就是边际分析方法.

1. 总成本、平均成本、边际成本

总成本是生产一定量的产品所需要的成本总额，通常由固定成本和可变成本两部分构成，用 $C(x)$表示，其中 x 表示产品的产量，$C(x)$表示当产量为 x 时的总成本.

不生产时，$x=0$，这时 $C(x)=C(0)$，$C(0)$就是固定成本.

平均成本是平均每个单位产品的成本，若产量由 x_0变化到 $x_0+\Delta x$，则

$$\frac{C(x_0+\Delta x)-C(x_0)}{\Delta x}$$

称为 $C(x)$在$(x_0,x_0+\Delta x)$内的平均成本，它表示总成本函数 $C(x)$在$(x_0,x_0+\Delta x)$内的平均变化率.而$\frac{C(x)}{x}$称为平均成本函数，表示在产量为 x 时平均每单位产品的成本.

在经济学中，边际成本定义为产量增加或减少 1 个单位产品时所增加或减少的总成本.即有如下定义：

定义 2.6.1 设总成本函数 $C=C(x)$，且其他条件不变，产量为 x_0时，增加(减少)1 个单位产量所增加(减少)的成本叫做产量为 x_0时的**边际成本**.即

$$边际成本=\frac{C(x_0+\Delta x)-C(x_0)}{\Delta x}$$

其中，$\Delta x=1$ 或 $\Delta x=-1$.

注意到总成本函数中自变量 x 的取值,按经济意义产品的产量通常取正整数.如汽车的产量“辆数”,机器的产量“台数”,服装的产量“件数”等,都是正整数.因此,产量 x 是一个离散的变量,若在经济学中,假定产量的单位是无限可分的,就可以把产量 x 看作一个连续变量,从而可以引入极限的方法,用导数表示边际成本.

事实上,如果总成本函数 $C(x)$是可导函数,则有

$$C'(x_0)=\lim_{\Delta x\to 0}\frac{C(x_0+\Delta x)-C(x_0)}{\Delta x}$$

由极限存在与无穷小量的关系可知

$$\frac{C(x_0+\Delta x)-C(x_0)}{\Delta x}=C'(x_0)+\alpha \tag{1}$$

其中,$\lim\limits_{\Delta x\to 0}\alpha=0$.当$|\Delta x|$很小时有

$$\frac{C(x_0+\Delta x)-C(x_0)}{\Delta x}\approx C'(x_0) \tag{2}$$

当$|\Delta x|=1$时,相对于产品的总产量而言,Δx 已经是很小的变化了,故当$|\Delta x|=1$时,式(2)成立,其误差也满足实际问题的需要.这表明可以用总成本函数在 x_0处的导数近似地代替产量为 x_0时的边际成本.

定义 2.6.2 设总成本函数 $C(x)$为可导函数,称

$$C'(x_0)=\lim_{\Delta x\to 0}\frac{C(x_0+\Delta x)-C(x_0)}{\Delta x}$$

为产量是 x_0时的**边际成本**.

其经济意义是:$C'(x_0)$近似地等于产量为 x_0时再增加(减少)1 个单位产品所增加(减少)的总成本.

若成本函数 $C(x)$在区间 I 内可导,则 $C'(x)$为 $C(x)$在区间 I 内的边际成本函数,产量为 x_0时的边际 $C'(x_0)$为边际成本函数 $C'(x)$在 x_0处的函数值.

例 1 已知某商品的成本函数为

$$C(Q)=100+\frac{1}{4}Q^2 \quad (Q\text{ 表示产量})$$

(1) 求当 $Q=10$ 时的平均成本,Q 为多少时,平均成本最小?

(2) 求 $Q=10$ 时的边际成本,并解释其经济意义.

解 (1)由 $C(Q)=100+\frac{1}{4}Q^2$ 得平均成本函数为

$$\frac{C(Q)}{Q}=\frac{100+\frac{1}{4}Q^2}{Q}=\frac{100}{Q}+\frac{1}{4}Q$$

当 $Q=10$ 时,

$$\left.\frac{C(Q)}{Q}\right|_{Q=10}=\frac{100}{10}+\frac{1}{4}\times 10=12.5$$

记$\overline{C}=\dfrac{C(Q)}{Q}$,则

$$\overline{C}'=-\frac{100}{Q^2}+\frac{1}{4},\quad \overline{C}''=\frac{200}{Q^3}$$

令$\overline{C}'=0$,得 $Q=20$,而

$$\overline{C}''(20)=\frac{200}{20^3}=\frac{1}{40}>0$$

所以当 $Q=20$ 时,平均成本最小.

(2) 由 $C(Q)=100+\frac{1}{4}Q^2$ 得边际成本函数为

$$C'(Q)=\frac{1}{2}Q$$

$$C'(Q)|_{x=10}=\frac{1}{2}\times 10=5$$

则当产量 $Q=10$ 时的边际成本为 5,其经济意义为:当产量为 10 时,若再增加(减少)1 个单位产品,总成本将近似地增加(减少)5 个单位.

2. 总收益、平均收益、边际收益

总收益是生产者出售一定量产品所得的全部收入,表示为 $R(x)$,其中 x 表示销售量(在以下的讨论中,我们总是假设销售量、产量、需求量均相等).

平均收益函数为$\dfrac{R(x)}{x}$,表示销售量为 x 时单位销售量的平均收益.

在经济学中,边际收益指生产者每多(少)销售 1 个单位产品所增加(减少)的销售总收入.

按照以上的边际成本讨论,可得如下定义:

定义 2.6.3 若总收益函数 $R(x)$可导,称

$$R'(x_0)=\lim_{\Delta x\to 0}\frac{R(x_0+\Delta x)-R(x_0)}{\Delta x}$$

为销售量为 x_0时该产品的**边际收益**.

其经济意义为:在销售量为 x_0时,再增加(减少)1 个单位的销售量,总收益将近似地增加(减少)$R'(x_0)$个单位.

$R'(x)$称为边际收益函数,且 $R'(x_0)=R'(x)|_{x=x_0}$.

3. 总利润、平均利润、边际利润

总利润是指销售 x 个单位的产品所获得的净收入,即总收益与总成本之差,记 $L(x)$为总利润,则

$$L(x)=R(x)-C(x)$$

其中，x 表示销售量，$\frac{L(x)}{x}$ 称为平均利润函数.

定义 2.6.4 若总利润函数 $L(x)$ 为可导函数，称

$$L'(x_0)=\lim_{\Delta x\to 0}\frac{L(x_0+\Delta x)-L(x_0)}{\Delta x}$$

为 $L(x)$ 在 x_0 处的**边际利润**.

其经济意义为：在销售量为 x_0 时，再多（少）销售 1 个单位产品所增加（减少）的利润.

根据总利润函数、总收益函数、总成本函数的定义及函数取得最大值的必要条件与充分条件可得如下结论.

由定义，

$$L(x)=R(x)-C(x)$$
$$L'(x)=R'(x)-C'(x)$$

令 $L'(x)=0$，$R'(x)=C'(x)$.

结论 1 函数取得最大利润的必要条件是边际收益等于边际成本.

又由 $L(x)$ 取得最大值的充分条件：

$$L'(x)=0 \quad 且 \quad L''(x)<0$$

可得 $R''(x)<C''(x)$.

结论 2 函数取得最大利润的充分条件是：边际收益等于边际成本且边际收益的变化率小于边际成本的变化率.

结论 1 与结论 2 称为最大利润原则.

例 2 某工厂生产某种产品，固定成本为 2 000 元，每生产 1 单位产品，成本增加 100 元. 已知总收益 R 为年产量 Q 的函数，且

$$R=R(Q)=\begin{cases}400Q-\frac{1}{2}Q^2, & 0\leqslant Q\leqslant 400\\ 80\,000, & Q>400\end{cases}$$

问每年生产多少产品时，总利润最大？此时总利润是多少？

解 由题意知总成本函数为

$$C=C(Q)=2\,000+100Q$$

从而可得利润函数为

$$\begin{aligned}L&=L(Q)\\&=R(Q)-C(Q)\\&=\begin{cases}300Q-\frac{1}{2}Q^2, & 0\leqslant Q\leqslant 400\\ 60\,000-100Q, & Q>400\end{cases}\end{aligned}$$

令 $L'(Q)=0$,得

$$Q=300$$

$$L''(Q)|_{Q=300}=-1<0$$

所以 $Q=300$ 时总利润最大,此时 $L(300)=25\ 000$,即当年产量为 300 个单位时,总利润最大,此时总利润为 25 000 元.

若已知某产品的需求函数为 $P=P(x)$,其中 P 为单位产品售价,x 为产品需求量,则需求与收益之间的关系为

$$R(x)=x\cdot P(x)$$

这时 $R'(x)=P(x)+xP'(x)$,其中 $P'(x)$为边际需求,表示当需求量为 x 时,再增加 1 个单位的需求量,产品价格近似地增加 $P'(x)$个单位.

2.6.2 弹性与弹性分析

弹性概念是经济学中的另一个重要概念,用来定量地描述一个经济变量对另一个经济变量变化的反应程度.

实例 设某商品的需求函数为 $Q=Q(P)$,其中 P 为价格.当价格 P 获得一个增量 ΔP 时,相应地需求量获得增量 ΔQ,比值$\frac{\Delta Q}{\Delta P}$表示 Q 对 P 的平均变化率,但这个比值是一个与度量单位有关的量.

比如,假定该商品价格增加 1 元,引起需求量降低 10 个单位,则$\frac{\Delta Q}{\Delta P}=\frac{-10}{1}=-10$;若以分为单位,即价格增加 100 分(1 元),引起需求量降低 10 个单位,则$\frac{\Delta Q}{\Delta P}=\frac{-10}{100}=-\frac{1}{10}$.由此可见,当价格的计算单位不同时,会引起比值$\frac{\Delta Q}{\Delta P}$的变化.为了弥补这一缺点,采用价格与需求量的相对增量$\frac{\Delta P}{P}$及$\frac{\Delta Q}{Q}$,它们分别表示价格和需求量的相对改变量,这时无论价格和需求量的计算单位怎样变化,比值$\frac{\Delta Q}{Q}\Big/\frac{\Delta P}{P}$都不会发生变化,它表示 Q 对 P 的平均相对变化率,反映了需求变化对价格变化的反应程度.

定义 2.6.5 设函数 $y=f(x)$在点 $x_0(x_0\neq0)$的某邻域内有定义,且 $f(x_0)\neq0$,如果极限

$$\lim_{\Delta x\to0}\frac{\Delta y/f(x_0)}{\Delta x/x_0}=\lim_{\Delta x\to0}\frac{[f(x_0+\Delta x)-f(x_0)]/f(x_0)}{\Delta x/x_0}$$

存在,则称此极限值为函数 $y=f(x)$在点 x_0处的**点弹性**,记为$\left.\frac{Ey}{Ex}\right|_{x=x_0}$;称比值

$$\frac{\Delta y/f(x_0)}{\Delta x/x_0}=\frac{[f(x_0+\Delta x)-f(x_0)]/f(x_0)}{\Delta x/x_0}$$

为函数 $y=f(x)$ 在 x_0 与 $x_0+\Delta x$ 之间的**平均相对变化率**,经济上也叫做点 x_0 与 $x_0+\Delta x$ 之间的**弧弹性**.

由定义可知 $\left.\frac{Ey}{Ex}\right|_{x=x_0}=\left.\frac{x_0}{f(x_0)}\frac{\mathrm{d}y}{\mathrm{d}x}\right|_{x=x_0}$,且当 $|\Delta x|\ll 1$ 时,有

$$\left.\frac{Ey}{Ex}\right|_{x=x_0}\approx\frac{\Delta y/f(x_0)}{\Delta x/x_0}$$

即点弹性近似地等于弧弹性.

如果函数 $y=f(x)$ 在区间 (a,b) 内可导,且 $f(x)\neq 0$,则称 $\frac{Ey}{Ex}=\frac{x}{f(x)}f'(x)$ 为函数 $y=f(x)$ 在区间 (a,b) 内的**点弹性函数**,简称为**弹性函数**.

函数 $y=f(x)$ 在点 x_0 处的点弹性与 $f(x)$ 在 x_0 与 $x_0+\Delta x$ 之间的弧弹性的数值可以是正数,也可以是负数,取决于变量 y 与变量 x 是同方向变化(正数)还是反方向变化(负数).弹性数值绝对值的大小表示变量变化程度的大小,且弹性数值与变量的度量单位无关.下面给出证明.

设 $y=f(x)$ 为一经济函数,变量 x 与 y 的度量单位发生变化后,自变量由 x 变为 x^*,函数值由 y 变为 y^*,且 $x^*=\lambda x$, $y^*=\mu y$,则 $\frac{Ey^*}{Ex^*}=\frac{Ey}{Ex}$.

证明

$$\frac{Ey^*}{Ex^*}=\frac{x^*}{y^*}\cdot\frac{\mathrm{d}y^*}{\mathrm{d}x^*}=\frac{\lambda x}{\mu y}\cdot\frac{\mathrm{d}(\mu y)}{\mathrm{d}(\lambda x)}$$

$$=\frac{\lambda}{\mu}\cdot\frac{\mu}{\lambda}\cdot\frac{x}{y}\cdot\frac{\mathrm{d}y}{\mathrm{d}x}=\frac{x}{y}\frac{\mathrm{d}y}{\mathrm{d}x}=\frac{Ey}{Ex}$$

即弹性不变.

由此可见,函数的弹性(点弹性与弧弹性)与量纲无关,即与各有关变量所用的计量单位无关.这使得弹性概念在经济学中得到广泛应用,因为经济中各种商品的计算单位是不尽相同的,比较不同商品的弹性时,可不受计量单位的限制.

例 3 设某商品的需求函数为 $Q=f(P)=12-\frac{1}{2}P$.

(1) 求需求弹性函数及 $P=6$ 时的需求弹性,并给出经济解释.

(2) 当 P 取什么值时,总收益最大?最大总收益是多少?

解 (1) $\varepsilon_{(P)}=\frac{EQ}{EP}=\frac{P}{Q}\cdot\frac{\mathrm{d}Q}{\mathrm{d}P}=\frac{P}{12-\frac{1}{2}}\cdot\left(-\frac{1}{2}\right)=-\frac{P}{24-P}$.

$$\varepsilon(6)=-\frac{6}{24-6}=-\frac{1}{3},\ |\varepsilon(6)|=\frac{1}{3}<1,\text{属于低弹性}.$$

经济意义为:当价格 $P=6$ 时,若增加 1%,则需求量下降 0.33%,而总收益增

加($\Delta R>0$).

(2) $R=PQ=P\left(12-\frac{1}{2}P\right), R'=12-P$.

令 $R'=0$,则 $P=12, R(12)=72$,且当 $P=12$ 时,$R''<0$.故当价格 $P=12$ 时,总收益最大,最大总收益为 72.

习 题 2

1. 设函数 $y=f(x)$,当自变量 x 由 x_0 改变到 $x_0+\Delta x$ 时,相应函数的改变量 $\Delta y=$( ).

A. $f(x_0+\Delta x)$　　B. $f(x_0)+\Delta x$

C. $f(x_0+\Delta x)-f(x_0)$　　D. $f(x_0)\Delta x$

2. 设 $f(x)$ 在 x_0 处可导,则 $\lim\limits_{\Delta x\to 0}\frac{f(x_0-\Delta x)-f(x_0)}{\Delta x}=$( ).

A. $-f'(x_0)$　B. $f'(-x_0)$　C. $f'(x_0)$　D. $2f'(x_0)$

3. 函数 $f(x)$ 在点 x_0 连续,是 $f(x)$ 在点 x_0 可导的( ).

A. 必要不充分条件　　B. 充分不必要条件

C. 充分必要条件　　D. 既不充分也不必要条件

4. 设函数 $y=f(u)$ 是可导的,且 $u=x^2$,则 $\frac{dy}{dx}=$( ).

A. $f'(x^2)$　B. $xf'(x^2)$　C. $2xf'(x^2)$　D. $x^2f(x^2)$

5. 若函数 $f(x)$ 在点 a 连续,则 $f(x)$ 在点 a( ).

A. 左导数存在　　B. 右导数存在

C. 左、右导数都存在　　D. 有定义

6. $f(x)=|x-2|$ 在点 $x=2$ 处的导数是( ).

A. 1　B. 0　C. -1　D. 不存在

7. 曲线 $y=2x^3-5x^2+4x-5$ 在点 $(2,-1)$ 处的切线斜率等于( ).

A. 8　B. 12　C. -6　D. 6

8. 设 $y=e^{f(x)}$ 且 $f(x)$ 二阶可导,则 $y''=$( ).

A. $e^{f(x)}$　　B. $e^{f(x)}f''(x)$

C. $e^{f(x)}[f'(x)f''(x)]$　　D. $e^{f(x)}\{[f'(x)]^2+f''(x)\}$

9. 若 $f(x)=\begin{cases}e^{ax}, & x<0\\ b+\sin 2x, & x\geqslant 0\end{cases}$ 在 $x=0$ 处可导,则 a,b 的值应为( ).

A. $a=2,b=1$　　B. $a=1,b=2$

C. $a=-2,b=1$　　D. $a=2,b=-1$

10. 若函数 $f(x)$ 在点 x_0 处有导数，而函数 $g(x)$ 在点 x_0 处没有导数，则 $F(x)=f(x)+g(x)$，$G(x)=f(x)-g(x)$ 在点 x_0 处（　　）.

A. 一定都没有导数　　B. 一定都有导数

C. 恰有一个有导数　　D. 至少有一个有导数

11. 函数 $f(x)$ 与 $g(x)$ 在 x_0 处都没有导数，则 $F(x)=f(x)+g(x)$，$G(x)=f(x)-g(x)$ 在 x_0 处（　　）.

A. 一定都没有导数　　B. 一定都有导数

C. 至少有一个有导数　　D. 至多有一个有导数

12. 已知 $F(x)=f[g(x)]$，在 $x=x_0$ 处可导，则（　　）.

A. $f(x)$，$g(x)$ 都必须可导　　B. $f(x)$ 必须可导

C. $g(x)$ 必须可导　　D. $f(x)$ 和 $g(x)$ 不一定都可导

13. $y=\arctan\dfrac{1}{x}$，则 $y'=$（　　）.

A. $-\dfrac{1}{1+x^2}$　　B. $\dfrac{1}{1+x^2}$　　C. $-\dfrac{x^2}{1+x^2}$　　D. $\dfrac{x^2}{1+x^2}$

14. 设 $f(x)$ 在点 $x=a$ 处二阶可导，则 $\lim\limits_{h\to 0}\dfrac{\dfrac{f(a+h)-f(a)}{h}}{h}=$（　　）.

A. $\dfrac{f''(a)}{2}$　　B. $f''(a)$　　C. $2f''(a)$　　D. $-f''(a)$

15. 设 $f(x)$ 在 (a,b) 内连续，且 $x_0\in(a,b)$，则在点 x_0 处（　　）.

A. $f(x)$ 的极限存在，且可导　　B. $f(x)$ 的极限存在，但不一定可导

C. $f(x)$ 的极限不存在　　D. $f(x)$ 的极限不一定存在

16. 设 $f(x)$ 在点 $x=a$ 处可导，则 $\lim\limits_{h\to 0}\dfrac{f(a)-f(a-h)}{h}=$ ________.

17. 函数 $y=|x+1|$ 导数不存在的点________.

18. 设函数 $f(x)=\sin\left(2x+\dfrac{\pi}{2}\right)$，则 $f'\left(\dfrac{\pi}{4}\right)=$ ________.

19. 设函数 $y=y(x)$ 由方程 $xy-e^x+e^y=0$ 确定，则 $y'(0)=$ ________.

20. 曲线 $y=\ln x$ 在点 $P(e,1)$ 处的切线方程为________.

21. 若 $f(x)=\begin{cases}x=t^2+2t\\ y=\ln(1+t)\end{cases}$，则 $\left.\dfrac{dy}{dx}\right|_{t=0}=$ ________.

22. 若函数 $y=e^x(\cos x+\sin x)$，则 $dy=$ ________.

23. 若 $f(x)$ 可导，$y=f\{f[f(x)]\}$，则 $y'=$ ________.

24. 曲线 $(5y+2)^3=(2x+1)^5$ 在点 $\left(0,-\dfrac{1}{5}\right)$ 处的切线方程是________.

25. 讨论下列函数在 $x=0$ 处的连续性与可导性：

(1) $y=|\sin x|$；　(2) $y=\begin{cases} x\sin\dfrac{1}{x}, & x\neq 0 \\ 0, & x=0 \end{cases}$.

26. 已知 $f(x)=\begin{cases} \sin x, & x<0 \\ x, & x\geqslant 0 \end{cases}$，求 $f'(x)$.

27. 设 $y=\ln\sqrt{\dfrac{e^{4x}}{e^{4x}+1}}$，求 y' 及 $y'|_{x=0}$.

28. 设 $y=f(e^x)e^{f(x)}$ 且 $f'(x)$ 存在，求 $\dfrac{dy}{dx}$.

29. 已知 $y=\ln\left|\dfrac{\sqrt{1+x^3}-1}{\sqrt{1+x^3}+1}\right|$，求 y'.

30. 已知 $y=x+x^x$，求 y'.

31. 设 $y=\sqrt[7]{x}+\sqrt[x]{7}+\sqrt[7]{7}$，求 $dy|_{x=2}$.

32. 设 $y=\dfrac{\sqrt{x+2}(3-x)^4}{(1+x)^5}$，求 y'.

33. 设 $y=f(x^2)$，若 $f'(x)$ 存在，求 $\dfrac{d^2y}{dx^2}$.

第3章　中值定理与导数的应用

本章首先介绍微分学的理论基础——中值定理，然后以中值定理为理论基础，以导数为工具，给出一类特殊极限(不定式)的一种简便求法；解决函数近似表达式和近似计算问题；最后进一步应用导数的符号分析函数和其曲线变化的各种特征性质.

3.1　微分中值定理

定义3.1.1　设$f(x)$在x_0的某一邻域$U(x_0)$内有定义，若对一切$x\in U(x_0)$有

$$f(x)\geqslant f(x_0)\quad (f(x)\leqslant f(x_0))$$

则称$f(x)$在x_0取得**极小(大)值**，称x_0是$f(x)$的**极小(大)值点**，极小值和极大值统称为**极值**，极小值点和极大值点统称为**极值点**.

定理3.1.1(费马定理)　若$f(x)$在x_0可导，且在x_0取得极值，则$f'(x_0)=0$.

证明　设$f(x)$在x_0取得极大值，则存在x_0的某邻域$U(x_0)$，使对一切$x\in U(x_0)$有$f(x)\leqslant f(x_0)$. 因此当$x<x_0$时

$$\frac{f(x)-f(x_0)}{x-x_0}\geqslant 0$$

而当$x>x_0$时

$$\frac{f(x)-f(x_0)}{x-x_0}\leqslant 0$$

由于$f(x)$在x_0可导，故按极限的不等式性质可得

$$f'(x_0)=f'_-(x_0)=\lim_{x\to x_0^-}\frac{f(x)-f(x_0)}{x-x_0}\geqslant 0$$

及

$$f'(x_0)=f'_+(x_0)=\lim_{x\to x_0^+}\frac{f(x)-f(x_0)}{x-x_0}\leqslant 0$$

所以 $f'(x_0)=0$.

若 $f(x)$ 在 x_0 取得极小值,则类似可证 $f'(x_0)=0$.

费马定理的几何意义如图 3.1 所示:若曲线 $y=f(x)$ 在 x_0 取得极大值或极小值,且曲线在 x_0 有切线,则此切线必平行于 x 轴.

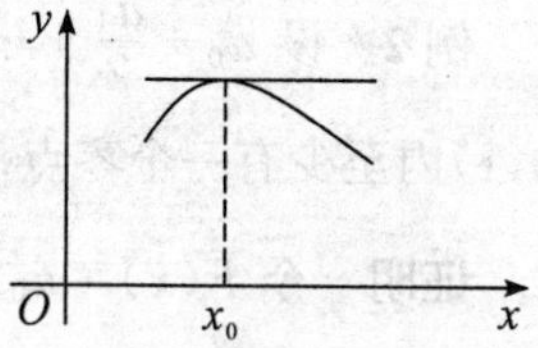

图 3.1

习惯上我们称使得 $f'(x)=0$ 的 x 为 $f(x)$ 的**驻点**.定理 3.1.1 表明:可导函数 $f(x)$ 在 x_0 取得极值的必要条件是 x_0 为 $f(x)$ 的驻点.

定理 3.1.2(罗尔中值定理) 若 $f(x)$ 在 $[a,b]$ 上连续,在 (a,b) 内可导且 $f(a)=f(b)$,则在 (a,b) 内至少存在一点 ξ,使得 $f'(\xi)=0$.

证明 因为 $f(x)$ 在 $[a,b]$ 上连续,故在 $[a,b]$ 上必取得最大值 M 与最小值 m.若 $m=M$,则 $f(x)$ 在 $[a,b]$ 上恒为常数,从而 $f'(x)=0$.这时在 (a,b) 内任取一点作为 ξ,都有 $f'(\xi)=0$.若 $m<M$,则由 $f(a)=f(b)$ 可知,点 m 和 M 两者之中至少有一个是 $f(x)$ 在 (a,b) 内一点 ξ 取得的.由于 $f(x)$ 在 (a,b) 内可导,故由费马定理推知 $f'(\xi)=0$.

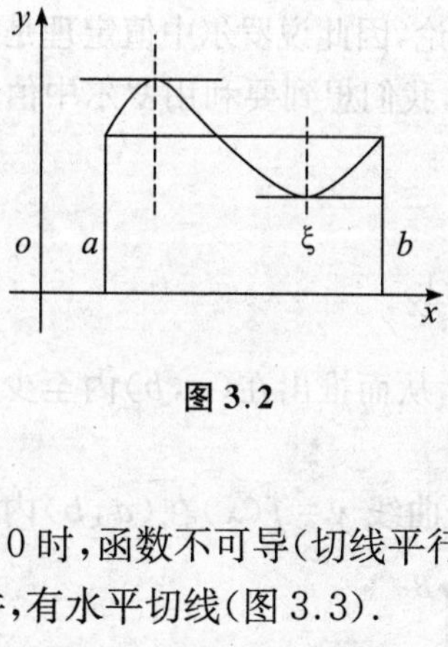

图 3.2

罗尔中值定理的几何意义如图 3.2 所示:在两端高度相同的一段连续曲线上,若除端点外它在每一点都有不垂直于 x 轴的切线,则在其中必至少有一条切线平行于 x 轴.

可能有读者会问,为什么不将条件合并为 $f(x)$ 在 $[a,b]$ 上可导?可以.但条件加强了,就排斥了许多仅满足三个条件的函数.例如:函数 $f(x)=(3-x)\sqrt{x}, x\in[0,3]$,则 $f'(x)=\dfrac{3(1-x)}{2\sqrt{x}}$,显然 $x=0$ 时,函数不可导(切线平行 y 轴),即不符合加强条件,但它满足定理的三个条件,有水平切线(图 3.3).

例 1 不用求出函数 $f(x)=(x-1)(x-2)(x-3)(x-4)$ 的导数,说明 $f'(x)=0$ 有几个实根,并指出它们所在的位置.

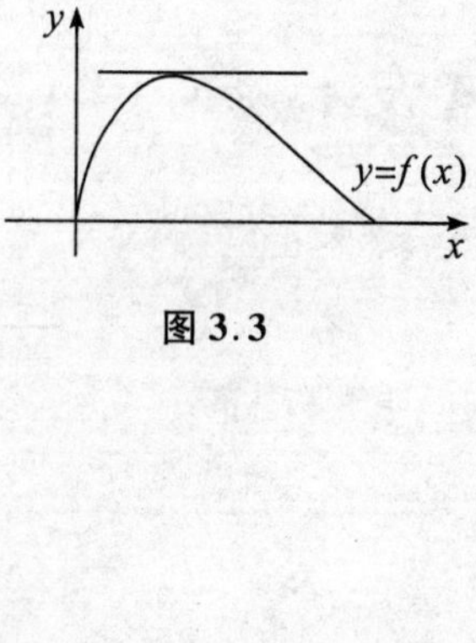

图 3.3

解 由于 $f(x)$ 是 $(-\infty,+\infty)$ 内的可导函数,且 $f(1)=f(2)=f(3)=f(4)=0$,故 $f(x)$ 在区间 $[1,2]$,$[2,3]$,$[3,4]$ 上分别满足罗尔中值定理的条件,从而推出至少存在 $\xi_1\in(1,2)$,$\xi_2\in(2,3)$,$\xi_3\in(3,4)$,使得 $f'(\xi_i)=0(i=1,2,3)$.

又因为 $f'(x)=0$ 是三次代数方程，它最多只有三个实根，因此 $f'(x)=0$ 有且仅有三个实根，它们分别位于区间(1,2)，(2,3)，(3,4)内.

例 2 设 $a_0+\frac{a_1}{2}+\cdots+\frac{a_n}{n+1}=0$，证明多项式 $f(x)=a_0+a_1x+\cdots+a_nx^n$ 在(0,1)内至少有一个零点.

证明 令 $F(x)=a_0x+\frac{a_1}{2}x^2+\cdots+\frac{a_n}{n+1}x^{n+1}$，则 $F'(x)=f(x)$，$F(0)=0$，且由假设知 $F(1)=0$，可见 $F(x)$在区间[0,1]上满足罗尔中值定理的条件，从而推出至少存在一点 $\xi\in(0,1)$，使得

$$F'(\xi)=f(\xi)=0$$

即说明 $\xi\in(0,1)$是 $f(x)$的一个零点.

定理 3.1.3(拉格朗日中值定理) 若 $f(x)$在$[a,b]$上连续，在(a,b)内可导，则在(a,b)内至少存在一点 ξ，使得

$$f'(\xi)=\frac{f(b)-f(a)}{b-a} \tag{1}$$

从这个定理的条件与结论可见，若 $f(x)$在$[a,b]$上满足拉格朗日中值定理的条件，则当 $f(a)=f(b)$时，即得出罗尔中值定理的结论，因此说罗尔中值定理是拉格朗日中值定理的一个特殊情形. 正是基于这个原因，我们想到要利用罗尔中值定理来证明定理 3.1.3.

证明 作辅助函数

$$F(x)=f(x)-\frac{f(b)-f(a)}{b-a}x$$

容易验证 $F(x)$在$[a,b]$上满足罗尔中值定理的条件，从而推出在(a,b)内至少存在一点 ξ，使得 $F'(\xi)=0$，所以式(1)成立.

拉格朗日中值定理的几何意义如图 3.4 所示：若曲线 $y=f(x)$在(a,b)内每

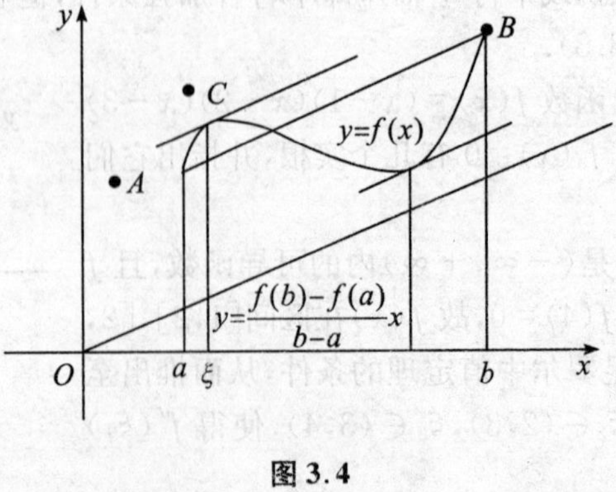

图 3.4

一点都有不垂直于 x 轴的切线，则在曲线上至少存在一点 $C(\xi,f(\xi))$，使得曲线在 C 的切线平行于过曲线两端点 A,B 的弦. 这里辅助函数 $F(x)$ 表示曲线 $y=f(x)$ 的纵坐标与直线 $y=\dfrac{f(b)-f(a)}{b-a}x$ 的纵坐标之差，而此直线通过原点且与曲线过 A,B 两端点的弦平行，因此 $F(x)$ 满足罗尔中值定理的条件.

公式(1)也称为**拉格朗日公式**. 在使用上常把它写成如下形式

$$f(b)-f(a)=f'(\xi)(b-a) \tag{2}$$

它对于 $b<a$ 也成立. 并且在定理3.1.3的条件下，式(2)中的 a,b 可以用任意 x_1，$x_2\in(a,b)$ 来代替，即有

$$f(x_1)-f(x_2)=f'(\xi)(x_1-x_2) \tag{3}$$

其中，ξ 介于 x_1 与 x_2 之间.

在公式(3)中，若取 $x_1=x+\Delta x$，$x_2=x$，则得

$$f(x+\Delta x)-f(x)=f'(\xi)\Delta x$$

或

$$f(x+\Delta x)-f(x)=f'(x+\theta\Delta x)\Delta x,\quad 0<\theta<1$$

它表示 $f'(x+\theta\Delta x)\Delta x$ 在 Δx 为有限时增量 Δy 的准确表达式. 因此拉格朗日公式也称**有限增量公式**.

例3 证明：若 $f(x)$ 在区间 I 内可导，且 $f'(x)=0$，则 $f(x)$ 在 I 内是一个常数.

证明 在区间 I 内任取一点 x_0，对任意 $x\in I$，$x\neq x_0$，在以 x_0 与 x 为端点的区间上应用拉格朗日中值定理，得到

$$f(x)-f(x_0)=f'(\xi)(x-x_0)$$

其中，ξ 介于 x_0 与 x 之间. 由假设知 $f'(\xi)=0$，故得 $f(x)-f(x_0)=0$，即 $f(x)=f(x_0)$ 这就说明 $f(x)$ 在区间 I 内恒为常数 $f(x_0)$.

例3说明：函数 $f(x)$ 在区间 I 为常值函数的充分必要条件是函数 $f(x)$ 在区间 I 上的导数恒为0.

例4 证明：若 $f(x)$ 在 $[a,b]$ 上连续，在 (a,b) 内可导，且 $f'(x)>0$，则 $f(x)$ 在 $[a,b]$ 上严格单增.

证明 任取 $x_1,x_2\in[a,b]$，且 $x_1<x_2$，对 $f(x)$ 在区间 $[x_1,x_2]$ 上应用拉格朗日中值定理，得到

$$f(x_2)-f(x_1)=f'(\xi)(x_2-x_1),\quad x_1<\xi<x_2$$

由假设知 $f'(\xi)>0$，且 $x_2-x_1>0$，故从上式推出 $f(x_2)-f(x_1)>0$，即 $f(x_2)>f(x_1)$. 所以 $f(x)$ 在 $[a,b]$ 上严格单增.

类似可证：若 $f'(x)<0$，则 $f(x)$ 在 $[a,b]$ 上严格单减.

例 5(导数极限定理) 设 $f(x)$在 x_0 连续,在 $\mathring{U}(x_0)$内可导,且$\lim\limits_{x\to x_0}f(x)$存在,则 $f(x)$在 x_0 可导,且 $f'(x_0)=\lim\limits_{x\to x_0}f'(x)$.

证明 任取 $x\in\mathring{U}(x_0)$,对 $f(x)$在以 x_0 与 x 为端点的区间上应用拉格朗日中值定理,得到

$$\frac{f(x)-f(x_0)}{x-x_0}=f'(\xi)$$

其中,ξ 在x_0 与 x 之间. 上式中令 $x\to x_0$,则 $\xi\to x_0$. 由于$\lim\limits_{x\to x_0}f'(x)$存在,取极限便得

$$\lim_{x\to x_0}\frac{f(x)-f(x_0)}{x-x_0}=\lim_{\xi\to x_0}f'(\xi)=\lim_{x\to x_0}f'(x)$$

所以 $f(x)$在 x_0 可导,且 $f'(x_0)=\lim\limits_{x\to x_0}f'(x)$.

例 6 证明不等式

$$\frac{x}{1+x}<\ln(1+x)<x$$

对一切 $x>0$ 成立.

证明 令 $f(x)=\ln(1+x)$,对任意 $x>0$,$f(x)$在$[0,x]$上满足拉格朗日中值定理的条件,从而推出至少存在一点 $\xi\in(0,x)$,使得

$$f(x)-f(0)=f'(\xi)x$$

由于 $f(0)=0$,$f'(\xi)=\dfrac{1}{1+\xi}$,上式即

$$\ln(1+x)=\frac{x}{1+\xi}$$

又由 $0<\xi<x$,可得

$$\frac{x}{1+x}<\frac{x}{1+\xi}<x$$

因此当 $x>0$ 时就有

$$\frac{x}{1+x}<\ln(1+x)<x$$

对于有参数方程

$$\begin{cases}x=x(t),\\ y=y(t),\end{cases}\quad\alpha\leqslant t\leqslant\beta$$

所表示的曲线,它的两端点连线的斜率为

$$\frac{y(\beta)-y(\alpha)}{x(\beta)-x(\alpha)}$$

若拉格朗日中值定理也适合这种情形,则应有

$$\left.\frac{\mathrm{d}y}{\mathrm{d}x}\right|_{t=\xi}=\frac{y'(\xi)}{x'(\xi)}=\frac{y(\beta)-y(\alpha)}{x(\beta)-x(\alpha)}$$

与这个几何阐述密切相联的是柯西中值定理,它是拉格朗日定理的推广.

定理 3.1.4(柯西中值定理)* 若 $f(x)$ 与 $g(x)$ 在 $[a,b]$ 上连续,在 (a,b) 内可导且 $g'(x)\neq 0$,则在 (a,b) 内至少存在一点 ξ,使得

$$\frac{f(b)-f(a)}{g(b)-g(a)}=\frac{f'(\xi)}{g'(\xi)} \tag{4}$$

证明 首先由罗尔定理可知 $g(b)-g(a)\neq 0$,因为如果不然,则存在 $\eta\in(a,b)$,使 $g'(\eta)=0$,这与假设条件相矛盾.

作辅助函数

$$F(x)=f(x)-\frac{f(b)-f(a)}{g(b)-g(a)}g(x)$$

容易验证 $F(x)$ 在 $[a,b]$ 上满足罗尔定理的条件,从而推出至少存在一点 $\xi\in(a,b)$,使得 $F'(\xi)=0$,即

$$f'(\xi)-\frac{f(b)-f(a)}{g(b)-g(a)}g'(\xi)=0$$

由于 $g'(\xi)\neq 0$,所以式(4)成立.

3.2 洛必达法则

柯西中值定理为我们提供了一种求函数极限的方法.

设 $f(x_0)=g(x_0)=0$,$f(x)$ 与 $g(x)$ 在 x_0 的某邻域内满足柯西中值定理的条件,从而有

$$\frac{f(x)}{g(x)}=\frac{f'(\xi)}{g'(\xi)}$$

其中,ξ 介于 x_0 与 x 之间.当 $x\to x_0$ 时,$\xi\to x_0$,因此若极限

$$\lim_{\xi\to x_0}\frac{f'(\xi)}{g'(\xi)}=A$$

则必有

$$\lim_{x\to x_0}\frac{f(x)}{g(x)}=A$$

这里,$\frac{f(x)}{g(x)}$ 是 $x\to x_0$ 时两个无穷小量之比,通常称之为 $\frac{0}{0}$ 型未定式.一般说来,这

种未定式的确定往往是比较困难的，但如果$\lim\limits_{x\to x_0}\frac{f'(x)}{g'(x)}$存在而且容易求出，困难便迎刃而解.对于$\frac{\infty}{\infty}$型未定式，即两个无穷大量之比，也可以采用类似的方法确定.

我们把这种确定未定式的方法称为**洛必达法则**.

定理 3.2.1(洛必达法则Ⅰ) 若：

(1) $\lim\limits_{x\to x_0}f(x)=0,\lim\limits_{x\to x_0}g(x)=0$；

(2) $f(x)$与$g(x)$在x_0的某去心邻域内可导，且$g'(x)\neq 0$；

(3) $\lim\limits_{x\to x_0}\frac{f'(x)}{g'(x)}$存在(或为$\infty$)，则

$$\lim_{x\to x_0}\frac{f(x)}{g(x)}=\lim_{x\to x_0}\frac{f'(x)}{g'(x)}$$

证明 令

$$F(x)=\begin{cases}f(x), & x\neq x_0\\ 0, & x=x_0\end{cases},\quad G(x)=\begin{cases}g(x), & x\neq x_0\\ 0, & x=x_0\end{cases}$$

由假设(1)，(2)可知$F(x)$与$G(x)$在x_0的某邻域$U(x_0)$内连续，在$\mathring{U}(x_0)$内可导，且$G'(x)=g'(x)\neq 0$.任取$x\in\mathring{U}(x_0)$，则$F(x)$与$G(x)$在以x_0与x为端点的区间上满足柯西中值定理的条件，从而有

$$\frac{F(x)-F(x_0)}{G(x)-G(x_0)}=\frac{F'(\xi)}{G'(\xi)}=\frac{f'(\xi)}{g'(\xi)}$$

其中，ξ在x_0与x之间.由于$F(x_0)=G(x_0)=0$，且当$x\neq x_0$时

$$F(x)=f(x),\quad G(x)=g(x)$$

故可得

$$\frac{f(x)}{g(x)}=\frac{f'(\xi)}{g'(\xi)}$$

上式中令$x\to x_0$，则$\xi\to x_0$，根据假设(3)就有

$$\lim_{x\to x_0}\frac{f(x)}{g(x)}=\lim_{\xi\to x_0}\frac{f'(\xi)}{g'(\xi)}=\lim_{x\to x_0}\frac{f'(x)}{g'(x)}$$

对于$\frac{\infty}{\infty}$型未定式，也有类似于定理 3.2.1 的法则，其证明省略.

定理 3.2.2(洛必达法则Ⅱ) 若：

(1) $\lim\limits_{x\to x_0}f(x)=\infty,\lim\limits_{x\to x_0}g(x)=\infty$；

(2) $f(x)$与$g(x)$在x_0的某去心邻域内可导，且$g'(x)\neq 0$；

(3) $\lim\limits_{x\to x_0}\frac{f'(x)}{g'(x)}$存在(或为$\infty$)，则

$$\lim_{x \to x_0} \frac{f(x)}{g(x)} = \lim_{x \to x_0} \frac{f'(x)}{g'(x)}$$

在定理3.2.1和定理3.2.2中，若把 $x \to x_0$ 换成 $x \to x_0^+$，$x \to x_0^-$，$x \to \infty$，$x \to +\infty$ 或 $x \to -\infty$，只需对两定理中的假设(2)作相应的修改，结论仍然成立.

例1 求下列极限：

(1) $\lim\limits_{x \to 0} \dfrac{x - \sin x}{x^3}$；　(2) $\lim\limits_{x \to \frac{\pi}{2}} \dfrac{\cos x}{\frac{\pi}{2} - x}$；

(3) $\lim\limits_{x \to +\infty} \dfrac{\frac{\pi}{2} - \arctan x}{\frac{1}{x}}$；　(4) $\lim\limits_{x \to 1} \dfrac{x - x^x}{1 - x + \ln x}$.

解 由洛必达法则可得：

(1) $\lim\limits_{x \to 0} \dfrac{x - \sin x}{x^3} = \lim\limits_{x \to 0} \dfrac{1 - \cos x}{3x^2} = \lim\limits_{x \to 0} \dfrac{\sin x}{6x} = \dfrac{1}{6}$.

(2) $\lim\limits_{x \to \frac{\pi}{2}} \dfrac{\cos x}{\frac{\pi}{2} - x} = \lim\limits_{x \to \frac{\pi}{2}} \dfrac{-\sin x}{-1} = 1$.

(3) $\lim\limits_{x \to +\infty} \dfrac{\frac{\pi}{2} - \arctan x}{\frac{1}{x}} = \lim\limits_{x \to +\infty} \dfrac{-\frac{1}{1+x^2}}{-\frac{1}{x^2}} = \lim\limits_{x \to +\infty} \dfrac{x^2}{1 + x^2} = 1$.

(4) $\lim\limits_{x \to 1} \dfrac{x - x^x}{1 - x + \ln x} = \lim\limits_{x \to 1} \dfrac{1 - x^x(\ln x + 1)}{-1 + \frac{1}{x}} = \lim\limits_{x \to 1} \dfrac{-x^x (\ln x + 1)^2 - x^x \cdot \frac{1}{x}}{-\frac{1}{x^2}} = 2$.

例2 求下列极限：

(1) $\lim\limits_{x \to +\infty} \dfrac{(\ln x)^m}{x}$（$m$ 为正整数）；　(2) $\lim\limits_{x \to +\infty} \dfrac{x^m}{e^x}$（$m$ 为正整数）；

(3) $\lim\limits_{x \to 0^+} \dfrac{\ln \tan 5x}{\ln \tan 3x}$；　(4) $\lim\limits_{x \to +\infty} \dfrac{e^x + 2x \arctan x}{e^x - \pi x}$.

解 (1) 由于

$$\lim_{x \to +\infty} \frac{\ln x}{x^{\frac{1}{m}}} = \lim_{x \to +\infty} \frac{\frac{1}{x}}{\frac{1}{m} x^{\frac{1}{m} - 1}} = \lim_{x \to +\infty} \frac{m}{x^{\frac{1}{m}}} = 0$$

所以 $\lim\limits_{x \to +\infty} \dfrac{(\ln x)^m}{x} = \lim\limits_{x \to +\infty} \left(\dfrac{\ln x}{x^{\frac{1}{m}}} \right)^m = 0$.

(2) 由于

$$\lim_{x\to+\infty}\frac{x}{e^{\frac{1}{m}x}}=\lim_{x\to+\infty}\frac{1}{\frac{1}{m}e^{\frac{1}{m}x}}=0$$

所以 $\lim\limits_{x\to+\infty}\frac{x^m}{e^x}=\lim\limits_{x\to+\infty}\left(\frac{x}{e^{\frac{1}{m}x}}\right)^m=0$.

(3) $\lim\limits_{x\to0^+}\frac{\ln\tan 5x}{\ln\tan 3x}=\lim\limits_{x\to0^+}\frac{\frac{5\sec^2 5x}{\tan 5x}}{\frac{3\sec^2 3x}{\tan 3x}}=\lim\limits_{x\to0^+}\frac{5\tan 3x}{3\tan 5x}\cdot\lim\limits_{x\to0^+}\frac{1+\tan^2 5x}{1+\tan^2 3x}=1.$

(4) 由于

$$\begin{aligned}\lim_{x\to+\infty}\frac{e^x+2x\arctan x}{e^x-\pi x}&=\lim_{x\to+\infty}\frac{e^x+2\arctan x+\frac{2x}{1+x^2}}{e^x-\pi}\\&=\lim_{x\to+\infty}\frac{1+2e^{-x}\arctan x+\frac{2x}{1+x^2}e^{-x}}{1-\pi e^{-x}}\\&=1\end{aligned}$$

且

$$\lim_{x\to-\infty}\frac{e^x+2x\arctan x}{e^x-\pi x}=\lim_{x\to-\infty}\frac{\frac{e^x}{x}+2\arctan x}{\frac{e^x}{x}-\pi}=\frac{2\left(-\frac{\pi}{2}\right)}{-\pi}=1$$

所以 $\lim\limits_{x\to\infty}\frac{e^x+2x\arctan x}{e^x-\pi x}=1$.

对于其他类型的未定式,如 $0\cdot\infty$,$\infty-\infty$,∞^0,0^0,1^∞ 等类型,我们可以通过恒等变形或简单变换将它们转化为 $\frac{0}{0}$ 或 $\frac{\infty}{\infty}$ 型,再应用洛必达法则.

例 3 求下列极限:

(1) $\lim\limits_{x\to0^+}x\ln x$;　　(2) $\lim\limits_{x\to\frac{\pi}{2}}(\sec x-\tan x)$;

(3) $\lim\limits_{x\to+\infty}(1+x)^{\frac{1}{x}}$;　　(4) $\lim\limits_{x\to0^+}x^x$;

(5) $\lim\limits_{x\to0}(\cos x)^{\frac{1}{x^2}}$.

解 (1) $\lim\limits_{x\to0^+}x\ln x=\lim\limits_{x\to0^+}\frac{\ln x}{\frac{1}{x}}=\lim\limits_{x\to0^+}\frac{\frac{1}{x}}{-\frac{1}{x^2}}=\lim\limits_{x\to0^+}(-x)=0.$

(2) $\lim\limits_{x\to\frac{\pi}{2}}(\sec x-\tan x)=\lim\limits_{x\to\frac{\pi}{2}}\frac{1-\sin x}{\cos x}=\lim\limits_{x\to\frac{\pi}{2}}\frac{-\cos x}{-\sin x}=0.$

(3) 由于

$$\lim_{x\to+\infty}\ln(1+x)^{\frac{1}{x}}=\lim_{x\to+\infty}\frac{\ln(x+1)}{x}=\lim_{x\to+\infty}\frac{\frac{1}{1+x}}{1}=0$$

所以 $\lim\limits_{x\to+\infty}(1+x)^{\frac{1}{x}}=\lim\limits_{x\to+\infty}e^{\ln(1+x)^{\frac{1}{x}}}=e^0=1$.

(4) 由(1)得

$$\lim_{x\to0^+}\ln x^x=\lim_{x\to0^+}x\ln x=0$$

所以

$$\lim_{x\to0^+}x^x=\lim_{x\to0^+}e^{\ln x^x}=e^0=1$$

(5) 由于

$$\lim_{x\to0}\ln(\cos x)^{\frac{1}{x^2}}=\lim_{x\to0}\frac{\ln\cos x}{x^2}=\lim_{x\to0}\frac{-\tan x}{2x}=-\frac{1}{2}$$

所以$\lim\limits_{x\to0}(\cos x)^{\frac{1}{x^2}}=\lim\limits_{x\to0}e^{\ln(\cos x)^{\frac{1}{x^2}}}=e^{-\frac{1}{2}}$.

我们已经看到,洛必达法则是确定未定式的一种重要且简便的方法.使用洛必达法则时我们应注意检验定理中的条件,然后一般要整理化简;如仍属未定式,可以继续使用.使用中应注意结合运用其他求极限的方法,如等价无穷小替换,作恒等变形或适当的变量代换等,以简化运算过程.此外,还应注意到洛必达法则的条件是充分的,并非必要的.如果所求极限不满足其条件,则应考虑改用其他求极限的方法.

例 4 极限$\lim\limits_{x\to\infty}\frac{x+\sin x}{x-\sin x}$存在吗?能否用洛必达法则求其极限吗?

解 $\lim\limits_{x\to\infty}\frac{x+\sin x}{x-\sin x}=\lim\limits_{x\to\infty}\frac{1+\frac{1}{x}\sin x}{1-\frac{1}{x}\sin x}=1$,即极限存在.但不能用洛必达法则求出其极限.因为$\lim\limits_{x\to\infty}\frac{x+\sin x}{x-\sin x}$尽管是$\frac{\infty}{\infty}$型,可是若对分子、分母分别求导后得$\frac{1+\cos x}{1-\cos x}$,由于$\lim\limits_{x\to\infty}\frac{1+\cos x}{1-\cos x}$不存在,故不能使用洛必达法则.

3.3 函数的单调性与极值

3.3.1 函数单调性的判别法

单调函数是一个重要的函数类.本节将讨论单调函数与其导函数之间的关系,

从而提供一种判别函数单调性的方法.

如果函数 $f(x)$ 在闭区间 $[a,b]$ 上单调增加,那么它的导数有什么几何特征呢?由图3.5(a)可看出,曲线 $y=f(x)$ 的切线与 x 轴的夹角 α 总为锐角,从而其导数 $f'(x)=\tan\alpha>0$;若函数 $f(x)$ 在闭区间 $[a,b]$ 单调减小(图3.5(b)),则曲线 $y=f(x)$ 的切线与 x 轴的夹角 α 总为钝角,从而其导数 $f'(x)<0$.

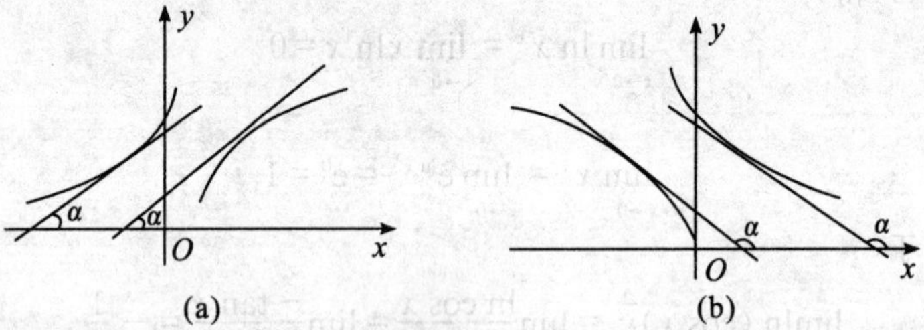

图 3.5

定理 3.3.1 设 $f(x)$ 在 $[a,b]$ 上连续,在 (a,b) 内可导,则 $f(x)$ 在 $[a,b]$ 上单调递增(单调递减)的充要条件是在 (a,b) 内 $f'(x)\geqslant 0$(或 $f'(x)\leqslant 0$),且在 (a,b) 内任何子区间上 $f'(x)\equiv 0$.

不难看出定理中的闭区间可以换成其他各种区间,相应的结论亦成立.

例 1 判定函数 $f(x)=x+\cos x(0\leqslant x\leqslant 2\pi)$ 的单调性.

解 $f(x)$ 在 $[0,2\pi]$ 上连续,在 $(0,2\pi)$ 内可导,

$$f'(x)=1-\sin x\geqslant 0$$

且等号仅当 $x=\frac{\pi}{2}$ 时成立.所以由定理 3.3.1 推知 $f(x)=x+\cos x$ 在 $[0,2\pi]$ 上严格单增.

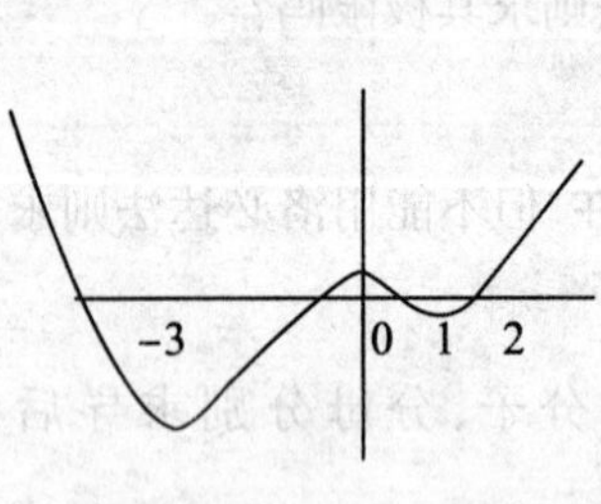

图 3.6

例 2 讨论函数 $f(x)=\frac{3}{4}x^4+2x^3-\frac{9}{2}x^2+1$ 的单调性(图3.6).

解 先求导数

$$y'=3x^3+6x^2-9x=3x(x-1)(x+3)$$

令 $y'=0$,得 $x=-3,0,1$,用这三个点将函数的定义域 $(-\infty,+\infty)$ 分为四部分:$(-\infty,-3)$,$(-3,0)$,$(0,1)$,$(1,+\infty)$,分别讨论其上函数的单调性.此例涉及区间较多,讨论如下(其中↗表示单调增,↘表示单调减):

	$(-\infty,-3)$	$(-3,0)$	$(0,1)$	$(1,+\infty)$
y'	−	+	−	+
y	↘	↗	↘	↗

故函数 $f(x)$ 在区间 $[-3,1]$,$[1,+\infty)$ 上单调增加,在区间 $(-\infty,-3]$,$[0,1]$ 上单调减少.

我们还可以利用函数的单调性证明不等式.

例 3 证明:当 $x>1$ 时,$2\sqrt{x}>3-\frac{1}{x}$.

证明 令 $f(x)=2\sqrt{x}-3+\frac{1}{x}$,则 $f(x)$ 在 $[1,+\infty)$ 上连续,在 $(1,+\infty)$ 内可导,且 $f'(x)=\frac{1}{\sqrt{x}}-\frac{1}{x^2}>0$,故 $f(x)$ 在 $[1,+\infty)$ 上严格单增,从而对任意 $x>1$,都有

$$f(x)=2\sqrt{x}-3+\frac{1}{x}>f(1)=0$$

即当 $x>1$ 时,$2\sqrt{x}>3-\frac{1}{x}$.

由费马定理我们知道,可导函数的极值点一定是它的驻点.但是反过来却不一定.例如 $x=0$ 是函数 $y=x^3$ 的驻点,可它并不是极值点,因为 $y=x^3$ 是一个严格单增函数.所以 $f'(x_0)=0$ 只是可导函数 $f(x)$ 在 x_0 取得极值的必要条件,并非充分条件.另外,对于导数不存在的点,函数也可能取得极值.例如 $y=|x|$,它在 $x=0$ 处导数不存在,但在该点却取得极小值 0.

综上所述,我们只需从函数的驻点或导数不存在的点中去寻求函数的极值点,进而求出函数的极值.

定理 3.3.2(极值的第一充分条件) 设 $f(x)$ 在 x_0 连续,且在 x_0 的去心 δ 邻域 $\mathring{U}(x_0,\delta)$ 内可导.

(1) 若当 $x\in(x_0-\delta,x_0)$ 时 $f'(x)>0$,当 $x\in(x_0,x_0+\delta)$ 时 $f'(x)<0$,则 $f(x)$ 在 x_0 取得极大值;

(2) 若当 $x\in(x_0-\delta,x_0)$ 时 $f'(x)<0$,当 $x\in(x_0,x_0+\delta)$ 时 $f'(x)>0$,则 $f(x)$ 在 x_0 取得极小值;

(3) 若对一切 $x\in\mathring{U}(x_0,\delta)$ 都有 $f'(x)>0$(或 $f'(x)<0$),则 $f(x)$ 在 x_0 不取极值.

证明 (1) 按假设及函数单调性判别法可知,$f(x)$ 在 $[x_0-\delta,x_0]$ 上严格单增,在 $[x_0,x_0+\delta]$ 上严格单减,故对任意 $x\in\mathring{U}(x_0,\delta)$,总有

$$f(x)<f(x_0)$$

所以 $f(x)$ 在 x_0 取得极大值.

(2)与(3)两种情况可以类似证明.

例 4 求 $y=(2x-5)\sqrt[3]{x^2}$ 的极值点与极值.

解 $y=(2x-5)\sqrt[3]{x^2}=2x^{\frac{5}{3}}-5x^{\frac{2}{3}}$ 在 $(-\infty,+\infty)$ 内连续，当 $x\neq 0$ 时，有

$$y'=\frac{10}{3}x^{\frac{2}{3}}-\frac{10}{3}x^{\frac{1}{3}}=\frac{10}{3}\frac{x-1}{\sqrt[3]{x}}$$

令 $y'=0$，得驻点 $x=1$. 当 $x=0$ 时，函数的导数不存在. 讨论如下：

x	$(-\infty,0)$	0	$(0,1)$	1	$(1,+\infty)$
y'	+	不存在	−	0	+
y	↗	0，极大值	↘	−3，极小值	↗

故得函数 $f(x)$ 的极大值点 $x=0$，极大值 $f(0)=0$；极小值点 $x=1$，极小值 $f(1)=-3$.

顺便指出，我们也可以利用函数的驻点及导数不存在的点来确定函数的单调区间.

例 5 求函数 $y=\sqrt[3]{(x^2-2x)^2}$ 的极值.

解 其定义域为 $(-\infty,+\infty)$，

$$y'=\frac{2}{3}[x(x-2)]^{-\frac{1}{3}}(2x-2)=\frac{4(x-1)}{3\sqrt[3]{x(x-2)}}$$

令 $y'=0$，得驻点 $x=1$ 和不可导点 $x=0, x=2$. 用极值的第一充分条件来判定极值. 为简明起见，用这三个分界点分定义域为四部分，并讨论如下：

x	$(-\infty,0)$	0	$(0,1)$	1	$(1,2)$	2	$(2,+\infty)$
y'	−	∞	+	0	−	∞	+
y	↘	极小，0	↗	极大，−3	↘	极小	↗

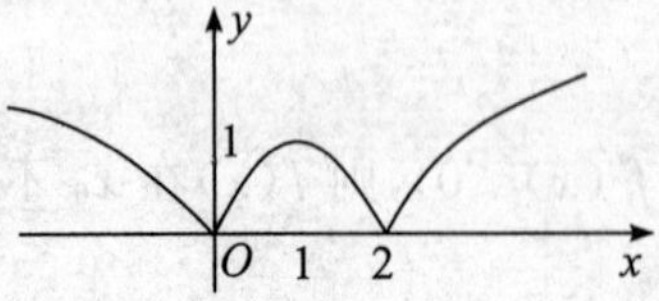

图 3.6

所以函数有极小值 $f(0)=0$，$f(2)=0$，极大值 $f(1)=1$（图 3.6）

注 驻点和不可导点只是可能的极值点，未必一定是. 例如：$x=0$ 是函数 $y=x^3$ 的驻点，但不是极值点.

当函数在其驻点处的二阶导数存在且不为零时，我们还可以给出一个更简便的判别驻点是否是极值点的方法：

当函数 $f(x)$ 二阶可导时，我们也往往利用二阶导数的符号来判断 $f(x)$ 的驻点是否为极值点.

定理 3.3.3(极值的第二充分条件) 设 $f(x)$ 在 x_0 二阶可导，且 $f'(x_0)=0$，$f''(x_0)\neq 0$.

(1) 若 $f''(x_0)<0$，则 $f(x)$ 在 x_0 取得极大值；

(2) 若 $f''(x_0)>0$，则 $f(x)$ 在 x_0 取得极小值.

证明 (1) 由于

$$f''(x_0)=\lim_{x\to x_0}\frac{f'(x)-f'(x_0)}{x-x_0}<0$$

及 $f'(x_0)=0$，故有

$$\lim_{x\to x_0}\frac{f'(x)}{x-x_0}<0$$

根据极限的局部保号性可知，存在 $\delta>0$，使得当 $x\in \mathring{U}(x_0,\delta)$ 时有

$$\frac{f'(x)}{x-x_0}<0$$

于是当 $x\in(x_0-\delta,x_0)$ 时 $f'(x)>0$，而当 $x\in(x_0,x_0+\delta)$ 时 $f'(x)<0$，所以由极值的第一充分条件推知 $f(x)$ 在 x_0 取得极大值.

(2)的情形可以类似证明.

例 6 试问 a 为何值时，函数 $f(x)=a\sin x+\dfrac{1}{3}\sin 3x$ 在 $x=\dfrac{\pi}{3}$ 处取得极值？它是极大值还是极小值？求此极值.

解 $f'(x)=a\cos x+\cos 3x$. 由假设知 $f'\left(\dfrac{\pi}{3}\right)=0$，从而有 $\dfrac{a}{2}-1=0$，即 $a=2$.

又当 $a=2$ 时，$f''(x)=-2\sin x-3\sin 3x$，且 $f''\left(\dfrac{\pi}{3}\right)=-\sqrt{3}<0$，所以 $f(x)=2\sin x+\dfrac{1}{3}\sin 3x$ 在 $x=\dfrac{\pi}{3}$ 处取得极大值，且极大值 $f\left(\dfrac{\pi}{3}\right)=\sqrt{3}$.

3.3.2 函数的最大值与最小值及其应用问题

根据闭区间上连续函数的性质，若函数 $f(x)$ 在 $[a,b]$ 上连续，则 $f(x)$ 在 $[a,b]$ 上必取得最大值和最小值. 本段将讨论怎样求出函数的最大值和最小值.

对于可导函数来说，若 $f(x)$ 在区间 I 内的一点 x_0 取得最大(小)值，则在 x_0 不仅有 $f'(x_0)=0$，即 x_0 是 $f(x)$ 的驻点，而且 x_0 为 $f(x)$ 的极值点. 一般而言，最大(小)值还可能在区间端点或不可导点上取得. 因此，若 $f(x)$ 在 I 上至多有有限个驻点及不可导点，为了避免对极值的考察，可直接比较这三种点的函数值即可求得最大值和最小值.

例 7 求函数 $f(x)=x^3-3x^2-9x+5$ 在 $[-2,4]$ 上的最大值与最小值.

解 $f(x)$在$[-2,4]$上连续,故必存在最大值与最小值.令

$$f'(x)=3x^2-6x-9=3(x+1)(x-3)=0$$

得驻点 $x=-1$ 和 $x=3$.因为

$$f(-1)=10,\quad f(3)=-22,\quad f(-2)=3,\quad f(4)=15$$

所以 $f(x)$在 $x=-1$ 取得最大值 10,在 $x=3$ 取得极小值 -22.

当函数 $f(x)$在闭区间$[a,b]$上连续,在开区间(a,b)内至多有有限多个不可导点和至多有有限多个稳定点时,可按下述步骤求函数 $f(x)$在闭区间$[a,b]$上的最值:

(1) 求出函数 $f(x)$在驻点、不可导点、区间 I 的端点的函数值;

(2) 进行比较,最大的就是最大值,最小的就是最小值——故称为比较法.

在求最大(小)值的问题中,值得指出的是下述特殊情形:设 $f(x)$在某区间 I 上连续,在 I 内可导,且有唯一的驻点 x_0.如果 x_0 还是 $f(x)$的极值点,则由函数单调性判别法推知,当 $f(x_0)$是极大值时,$f(x_0)$就是 $f(x)$在 I 上的最大值;当 $f(x_0)$是极小值时,$f(x_0)$就是 $f(x)$在 I 上的最小值.

如果遇到实际生活中的最大值或最小值问题,则首先应建立起目标函数(即欲求其最值的那个函数),并确定其定义区间,将它转化为函数的最值问题.特别地,如果所考虑的实际问题存在最大值(或最小值),并且所建立的目标函数 $f(x)$有唯一的驻点 x_0,则 $f(x_0)$必为所求的最大值(或最小值).

例 8 从半径为 R 的圆铁片上截下中心角为 φ 的扇形卷成一圆锥形漏斗,问 φ 取多大时做成的漏斗的容积最大?

解 设所做漏斗的顶半径为 r,高为 h,则

$$2\pi r=R\varphi,\quad r=\sqrt{R^2-h^2}$$

漏斗的容积 V 为

$$V=\frac{1}{3}\pi r^2h=\frac{1}{3}\pi h(R^2-h^2),\quad 0<h<R$$

由于 h 由中心角 φ 唯一确定,故将问题转化为先求函数 $V=V(h)$在$(0,R)$上最大值.

令 $V'=\frac{1}{3}\pi R^2-\pi h^2=0$,得唯一驻点 $h=\frac{R}{\sqrt{3}}$.从而

$$\varphi=\frac{2\pi}{R}\sqrt{R^2-h^2}\Big|_{h=\frac{R}{\sqrt{3}}}=\frac{2}{3}\sqrt{6}\pi$$

根据问题的实际意义可知 $\varphi=\frac{2}{3}\sqrt{6}\pi$ 时漏斗的容积最大.

例 9 某工厂要建一面积为 512 m² 的矩形堆料场,一边可以用原有的墙壁,其他三面需新建.问堆料场的长和宽各为多少米时,能使砌墙所用的料最省?

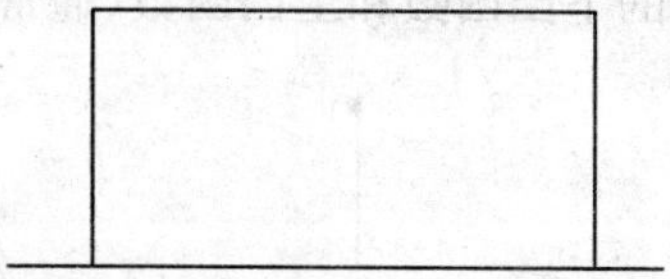

图 3.7

解 设利用原有旧墙 x m,则堆料场的另一边长为 $\frac{512}{x}$ m(图 3.7),所以新砌墙的总长度为

$$f(x)=x+2\cdot\frac{512}{x},\quad x\in(0,+\infty)$$

$$f'(x)=1-\frac{1\,024}{x^2}$$

令 $f'(x)=0$,得 $x=32$.

因为 $f''(32)=\left.\frac{2\,048}{x^3}\right|_{x=32}=\frac{1}{16}>0$,所以 $x=32$ 是函数 $f(x)$ 的极小值点,又因为 $x=32$ 是可微函数 $f(x)$ 在开区间 $(0,+\infty)$ 内唯一的驻点,从而 $x=32$ 就是函数 $f(x)$ 在 $(0,+\infty)$ 内的最小值点.此时,$\frac{512}{32}=16$.所以当堆料场的长和宽分别为 32 和 16 时,能使砌墙所用的料最省.

在研究实际问题的最值时,还可作如下简化处理:若

(1) 目标函数 $f(x)$ 在其定义区间 I 上处处可微;

(2) 在区间 I 内部有唯一的驻点 x_0;

(3) 由问题的实际意义能够判定所求最值存在且必在 I 内取到,则可立即断言 $f(x_0)$ 就是所求的最值,而不必再先用定理($f'(x)$ 或 $f''(x)$ 符号)去判定是不是极值了.

3.4 函数图像的讨论

在讨论函数图像之前先研究曲线的几种特性.

3.4.1 曲线的凸性

上一节对函数的单调性、极值、最大值与最小值进行了讨论,我们知道了函数变化的大致情况.但这还不够,因为同属单增的两个可导函数的图像,虽然从左到右曲线都在上升,但它们的弯曲方向却可以不同.如图 3.8 中的曲线为向下凸,而图 3.9 中的曲线为向上凸.

定义 3.4.1 设 $y=f(x)$ 在 (a,b) 内可导,若曲线 $y=f(x)$ 位于其每点处切线的上方,则称它在 (a,b) 内下凸(或上凹);若曲线 $y=f(x)$ 位于其每点处切线的下方,则称它在 (a,b) 内上凸(或下凹).相应地,也称函数 $y=f(x)$ 分别为 (a,b) 内

的**下凸函数**和**上凸函数**(通常把下凸函数称为凸函数).

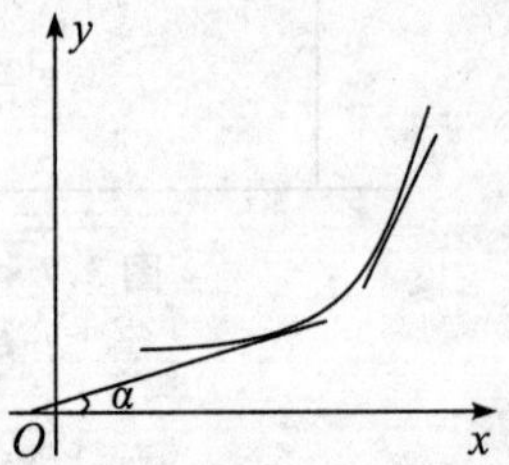

图 3.8

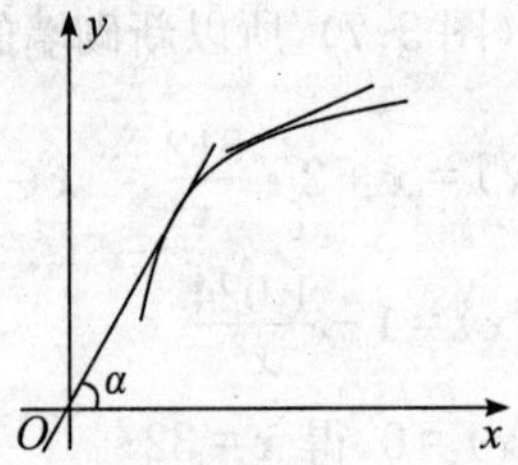

图 3.9

从图 3.8 和图 3.9 明显看出,下凸曲线的斜率 $\tan\alpha = f'(x)$(其中 α 为切线的倾角)随着 x 的增大而增大,即 $f'(x)$为单增函数;上凸曲线斜率 $f'(x)$随着 x 的增大而减小,也就是说,$f'(x)$为单减函数. $f'(x)$的单调性可由二阶导数 $f''(x)$来判定,因此有下述定理.

定理 3.4.1 若 $f(x)$在(a,b)内二阶可导,则曲线 $y=f(x)$在(a,b)内下凸(上凸)的充要条件是

$$f''(x)\geqslant 0 \quad (f''(x)\leqslant 0), \quad x\in(a,b)$$

定理 3.4.1 中所指的曲线 $y=f(x)$在(a,b)内下凸(或上凹),包括出现这样的情形,即曲线可能在(a,b)内某个小区间上为直线段,如果把这种情形排除在外,即规定除切点外,曲线上纵坐标的值总大(或小)于切线上相应纵坐标的值,这时我们就说曲线是**严格下凸**(或**严格上凸**).对于这种严格凸性来说,定理 3.4.1 的充要条件中,除指出 $f''(x)\geqslant 0(\leqslant 0)$,$x\in(a,b)$之外,还必须增加要求:在$(a,b)$内的任何子区间上 $f''(x)\equiv 0$.

例 1 讨论曲线 $y=\mathrm{e}^{-x^2}$ 的凹凸性.

解 $$y'=-2x\mathrm{e}^{-x^2}, y''=2(2x^2-1)\mathrm{e}^{-x^2}.$$

当 $2x^2-1>0$,即 $x>\frac{1}{\sqrt{2}}$或 $x<-\frac{1}{\sqrt{2}}$时 $y''>0$;

当 $2x^2-1<0$,即 $-\frac{1}{\sqrt{2}}<x<\frac{1}{\sqrt{2}}$时 $y''<0$.

因此在区间$\left(-\infty,-\frac{1}{\sqrt{2}}\right)$与$\left(\frac{1}{\sqrt{2}},+\infty\right)$内曲线下凸;在区间$\left(-\frac{1}{\sqrt{2}},\frac{1}{\sqrt{2}}\right)$内曲线上凸.

例 2 判定函数 $y=\arctan x$ 的凹凸性.

解 $y'=\frac{1}{1+x^2}, y''=-\frac{2x}{(1+x^2)^2}$.

当 $x>0$ 时,$y''<0$;当 $x<0$ 时,$y''>0$.

所以曲线在$(-\infty,0)$上是凹的,在$[0,+\infty]$上是凸的.

3.4.2 拐点

定义 3.4.2 曲线上的下凸与上凸部分的分界点称为该曲线的**拐点**.

根据例 1 的讨论即知,点$\left(-\frac{1}{\sqrt{2}},\frac{1}{\sqrt{e}}\right)$与$\left(\frac{1}{\sqrt{2}},\frac{1}{\sqrt{e}}\right)$都是曲线 $y=e^{-x^2}$ 的拐点.我们从定义 3.4.1 及其说明部分已经看出,利用二阶导数研究曲线的凸性与利用一阶导数研究函数的单调性,两者有相对应的结果.其实曲线的拐点同样有类似于函数极值点的性质,也是利用更高一阶导数而得出的.

定理 3.4.2(拐点的必要条件) 若 $f(x)$在 x_0 的某邻域 $U(x_0,\delta)$内二阶可导,且$(x_0,f(x_0))$为曲线 $y=f(x)$的拐点,则 $f''(x_0)=0$.

证明 不妨设曲线 $y=f(x)$在$(x_0-\delta,x_0)$下凸,而在$(x_0,x_0+\delta)$上凸,由定理 3.4.1 可知,在$(x_0-\delta,x_0)$内 $f''(x)\geqslant 0$,而在$(x_0,x_0+\delta)$内 $f''(x)\leqslant 0$.于是对任意 $x\in \mathring{U}(x_0,\delta)$,总有 $f'(x)-f'(x_0)\leqslant 0$,因此

$$f''_-(x_0)=\lim_{x\to x_0^-}\frac{f'(x)-f'(x_0)}{x-x_0}\geqslant 0$$

$$f''_+(x_0)=\lim_{x\to x_0^+}\frac{f'(x)-f'(x_0)}{x-x_0}\leqslant 0$$

由于 $f(x)$在 x_0 二阶可导,所以 $f''(x_0)=0$.

但条件 $f''(x_0)=0$ 并非是充分的,例如 $y=x^4$,有 $y''=12x^2\geqslant 0$,且等号仅当 $x=0$成立,因此曲线 $y=x^4$ 在$(-\infty,+\infty)$内下凸.也就是说,虽然 $y''|_{x=0}=0$,但$(0,0)$不是该曲线的拐点.

下面是判别拐点的两个充分条件:

定理 3.4.3 设 $f(x)$在 x_0 的某邻域内二阶可导,$f''(x_0)=0$.若 $f''(x)$在 x_0 的左、右两侧分别有确定的符号,并且符号相反,则$(x_0,f(x_0))$是曲线的拐点;若符号相同,则$(x_0,f(x_0))$不是拐点.

定理 3.4.4 设 $f(x)$在 x_0 三阶可导,且 $f''(x_0)=0$,$f'''(x_0)\neq 0$,则$(x_0,f(x_0))$是曲线 $y=f(x)$的拐点.

定理 3.4.3 的证明由定理 3.4.1 及拐点的定义立刻得出.定理 3.4.4 的证明与定理 3.4.3 相类似,我们把它留作练习.

此外,对于 $f(x)$的二阶不可导点 x_0,$(x_0,f(x_0))$也有可能是曲线 $y=f(x)$的拐点.

例 3 求曲线 $y=x^{\frac{1}{3}}$的拐点.

解 $y=x^{\frac{1}{3}}$在$(-\infty,+\infty)$内连续.当 $x\neq 0$ 时,

$$y'=\frac{1}{3}x^{-\frac{2}{3}},\quad y''=-\frac{2}{9}x^{-\frac{5}{3}}$$

当 $x=0$ 时，$y=0$，y'，y'' 不存在．由于在 $(-\infty,0)$ 内 $y''>0$，在 $(0,+\infty)$ 内 $y''<0$，因此曲线 $y=x^{\frac{1}{3}}$ 在 $(-\infty,0)$ 内下凸，在 $(0,+\infty)$ 内上凸．按拐点的定义可知点 $(0,0)$ 是曲线的拐点．

综上所述，寻求曲线 $y=f(x)$ 的拐点，只需先找到使得 $f''(x_0)=0$ 的点及二阶不可导点，然后再按定理 3.4.3 或定理 3.4.4 去判定．

例 4 求曲线 $y=\dfrac{x}{1+x^2}$ 的凹凸区间及拐点．

解 $y'=\dfrac{1-x^2}{(1+x^2)^2}$，$y''=\dfrac{2x(x^2-3)}{(1+x^2)^2}$．

令 $y''=0$，得 $x=0$ 和 $x=\pm\sqrt{3}$．注意到函数是奇函数，可讨论如下：

x	0	$(0,\sqrt{3})$	$\sqrt{3}$	$(\sqrt{3},+\infty)$
y''	0	$-$	0	$+$
y		凸		凹

故曲线在区间 $(-\infty,-\sqrt{3}]$ 和 $[0,\sqrt{3}]$ 是凸的，在 $[-\sqrt{3},0]$ 和 $[\sqrt{3},+\infty)$ 是凹的．

例 5 求曲线 $y=(x-1)\sqrt[3]{x^5}$ 的凹凸区间和拐点．

解

$$y'=x^{\frac{5}{3}}+(x-1)\cdot\frac{5}{3}\cdot x^{\frac{2}{3}}=\frac{8}{3}x^{\frac{5}{3}}-\frac{5}{3}x^{\frac{2}{3}}$$

$$y''=\frac{40}{9}x^{\frac{2}{3}}-\frac{10}{9}x^{-\frac{1}{3}}=\frac{10}{9}\cdot\frac{4x-1}{\sqrt[3]{x}}$$

令 $y''=0$，得 $x=\dfrac{1}{4}$．$x=0$ 时，y'' 不存在．可讨论如下：

x	$(-\infty,0)$	0	$\left(0,\frac{1}{4}\right)$	$\frac{1}{4}$	$\left(\frac{1}{4},+\infty\right)$
y''	$+$	∞	$-$	0	$+$
y	凹	拐	凸	拐	凹

所以曲线的拐点为 $(0,0)$ 和 $\left(\dfrac{1}{4},\dfrac{-3}{16\sqrt[3]{16}}\right)$，凹区间为 $(-\infty,0]$ 和 $\left[\dfrac{1}{4},+\infty\right)$，凸区间为 $\left[0,\dfrac{1}{4}\right]$．

3.5 曲线的渐近线及函数的描绘

3.5.1 曲线的渐近线

在平面上,当曲线伸向无穷远处时,一般很难把曲线画准确.但是,如果曲线伸向无穷远处,它能无限地靠近一条直线,那么我们就可以既快又好地画出趋于无穷远处这条曲线的走向趋势.如平面解析几何中的双曲线$\frac{x^2}{a^2}-\frac{y^2}{b^2}=1$与直线 $y=\frac{b}{a}x$ 和$y=-\frac{b}{a}x$ 就是如此.这样的直线叫做曲线的渐近线.

定义 3.5.1 如果曲线上的点沿曲线趋于无穷远时,此点与某一直线的距离趋于零,则称此直线是曲线的**渐近线**.

渐近线有水平渐近线、垂直渐近线和斜渐近线.

1. 水平渐近线

若函数 $y=f(x)$的定义域是无穷区间,且

$$\lim_{x\to\infty}f(x)=C$$

则称直线 $y=C$ 为曲线$y=f(x)$的水平渐近线.

例 1 求曲线 $y=\frac{2x}{1+x^2}$的水平渐近线.

解 因为

$$\lim_{x\to\infty}\frac{2x}{1+x^2}=0$$

所以 $y=0$ 是曲线 $y=\frac{2x}{1+x^2}$的水平渐近线.

例 2 求曲线 $y=\arctan x$ 的水平渐近线.

解 因为

$$\lim_{x\to-\infty}\arctan x=-\frac{\pi}{2}, \quad \lim_{x\to+\infty}\arctan x=\frac{\pi}{2}$$

所以 $y=-\frac{\pi}{2}$和 $y=\frac{\pi}{2}$都是曲线 $y=\arctan x$ 的水平渐近线.

2. 垂直渐近线

若函数 $y=f(x)$在点 a 处间断,且

$$\lim_{x \to a} f(x) = \infty$$

则称直线 $x = a$ 为曲线 $y = f(x)$ 的垂直渐近线.

例 3 求曲线 $y = \frac{3}{x-2}$ 的渐近线.

解 因为

$$\lim_{x \to \infty} \frac{3}{x-2} = 0, \quad \lim_{x \to 2} \frac{3}{x-2} = \infty$$

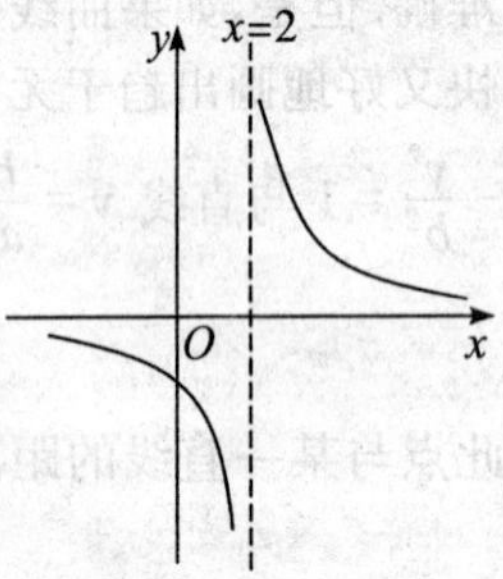

图 3.10

所以 $y = 0$ 是曲线 $y = \frac{3}{x-2}$ 的水平渐近线，$x = 2$ 是曲线 $y = \frac{3}{x-2}$ 的垂直渐近线(图 3.10).

3. 斜渐近线*

若对于函数 $y = f(x)$，有

$$\lim_{x \to \infty} [f(x) - (ax + b)] = 0$$

成立，则称直线 $y = ax + b$ 为曲线 $y = f(x)$ 的斜渐近线，其中

$$a = \lim_{x \to \infty} \frac{f(x)}{x}, \quad b = \lim_{x \to \infty} [f(x) - ax]$$

例 4 求曲线 $y = \frac{x^2}{1+x}$ 的渐近线.

解 因为 $\lim\limits_{x \to -1} \frac{x^2}{1+x} = \infty$，所以 $x = -1$ 为曲线的垂直渐近线. 又因为

$$a = \lim_{x \to \infty} \frac{f(x)}{x} = \lim_{x \to \infty} \frac{x}{1+x} = 1$$

$$b = \lim_{x \to \infty} [f(x) - ax] = \lim_{x \to \infty} \frac{-x}{1+x} = -1$$

所以直线 $y = x - 1$ 是曲线的渐近线(图 3.11).

3.5.2 函数图像的描绘

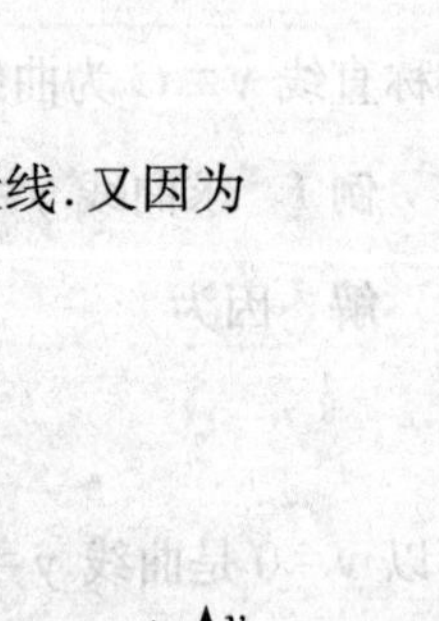

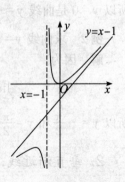

图 3.11

在中学所采用的描点法作图，其局限性在于选取的点不可能很多，因而一些关键性的点如极值点、拐点等，往往有可能漏掉，曲线的单调性、凹凸性等一些重要性态也难以准确地显示出来. 现在，通过前几节的介绍，我们可以利用导数来分析函数的单调性、极值、凹凸性、拐点及渐近线

等.这样,就能较准确地将函数的图像描绘出来.利用导数描绘函数的图像的一般步骤为:

(1) 确定函数的定义域,并讨论其周期性、奇偶性、有界性;

(2) 求 $f'(x)$, $f''(x)$,解方程 $f'(x)=0$ 和 $f''(x)=0$,求出在定义域内的全部实根,并求出 $f'(x)$, $f''(x)$不存在的点;

(3) 由第(2)步中所得到的点,将定义域分成相应区间,列表分析各区间内函数的单调性、凹凸性,各区间的分界点是不是极值点和拐点;

(4) 确定曲线的渐近线;

(5) 适当补充一些点,如曲线 $y=f(x)$与坐标轴的交点等;

(6) 根据上述结果作图.

例 5 画出函数 $y=3x-x^3$ 的图像.

解 函数的定义域为$(-\infty,+\infty)$,且为奇函数.

$$y'=3-3x^2,\quad y''=-6x$$

令 $y'=0$,得 $x=\pm1$;令 $y''=0$,得 $x=0$.在定义域内没有不可导的点.讨论如下:

x	0	$(0,1)$	1	$(1,+\infty)$
y'	+	+	0	−
y''	0	−	−	−
y	拐点$(0,0)$	↗	极大值 2	↘

显然,曲线 $y=3x-x^3$ 无渐近线.

令 $y=0$,可知曲线 $y=3x-x^3$ 与 x 轴的交点为$(-\sqrt{3},0)$,$(\sqrt{3},0)$.

综上所述,画出函数 $y=3x-x^3$ 在$(0,+\infty)$上的图像,由对称性得出曲线 $y=3x-x^3$ 在$(-\infty,+\infty)$上的图像(图 3.12).

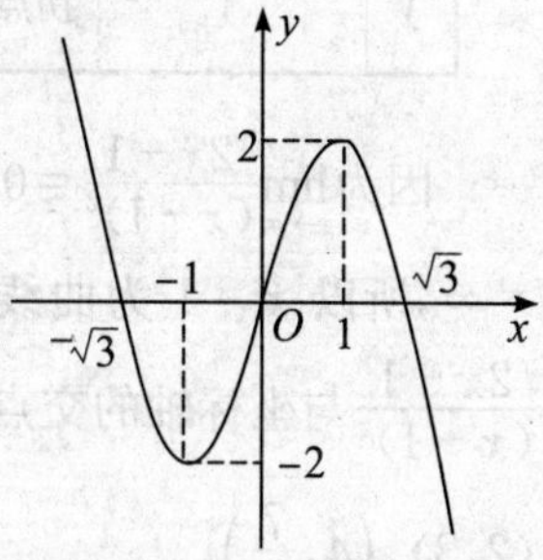

图 3.12

例 6 画出函数 $y=e^{-x^2}$ 的图像.

解 函数的定义域为$(-\infty,+\infty)$,且为偶函数.

$$y'=-2xe^{-x^2},$$

$$y''=2(2x^2-1)e^{-x^2}$$

令 $y'=0$,得 $x=0$;令 $y''=0$,得 $x=\pm\frac{1}{\sqrt{2}}$.在定义域内没有不可导的点.讨论如下:

x	0	$\left(0,\frac{1}{\sqrt{2}}\right)$	$\frac{1}{\sqrt{2}}$	$\left(\frac{1}{\sqrt{2}},+\infty\right)$
y'	0	$-$	$-$	$-$
y''	$-$	$-$	0	$+$
y	极大值,1	⌒	拐点$\left(\frac{1}{\sqrt{2}},e^{-\frac{1}{2}}\right)$	⌣

因为$\lim\limits_{x\to\infty}e^{-x^2}=0$,所以直线 $y=0$ 为水平渐近线;曲线过点(0,1).

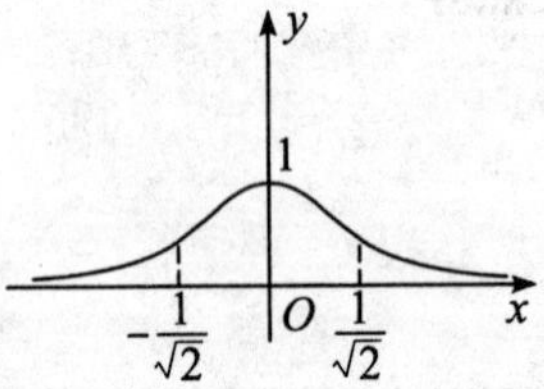

图 3.13

根据以上讨论,即可画出函数 $y=e^{-x^2}$ 的图像(图3.13).

例 7 画出函数 $y=\frac{2x-1}{(x-1)^2}$的图像.

解 函数的定义域为$(-\infty,1)\cup(1,+\infty)$.

$$y'=\frac{-2x}{(x-1)^3},\quad y''=\frac{2(2x+1)}{(x-1)^4}$$

令 $y'=0$,得 $x=0$;令 $y''=0$,得 $x=-\frac{1}{2}$.在定义域内没有不可导的点.讨论如下:

x	$\left(-\infty,-\frac{1}{2}\right)$	$-\frac{1}{2}$	$\left(-\frac{1}{2},0\right)$	0	(0,1)	$(1,+\infty)$
y'	$-$	$-$	$-$	0	$+$	$-$
y''	$-$	0	$+$	$+$	$+$	$+$
y	⌒	拐点$\left(-\frac{1}{2},-\frac{8}{9}\right)$	⌣	极小值 1	⌣	⌣

因为$\lim\limits_{x\to\infty}\frac{2x-1}{(x-1)^2}=0$,所以 $y=0$ 为曲线的一条水平渐近线;又因为$\lim\limits_{x\to1}\frac{2x-1}{(x-1)^2}=\infty$,所以 $x=1$ 为曲线的一条垂直渐近线.曲线 $y=\frac{2x-1}{(x-1)^2}$与坐标轴的交点为$(0,-1)$,$\left(\frac{1}{2},0\right)$;适当补点$(2,3)$,$\left(4,\frac{7}{9}\right)$.

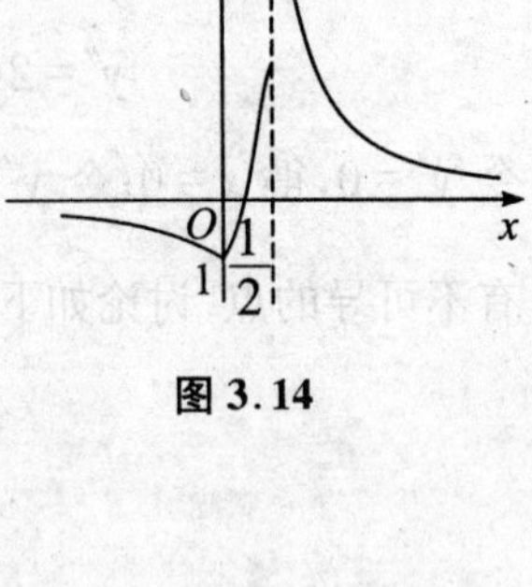

图 3.14

根据以上讨论,即可画出函数 $y=\frac{2x-1}{(x-1)^2}$的图像(图3.14).

习 题 3

1. 在下列四个函数中，在$[-1,1]$上满足罗尔定理条件的是(　　).

A. $y=8|x|+1$　　B. $y=4x^2+1$

C. $y=\frac{1}{x^2}$　　D. $y=|\sin x|$

2. 函数$f(x)=\frac{1}{x}$满足拉格朗日中值定理条件的区间是(　　).

A. $[-2,2]$　　B. $[-2,0]$　　C. $[1,2]$　　D. $[0,1]$

3. 方程$x^5-5x+1=0$在$(-1,1)$内(　　).

A. 没有实根　　B. 有且仅有一个实根

C. 有两个相异的实根　　D. 有五个实根

4. 若对任意$x\in(a,b)$，有$f'(x)=g'(x)$，则(　　).

A. 对任意$x\in(a,b)$，有$f(x)=g(x)$

B. 存在$x_0\in(a,b)$，使$f(x_0)=g(x_0)$

C. 对任意$x\in(a,b)$，有$f(x)=g(x)+C_0$(C_0是某个常数)

D. 对任意$x\in(a,b)$，有$f(x)=g(x)+C$(C是任意常数)

5. 函数$f(x)=3x^5-5x^3$在$\mathbf{R}$上有(　　).

A. 四个极值点　　B. 三个极值点

C. 二个极值点　　D. 一个极值点

6. 函数$f(x)=2x^3-6x^2-18x+7$的极大值是(　　).

A. 17　　B. 11　　C. 10　　D. 9

7. 设$f(x)$在闭区间$[-1,1]$上连续，在开区间$(-1,1)$上可导，且$|f'(x)|\leqslant M$，$f(0)=0$，则必有(　　).

A. $|f(x)|\geqslant M$　　B. $|f(x)|>M$

C. $|f(x)|\leqslant M$　　D. $|f(x)|<M$

8. 若函数$f(x)$在$[a,b]$上连续，在(a,b)可导，则(　　).

A. 存在$\theta\in(0,1)$，有$f(b)-f(a)=f'[\theta(b-a)](b-a)$

B. 存在$\theta\in(0,1)$，有$f(a)-f(b)=f'[a+\theta(b-a)](b-a)$

C. 存在$\theta\in(a,b)$，有$f(a)-f(b)=f'(\theta)(a-b)$

D. 存在$\theta\in(a,b)$，有$f(b)-f(a)=f'(\theta)(a-b)$

9. 若$a^2-3b<0$，则方程$f(x)=x^3+ax^2+bx+c=0$(　　).

A. 无实根　　　　B. 有唯一的实根

C. 有三个实根　　　　D. 有重实根

10. 求极限$\lim\limits_{x\to 0}\dfrac{x^2\sin\dfrac{1}{x}}{\sin x}$时,下列各种解法正确的是(　　).

A. 用洛必达法则后,求得极限为0

B. 因为$\lim\limits_{x\to 0}\dfrac{1}{x}$不存在,所以上述极限不存在

C. 原式$=\lim\limits_{x\to 0}\dfrac{x}{\sin x}\cdot x\sin\dfrac{1}{x}=0$

D. 因为不能用洛必达法则,故极限不存在

11. 函数$y=\dfrac{2x}{1+x^2}$在(　　).

A. $(-\infty,+\infty)$上单调增加

B. $(-\infty,+\infty)$上单调减少

C. $(-1,1)$上单调增加,其余区间单调减少

D. $(-1,1)$上单调减少,其余区间单调增加

12. 曲线$y=\dfrac{e^x}{1+x}$(　　).

A. 有一个拐点　　　　B. 有两个拐点

C. 有三个拐点　　　　D. 无拐点

13. 指出曲线$y=\dfrac{x}{3-x^2}$的渐近线的情况:(　　).

A. 没有水平渐近线,也没有斜渐近线

B. $x=\sqrt{3}$为其垂直渐近线,但无水平渐近线

C. 既有垂直渐近线,又有水平渐近线

D. 只有水平渐近线

14. 函数$f(x)=x^{\frac{2}{3}}-(x^2-1)^{\frac{1}{3}}$在区间$(0,2)$上的最小值为(　　).

A. $\dfrac{729}{4}$　　B. 0　　C. 1　　D. 无最小值

15. 求$\lim\limits_{x\to 0}\dfrac{x-\ln(1+x)}{x^2}$.

16. 求$\lim\limits_{x\to 0}\left[\dfrac{1}{\ln(1+x)}-\dfrac{1}{x}\right]$.

17. 求$\lim\limits_{x\to\frac{\pi}{6}}\dfrac{1-2\sin x}{\cos 3x}$.

18. 求$\lim\limits_{x\to 0}(1+x^2)^{\frac{1}{x}}$.

19. 求$\lim\limits_{x\to+\infty}\left(\dfrac{\pi}{2}-\operatorname{arccot} x\right)^{\frac{1}{\ln x}}$.

20. 求函数 $y=x^3-3x^2-9x+14$ 的单调区间.

21. 求函数 $y=2e^x+e^{-x}$的极值.

22. 若 $x\neq 0$,证明 $e^x>1+x$.

23. 设 $x>0$,证明 $x-\dfrac{x^2}{2}<\ln(1+x)<x$.

24. 求函数 $y=\dfrac{\ln^2 x}{x}$的单调区间与极值.

25. 当 a 为何值时,$y=a\sin x+\dfrac{1}{3}\sin 3x$ 在 $x=\dfrac{\pi}{3}$处有极值?求此极值,并说明是极大值还是极小值.

26. 函数 $y=ax^3+bx^2+cx+d\,(a>0)$的系数满足什么关系时,这个函数没有极值.

27. 试证 $y=x\sin x$ 的拐点在曲线 $y^2=\dfrac{4x^2}{4+x^2}$上.

第 4 章　不定积分

4.1　不定积分的概念与性质

4.1.1　原函数与不定积分的概念

例 1　已知真空中的自由落体在任意时刻 t 的运动速度为

$$v = v(t) = gt \quad (\text{常量 } g \text{ 为重力加速度})$$

又知当时间 $t=0$ 时，路程 $s=0$，求自由落体的运动规律.

解　所求运动规律就是指物体经过的路程 s 与时间 t 之间的函数关系.

设所求的运动规律为

$$s = s(t)$$

于是有

$$s' = s'(t) = v = gt$$

而且 $t=0$ 时，$s=0$. 根据导数公式，易知

$$s = \frac{1}{2}gt^2$$

这就是我们所求的运动规律. 事实上

$$v = s' = \left(\frac{1}{2}gt^2\right)' = gt$$

并且 $t=0$ 时，$s=0$. 因此 $s=\frac{1}{2}gt^2$ 即为所求的运动规律.

例 2　设曲线上任意一点 $M(x,y)$ 处的切线斜率为

$$k = f(x) = 2x$$

若此曲线经过坐标原点，求此曲线的方程.

解　设所求的曲线的方程为

$$y = F(x)$$

则曲线上任意一点 $M(x,y)$ 的切线斜率为 $y' = F'(x) = 2x$.

由于曲线经过坐标原点，所以当 $x=0$ 时，$y=0$，因此所求曲求线方程为

$$y = x^2$$

事实上,$y' = (x^2)' = 2x$,又 $x = 0$ 时,$y = 0$,因此 $y = x^2$ 即为所求的曲线方程.

以上两个问题,如果抽掉物理意义或几何意义,可归结到同一个问题,就是已知某函数的导函数,求这个函数.即已知 $F'(x) = f(x)$,求 $F(x)$.

定义 4.1.1 设函数 $F(x)$与 $f(x)$在同一区间内有定义,并且在该区间内的任一点都有 $F'(x) = f(x)$或 $\mathrm{d}F(x) = f(x)\mathrm{d}x$,那么就称函数 $F(x)$为 $f(x)$的一个**原函数**.

例如,函数 x^2 是 $2x$ 的一个原函数,因为$(x^2)' = 2x$ 或 $\mathrm{d}(x^2) = 2x\mathrm{d}x$.又因为

$$(x^2 + 1)' = 2x, \quad (x^2 - \sqrt{3})' = 2x$$

$$\left(x^2 - \frac{1}{4}\right)' = 2x, \quad (x^2 + C)' = 2x$$

其中,C 为任意常数,所以 $x^2 + 1, x^2 - \frac{1}{4}, x^2 - \sqrt{3}, x^2 + C$ 等都是 $2x$ 的原函数.

说明:如果有一个原函数,那么它就有无限多个原函数,并且其中任意两个原函数之间只差一个常数.

原函数存在定理 如果函数 $f(x)$在区间 I 上连续,则函数 $f(x)$在该区间上原函数必定存在(证明从略).

原函数族定理 如果函数 $f(x)$有原函数,那么它就有无限多个原函数,并且其中任意两个原函数之间相差一个常数.

证明 定理要求我们证明下列两点:

(1) $f(x)$的原函数有无限多个.

设函数 $f(x)$有一个原函数 $F(x)$,即 $F'(x) = f(x)$,并设 C 为任意常数,由于

$$[F(x) + C]' = F'(x) = f(x)$$

所以 $F(x) + C$ 也是$f(x)$的原函数,而 C 可取无限多个值,所以 $f(x)$有无限多个原函数.

(2) $f(x)$的任意两个原函数的差是常数.

设 $F(x), G(x)$都是 $f(x)$的原函数,即

$$F'(x) = f(x), \quad G'(x) = f(x)$$

令 $h(x) = F(x) - G(x)$,于是有

$$h'(x) = [F(x) - G(x)]' = F'(x) - G'(x) = f(x) - f(x) = 0$$

由前面知识知道,导数恒为零的函数必为常数:

$$h(x) = F(x) - G(x) = C_0 \quad (C_0 \text{ 为某个常数})$$

这表明,$F(x), G(x)$只差一个常数.

从这个定理可以推得下面的结论:

$F(x)$为 $f(x)$一个原函数,那么 $F(x) + C$ 就是$f(x)$的全部原函数(称为原函

数族),其中 C 为任意常数.

定义 4.1.2 函数 $f(x)$的全体原函数叫做 $f(x)$的**不定积分**,记为

$$\int f(x)\mathrm{d}x$$

其中,记号"$\int$"称为积分号,$f(x)$ 称为被积函数,x 称为积分变量,$f(x)\mathrm{d}x$ 称为被积表达式.

由此定义及前面的讨论可知,如果 $F(x)$为 $f(x)$一个原函数,那么 $F(x)+C$ 就是$f(x)$的不定积分,即

$$\int f(x)\mathrm{d}x = F(x) + C$$

不定积分与微分的关系:

$$\left[\int f(x)\mathrm{d}x\right]' = f(x) \quad 或 \quad \mathrm{d}\left[\int f(x)\mathrm{d}x\right] = f(x)\mathrm{d}x$$

反之,则有

$$\int F'(x)\mathrm{d}x = F(x) + C \quad 或 \quad \int \mathrm{d}F(x) = F(x) + C$$

也就是说,若先积分后微分,则两者的作用相互抵消;反过来,若先微分后积分,则应该在抵消后加上一个常数 C.

4.1.2 不定积分的几何意义

根据不定积分的定义,可知上一小节例 2 中提出的切线斜率为 $2x$ 的全部曲线是

$$y = \int 2x\mathrm{d}x = x^2 + C$$

即

$$y = x^2 + C$$

因为 C 可取任意实数,所以 $y = x^2 + C$ 就表达了无穷多条抛物线,所有这些抛物线构成一个曲线的集合,叫做曲线族,且族中任一条抛物线可由另一条抛物线沿 y 轴方向平移而得到.

一般地,若 $F(x)$为 $f(x)$的原函数,则 $f(x)$的不定积分

$$\int f(x)\mathrm{d}x = F(x) + C$$

是 $f(x)$的原函数族,对于 C,每取一个值 C_0,就确定 $f(x)$的一个原函数,在直角坐标系中就确定一条曲线 $y = F(x) + C_0$,这条曲线叫做 $f(x)$的一条积分曲线.所有这些积分曲线构成一个曲线族,称为 $f(x)$的积分曲线族.这就是不定积分的几何意义.

4.1.3 基本积分表

既然积分运算是微分运算的逆运算,那么很自然地从导数公式得到相应的积分公式,现把它们列于表 4.1.

表 4.1 基本积分表

序号	$F'(x) = f(x)$	$\int f(x)\mathrm{d}x = F(x) + C$
(1)	$(x)' = 1$	$\int \mathrm{d}x = x + C$
(2)	$\left(\dfrac{x^{\alpha+1}}{\alpha+1}\right)' = x^{\alpha}$	$\int x^{\alpha}\mathrm{d}x = \dfrac{x^{\alpha+1}}{\alpha+1} + C(\alpha \neq -1)$
(3)	$[\ln(-x)]' = \dfrac{1}{x}(x<0)$ $(\ln x)' = \dfrac{1}{x}(x>0)$	$\int \dfrac{1}{x}\mathrm{d}x = \ln\|x\| + C$
(4)	$(\arctan x)' = \dfrac{1}{1+x^2}$	$\int \dfrac{1}{1+x^2}\mathrm{d}x = \arctan x + C$
(5)	$(\arcsin x)' = \dfrac{1}{\sqrt{1-x^2}}$	$\int \dfrac{1}{\sqrt{1-x^2}}\mathrm{d}x = \arcsin x + C$
(6)	$\left(\dfrac{a^x}{\ln a}\right)' = a^x$	$\int a^x\mathrm{d}x = \dfrac{a^x}{\ln a} + C$
(7)	$(\mathrm{e}^x)' = \mathrm{e}^x$	$\int \mathrm{e}^x\mathrm{d}x = \mathrm{e}^x + C$
(8)	$(\sin x)' = \cos x$	$\int \cos x\mathrm{d}x = \sin x + C$
(9)	$(-\cos x)' = \sin x$	$\int \sin x\mathrm{d}x = -\cos x + C$
(10)	$(\tan x)' = \sec^2 x$	$\int \sec^2 x\mathrm{d}x = \tan x + C$
(11)	$(-\cot x)' = \csc^2 x$	$\int \csc^2 x\mathrm{d}x = -\cot x + C$
(12)	$(\sec x)' = \sec x\tan x$	$\int \sec x\tan x\mathrm{d}x = \sec x + C$
(13)	$(-\csc x)' = \csc x\cot x$	$\int \csc x\cot x\mathrm{d}x = -\csc x + C$

例 3 求$\int \frac{1}{x^3}\mathrm{d}x$.

解 $\int \frac{1}{x^3}\mathrm{d}x = \int x^{-3}\mathrm{d}x = \frac{x^{-3+1}}{-3+1} + C = -\frac{1}{2x^2} + C$.

例 4 求$\int x\sqrt{x}\mathrm{d}x$.

解 $\int x\sqrt{x}\mathrm{d}x = \int x^{\frac{3}{2}}\mathrm{d}x = \frac{x^{\frac{3}{2}+1}}{\frac{3}{2}+1} + C = \frac{2}{5}x^{\frac{5}{2}} + C = \frac{2}{5}x^2\sqrt{x} + C$.

4.1.4 不定积分的性质

性质 1 $\int [f(x) \pm g(x)]\mathrm{d}x = \int f(x)\mathrm{d}x \pm \int g(x)\mathrm{d}x$.

性质 2 $\int kf(x)\mathrm{d}x = k\int f(x)\mathrm{d}x$, k 是常数.

性质 1 的证明由导数的运算法则可知:

$$\left[\int f(x)\mathrm{d}x \pm \int g(x)\mathrm{d}x\right]' = \left[\int f(x)\mathrm{d}x\right]' \pm \left[\int g(x)\mathrm{d}x\right]' = f(x) \pm g(x)$$

这说明:$\int f(x)\mathrm{d}x \pm \int g(x)\mathrm{d}x$ 为$f(x) \pm g(x)$ 的原函数,又因积分号含有一个任意常数,因此,$\int f(x)\mathrm{d}x \pm \int g(x)\mathrm{d}x$ 为$f(x) \pm g(x)$ 的不定积分.

性质 1 对于有限个函数都是成立的.

类似的可以证明性质 2.

根据上述性质及基本积分表,可求一些简单函数的不定积分.

例 5 求$\int (10^x + 3\sin x + \sqrt{x})\mathrm{d}x$.

解
$$\begin{aligned}\int (10^x + 3\sin x + \sqrt{x})\mathrm{d}x &= \int 10^x\mathrm{d}x + 3\int \sin x\mathrm{d}x + \int \sqrt{x}\mathrm{d}x \\ &= \frac{10^x}{\ln x} - 3\cos x + \frac{1}{\frac{1}{2}+1}x^{\frac{1}{2}+1} + C \\ &= \frac{10^x}{\ln x} - 3\cos x + \frac{2}{3}x^{\frac{3}{2}} + C\end{aligned}$$

例 6 求$\int \frac{(x-1)^3}{x^2}\mathrm{d}x$.

解
$$\int \frac{(x-1)^3}{x^2}\mathrm{d}x = \int \frac{x^3 - 3x^2 + 3x - 1}{x^2}\mathrm{d}x$$

$$= \int\left(x - 3 + \frac{3}{x} - \frac{1}{x^2}\right)dx$$

$$= \int x dx - 3\int dx + 3\int \frac{1}{x}dx - \int \frac{1}{x^2}dx$$

$$= \frac{x^2}{2} - 3x + 3\ln|x| + \frac{1}{x} + C$$

例 7 求$\int \frac{x^4}{1+x}dx$.

解

$$\int \frac{x^4}{1+x}dx = \int \frac{x^4 - 1 + 1}{1+x}dx$$

$$= \int \frac{(x^2+1)(x-1)+1}{1+x}dx$$

$$= \int\left(x - 1 + \frac{1}{1+x}\right)dx$$

$$= \frac{x^3}{3} - x + \arctan x + C$$

例 8 求$\int \frac{dx}{1+\cos 2x}$.

解 $\int \frac{dx}{1+\cos 2x} = \int \frac{1}{2\cos^2 x}dx = \frac{1}{2}\int \frac{1}{\cos^2 x}dx = \frac{1}{2}\int \sec^2 x dx = \frac{1}{2}\tan x + C.$

4.2 换元积分法

4.2.1 第一类换元积分法

设 $F(u)$ 为 $f(u)$ 的原函数,即 $F'(u) = f(u)$ 或$\int f(u)du = F(u) + C$.

如果 $u = \varphi(x)$,且 $\varphi(x)$可微,则

$$\frac{d}{dx}F[\varphi(x)] = F'(u)\varphi'(x) = f(u)\varphi'(x) = f[\varphi(x)]\varphi'(x)$$

即 $F[\varphi(x)]$为 $f[\varphi(x)]\varphi'(x)$的原函数,或

$$\int f[\varphi(x)]\varphi'(x)dx = F[\varphi(x)] + C = [F(u) + C]_{u=\varphi(x)} = \left[\int f(u)du\right]_{u=\varphi(x)}$$

因此有:

定理 4.2.1 设 $F(u)$为 $f(u)$的原函数,$u = \varphi(x)$可微,则

$$\int f[\varphi(x)]\varphi'(x)dx = \left[\int f(u)du\right]_{u=\varphi(x)}$$

称为第一类换元积分公式.

由于利用第一类换元积分法求不定积分时出现了将 $\varphi'(x)\mathrm{d}x$ 凑成微分 $\mathrm{d}\varphi(x)$，所以第一类换元积分法也称凑微分法.

例 1 求下列不定积分：

(1) $\int 2\cos 2x\mathrm{d}x$；　　(2) $\int \frac{a^{\frac{1}{x}}}{x^2}\mathrm{d}x$；

(3) $\int \frac{1}{3+2x}\mathrm{d}x$；　　(4) $\int \frac{1}{\sqrt{x}(1+x)}\mathrm{d}x$.

解 (1) $\int 2\cos 2x\mathrm{d}x = \int \cos 2x(2x)'\mathrm{d}x = \int \cos 2x\mathrm{d}2x = \sin 2x + C$.

(2) $\int \frac{a^{\frac{1}{x}}}{x^2}\mathrm{d}x = -\int a^u\mathrm{d}u = -\frac{a^u}{\ln a} + C = -\frac{a^{\frac{1}{x}}}{\ln a} + C$.

(3)
$$\begin{aligned}\int \frac{1}{3+2x}\mathrm{d}x &= \frac{1}{2}\int \frac{1}{3+2x}(3+2x)'\mathrm{d}x = \frac{1}{2}\int \frac{1}{3+2x}\mathrm{d}(3+2x)\\ &= \frac{1}{2}\ln|3+2x| + C.\end{aligned}$$

(4) $\int \frac{1}{\sqrt{x}(1+x)}\mathrm{d}x = 2\int \frac{1}{1+x}\mathrm{d}(\sqrt{x}) = 2\arctan\sqrt{x} + C$.

例 2 求下列不定积分：

(1) $\int \frac{1}{a^2+x^2}\mathrm{d}x$；　　(2) $\int \frac{1}{x^2-a^2}\mathrm{d}x$.

解 (1)
$$\begin{aligned}\int \frac{1}{a^2+x^2}\mathrm{d}x &= \frac{1}{a^2}\int \frac{1}{1+\left(\frac{x}{a}\right)^2}\mathrm{d}x = \frac{1}{a}\int \frac{1}{1+\left(\frac{x}{a}\right)^2}\mathrm{d}\left(\frac{x}{a}\right)\\ &= \frac{1}{a}\arctan\frac{x}{a} + C.\end{aligned}$$

(2)
$$\begin{aligned}\int \frac{1}{x^2-a^2}\mathrm{d}x &= \frac{1}{2a}\int\left(\frac{1}{x-a} - \frac{1}{x+a}\right)\mathrm{d}x\\ &= \frac{1}{2a}\left[\int \frac{1}{x-a}\mathrm{d}(x-a) - \int \frac{1}{x+a}\mathrm{d}(x+a)\right]\\ &= \frac{1}{2a}[\ln|x-a| - \ln|x+a|] + C\\ &= \frac{1}{2a}\ln\left|\frac{x-a}{x+a}\right| + C.\end{aligned}$$

小结：在利用凑微分法求不定积分时，以下的凑微分形式经常出现：

(1) $\int f(ax+b)\mathrm{d}x = \frac{1}{a}\int f(ax+b)\mathrm{d}(ax+b)$；

(2) $\int f(e^x)e^x dx = \int f(e^x)de^x$；

(3) $\int f(x^\alpha)x^{\alpha-1}dx = \frac{1}{\alpha}\int f(x^\alpha)dx^\alpha$；

(4) $\int f(\ln x)\frac{1}{x}dx = \int f(\ln x)d(\ln x)$；

(5) $\int f(\cos x)\sin x dx = -\int f(\cos x)d\cos x$；

(6) $\int f(\sin x)\cos x dx = \int f(\sin x)d\sin x$；

(7) $\int f(\tan x)\sec^2 x dx = \int f(\tan x)d\tan x$；

(8) $\int f(\cot x)\csc^2 x dx = -\int f(\cot x)d\cot x$；

(9) $\int f(\arcsin x)\frac{1}{\sqrt{1-x^2}}dx = \int f(\arcsin x)d\arcsin x$；

(10) $\int f(\arctan x)\frac{1}{1+x^2}dx = \int f(\arctan x)d\arctan x$.

4.2.2 第二类换元积分法

$$\int f(x)dx \xlongequal{x=\varphi(t)} \int f[\varphi(t)]\varphi'(t)dt = F(t)+C \xlongequal{t=\varphi^{-1}(x)} F[\varphi^{-1}(x)]+C$$

其中，$\varphi(t)$是单调可微函数.

例3 计算：

(1) $\int \frac{1}{1+\sqrt{1+x}}dx$； (2) $\int \frac{x^2}{\sqrt{1-x^2}}dx$.

解 (1) 令$\sqrt{1+x}=t$，则$x=t^2-1$，$dx=2tdt$，于是

$$原式 = \int \frac{2t}{1+t}dt = 2\int \frac{t+1-1}{1+t}dt = 2\left(\int dt - \int \frac{dt}{1+t}\right)$$
$$= 2t - 2\ln|1+t| + C$$
$$= 2\sqrt{1+x} - 2\ln|1+\sqrt{1+x}| + C$$

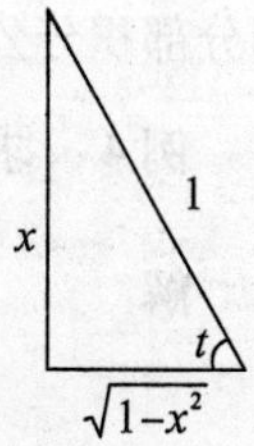

图4.1

(2) 设$x=\sin t$，则$\sqrt{1-x^2}=\cos t$，$dx=\cos tdt$（图4.1），于是

$$原式 = \int \frac{\sin^2 t\cos t}{\cos t}dt = \int \sin^2 tdt = \int \frac{1-\cos 2t}{2}dt$$
$$= \frac{1}{2}\int dt - \frac{1}{4}\int \cos 2td(2t)$$

$$= \frac{1}{2}t - \frac{1}{4}\sin 2t + C$$

$$= \frac{1}{2}t - \frac{1}{2}\sin t\cos t + C$$

$$= \frac{1}{2}\arcsin x - \frac{x}{2}\sqrt{1-x^2} + C$$

小结 第二换元法常用于消去根号，但有时也用于某些多项式，例如 $\int \frac{1}{(x^2+a^2)^2}dx$ 也可用函数的三角代换求出结果.

通常当被积函数含有根式 $\sqrt{a^2-x^2}$ 时，可令 $x = a\sin x$；

当被积函数含有根式 $\sqrt{a^2+x^2}$ 时，可令 $x = a\tan x$；

当被积函数含有根式 $\sqrt{x^2-a^2}$ 时，可令 $x = a\sec x$.

4.2.3 分部积分法

设函数 $u = u(x)$，$v = v(x)$ 有连续导数，由

$$(uv)' = u'v + uv'$$

得

$$uv' = (uv)' - u'v$$

两边求不定积分，得

$$\int uv'dx = uv - \int u'vdx$$

为便于应用，上式可写成

$$\int udv = uv - \int vdu$$

这就是分部积分公式. 如果求 $\int uv'dx$ 有困难，而求 $\int u'vdx$ 较容易，我们就可以利用分部积分公式.

例 4 求 $\int \ln x dx$.

解

$$\int \ln x dx \xlongequal{u=\ln x,\, v=x} x\ln x - \int x d\ln x$$

$$= x \cdot \ln x - \int x \cdot \frac{1}{x}dx$$

$$= x\ln x - x + C$$

例 5 求 $\int xe^x dx$.

解 $$\int xe^x\mathrm{d}x = \int x\mathrm{d}e^x \xlongequal{u = x, v = e^x} xe^x - \int e^x\mathrm{d}x = xe^x - e^x + C$$

例 6 求$\int e^x\sin x\mathrm{d}x$.

解
$$\begin{aligned}\int e^x\sin x\mathrm{d}x &= \int \sin x\mathrm{d}(e^x) = e^x\sin x - \int e^x\mathrm{d}(\sin x)\\ &= e^x\sin x - \int e^x\cos x\mathrm{d}x\\ &= e^x\sin x - \int \cos x\mathrm{d}(e^x)\\ &= e^x\sin x - e^x\cos x + \int e^x\mathrm{d}\cos x\\ &= e^x\sin x - e^x\cos x - \int e^x\sin x\mathrm{d}x\end{aligned}$$

由于上式右端的第三项就是所求的积分$\int e^x\sin x\mathrm{d}x$,将它移到等式左端去,两端再同除以 2,即得

$$\int e^x\sin x\mathrm{d}x = \frac{1}{2}e^x(\sin x - \cos x) + C$$

4.3 微分方程的基本概念

4.3.1 微分方程的引例

例 1 一条曲线通过点(1,2),且在该曲线上任一点 $M(x,y)$处的切线斜率等于此点横坐标的 2 倍,求曲线方程.

解 根据导数的几何意义,所求曲线 $y=f(x)$应满足方程

$$\frac{\mathrm{d}y}{\mathrm{d}x}=2x \quad 或 \quad \mathrm{d}y=2x\mathrm{d}x \tag{1}$$

对式(1)两边积分,得

$$y = \int 2x\mathrm{d}x, \quad 即\ y = x^2 + C \tag{2}$$

其中,C 为任意常数.

按题意,所求曲线通过点(1,2),即式(2)应满足条件:当 $x=1$ 时,$y=2$. 将此条件代入式(2),即得 $C=1$,所求的曲线方程为

$$y = x^2 + 1 \tag{3}$$

例 2 在真空中,物体由静止状态自由下落,求物体的运动规律(重力加速度为 g).

解 设物体的运动规律为 $s = s(t)$,根据牛顿第二定律及二阶导数的力学意义,函数 $s = s(t)$应满足

$$\frac{d^2 s}{dt^2} = g \tag{4}$$

按题意,$s(t)$还应满足下列条件:

当 $t = 0$ 时,$s = 0$,$v = \frac{ds}{dt} = 0$,将式(4)两端积分,得

$$\frac{ds}{dt} = v = gt + C_1 \tag{5}$$

对式(5)两端再积分,得

$$s = \frac{1}{2}gt^2 + C_1 t + C_2 \tag{6}$$

式中,C_1,C_2 都是任意常数.把条件 $t = 0$ 时 $v = 0$ 代入式(5),$t = 0$ 时 $s = 0$ 代入式(6)得

$$C_1 = C_2 = 0$$

因此所求物体的运动规律为

$$s = \frac{1}{2}gt^2 \tag{7}$$

4.3.2 微分方程的基本概念

式(1)和式(4)都是含有未知函数的导数的等式,通常,我们把含有未知函数的导数(或微分)的等式,叫微分方程.

在一个微分方程中,未知函数的导数(或微分)的最高阶数叫做微分方程的阶数,如例 1 中的方程是一阶微分方程,例 2 中的微分方程是二阶微分方程.又如:$y''' - y' = \sin x$ 是三阶微分方程,$\frac{d^4 y}{dx^4} + \frac{d^2 y}{dx^2} + y = e^{-x}$是四阶微分方程.

一般地,n 阶微分方程的形式为

$$F(x, y, y', \cdots, y^{(n)}) = 0$$

其中,$y^{(n)}$必须出现,而 $x, y, y', \cdots, y^{(n-1)}$等变量则可以不出现,例如 n 阶微分方程

$$y^{(n)} + 1 = 0$$

中,除 $y^{(n)}$外,其他变量都没有出现.

如果一个函数代入到微分方程后,能使该方程成为恒等式,则称此函数为该方

程的解.例如,式(2)和式(3)是式(1)的解,式(6)和式(7)是式(4)的解.

如果微分方程的解中含有相互独立的任意常数的个数与微分方程的阶数相同,则称此解为该方程的通解.如果微分方程的解是按照问题所给的条件,确定了通解中的任意常数而得到的,则称此解为微分方程的特解.

例如,$y=x^2+C$ 是 $y'=2x$ 的通解,而 $y=x^2+1$ 是它的特解,在例 2 中,式(6)是式(4)的通解,式(7)是式(4)的特解.

为了确定微分方程的特解,需要给出这个解所必须满足的条件,这就是所谓的定解条件.常见的定解条件是初始条件.

一般地,一阶微分方程的初始条件是:$x=x_0$ 时,$y=y_0$,或写成 $y|_{x=x_0}=y_0$,x_0,y_0 是给定的常数.二阶微分方程的初始条件是 $x=x_0$ 时,$y=y_0,y'=y'_0$,或写成 $y|_{x=x_0}=y_0,y'|_{x=x_0}=y'_0$.

由微分方程寻找它的解的过程叫做解微分方程.

例 3 验证

$$y=(C_1+C_2x)e^{-x}\quad (C_1,C_2\text{ 是任意常数})\tag{8}$$

是方程

$$y''+2y'+y=0\tag{9}$$

的通解,并求满足初始条件 $y|_{x=0}=4,y'|_{x=0}=-2$ 的特解.

解 求出所给函数 $y=(C_1+C_2x)e^{-x}$ 的导数:

$$y'=(C_2-C_1)e^{-x}-C_2xe^{-x}\tag{10}$$

$$y''=(C_1-2C_2)e^{-x}+C_2xe^{-x}\tag{11}$$

将 y,y',y'' 代入式(9),得

$$(C_1-2C_2)e^{-x}+C_2xe^{-x}+2(C_2-C_1)e^{-x}-2C_2xe^{-x}+(C_1+C_2x)e^{-x}\equiv 0$$

将式(8)代入式(9)后成为一个恒等式,并且式(8)中含有两个相互独立的任意常数,所以式(8)是式(9)的通解.

将初始条件 $y|_{x=0}=4$ 代入式(8),得

$$C_1=4$$

将 $y'|_{x=0}=-2$ 代入式(10),得

$$C_2=2$$

把 C_1,C_2 的值代入式(8),就得所求的特解:$y=(4+2x)e^{-x}$.

4.4 一阶微分方程

本节主要讲述一阶微分方程

$$\frac{dy}{dx}=f(x,y) \quad 与 \quad F(x,y,y')=0$$

的求解问题.

4.4.1 变量可分离方程

形如$\frac{dy}{dx}=f(x)\varphi(y)$的方程,称为变量可分离方程,其中 $f(x)$和 $\varphi(y)$分别是 x,y 的连续函数.

对于变量分离方程

$$\frac{dy}{dx}=f(x)\varphi(y)$$

分离变量得

$$\frac{dy}{\varphi(y)}=f(x)dx$$

再积分,得

$$\int\frac{dy}{\varphi(y)}=\int f(x)dx$$

这就是方程的通解.

注意 在变量分离的过程中,必须保证 $\varphi(y)\neq 0$. 但如果 $\varphi(y)=0$ 有根 $y=y_0$,则不难验证 $y=y_0$ 也是微分方程的解,但有时无论怎样扩充通解的表达式中的任意常数,此解都不包含在其中,解题时要另外补充上,不能遗漏.

例 1 求解方程$\frac{dy}{dx}=-\frac{x}{y}$.

解 $y\,dy=-x\,dx$,两边积分,得

$$\frac{1}{2}y^2=-\frac{1}{2}x^2+\frac{1}{2}C$$

即原方程的通解为:$x^2+y^2=C$.

例 2 求方程$\frac{dy}{dx}+p(x)y=0$ 的通解,其中 $p(x)$ 是连续函数.

解 $\frac{dy}{y}=-p(x)dx$,两边积分得

$$\ln|y|=-\int p(x)dx+C_1$$

$$y=\pm e^{-\int p(x)dx+C_1}=(\pm e^{C_1})\cdot e^{-\int p(x)dx}$$

令 $C=\pm e^{C_1}$,即原方程的通解为 $y=Ce^{-\int p(x)dx}$.

4.4.2 一阶线性微分方程

形如$\frac{dy}{dx}=P(x)y+Q(x)$的方程称为一阶线性方程，当$Q(x)\equiv 0$时，$\frac{dy}{dx}=P(x)y$称为一阶线性齐次方程，当$Q(x)$不恒为零时，$\frac{dy}{dx}=P(x)y+Q(x)$称为一阶线性非齐次方程.

1. 一阶齐次线性方程的解法

首先求其对应的线性齐次方程$y'=P(x)y$的通解.

利用分离变量法可得其通解为

$$y=Ce^{\int P(x)dx}$$

其中，C为任意常数，满足初始条件$y(x_0)=y_0$的解是

$$y=y_0e^{\int_{x_0}^{x}P(t)dt}$$

其次利用常数变易法求线性非齐次方程的通解.

将线性齐次方程通解中的任意常数变易为待定函数来求线性非齐次方程的通解，此方法称为常数变易法.

可得通解为

$$y=e^{\int P(x)dx}\left[\int Q(x)e^{-\int P(x)dx}dx+C\right]$$

满足初始条件$\varphi(x_0)=y_0$的特解为

$$y=e\int_{x_0}^{x}P(t)dt[y_0+\int_{x_0}^{x}Q(t)e^{-\int_{x_0}^{t}P(s)ds}dt]$$

2. 线性齐次方程解的性质

性质1 必有零解$y=0$.

性质2 通解等于任意常数C与一个非零特解的乘积.

性质3 若y_1,y_2均为齐次方程的解，则$\alpha y_1+\beta y_2$也是该方程的解，其中α,β为任意常数.

3. 线性非齐次方程解的性质

性质1 无零解，所有的解不能构成解空间.

性质2 若y_1是齐次方程的解，y_2是非齐次方程的解，则$y=Cy_1+y_2$也是非齐次方程的解，其中C为任意常数.

性质 3 若 y_1, y_2 均为非齐次方程的解,则 $y_1 - y_2$ 是相应的齐次方程的解.

性质 4(叠加原理) 若 y_1 是 $y' = P(x)y + Q_1(x)$ 的解,y_2 是 $y' = P(x)y + Q_2(x)$ 的解,则 $y_1 + y_2$ 是 $y' = P(x)y + Q_1(x) + Q_2(x)$ 的解.

例 3 求方程 $\frac{dy}{dx} + 2xy = 4x$ 的通解.

解 $y = Ce^{-x^2} + e^{-x^2}\int 4xe^{x^2}dx = Ce^{-x^2} + 2.$

例 4 求方程 $xy' - 2y = 2x^4$ 的通解

解
$$y' = \left(\frac{2}{x}\right)y + 2x^3$$
$$y = Cx^2 + x^2\int \frac{2x^3}{x^2}dx = Cx^2 + x^4$$

习 题 4

1. $\int\left(1 - \sin^2\frac{x}{2}\right)dx =$ ________.

2. 若 e^x 是 $f(x)$ 的原函数,则 $\int x^2 f(\ln x)dx =$ ________.

3. $\int \sin\ln x dx =$ ________.

4. 已知 e^{-x^2} 是 $f(x)$ 的一个原函数,则 $\int f(\tan x)\sec^2 x dx =$ ________.

5. 在积分曲线族 $\int\frac{dx}{x\sqrt{x}}$ 中,过(1,1)点的积分曲线是 $y =$ ________.

6. 设 $F'(x) = f(x)$,则 $\int f'(ax + b)dx =$ ________.

7. 设 $\int f(x)dx = \frac{1}{x^2} + C$,则 $\int\frac{f(e^{-x})}{e^x}dx =$ ________.

8. 设 $\int xf(x)dx = \arcsin x + C$,则 $\int\frac{1}{f(x)}dx =$ ________.

9. $f'(\ln x) = 1 + x$,则 $f(x) =$ ________.

10. 若 $f(x)$ 在 (a,b) 内连续,则在 (a,b) 内 $f(x)$( ).

A. 必有导函数　　B. 必有原函数

C. 必有界　　D. 必有极限

11. 若 $\int xf(x)dx = x\sin x - \int\sin x dx$,则 $f(x) =$ ________.

12. 若 $F'(x) = f(x), \kappa'(x) = f(x)$,则 $\int f(x)\mathrm{d}x = ($　　$)$.

A. $F(x)$　　B. $\varphi(x)$　　C. $\varphi(x) + C$　　D. $F(x) + \varphi(x) + C$

13. 下列各式中正确的是(　　).

A. $\mathrm{d}\left[\int f(x)\mathrm{d}x\right] = f(x)$　　B. $\frac{\mathrm{d}}{\mathrm{d}x}\left[\int f(x)\mathrm{d}x\right] = f(x)\mathrm{d}x$

C. $\int \mathrm{d}f(x) = f(x)$　　D. $\int \mathrm{d}f(x) = f(x) + C$

14. 设 $f(x) = \mathrm{e}^{-x}$,则 $\int \frac{f(\ln x)}{x}\mathrm{d}x =$ ______.

A. $\frac{1}{x} + C$　　B. $\ln x + C$　　C. $-\frac{1}{x} + C$　　D. $-\ln x + C$

15. $\int \frac{1}{\sqrt{x(1-x)}}\mathrm{d}x = ($　　$)$.

A. $\frac{1}{2}\arcsin\sqrt{x} + C$　　B. $\arcsin\sqrt{x} + C$

C. $2\arcsin(2x-1) + C$　　D. $\arcsin(2x-1) + C$

16. 若 $f(x)$ 在 $[a,b]$ 上的某原函数为零,则在 $[a,b]$ 上必有(　　).

A. $f(x)$ 的原函数恒等于零

B. $f(x)$ 的不定积分恒等于零

C. $f(x)$ 恒等于零

D. $f(x)$ 不恒等于零,但导函数 $f'(x)$ 恒为零

17. 求下列不定积分(利用基本积分公式):

(1) $\int \frac{\mathrm{d}x}{x^2}$;　　(2) $\int \frac{\mathrm{d}x}{x^2\sqrt{x}}$;

(3) $\int (x-2)^2\mathrm{d}x$;　　(4) $\int \frac{x^2}{1+x^2}\mathrm{d}x$;

(5) $\int \frac{2\cdot 3^x - 5\cdot 2^x}{3^x}\mathrm{d}x$　　(6) $\int \frac{\cos 2x}{\cos^2 x\sin^2 x}\mathrm{d}x$;

(7) $\int \left(2\mathrm{e}^x + \frac{3}{x}\right)\mathrm{d}x$;　　(8) $\int \left(1 - \frac{1}{x^2}\right)\sqrt{x\sqrt{x}}\,\mathrm{d}x$.

18. 求下列不定积分(利用第一换元法):

(1) $\int (3-2x)^3\mathrm{d}x$;　　(2) $\int \frac{\mathrm{d}x}{\sqrt[3]{2-3x}}$;

(3) $\int \frac{\sin\sqrt{t}}{\sqrt{t}}\mathrm{d}t$;　　(4) $\int \frac{\mathrm{d}x}{x\ln x\ln\ln x}$;

(5) $\int \frac{\mathrm{d}x}{\cos x\sin x}$　　(6) $\int \frac{\mathrm{d}x}{\mathrm{e}^x + \mathrm{e}^{-x}}$;

(7) $\int x\cos x^2\mathrm{d}x$；

(8) $\int \frac{3x^3}{1-x^4}\mathrm{d}x$；

(9) $\int \frac{\sin x}{\cos^3 x}\mathrm{d}x$；

(10) $\int \frac{1-x}{\sqrt{9-4x^2}}\mathrm{d}x$；

(11) $\int \frac{\mathrm{d}x}{2x^2-1}$；

(12) $\int \cos^3 x\mathrm{d}x$；

(13) $\int \sin 2x\cos 3x\mathrm{d}x$；

(14) $\int \tan^3 x\sec x\mathrm{d}x$；

(15) $\int \frac{x^3}{9+x^2}\mathrm{d}x$；

(16) $\int \frac{1}{3\cos^2 x+4\sin^2 x}\mathrm{d}x$；

(17) $\int \frac{10^{2\arccos x}}{\sqrt{1-x^2}}\mathrm{d}x$；

(18) $\int \frac{\arctan\sqrt{x}}{\sqrt{x}(1+x)}\mathrm{d}x$.

19．求下列不定积分(利用第二换元法)：

(1) $\int \frac{1}{x\sqrt{1+x^2}}\mathrm{d}x$；

(2) $\int \sin\sqrt{x}\mathrm{d}x$；

(3) $\int \frac{\sqrt{x^2-4}}{x}\mathrm{d}x$；

(4) $\int \frac{x^2}{\sqrt{a^2-x^2}}\mathrm{d}x\,(a>0)$；

(5) $\int \frac{\mathrm{d}x}{\sqrt{(x^2+1)^3}}$；

(6) $\int \frac{\mathrm{d}x}{1+\sqrt{2x}}$；

(7) $\int \frac{\mathrm{d}x}{x+\sqrt{1-x^2}}$；

(8) $\int \frac{\mathrm{d}x}{1+\sqrt{1-x^2}}$.

20．求下列不定积分(利用分部积分法)：

(1) $\int x\sin x\mathrm{d}x$；

(2) $\int \arcsin x\mathrm{d}x$；

(3) $\int x^2\ln x\mathrm{d}x$；

(4) $\int \mathrm{e}^{-2x}\sin\frac{x}{2}\mathrm{d}x$；

(5) $\int x^2\arctan x\mathrm{d}x$；

(6) $\int x^2\cos x\mathrm{d}x$；

(7) $\int \ln^2 x\mathrm{d}x$；

(8) $\int x^2\cos^2\frac{x}{2}\mathrm{d}x$.

21．求微分方程 $y'=2xy$.

22．求解方程 $x(y^2+1)\mathrm{d}x+y(x^2+1)\mathrm{d}y=0$.

23．求解方程 $xy'-y=x^2$.

第5章 定 积 分

5.1 定积分的概念与性质

5.1.1 定积分问题

1. 曲边梯形的面积

引例 1 设曲线方程为 $y=f(x)$，且 $f(x)$ 函数在区间$[a,b]$上连续，$f(x)\geqslant 0$. 讨论图 5.1 中曲边梯形的面积.

(1) 分割：任取 $n-1$ 个内分点：$a=x_1<x_2<x_3<\cdots<x_n<x_{n+1}=b$，把区间$[a,b]$分割为 n 个小区间，记 $x_{i+1}-x_i=\Delta x_i$，其中 Δx_i 表示第 i 个小区间的长度；与此同时将曲边梯形分割为 n 个小的曲边梯形；

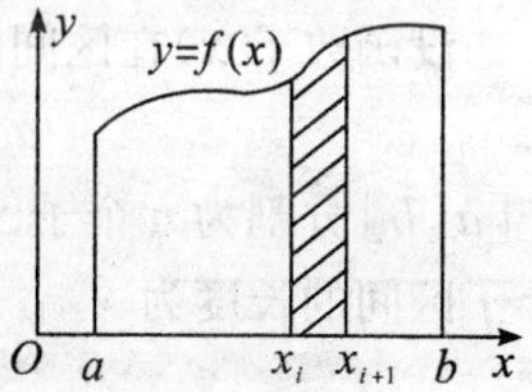

图 5.1

(2) 求和：(求曲边梯形面积的近似值) 设 ΔA_i 表示第 i 个小曲边梯形的面积，则 $A=\sum\limits_{k=1}^{n}\Delta A_i$，又

$$\Delta A_i \approx f(\xi_i)\Delta x_i,\quad i=1,2,\cdots,n\quad (\xi_i \text{ 是}[x_i,x_{i+1}]\text{ 中的任意一点})$$

所以，

$$A=\sum_{k=1}^{n}\Delta A_i \approx \sum_{i=1}^{n} f(\xi_i)\Delta x_i$$

(3) 取极限：记 $\lambda=\max\{\Delta x_1,\Delta x_2,\cdots,\Delta x_n\}$，若极限$\lim\limits_{\lambda\to 0}\sum\limits_{i=1}^{n} f(\xi_i)\Delta x_i$ 存在，则称之为曲边梯形的面积，即 $A=\lim\limits_{\lambda\to 0}\sum\limits_{k=1}^{n}\Delta A_i=\lim\limits_{\lambda\to 0}\sum\limits_{i=1}^{n} f(\xi_i)\Delta x_i$.

2. 变速直线运动的质点的路程

引例 2 设质点的速度函数 $v=v(t)$，考虑从时刻 α 到时刻β所走过的路程. 设 $v(t)$ 在$[\alpha,\beta]$上连续，$v(t)\geqslant 0$，仍然采用分割的方法.

(1) 分割：$\alpha = t_1 < t_2 < t_3 < \cdots < t_n < t_{n+1} = \beta$；

(2) 求和：在时间间隔$[t_i, t_{i+1}]$内，质点的路程近似为$\Delta s_i \approx v(\xi_i)\Delta t_i$，其中$\xi_i$是$[t_i, t_{i+1}]$内的任意一点，$\Delta t_i = t_{i+1} - t_i$，则$s = \sum\limits_{i=1}^{n}\Delta s_i \approx \sum\limits_{i=1}^{n} v(\xi_i)\Delta t_i$；

(3) 取极限：记$\lambda = \max\{\Delta t_1, \Delta t_2, \cdots, \Delta t_n\}$，当$\lambda \to 0$时，和式$\sum\limits_{i=1}^{n} v(\xi_i)\Delta t_i$的极限就是质点从时刻$\alpha$到时刻$\beta$的路程，即$s = \lim\limits_{\lambda \to 0}\sum\limits_{i=1}^{n} v(\xi_i)\Delta t_i$.

注　以上两例分别讨论了几何量面积和物理量速度，尽管其背景不同，但是处理的方式是相同的.采用的是化整为零、以直代曲、以不变代变、逐渐逼近的方式；共同点是：取决于一个函数以及其自变量的范围，舍弃其实际背景，给出定积分的定义.

5.1.2　定积分的概念

(1) 定积分定义

设函数$f(x)$在区间$[a,b]$上有界，在$[a,b]$内任意插入$n-1$个分点：

$$a = x_1 < x_2 < x_3 < \cdots < x_n < x_{n+1} = b$$

把$[a,b]$分割为n个子区间：$[x_1,x_2],[x_2,x_3],\cdots,[x_i,x_{i+1}],\cdots,[x_n,x_{n+1}]$，第$i$个子区间的长度为$x_{i+1} - x_i = \Delta x_i$；任取$\xi_i \in [x_i, x_{i+1}]$，$i = 1,2,\cdots,n$，作和：$\sum\limits_{i=1}^{n} f(\xi_i)\Delta x_i$；对于$\lambda = \max\{\Delta x_1, \Delta x_2, \cdots, \Delta x_n\}$，如果极限$\lim\limits_{\lambda \to 0}\sum\limits_{i=1}^{n} f(\xi_i)\Delta x_i$存在，则称其极限值为函数$f(x)$在区间$[a,b]$上的定积分，记作

$$\int_a^b f(x)\mathrm{d}x = \lim_{\lambda \to 0}\sum_{i=1}^{n} f(\xi_i)\Delta x_i$$

也称函数$f(x)$在区间$[a,b]$上可积.其中，$[a,b]$为积分区间，a为积分下限，b为积分上限，$f(x)$为被积函数，x为积分变量，$\sum\limits_{i=1}^{n} f(\xi_i)\Delta x_i$为积分和.

根据定义，在引例1中的曲边梯形的面积用定积分可以表示为$A = \int_a^b f(x)\mathrm{d}x$；引例2变速直线运动的质点的路程可以表为：$s = \int_\alpha^\beta v(t)\mathrm{d}t$.

注　(1) 注意在定积分的定义中的两个任意性，函数可积即意味着极限值与对区间的分割方式及在区间$[x_i, x_{i+1}]$上点ξ_i的取法无关；

(2) 定积分的积分值只与被积函数、积分区间有关，与积分变量的符号无关，即

$$\int_a^b f(x)\mathrm{d}x = \int_a^b f(t)\mathrm{d}t = \int_a^b f(u)\mathrm{d}u$$

(3) 约定：$\int_a^b f(x)\mathrm{d}x = -\int_b^a f(u)\mathrm{d}u, \int_a^a f(x)\mathrm{d}x = 0.$

2. 定积分存在的条件

(1) 闭区间上的连续函数一定可积；

(2) 在闭区间上有有限个第一类间断点的函数也可积.

3. 定积分的几何意义

若 $f(x) \geqslant 0$，由引例1可知$\int_a^b f(x)\mathrm{d}x$ 的几何意义是位于 x 轴上方的曲边梯形的面积；

若 $f(x) \leqslant 0$，则 $A = \int_a^b [-f(x)]\mathrm{d}x$ 为位于 x 轴下方的曲边梯形面积，从而定积分$\int_a^b f(x)\mathrm{d}x$ 代表该面积的负值，即 $A = -\int_a^b f(x)\mathrm{d}x$.

一般地，曲边梯形的面积为$\int_a^b |f(x)|\mathrm{d}x$，而$\int_a^b f(x)\mathrm{d}x$ 的几何意义则是曲边梯形面积的代数和.

例1 用定义计算定积分$\int_a^b x\mathrm{d}x$.

解 被积函数 $f(x) = x$ 在区间$[a,b]$上连续，故一定可积.从而对于任意的分割、点 ξ_i 的任意的取法，和式$\sum_{i=1}^n f(\xi_i)\Delta x_i$ 的极限均存在且相等.因此

(1) n 等分区间$[a,b]$，每个子区间长度为 $\Delta x_i = \frac{b-a}{n}, i = 1,2,\cdots,n-1$，$n$ 个分点为

$$x_1 = a$$

$$x_2 = a + \frac{b-a}{n}$$

$$x_3 = a + 2\frac{b-a}{n}$$

$$\cdots$$

$$x_{n+1} = a + n\frac{b-a}{n} = b$$

(2) 取 $\xi_i \in [x_i, x_{i+1}]$且以之为此区间的右端点，即 $\xi_i = x_{i+1} = a + i\frac{b-a}{n}$，则

$$\begin{aligned}\sum_{i=1}^{n} f(\xi_i)\Delta x_i &= \sum_{i=1}^{n} \xi_i \Delta x_i \\ &= \sum_{i=1}^{n}\left(a + i\,\frac{b-a}{n}\right)\cdot\frac{b-a}{n} \\ &= \frac{b-a}{n}\left(\sum_{i=1}^{n} a + \frac{b-a}{n}\sum_{i=1}^{n} i\right) \\ &= \frac{b-a}{n}\left(na + \frac{b-a}{n}\cdot\frac{n(n+1)}{2}\right) \\ &= (b-a)\left[a + \frac{b-a}{2}\cdot\left(1+\frac{1}{n}\right)\right]\end{aligned}$$

$$\begin{aligned}\int_a^b x\mathrm{d}x &= \lim_{n\to\infty}\sum_{i=1}^{n} f(\xi_i)\Delta x_i \\ &= \lim_{n\to\infty}(b-a)\left[a + \frac{b-a}{2}\left(1+\frac{1}{n}\right)\right] \\ &= (b-a)\left[a + \frac{b-a}{2}\right] \\ &= \frac{b^2-a^2}{2}\end{aligned}$$

例 2 将下列和式的极限用定积分表示：

$$\lim_{n\to\infty} n\left(\frac{1}{1+n^2} + \frac{1}{2^2+n^2} + \cdots + \frac{1}{n^2+n^2}\right)$$

解

$$\begin{aligned} n\left(\frac{1}{1+n^2} + \frac{1}{2^2+n^2} + \cdots + \frac{1}{n^2+n^2}\right) &= \frac{1}{n}\sum_{i=1}^{n}\frac{1}{1+\left(\frac{i}{n}\right)^2} \\ &= \sum_{i=1}^{n}\frac{1}{1+\left(\frac{i}{n}\right)^2}\cdot\frac{1}{n}\end{aligned}$$

此时，取 $\Delta x_i = \frac{1}{n}$，即积分区间长为 1；取 $\xi_i = x_i = \frac{i}{n}$，正好是 $[0,1]$ n 等分后的分点；又 $f(\xi_i) = \frac{1}{1+\left(\frac{i}{n}\right)^2}$，故 $f(x) = \frac{1}{1+x^2}$. 从而

$$\begin{aligned}\lim_{n\to\infty}\left(\frac{1}{1+n^2} + \frac{1}{2^2+n^2} + \cdots + \frac{1}{n^2+n^2}\right) &= \lim_{n\to\infty}\sum_{i=1}^{n}\frac{1}{1+\left(\frac{i}{n}\right)^2}\frac{1}{n} \\ &= \int_0^1 \frac{1}{1+x^2}\mathrm{d}x\end{aligned}$$

例 3 根据定积分的几何意义，指出下列积分的值：

(1) $\int_a^b 3\mathrm{d}x$；　(2) $\int_0^a x\mathrm{d}x$；　(3) $\int_{-a}^a \sqrt{a^2-x^2}\mathrm{d}x$.

解 (1) $3(b-a)$;(2) $\frac{a^2}{2}$;(3) $\frac{1}{2}\pi a^2$. 见图5.2.

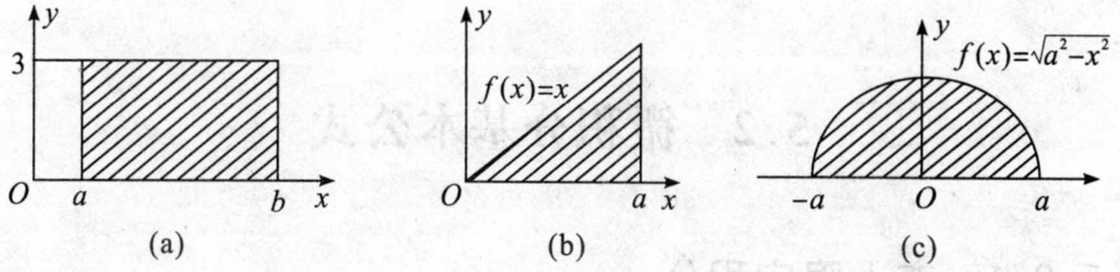

图5.2

5.1.3 定积分的性质

下面定积分的性质均假定 $f(x)$, $g(x)$ 为可积的.

性质1 两个函数代数和的定积分等于它们定积分的代数和,即

$$\int_a^b [f(x) \pm g(x)]\mathrm{d}x = \int_a^b f(x)\mathrm{d}x \pm \int_a^b g(x)\mathrm{d}x$$

此性质可推广到有限多个函数代数和的情形.

性质2 被积函数的常数因子可以提到积分号外,即

$$\int_a^b kf(x)\mathrm{d}x = k\int_a^b f(x)\mathrm{d}x \quad (k \text{ 是常数})$$

性质3 对任意点 c,有

$$\int_a^b f(x)\mathrm{d}x = \int_a^c f(x)\mathrm{d}x + \int_c^b f(x)\mathrm{d}x$$

该性质又称为定积分的积分区间可加性.

性质4 如果 $f(x)$ 在区间 $[a,b]$ 上连续,则在区间 $[a,b]$ 上至少存在一点 ξ,使得

$$\int_a^b f(x)\mathrm{d}x = f(\xi)(b-a)$$

该性质又称为**积分中值定理**.

以上性质的证明均可参见参考文献[1,2],这里证略. 对于积分中值定理,特别指出其几何意义是在 $[a,b]$ 上至少存在一点 ξ,使得以区间 $[a,b]$ 为底边、以曲线 $y=f(x)$ 为曲边的曲边梯形的面积等于同底边、高为 $f(\xi)$ 的矩形面积. 如图5.3所示.

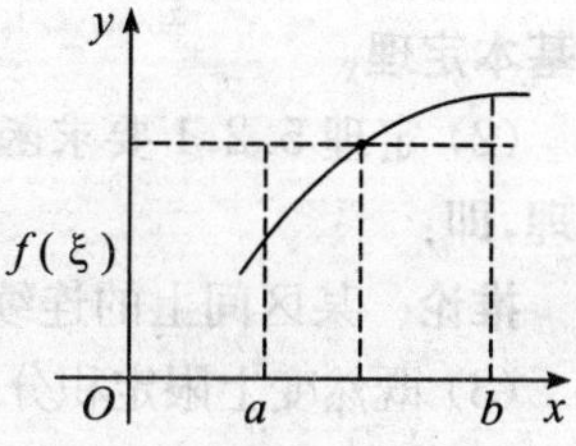

图5.3

其中 $f(\xi) = \frac{1}{b-a}\int_a^b f(x)\mathrm{d}x$ 又表示连续曲线

$f(x)$ 在闭区间 $[a,b]$ 上的平均高度，即函数 $f(x)$ 在区间 $[a,b]$ 上的平均值. 这是有限个数求平均值概念的推广，在实际中经常遇到.

5.2 微积分基本公式

5.2.1 变上限定积分

1. 微积分基本定理

设函数 $f(x)$ 在 $[a,b]$ 上连续，$x\in[a,b]$，则函数 $f(x)$ 在 $[a,x]$ 上可积. 以 x 为积分上限的定积分

$$\int_a^x f(t)\mathrm{d}t$$

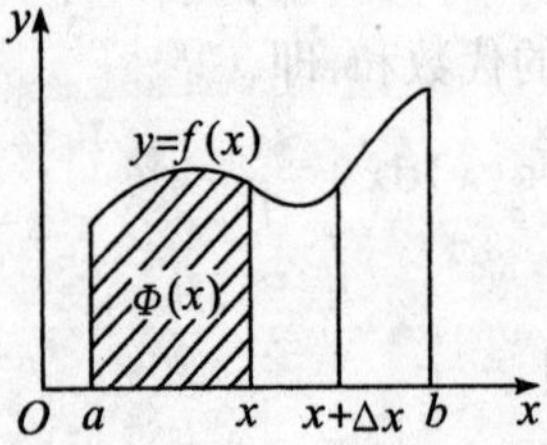

图 5.4

与 x 相对应，显然它是 x 的函数，记作 $\Phi(x)$（图 5.4），即

$$\Phi(x)=\int_a^x f(t)\mathrm{d}t,\quad x\in[a,b]$$

这种积分上限为变量的定积分称为变上限定积分.

定理 5.2.1（微积分基本定理） 变上限定积分所确定的函数是被积函数的原函数，即设 $f(x)$ 在 $[a,b]$ 上连续，$x\in[a,b]$，则

$$\frac{\mathrm{d}}{\mathrm{d}x}\int_a^x f(t)\mathrm{d}t=f(x) \tag{1}$$

证明略.

式(1)告诉我们：

(1) 变上限定积分的导数等于被积函数，这表明变上限定积分是被积函数的原函数. 这揭示了微分（或导数）与（变上限）定积分之间的内在联系，因而称为**微积分基本定理**.

(2) 定理 5.2.1 要求函数 $f(x)$ 在 $[a,b]$ 上连续，于是附带给出了原函数存在定理，即：

推论 某区间上的连续函数在该区间上存在原函数.

(3) 既然变上限定积分是被积函数的原函数，这就为计算定积分开辟了新途径.

例 1 求 $\dfrac{\mathrm{d}}{\mathrm{d}x}\int_0^x \sin(1+\mathrm{e}^t)\mathrm{d}t$.

解 $\dfrac{d}{dx}\int_0^x \sin(1+e^t)dt = \sin(1+e^x)$.

例 2 求$\dfrac{d}{dx}\int_x^0 \sin(1+e^t)dt$.

解 $\dfrac{d}{dx}\int_x^0 \sin(1+e^t)dt = -\sin(1+e^x)$.

例 3 求$\dfrac{d}{dx}\int_0^{x^2} \sin(1+e^t)dt$.

解 $\dfrac{d}{dx}\int_0^{x^2} \sin(1+e^t)dt = \sin(1+e^{x^2})\cdot 2x = 2x\sin(1+e^{x^2})$.

2. 牛顿-莱布尼茨公式

定理 5.2.2 设$f(x)$在$[a,b]$上连续,且$F(x)$是$f(x)$的一个原函数,则

$$\int_a^b f(x)dx = F(b) - F(a) \tag{2}$$

式(2)是著名的牛顿-莱布尼茨公式,常记作$\int_a^b f(x)dx = F(x)\Big|_a^b = F(b) - F(a)$.

牛顿-莱布尼茨公式把定积分的计算问题归结为求被积函数的原函数在上、下限处函数值之差的问题,从而巧妙地避开了求和式极限的困难,为运用定积分计算普遍存在的总量问题另辟坦途.

例 4 求由抛物线$y=x^2$,直线$x=1$和x轴围成的曲边三角形的面积.

解 设所求曲边三角形(图 5.5)的面积为S,则

$$S = \int_0^1 x^2 dx = \frac{x^3}{3}\Big|_0^1 = \frac{1}{3}$$

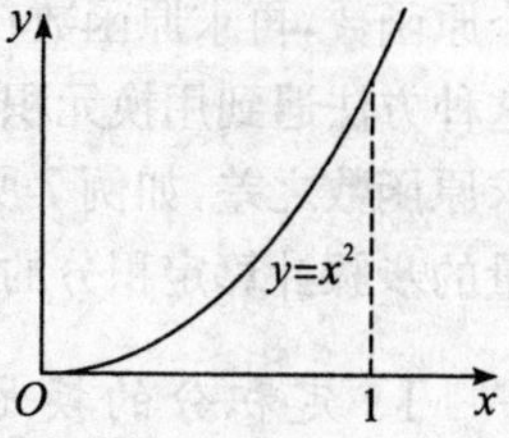

图 5.5

例 5 求$\int_0^2 (e^x + x - 1)dx$.

解 $\int_0^2 (e^x + x - 1)dx = \left(e^x + \dfrac{1}{2}x^2 + x\right)\Big|_0^2 = e^2 + 3$.

例 6 求$\int_{-1}^3 |x-1|dx$.

解
$$\begin{aligned}\int_{-1}^3 |x-1|dx &= \int_{-1}^0 (1-x)dx + \int_0^3 (x-1)dx \\ &= \left(x - \frac{1}{2}x^2\right)\Big|_{-1}^0 + \left(\frac{1}{2}x^2 - x\right)\Big|_0^3 \\ &= \frac{3}{2} + \frac{3}{2} = 3\end{aligned}$$

例 7 求$\int_0^4 \dfrac{dx}{1+\sqrt{x}}$.

解 先用换元积分法求不定积分$\int \frac{\mathrm{d}x}{1+\sqrt{x}}$.

令$\sqrt{x}=t$,则$x=t^2$,$\mathrm{d}x=2t\mathrm{d}t$,于是

$$\int \frac{\mathrm{d}x}{1+\sqrt{x}}=\int \frac{2t\mathrm{d}t}{1+t}=2\int \frac{1+t-1}{1+t}\mathrm{d}t=2\int\left(1-\frac{1}{1+t}\right)\mathrm{d}t$$
$$=2[t-\ln(1+t)]+C$$
$$=2[\sqrt{x}-\ln(1+\sqrt{x})]+C$$

取一个原函数

$$F(x)=2[\sqrt{x}-\ln(1+\sqrt{x})]$$

由公式(2) 得

$$\int_0^4 \frac{\mathrm{d}x}{1+\sqrt{x}}=2[\sqrt{x}-\ln(1+\sqrt{x})]_0^4=2(2-\ln 3)$$

注意 在本例求原函数时用到了不定积分的换元积分法.需消去新变量 t,还原为原积分变量 x,而后用牛顿-莱布尼茨公式.

5.2.2 定积分的换元积分法和分部积分法

我们已经会依据牛顿-莱布尼茨公式给出的步骤求定积分:先求被积函数的一个原函数,再求原函数在上、下限处的函数值之差.这是计算定积分的基本方法.但这种方法遇到用换元积分法求原函数时,需将新变量还原为原来的积分变量,才能求原函数之差,如例 7 所做的那样.这样做比较麻烦.现介绍省略还原为原积分变量的步骤计算定积分的方法.

1. 定积分的换元积分法

先看例 7,用新方法来计算.

令$\sqrt{x}=t$,即 $x=t^2$,$\mathrm{d}x=2t\mathrm{d}t$,当 $x=0$ 时,$t=0$.当 $x=4$ 时,$t=2$.于是

$$\int_0^4 \frac{\mathrm{d}x}{1+\sqrt{x}}=\int_0^2 \frac{2t\mathrm{d}t}{1+t}=2[t-\ln(1+t)]_0^2=2(2-\ln 3)$$

这样做省略了将新变量 t 还原为原积分变量 x 的麻烦.但需注意两点:

第一,引入的新函数 $x=\varphi(t)$ 必须单调,使 t 在区间$[\alpha,\beta]$上变化时,x 在区间$[a,b]$上变化,且 $a=\varphi(\alpha)$,$b=\varphi(\beta)$.

第二,改变积分变量时必须改变积分上、下限,简称为换元必换限.

严格说来,关于定积分的换元积分法有下面的定理:

定理 5.2.3 设：

(1) 函数 $f(x)$ 在区间 $[a,b]$ 上连续；

(2) 函数 $x=\varphi(t)$ 在区间 $[\alpha,\beta]$ 上单调，且有连续导数；

(3) $t\in[\alpha,\beta]$ 时，$x\in[a,b]$，且 $a=\varphi(\alpha)$，$b=\varphi(\beta)$，

则

$$\int_a^b f(x)\mathrm{d}x=\int_\alpha^\beta f[\varphi(t)]\varphi'(t)\mathrm{d}t \tag{3}$$

公式(3)称为定积分的换元积分公式.

证明略.

例 8 求 $\int_0^a\sqrt{a^2-x^2}\mathrm{d}x\,(a>0)$.

解 令 $x=a\sin t$，$t\in\left[0,\frac{\pi}{2}\right]$，则 $\mathrm{d}x=a\cos t\mathrm{d}t$. 当 $x=0$ 时 $t=0$，$x=a$ 时 $t=\frac{\pi}{2}$，于是

$$\begin{aligned}\int_0^a\sqrt{a^2-x^2}\mathrm{d}x&=\int_0^{\frac{\pi}{2}}a\cos t\cdot a\cos t\mathrm{d}t=a^2\int_0^{\frac{\pi}{2}}\cos^2 t\mathrm{d}t\\&=a^2\int_0^{\frac{\pi}{2}}\frac{1+\cos 2t}{2}\mathrm{d}t=\frac{a^2}{2}\left(t+\frac{\sin 2t}{2}\right)\Big|_0^{\frac{\pi}{2}}\\&=\frac{1}{4}\pi a^2\end{aligned}$$

2. 定积分的分部积分法

设函数 $u(x)$ 和 $v(x)$ 在区间 $[a,b]$ 上存在连续导数，则由 $(uv)'=u'v+uv'$，得 $uv'=(uv)'-u'v$. 两端从 a 到 b 对 x 求定积分，便得定积分的分部积分公式：

$$\int_a^b u\mathrm{d}v=uv\Big|_a^b-\int_a^b v\mathrm{d}u$$

例 9 求 $\int_0^{\frac{1}{2}}\arcsin x\mathrm{d}x$.

解

$$\begin{aligned}\int_0^{\frac{1}{2}}\arcsin x\mathrm{d}x&=x\arcsin x\Big|_0^{\frac{1}{2}}-\int_0^{\frac{1}{2}}\frac{x}{\sqrt{1-x^2}}\mathrm{d}x\\&=\frac{\pi}{12}+\sqrt{1-x^2}\Big|_0^{\frac{1}{2}}\\&=\frac{\pi}{12}+\frac{\sqrt{3}}{2}-1.\end{aligned}$$

例 10 求 $\int_0^1 \mathrm{e}^{\sqrt{x}}\mathrm{d}x$.

例 11 计算$\int_0^{\frac{\pi}{2}} \sin^n x\mathrm{d}x$（$n \geqslant 0$ 为整数）.

解 设 $I_n = \int_0^{\frac{\pi}{2}} \sin^n x\mathrm{d}x$，则

$$I_0 = \int_0^{\frac{\pi}{2}} \mathrm{d}x = \frac{\pi}{2}, \quad I_1 = \int_0^{\frac{\pi}{2}} \sin x\mathrm{d}x = -\cos x\Big|_0^{\frac{\pi}{2}} = 1$$

$$\begin{aligned} I_n &= \int_0^{\frac{\pi}{2}} \sin^{n-1} x\sin x\mathrm{d}x = -\int_0^{\frac{\pi}{2}} \sin^{n-1} x\mathrm{d}\cos x \\ &= -\sin^{n-1} x\cos x\Big|_0^{\frac{\pi}{2}} + (n-1)\int_0^{\frac{\pi}{2}} \sin^{n-2} x\cos^2 x\mathrm{d}x \\ &= (n-1)\int_0^{\frac{\pi}{2}} \sin^{n-2} x(1-\sin^2 x)\mathrm{d}x \\ &= (n-1)\int_0^{\frac{\pi}{2}} \sin^{n-2} x\mathrm{d}x - (n-1)\int_0^{\frac{\pi}{2}} \sin^n x\mathrm{d}x \\ &= (n-1)I_{n-2} - (n-1)I_n \end{aligned}$$

移项得

$$I_n = \frac{n-1}{n}I_{n-2}$$

上述公式称为递推公式.

例如 $I_{n-2} = \dfrac{n-3}{n-2}I_{n-4}$，同样地依次进行下去，直到 I_n 的下标递减到 0 或 1 为止. 于是

$$I_n = \int_0^{\frac{\pi}{2}} \sin^n x\,\mathrm{d}x = \begin{cases} \dfrac{n-1}{n}\cdot\dfrac{n-3}{n-2}\cdots\dfrac{1}{2}\cdot\dfrac{\pi}{2}, & n \text{ 为偶数} \\ \dfrac{n-1}{n}\cdot\dfrac{n-3}{n-2}\cdots\dfrac{2}{3}\cdot 1, & n \text{ 为奇数} \end{cases}$$

例如

$$\int_0^{\frac{\pi}{2}} \sin^6 x\mathrm{d}x = \frac{5}{6}\cdot\frac{3}{4}\cdot\frac{1}{2}\cdot\frac{\pi}{2} = \frac{5}{32}\pi$$

$$\int_0^{\frac{\pi}{2}} \sin^5 x\mathrm{d}x = \frac{4}{5}\cdot\frac{2}{3}\cdot 1 = \frac{8}{15}$$

5.3 广义积分

前面所讨论的定积分，其积分区间都是有限区间. 在实际问题中，还会经常遇

到积分区间为无穷区间的积分.

5.3.1 无穷区间上的广义积分

定义 5.3.1 设 $f(x)$ 在 $[a,+\infty)$ 上连续，取 $b>a$，极限 $\lim\limits_{b\to+\infty}\int_a^b f(x)\mathrm{d}x$ 称为 $f(x)$ 在无穷区间 $[a,+\infty)$ 上的积分，记作 $\int_a^{+\infty}f(x)\mathrm{d}x$，即

$$\int_a^{\infty}f(x)\mathrm{d}x=\lim_{b\to+\infty}\int_a^b f(x)\mathrm{d}x$$

若上式等号右端的极限存在，则称此无穷区间上的积分 $\int_a^{+\infty}f(x)\mathrm{d}x$ 收敛，否则称之发散.

类似地，定义 $f(x)$ 在无穷区间 $(-\infty,b)$ 上的积分为

$$\int_{-\infty}^b f(x)\mathrm{d}x=\lim_{a\to-\infty}\int_a^b f(x)\mathrm{d}x$$

若上式等号右端的极限存在，则称之收敛，否则称之发散.

函数在无穷区间 $(-\infty,+\infty)$ 上的积分定义为

$$\int_{-\infty}^{\infty}f(x)\mathrm{d}x=\int_{-\infty}^{c}f(x)\mathrm{d}x+\int_c^{+\infty}f(x)\mathrm{d}x$$

其中，c 为任意实数. 当上式右端两个积分都收敛时，则称之为收敛，否则称之为发散.

无穷区间上的积分也称为无穷积分或称广义积分.

例 1 计算无穷积分

解
$$\int_0^{+\infty}\mathrm{e}^{-x}\mathrm{d}x=\lim_{b\to+\infty}\int_0^b\mathrm{e}^{-x}\mathrm{d}x=\lim_{b\to+\infty}(-\mathrm{e}^{-x})\Big|_0^b$$
$$=\lim_{b\to+\infty}\left(-\frac{1}{\mathrm{e}^b}+1\right)=1$$

为了书写方便，在计算过程中可不写极限符号，用记号 $F(x)\Big|_a^{+\infty}$ 表示

$$\lim_{x\to+\infty}[F(x)-F(a)]$$

这样例 1 可写为

$$\int_0^{+\infty}\mathrm{e}^{-x}\mathrm{d}x=(-\mathrm{e}^{-x})\Big|_0^{+\infty}=0+1=1$$

例 2 讨论无穷积分 $\int_1^{+\infty}\frac{1}{x^p}\mathrm{d}x$ 的收敛性.

解 当 $p=1$ 时，$\int_1^{+\infty}\frac{1}{x}\mathrm{d}x=\ln|x|\Big|_1^{+\infty}=+\infty$，无穷积分是发散的.

当 $p \neq 1$ 时，

$$\int_1^{+\infty} \frac{1}{x^p}\mathrm{d}x = \frac{x^{1-p}}{1-p}\bigg|_1^{+\infty} = \begin{cases} +\infty, & p < 1, \quad 发散 \\ \dfrac{1}{p-1}, & p > 1, \quad 收敛 \end{cases}$$

5.3.2 无界函数上的广义积分

定义 5.3.2 设 $f(x)$在 $x=b$ 的邻域内无界(我们称 b 点为$f(x)$的奇点)，但对于任意充分小的正数 η，$f(x)$在$[a, b-\eta]$上可积，即

$$I = \lim_{\eta \to 0^+}\int_a^{b-\eta} f(x)\mathrm{d}x$$

存在时，称此极限值 I 为无界函数$f(x)$在$[a, b]$上的广义积分，记作

$$\int_a^b f(x)\mathrm{d}x = \lim_{\eta \to 0^+}\int_a^{b-\eta} f(x)\mathrm{d}x$$

如果上述极限不存在，就称$\int_a^b f(x)\mathrm{d}x$ 发散. 类似可定义$\int_a^b f(x)\mathrm{d}x$(a 为奇点).

如果 $f(x)$ 在$[a, b]$ 内有一个奇点 c，$a < c < b$，当$\int_a^c f(x)\mathrm{d}x$ 和$\int_c^b f(x)\mathrm{d}x$ 都收敛时，就称$\int_a^b f(x)\mathrm{d}x$ 收敛，并且有

$$\int_a^b f(x)\mathrm{d}x = \int_a^c f(x)\mathrm{d}x + \int_c^b f(x)\mathrm{d}x$$

如果上式右边的任何一个积分发散，就称$\int_{-\infty}^{+\infty} f(x)\mathrm{d}x$ 发散.

例 3 讨论积分$\int_a^b \frac{1}{(x-a)^p}\mathrm{d}x(p > 0)$.

解 $\int_0^1 \frac{1}{\sqrt{1-x^2}}\mathrm{d}x = \lim_{\eta \to 0^+}\int_0^{1-\eta}\frac{1}{\sqrt{1-x^2}}\mathrm{d}x = \lim_{\eta \to 0^+}\arcsin x\Big|_0^{1-\eta} = \frac{\pi}{2}$.

例 4 讨论积分$\int_0^1 \frac{1}{\sqrt{1-x^2}}\mathrm{d}x$.

解 (1) 当$p=1$时，$\int_a^b \frac{1}{(x-a)}\mathrm{d}x = \lim_{\eta \to 0^+}\int_{a+\eta}^b \frac{1}{(x-a)}\mathrm{d}x = \lim_{\eta \to 0^+}\ln(x-a)\Big|_{a+\eta}^b$，该积分是发散的.

(2) 当 $p \neq 1$ 时，

$$\int_a^b \frac{1}{(x-a)^p}\mathrm{d}x = \lim_{\eta \to 0^+}\int_{a+\eta}^b \frac{1}{(x-a)^p}\mathrm{d}x = \lim_{\eta \to 0^+}\frac{1}{1-p}(x-a)^{1-p}\Big|_{a+\eta}^b.$$

当 $p > 1$ 时，该积分是发散的；当 $p < 1$ 时，该积分是收敛的.

5.4 定积分的应用

5.4.1 微元法

能用定积分计算的量 U,应满足下列三个条件:

(1) U 与变量 x 的变化区间 $[a,b]$ 有关;

(2) U 对于区间 $[a,b]$ 具有可加性;

(3) U 的部分量 ΔU_i 可近似地表示成 $f(\xi_i)\cdot\Delta x_i$.

写出计算 U 的定积分表达式的步骤:

(1) 根据问题,选取一个变量 x 为积分变量,并确定它的变化区间 $[a,b]$;

(2) 设想将区间 $[a,b]$ 分成若干小区间,取其中的任一小区间 $[x,x+\mathrm{d}x]$,求出它所对应的部分量 ΔU 的近似值($f(x)$ 为 $[a,b]$ 上一连续函数)

$$\Delta U \approx f(x)\mathrm{d}x$$

则称 $f(x)\mathrm{d}x$ 为量 U 的元素,且记作 $\mathrm{d}U = f(x)\mathrm{d}x$.

(3) 以 U 的元素 $\mathrm{d}U$ 作被积表达式,以 $[a,b]$ 为积分区间,得

$$U = \int_a^b f(x)\mathrm{d}x$$

这个方法叫做微元法,其实质是找出 U 的元素 $\mathrm{d}U$ 的微分表达式

$$\mathrm{d}U = f(x)\mathrm{d}x,\quad a \leqslant x \leqslant b$$

5.4.2 平面区域的面积

1. 直角坐标的情形

由曲线 $y=f(x)(f(x)\geqslant 0)$ 及直线 $x=a$ 与 $x=b(a<b)$ 与 x 轴所围成的曲边梯形面积为

$$A = \int_a^b f(x)\mathrm{d}x$$

其中,$f(x)\mathrm{d}x$ 为面积元素.

由曲线 $y=f(x)$ 与 $y=g(x)$ 及直线 $x=a, x=b(a<b)$ 且 $f(x)\geqslant g(x)$ 所围成的图形面积为

$$A = \int_a^b f(x)\mathrm{d}x - \int_a^b g(x)\mathrm{d}x = \int_a^b [f(x)-g(x)]\mathrm{d}x$$

其中，$[f(x)-g(x)]\mathrm{d}x$ 为面积元素.

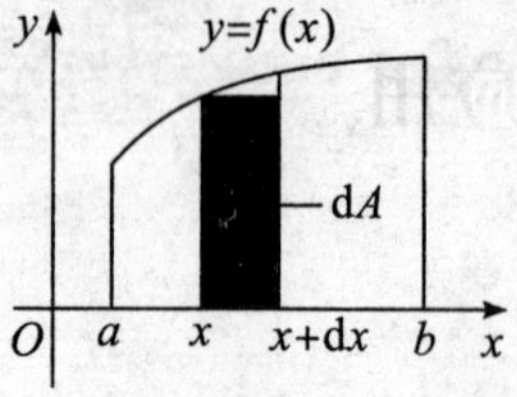

图 5.6

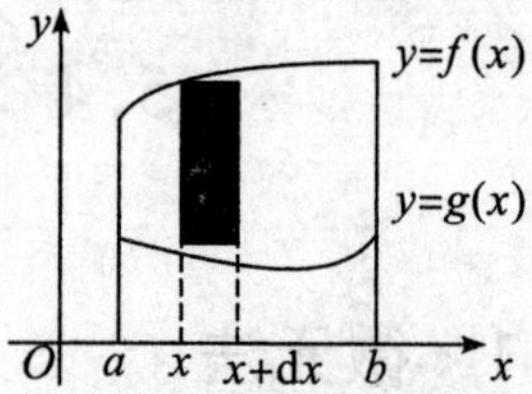

图 5.7

例 1 计算抛物线 $y^2=2x$ 与直线 $y=x-4$ 所围成的图形面积.

解法 1 (1) 先画所围的图形的简图.

解方程 $\begin{cases} y^2=2x \\ y=x-4 \end{cases}$，得交点：$(2,-2)$ 和 $(8,4)$.

(2) 选择积分变量并定区间.

选取 x 为积分变量，则 $0\leqslant x\leqslant 8$.

(3) 给出面积元素.

在 $0\leqslant x\leqslant 2$ 上，

$$\mathrm{d}A=[\sqrt{2x}-(-\sqrt{2x})]\mathrm{d}x=2\sqrt{2x}\,\mathrm{d}x$$

在 $2\leqslant x\leqslant 8$ 上，

$$\mathrm{d}A=[\sqrt{2x}-(x-4)]\mathrm{d}x=(4+\sqrt{2x}-x)\mathrm{d}x$$

(4) 列定积分表达式：

$$\begin{aligned} A &= \int_0^2 2\sqrt{2x}\,\mathrm{d}x+\int_2^8(4+\sqrt{2x}-x)\mathrm{d}x \\ &= \frac{4\sqrt{2}}{3}x^{\frac{3}{2}}\Big|_0^2+\left[4x+\frac{2\sqrt{2}}{3}x^{\frac{3}{2}}-\frac{1}{2}x^2\right]_2^8 \\ &= 18 \end{aligned}$$

解法 2 若选取 y 为积分变量，则 $-2\leqslant y\leqslant 4$.

$$\mathrm{d}A=\left[(y+4)-\frac{1}{2}y^2\right]\mathrm{d}y$$

$$\begin{aligned} A &= \int_{-2}^4\left(y+4-\frac{1}{2}y^2\right)\mathrm{d}y \\ &= \frac{y^2}{2}+4y-\frac{y^3}{6}\Big|_{-2}^4 \\ &= 18 \end{aligned}$$

显然，解法 2 较简洁，这表明积分变量的选取有个合理性的问题.

2. 极坐标情形

设平面图形是由曲线 $r=\varphi(\theta)$ 及射线 $\theta=\alpha,\theta=\beta$ 所围成的曲边扇形(图 5.8). 取极角 θ 为积分变量,则 $\alpha\leqslant\theta\leqslant\beta$,在平面图形中任意截取一典型的面积元素 ΔA,它是极角变化区间为 $[\theta,\theta+d\theta]$ 的窄曲边扇形.

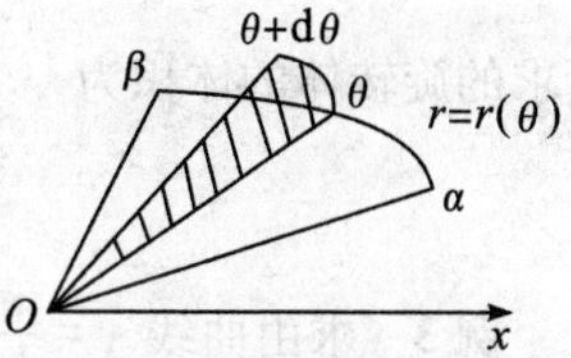

图 5.8

ΔA 的面积可近似地用半径为 $r=\varphi(\theta)$、中心角为 $d\theta$ 的窄曲边扇形的面积来代替,即

$$\Delta A\approx\frac{1}{2}[\varphi(\theta)]^2d\theta$$

从而得到曲边梯形的面积元素 $dA=\frac{1}{2}[\varphi(\theta)]^2d\theta$,所以

$$A=\int_\alpha^\beta\frac{1}{2}\varphi^2(\theta)d\theta$$

例 2 计算心脏线 $r=a(1+\cos\theta)(a>0)$ 所围成的图形面积.

解 由于心脏线关于极轴对称,所以

$$\begin{aligned}A&=2\int_0^\pi\frac{1}{2}a^2(1+\cos\theta)^2d\theta\\&=a^2\int_0^\pi\left(2\cos^2\frac{\theta}{2}\right)^2d\theta\\&=4a^2\int_0^\pi\cos^4\frac{\theta}{2}d\theta\\&\xlongequal{\frac{\theta}{2}=t}8a^2\int_0^{\frac{\pi}{2}}\cos^4 t\,dt\\&=8a^2\frac{(4-1)!!}{4!!}\cdot\frac{\pi}{2}\\&=\frac{3}{2}a^2\pi\end{aligned}$$

5.4.3 体积

1. 旋转体的体积

旋转体是由一个平面图形绕该平面内一条定直线旋转一周而生成的立体,该定直线称为旋转轴.

计算由曲线 $y=f(x)$,直线 $x=a,x=b$ 及 x 轴所围成的曲边梯形,绕 x 轴旋转一周而生成的立体的体积.

取 x 为积分变量,则 $x\in[a,b]$,对于区间$[a,b]$上的任一区间$[x,x+\mathrm{d}x]$,它所对应的窄曲边梯形绕 x 轴旋转而生成的薄片似的立体的体积近似等于以 $f(x)$ 为底半径、$\mathrm{d}x$ 为高的圆柱体体积,即体积元素为

$$\mathrm{d}V=\pi[f(x)]^2\mathrm{d}x$$

所求的旋转体的体积为

$$V=\int_a^b\pi[f(x)]^2\mathrm{d}x$$

例 3 求由曲线 $y=\frac{r}{h}\cdot x$ 及直线 $x=0,x=h(h>0)$ 和 x 轴所围成的曲边三角形绕 x 轴旋转而生成的立体的体积.

解 取 x 为积分变量,则 $x\in[0,h]$,

$$V=\int_0^h\pi\left(\frac{r}{h}x\right)^2\mathrm{d}x=\frac{\pi\cdot r^2}{h^2}\int_0^h x^2\mathrm{d}x=\frac{\pi}{3}r^2h$$

2. 平行截面面积为已知的立体的体积(截面法)

由旋转体体积的计算过程可以发现:如果知道该立体上垂直于一定轴的各个截面的面积,那么这个立体的体积也可以用定积分来计算.

取定轴为 x 轴,且设该立体在过点 $x=a,x=b$ 且垂直于 x 轴的两个平面之内,以 $A(x)$表示过点 x 且垂直于 x 轴的截面面积.

取 x 为积分变量,它的变化区间为$[a,b]$.立体中相应于$[a,b]$上任一小区间$[x,x+\mathrm{d}x]$的一薄片的体积近似于底面积为 $A(x)$、高为 $\mathrm{d}x$ 的扁圆柱体的体积(图 5.9),即体积元素为 $\mathrm{d}V=A(x)\mathrm{d}x$.于是,该立体的体积为

$$V=\int_a^b A(x)\mathrm{d}x$$

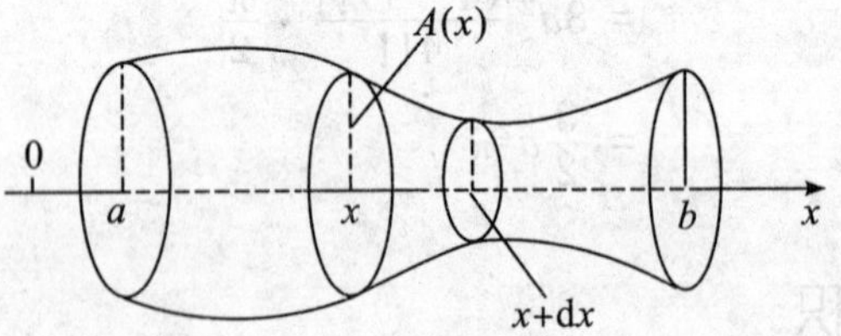

图 5.9

例 4 计算椭圆$\frac{x^2}{a^2}+\frac{y^2}{b^2}=1$ 所围成的图形绕 x 轴旋转而成的立体体积.

解 这个旋转体可看作是由上半个椭圆 $y=\frac{b}{a}\sqrt{a^2-x^2}$ 及 x 轴所围成的图形绕 x 轴旋转所生成的立体.

在 $x(-a \leqslant x \leqslant a)$ 处，用垂直于 x 轴的平面去截立体所得截面积为

$$A(x)=\pi \cdot\left(\frac{b}{a} \sqrt{a^{2}-x^{2}}\right)^{2}$$

所以

$$V=\int_{-a}^{a} A(x) \mathrm{d} x=\frac{\pi b^{2}}{a^{2}} \int_{-a}^{a}\left(a^{2}-x^{2}\right) \mathrm{d} x=\frac{4}{3} \pi a b^{2}$$

5.4.4 平面曲线的弧长

1. 直角坐标的情形

设函数 $f(x)$ 在区间 $[a, b]$ 上具有一阶连续的导数，计算曲线 $y=f(x)$ 的长度 s. 取 x 为积分变量，则 $x \in[a, b]$. 在 $[a, b]$ 上任取一小区间 $[x, x+\mathrm{d} x]$，那么比一小区间所对应的曲线弧段的长度 Δs 可以用它的弧微分 $\mathrm{d} s$ 来近似. 于是，弧长元素为

$$\mathrm{d} s=\sqrt{1+\left[f^{\prime}(x)\right]^{2}} \mathrm{d} x$$

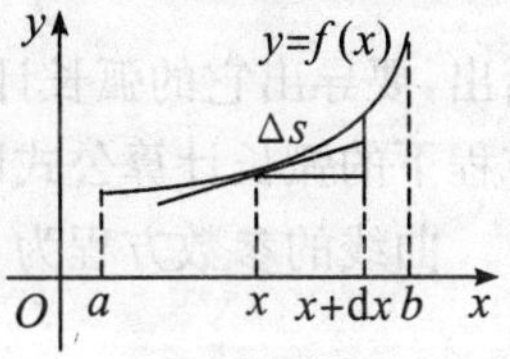

图 5.10

弧长为

$$s=\int_{a}^{b} \sqrt{1+\left[f^{\prime}(x)\right]^{2}} \mathrm{d} x$$

例 5 计算曲线 $y=\frac{2}{3} x^{\frac{3}{2}}(a \leqslant x \leqslant b)$ 的弧长.

解

$$\mathrm{d} s=\sqrt{1+(\sqrt{x})^{2}} \mathrm{d} x=\sqrt{1+x} \mathrm{d} x$$

$$s=\int_{a}^{b} \sqrt{1+x} \mathrm{d} x$$

$$=\frac{2}{3}(1+x)^{\frac{3}{2}}\Big|_{a}^{b}=\frac{2}{3}\left[(1+b)^{\frac{3}{2}}-(1+a)^{\frac{3}{2}}\right]$$

2. 参数方程的情形

若曲线由参数方程

$$\left\{\begin{array}{l} x=\varphi(t) \\ y=\varphi(t) \end{array}, \quad \alpha \leqslant t \leqslant \beta\right.$$

给出，计算它的弧长时，只需要将弧微分写成

$$\mathrm{d} s=\sqrt{(\mathrm{d} x)^{2}+(\mathrm{d} y)^{2}}=\sqrt{\left[\varphi^{\prime}(t)\right]^{2}+\left[\varphi^{\prime}(t)\right]^{2}} \mathrm{d} t$$

的形式，从而有

$$s=\int_{\alpha}^{\beta} \sqrt{\left[\varphi^{\prime}(t)\right]^{2}+\left[\varphi^{\prime}(t)\right]^{2}} \mathrm{d} t$$

例 6 计算半径为 r 的圆周长度.

解 圆的参数方程为

$$\begin{cases} x = r\cos t \\ y = r\sin \end{cases},\quad 0 \leqslant t \leqslant 2\pi$$

所以

$$ds = \sqrt{(-r\sin t)^2 + (r\cos t)^2}dt = rdt$$

$$s = \int_0^{2\pi} rdt = 2\pi r$$

3. 极坐标的情形

若曲线由极坐标方程

$$r = r(\theta),\quad \alpha \leqslant \theta \leqslant \beta$$

给出,要导出它的弧长计算公式,只需要将极坐标方程化成参数方程,再利用参数方程下的弧长计算公式即可.

曲线的参数方程为

$$\begin{cases} x = r(\theta)\cos\theta \\ y = r(\theta)\sin\theta \end{cases},\quad \alpha \leqslant \theta \leqslant \beta$$

此时 θ 变成了参数,且弧长元素为

$$\begin{aligned} ds &= \sqrt{(dx)^2 + (dy)^2} \\ &= \sqrt{(r'\cos\theta - r\sin\theta)^2\,(d\theta)^2 + (r'\sin\theta + r\cos\theta)^2\,(d\theta)^2} \\ &= \sqrt{r^2 + r'^2}d\theta \end{aligned}$$

从而有

$$s = \int_\alpha^\beta \sqrt{r^2 + r'^2}d\theta$$

例 7 计算心脏线 $r = a(1 + \cos\theta)(0 \leqslant \theta \leqslant 2\pi)$ 的弧长.

解

$$\begin{aligned} ds &= \sqrt{a^2\,(1 + \cos\theta)^2 + (-a\sin\theta)^2}d\theta \\ &= \sqrt{4a^2\left(\cos^4\frac{\theta}{2} + \sin^2\frac{\theta}{2}\cos^2\frac{\theta}{2}\right)}d\theta \\ &= 2a\left|\cos\frac{\theta}{2}\right|d\theta \end{aligned}$$

$$\begin{aligned} s &= \int_0^{2\pi} 2a\left|\cos\frac{\theta}{2}\right|d\theta = 4a\int_0^\pi |\cos\varphi|\,d\varphi \\ &= 4a\left(\int_0^{\frac{\pi}{2}} \cos\varphi d\varphi + \int_{\frac{\pi}{2}}^\pi -\cos\varphi d\varphi\right) \\ &= 8a \end{aligned}$$

5.4.5 变力作功

例 8 半径为 r 的球沉入水中,球的上部与水面相切,球的密度为 1,现将这球从水中取出,需作多少功?

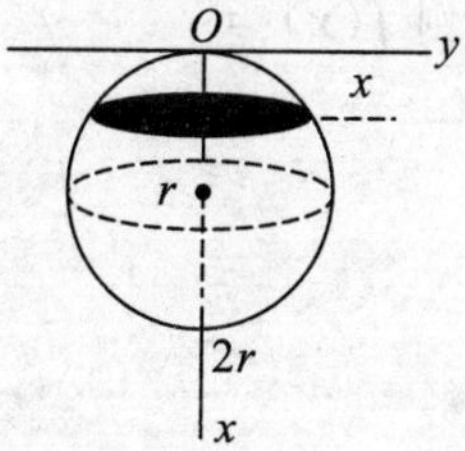

图 5.11

解 建立如图 5.11 所示的坐标系.将高为 x 的球缺取出水面,所需的力 $F(x)$ 为

$$F(x)=G-F_{浮}$$

其中,$G=\frac{4\pi r^3}{3}\cdot 1\cdot g$ 是球的重力,$F_{浮}$ 表示将球缺取出之后,仍浸在水中的另一部分球缺所受的浮力.

由球缺公式

$$V=\pi\cdot x^2\left(r-\frac{x}{3}\right)$$

有

$$F_{浮}=\left[\frac{4}{3}\pi\cdot r^3-\pi\cdot x^2\left(r-\frac{x}{3}\right)\right]\cdot 1\cdot g$$

从而

$$F(x)=\pi\cdot x^2\left(r-\frac{x}{3}\right)g,\quad x\in[0,2r]$$

从水中将球取出所作的功等于变力 $F(x)$ 从 0 改变至 $2r$ 时所作的功.

取 x 为积分变量,则 $x\in[0,2r]$,对于 $[0,2r]$ 上的任一小区间 $[x,x+\mathrm{d}x]$,变力 $F(x)$ 从 0 到 $x+\mathrm{d}x$ 这段距离内所作的功

$$\mathrm{d}W=F(x)\mathrm{d}x=\pi\cdot x^2\left(r-\frac{x}{3}\right)g$$

这就是功元,并且功为

$$W=\int_0^{2r}\pi g x^2\left(r-\frac{x}{3}\right)\mathrm{d}x=g\left[\frac{\pi r}{3}x^3-\frac{\pi}{12}x^4\right]\Bigg|_0^{2r}=\frac{4}{3}\pi\cdot r^4 g$$

习 题 5

1. $\int_0^{\frac{\pi}{2}}\sin^8 x\mathrm{d}x=$ ________, $\int_0^{\frac{\pi}{2}}\cos^7 x\mathrm{d}x=$ ________.

2. $\lim\limits_{x\to 0}\frac{\int_0^x t\sin t\mathrm{d}t}{\ln(1+x)}=$ ________.

3. $\int_{-1}^{2}|x^2-2x|\mathrm{d}x=$ ________.

4. 曲线 $y=\int_{1}^{x}t(1-t)\mathrm{d}t$ 的上凸区间是________.

5. $\int_{-\pi}^{0}\sqrt{1+\cos 2x}\mathrm{d}x=$ ________.

6. 设 $f(x)$ 是连续函数，且 $f(x)=\sin x+\int_{0}^{\pi}f(x)\mathrm{d}x$，则 $f(x)=$ ________.

7. $\int_{-1}^{1}x(1+x^{2005})(\mathrm{e}^{x}-\mathrm{e}^{-x})\mathrm{d}x=$ ________.

8. $\lim\limits_{x\to+\infty}\dfrac{1}{\sqrt{x}}\int_{1}^{x}\ln\left(1-\dfrac{1}{\sqrt{t}}\right)\mathrm{d}t=$ ________.

9. 函数 $y=\int_{0}^{x^2}(t-1)\mathrm{e}^{t^2}\mathrm{d}t$ 的极大值点为________.

10. 设正值函数 $f(x)$ 在 $[a,b]$ 上连续，那么函数 $F(x)=\int_{a}^{x}f(t)\mathrm{d}t+\int_{b}^{x}\dfrac{1}{f(t)}\mathrm{d}t$ 在 (a,b) 上至少有(　　)个根.

A. 0　　B. 1　　C. 2　　D. 3

11. 设 $\int_{0}^{x}f(t)\mathrm{d}t=\dfrac{x^2}{4}$，则 $\int_{0}^{4}\dfrac{1}{\sqrt{x}}f(\sqrt{x})\mathrm{d}x=$ (　　).

A. 16　　B. 8　　C. 4　　D. 2

12. $\int_{-1}^{2}\dfrac{1}{x^2}\mathrm{d}x=$ (　　).

A. $-\dfrac{3}{2}$　　B. $\dfrac{1}{2}$　　C. $-\dfrac{1}{2}$　　D. 不存在

13. $\int_{1}^{\infty}\dfrac{1}{x\sqrt{x^2-1}}\mathrm{d}x=$ (　　).

A. -0　　B. $\dfrac{\pi}{2}$　　C. $\dfrac{\pi}{4}$　　D. 发散

14. 计算下列定积分：

(1) $\int_{0}^{1}\dfrac{x+2}{x^2-x-2}\mathrm{d}x$；　　(2) $\int_{0}^{1}\ln(1-x)\mathrm{d}x$；

(3) $\int_{-2}^{2}(x^2\sqrt{4-x^2}+x\cos^5 x)\mathrm{d}x$；　　(4) $\int_{\sqrt{\mathrm{e}}}^{\mathrm{e}}\dfrac{\mathrm{d}x}{x\sqrt{(1-\ln x)\ln x}}$；

(5) $\int_{0}^{2}\dfrac{\mathrm{d}x}{(3+2x-x^2)^{\frac{3}{2}}}$；　　(6) $\int_{0}^{2}\dfrac{1}{2+\sqrt{4+x^2}}\mathrm{d}x$；

(7) $\int_{-\frac{\pi}{2}}^{\frac{\pi}{2}}\tan^2 x[\sin^2 2x+\ln(x+\sqrt{1+x^2})]\mathrm{d}x$；

(8) $\int_1^{+\infty} \frac{\arctan x}{x^2} \mathrm{d}x$； (9) $\int_1^{+\infty} \frac{\mathrm{d}x}{e^{x+1} + e^{3-x}}$；

(10) $\int_{\frac{1}{2}}^{\frac{3}{2}} \frac{\mathrm{d}x}{\sqrt{|x - x^2|}}$； (11) $\int_{-1}^{1} (1 - x^2)^{10} \mathrm{d}x$.

15. 已知函数 $f(x)$ 在$[0,2]$上二阶可导，且：$f(2) = 1, f'(2) = 0$ 及

$$\int_0^2 f(x) \mathrm{d}x = 4$$

求$\int_0^1 x^2 f''(2x) \mathrm{d}x$.

16. 用定积分计算：

$$\lim_{x \to 0} \left(\frac{\int_0^x \sqrt{1 + t^2} \mathrm{d}t}{x} + \frac{\int_0^x \sin t \mathrm{d}t}{x^2} \right).$$

17. 用定积分定义计算$\lim\limits_{n \to \infty} \left(\frac{n}{n^2 + 1} + \frac{n}{n^2 + 2^2} + \cdots + \frac{n}{n^2 + n^2} \right)$.

18. 设隐函数 $y = y(x)$ 由方程 $x^3 - \int_0^x e^{-t^2} \mathrm{d}t + y^3 + \ln 4 = 0$ 所确定，求$\frac{\mathrm{d}y}{\mathrm{d}x}$.

19. 设$f(x) = \begin{cases} \frac{\int_0^{2x} (e^{t^2} - 1) \mathrm{d}t}{x^2}, & x \neq 0 \\ A, & x = 0 \end{cases}$，问当 A 为何值时，$f(x)$ 在 $x = 0$ 点处可导，并求出 $f'(0)$.

20. 设 $f(x) = \cos^4 x + 2 \int_0^{\frac{\pi}{2}} f(x) \mathrm{d}x$，其中 $f(x)$ 为连续函数，试求 $f(x)$.

21. 设正整数 a，且满足关系$\lim\limits_{x \to 0} \left(\frac{a - x}{a + x} \right)^{\frac{2}{x}} = \int_{\frac{1}{a}}^{+\infty} x e^{-4x} \mathrm{d}x$，试求 a 的值.

22. 曲线 C 的方程为$y = f(x)$，点$(3,2)$是它的一个拐点，直线 l_1 与 l_2 分别是曲线 C 在点$(0,0)$与$(3,2)$处的切线，其交点为$(2,4)$，设$f(x)$具有三阶连续导数，计算$\int_0^3 (x^2 + x) f'''(x) \mathrm{d}x$.

23. 求 $\varphi(x) = \int_0^{x^2} (1 - t) \arctan t \mathrm{d}t$ 的极值点.

第6章　行　列　式

行列式来源于解线性方程组，它是研究线性代数的一个重要工具，本章我们将介绍行列式的定义，讨论它的性质、计算方法以及应用.

6.1　行列式的定义

对于由两个方程组成的二元线性方程组

$$\begin{cases} a_{11}x_1 + a_{12}x_2 = b_1 \\ a_{21}x_1 + a_{22}x_2 = b_2 \end{cases}$$

当 $a_{11}a_{22} - a_{12}a_{21} \neq 0$ 时，方程组有解

$$x_1 = \frac{b_1a_{22} - a_{12}b_2}{a_{11}a_{22} - a_{12}a_{21}}, \quad x_2 = \frac{a_{11}b_2 - b_1a_{21}}{a_{11}a_{22} - a_{12}a_{21}}$$

为了记忆方便，引入符号

$$D = \begin{vmatrix} a_{11} & a_{12} \\ a_{21} & a_{22} \end{vmatrix} = a_{11}a_{22} - a_{12}a_{21}$$

称为**二阶行列式**.

即左上与右下角元的乘积减去右上与左下角元的乘积，并记

$$D_1 = \begin{vmatrix} b_1 & a_{12} \\ b_2 & a_{22} \end{vmatrix} = b_1a_{22} - a_{12}b_2, \quad D_2 = \begin{vmatrix} a_{11} & b_1 \\ a_{21} & b_2 \end{vmatrix} = a_{11}b_2 - b_1a_2$$

方程组的解可以写成

$$x_1 = \frac{D_1}{D}, \quad x_2 = \frac{D_2}{D}$$

同样，用消元法解三元线性方程组

$$\begin{cases} a_{11}x_1 + a_{12}x_2 + a_{13}x_3 = b_1 \\ a_{21}x_1 + a_{22}x_2 + a_{23}x_3 = b_2 \\ a_{31}x_1 + a_{32}x_2 + a_{33}x_3 = b_3 \end{cases}$$

定义

$$D=\begin{vmatrix}a_{11}&a_{12}&a_{13}\\a_{21}&a_{22}&a_{23}\\a_{31}&a_{32}&a_{33}\end{vmatrix}=a_{11}\begin{vmatrix}a_{22}&a_{23}\\a_{32}&a_{33}\end{vmatrix}-a_{21}\begin{vmatrix}a_{12}&a_{13}\\a_{32}&a_{33}\end{vmatrix}+a_{31}\begin{vmatrix}a_{12}&a_{13}\\a_{22}&a_{23}\end{vmatrix}$$

称为**三阶行列式**，并且记

$$D_1=\begin{vmatrix}b_1&a_{12}&a_{13}\\b_2&a_{22}&a_{23}\\b_3&a_{32}&a_{33}\end{vmatrix}$$

则有 $Dx_1=D_1$. 类似地，记

$$D_2=\begin{vmatrix}a_{11}&b_1&a_{13}\\a_{21}&b_2&a_{23}\\a_{31}&b_3&a_{33}\end{vmatrix},\quad D_3=\begin{vmatrix}a_{11}&a_{12}&b_1\\a_{21}&a_{22}&b_2\\a_{31}&a_{32}&b_3\end{vmatrix}$$

则有 $Dx_2=D_2$, $Dx_3=D_3$. 于是，当 $D\neq0$ 时，方程组有解

$$x_1=\frac{D_1}{D},\quad x_2=\frac{D_2}{D},\quad x_3=\frac{D_3}{D}$$

三阶行列式的定义中，$\begin{vmatrix}a_{22}&a_{23}\\a_{32}&a_{33}\end{vmatrix}$ 是在三阶行列式中划去 a_{11} 所在的行和列后剩余的元保持原来的次序所构成的二阶行列式，称为元 a_{11} 的**余子式**，记为 M_{11}. 类似地，a_{21}, a_{31} 的余子式分别为

$$M_{21}=\begin{vmatrix}a_{12}&a_{13}\\a_{32}&a_{33}\end{vmatrix},\quad M_{31}=\begin{vmatrix}a_{12}&a_{13}\\a_{22}&a_{23}\end{vmatrix}$$

定义 6.1.1 由 n 元线性方程组 $\begin{cases}a_{11}x_1+a_{12}x_2+\cdots+a_{1n}x_n=b_1\\a_{21}x_1+a_{22}x_2+\cdots+a_{2n}x_n=b_2\\\cdots\\a_{n1}x_1+a_{n2}x_2+\cdots+a_{nn}x_n=b_n\end{cases}$ 的系数组成的式子

$$D=\begin{vmatrix}a_{11}&a_{12}&\cdots&a_{1n}\\a_{21}&a_{22}&\cdots&a_{2n}\\\vdots&\vdots&&\vdots\\a_{n1}&a_{n2}&\cdots&a_{nn}\end{vmatrix}$$

称为 n **阶行列式**.

一般地，在 n 阶行列式中，划去 a_{ij} 所在的行和列，剩余的元保持原来的次序所构成的 $n-1$ 阶行列式，称为元 a_{ij} 的**余子式**，记为 M_{ij}；称 $(-1)^{i+j}M_{ij}$ 为 a_{ij} 的**代数余子式**，记为 A_{ij}.

n 阶行列式等于第一列的每个元与其代数余子式乘积的和，即

$$\begin{vmatrix} a_{11} & a_{12} & \cdots & a_{1n} \\ a_{21} & a_{22} & \cdots & a_{2n} \\ \vdots & \vdots & & \vdots \\ a_{n1} & a_{n2} & \cdots & a_{nn} \end{vmatrix} = a_{11}A_{11} + a_{21}A_{21} + \cdots + a_{n1}A_{n1} = \sum_{i=1}^{n} a_{i1}A_{i1} \quad (1)$$

称式(1)为 n 阶行列式按第一列的**展开式**.

例如,三阶行列式可以表述为

$$\begin{vmatrix} a_{11} & a_{12} & a_{13} \\ a_{21} & a_{22} & a_{23} \\ a_{31} & a_{32} & a_{33} \end{vmatrix} = a_{11}A_{11} + a_{21}A_{21} + a_{31}A_{31} = \sum_{i=1}^{3} a_{i1}A_{i1}$$

即三阶行列式等于第一列的每个元与其代数余子式乘积的和.

例 1 计算行列式

$$D = \begin{vmatrix} 5 & 2 & 0 & 0 \\ 1 & 0 & 0 & 0 \\ 0 & 0 & 2 & 1 \\ 0 & 1 & 1 & 0 \end{vmatrix}$$

解 按定义,有

$$\begin{aligned} D &= 5A_{11} + 1A_{21} + 0A_{31} + 0A_{41} \\ &= 5\times(-1)^{1+1}M_{11} + 1\times(-1)^{2+1}M_{21} \\ &= 5\begin{vmatrix} 0 & 0 & 0 \\ 0 & 2 & 1 \\ 1 & 1 & 0 \end{vmatrix} - \begin{vmatrix} 2 & 0 & 0 \\ 0 & 2 & 1 \\ 1 & 1 & 0 \end{vmatrix} \\ &= -2\begin{vmatrix} 2 & 1 \\ 1 & 0 \end{vmatrix} \\ &= 2 \end{aligned}$$

上面用按第一列展开的方式定义了 n 阶行列式,下面证明:按第一行展开有相同的结果.

证明 n 阶行列式等于其第一行每个元与其相应的代数余子式乘积的和,即

$$D = \begin{vmatrix} a_{11} & a_{12} & \cdots & a_{1n} \\ a_{21} & a_{22} & \cdots & a_{2n} \\ \vdots & \vdots & & \vdots \\ a_{n1} & a_{n2} & \cdots & a_{nn} \end{vmatrix} = \sum_{j=1}^{n} a_{1j}A_{1j}$$

也即

$$D = \sum_{i=1}^{k} a_{i1}A_{i1} = a_{11}M_{11} + \sum_{i=2}^{k} (-1)^{i+1} a_{i1}M_{i1}$$

例 2 计算行列式

$$D=\begin{vmatrix}2&1&2\\-4&3&1\\2&3&5\end{vmatrix}$$

解 按照第一行展开,得

$$\begin{aligned}D&=2\begin{vmatrix}3&1\\3&5\end{vmatrix}-1\begin{vmatrix}-4&1\\2&5\end{vmatrix}+2\begin{vmatrix}-4&3\\2&3\end{vmatrix}\\&=2\times(15-3)-1\times(-20-2)+2\times(-12-6)=10\end{aligned}$$

与按照第一列展开计算的结果完全一致.

例 3 计算行列式

$$D=\begin{vmatrix}5&3&-1&2&0\\1&7&2&5&2\\0&-2&3&1&0\\0&-4&-1&4&0\\0&2&3&5&0\end{vmatrix}$$

解 按照第五列展开,得

$$D=(-1)^{2+5}2\begin{vmatrix}5&3&-1&2\\0&-2&3&1\\0&-4&-1&4\\0&2&3&5\end{vmatrix}$$

按照第一列展开,得

$$\begin{aligned}D&=-2\times5\begin{vmatrix}-2&3&1\\-4&-1&4\\2&3&5\end{vmatrix}\\&=-1\,080\end{aligned}$$

6.2 行列式的性质及计算

直接用定义计算行列式是很麻烦的,因此,需要讨论行列式的性质,以便简化计算.

将行列式 D 的行、列互换,得到的新行列式称为行列式 D 的**转置行列式**,记为 D^{T}或者 D',即若

$$D=\begin{vmatrix} a_{11} & a_{12} & \cdots & a_{1n} \\ a_{21} & a_{22} & \cdots & a_{2n} \\ \vdots & \vdots & & \vdots \\ a_{n1} & a_{n2} & \cdots & a_{nn} \end{vmatrix}$$

则

$$D^{\mathrm{T}}=\begin{vmatrix} a_{11} & a_{21} & \cdots & a_{n1} \\ a_{12} & a_{22} & \cdots & a_{n2} \\ \vdots & \vdots & & \vdots \\ a_{1n} & a_{2n} & \cdots & a_{nn} \end{vmatrix}$$

性质 1 行列式转置后，其值不变，即 $D^{\mathrm{T}}=D$.

由性质 1 可知，行列式的行所具有的性质，对列也一定成立，对列所具有的性质，对行也一定成立. 因此，下面只对行证明其性质.

性质 2 互换行列式的两行(列)，行列式只改变符号.

推论 1 行列式有两行(列)的对应元完全相同，则这个行列式为零.

性质 3 行列式中某一行(列)所有元的公因子，可以提到行列式符号外(即此因子乘以行列式)，即

$$D=\begin{vmatrix} a_{11} & a_{12} & \cdots & a_{1n} \\ a_{21} & a_{22} & \cdots & a_{2n} \\ \vdots & \vdots & & \vdots \\ \lambda a_{i1} & \lambda a_{i2} & \cdots & \lambda a_{in} \\ \vdots & \vdots & & \vdots \\ a_{n1} & a_{n2} & \cdots & a_{nn} \end{vmatrix}=\lambda\begin{vmatrix} a_{11} & a_{12} & \cdots & a_{1n} \\ a_{21} & a_{22} & \cdots & a_{2n} \\ \vdots & \vdots & & \vdots \\ a_{i1} & a_{i2} & \cdots & a_{in} \\ \vdots & \vdots & & \vdots \\ a_{n1} & a_{n2} & \cdots & a_{nn} \end{vmatrix}=\lambda\Delta$$

上式中，将第二个行列式记为 Δ.

推论 2 如果行列式有一行(列)的元全为零，则行列式为零.

推论 3 如果行列式有两行(列)的元对应成比例，则行列式为零.

性质 4 如果行列式的某一行(列)的元都是两项的和，则可以把这个行列式化为两个行列式的和，这两个行列式的这一行(列)的元分别是原行列式中相应位置的两项的第一项和第二项，而其他位置的元不变，即

$$D=\begin{vmatrix} a_{11} & a_{12} & \cdots & a_{1n} \\ a_{21} & a_{22} & \cdots & a_{2n} \\ \vdots & \vdots & & \vdots \\ b_{i1}+c_{i1} & b_{i2}+c_{i2} & \cdots & b_{in}+c_{in} \\ \vdots & \vdots & & \vdots \\ a_{n1} & a_{n2} & \cdots & a_{nn} \end{vmatrix}$$

$$= \begin{vmatrix} a_{11} & a_{12} & \cdots & a_{1n} \\ a_{21} & a_{22} & \cdots & a_{2n} \\ \vdots & \vdots & & \vdots \\ b_{i1} & b_{i2} & \cdots & b_{in} \\ \vdots & \vdots & & \vdots \\ a_{n1} & a_{n2} & \cdots & a_{nn} \end{vmatrix} + \begin{vmatrix} a_{11} & a_{12} & \cdots & a_{1n} \\ a_{21} & a_{22} & \cdots & a_{2n} \\ \vdots & \vdots & & \vdots \\ c_{i1} & c_{i2} & \cdots & c_{in} \\ \vdots & \vdots & & \vdots \\ a_{n1} & a_{n2} & \cdots & a_{nn} \end{vmatrix} = D_1 + D_2$$

性质5 如果行列式的某一行(列)的元加上另一行(列)相应元的 λ 倍,则行列式不变.例如,以数 λ 乘以第 i 行加到第 j 行上(记作 $r_j + \lambda r_i$),有

$$D = \begin{vmatrix} a_{11} & a_{12} & \cdots & a_{1n} \\ a_{21} & a_{22} & \cdots & a_{2n} \\ \vdots & \vdots & & \vdots \\ a_{i1} & a_{i2} & \cdots & a_{in} \\ \vdots & \vdots & & \vdots \\ a_{j1} & a_{j2} & \cdots & a_{jn} \\ \vdots & \vdots & & \vdots \\ a_{n1} & a_{n2} & \cdots & a_{nn} \end{vmatrix} = \begin{vmatrix} a_{11} & a_{12} & \cdots & a_{1n} \\ a_{21} & a_{22} & \cdots & a_{2n} \\ \vdots & \vdots & & \vdots \\ a_{i1} & a_{i2} & \cdots & a_{in} \\ \vdots & \vdots & & \vdots \\ a_{j1} + \lambda a_{i1} & a_{j2} + \lambda a_{i2} & \cdots & a_{jn} + \lambda a_{in} \\ \vdots & \vdots & & \vdots \\ a_{n1} & a_{n2} & \cdots & a_{nn} \end{vmatrix}$$

性质6 行列式 D 等于它的任意一行(列)的元与它的代数余子式的乘积之和,即

$$D = \sum_{j=1}^{n} a_{ij}A_{ij}, \quad i = 1,2,\cdots,n$$

$$D = \sum_{i=1}^{n} a_{ij}A_{ij}, \quad j = 1,2,\cdots,n$$

性质7 行列式某一行(列)的元与另一行(列)对应元的代数余子式的乘积之和为零,即

$$\sum_{k=1}^{n} a_{ik}A_{jk} = a_{i1}A_{j1} + a_{i2}A_{j2} + \cdots + a_{in}A_{jn} = 0, \quad i \neq j$$

$$\sum_{k=1}^{n} a_{ki}A_{kj} = a_{1i}A_{1j} + a_{2i}A_{2j} + \cdots + a_{ni}A_{nj} = 0, \quad i \neq j$$

对于阶数较高的行列式,直接利用行列式的定义计算并不是一个可行的方法.为解决行列式的计算问题,应当利用行列式性质进行有效的化简,化简的方法也不是唯一的,要善于发现具体问题的特点.

例1 已知行列式**下三角形行列式** D_1 **和上三角形行列式** D_2

$$D_1=\begin{vmatrix} a_{11} & 0 & \cdots & 0 \\ a_{21} & a_{22} & \cdots & 0 \\ \vdots & \vdots & & \vdots \\ a_{n1} & a_{n2} & \cdots & a_{nn} \end{vmatrix},\quad D_2=\begin{vmatrix} a_{11} & a_{12} & \cdots & a_{1n} \\ 0 & a_{22} & \cdots & a_{2n} \\ \vdots & \vdots & & \vdots \\ 0 & 0 & \cdots & a_{nn} \end{vmatrix}$$

试计算 D_1和 D_2

解 将 D_1按照第一行展开，再将余子式也按照第一行展开，继续下去，即

$$D_1=\begin{vmatrix} a_{11} & 0 & \cdots & 0 \\ a_{21} & a_{22} & \cdots & 0 \\ \vdots & \vdots & & \vdots \\ a_{n1} & a_{n2} & \cdots & a_{nn} \end{vmatrix}=a_{11}\begin{vmatrix} a_{22} & 0 & \cdots & 0 \\ a_{32} & a_{33} & \cdots & 0 \\ \vdots & \vdots & & \vdots \\ a_{n2} & a_{n2} & \cdots & a_{nn} \end{vmatrix}$$

$$=a_{11}a_{22}\begin{vmatrix} a_{33} & 0 & \cdots & 0 \\ \vdots & \vdots & & \vdots \\ a_{n3} & a_{n4} & \cdots & a_{nn} \end{vmatrix}=\cdots=a_{11}a_{22}\cdots a_{nn}$$

同理，将 D_2按照第一列展开，再将余子式也按照第一列展开，继续下去，得到

$$D_2=a_{11}a_{22}\cdots a_{nn}$$

在行列式的计算中，常利用行列式的性质将行列式化成上三角形或下三角形行列式进行计算.

例 2 计算行列式

$$D=\begin{vmatrix} 3 & 2 & 1 & 1 \\ 2 & 3 & 5 & 9 \\ -1 & 2 & 5 & -2 \\ 1 & 0 & -1 & 3 \end{vmatrix}$$

解 将 D 中第一行与第四互换

$$D=-\begin{vmatrix} 1 & 0 & -1 & 3 \\ 2 & 3 & 5 & 9 \\ -1 & 2 & 5 & -2 \\ 3 & 2 & 1 & 1 \end{vmatrix}$$

再把第一行乘以 -2 加到第二行上去，第一行乘以 $+1$ 加到第三行上去，第一行乘以 -3 加到第四行上去，得

$$D=-\begin{vmatrix} 1 & 0 & -1 & 3 \\ 0 & 3 & 7 & 3 \\ 0 & 2 & 4 & 1 \\ 0 & 2 & 4 & -8 \end{vmatrix}$$

第三行乘以 -1 加到第二行上去，第三行乘以 -1 加到第四行上去，得

$$D=-\begin{vmatrix}1&0&-1&3\\0&1&2&3\\0&2&4&1\\0&0&0&-9\end{vmatrix}$$

第二行乘以 -2 加到第三行上去，得到一个上三角形行列式，由此可得

$$D=-\begin{vmatrix}1&0&-1&3\\0&1&2&3\\0&0&-2&-3\\0&0&0&-9\end{vmatrix}=-1\times1\times(-2)\times(-9)=-18$$

例 3 计算

$$D=\begin{vmatrix}3&1&1&1\\1&3&1&1\\1&1&3&1\\1&1&1&3\end{vmatrix}$$

解 可以看出这个行列式的特点是各列元之和相等，因此，把各行都加到第一行上去，得

$$D=\begin{vmatrix}6&6&6&6\\1&3&1&1\\1&1&3&1\\1&1&1&3\end{vmatrix}$$

提出就第一行的公因子 6，然后各行减去第一行，得

$$D=6\begin{vmatrix}1&1&1&1\\1&3&1&1\\1&1&3&1\\1&1&1&3\end{vmatrix}=6\begin{vmatrix}1&1&1&1\\0&2&0&0\\0&0&2&0\\0&0&0&2\end{vmatrix}=48$$

此例的方法可以推广至同样结构的 n 阶行列式($n>1$)

$$D_n=\begin{vmatrix}x&a&\cdots&a\\a&x&\cdots&a\\\vdots&\vdots&&\vdots\\a&a&\cdots&x\end{vmatrix}$$

例 4 计算

$$D=\begin{vmatrix}1&-1&2&-3&1\\-3&3&-7&9&-5\\2&0&4&-2&1\\3&-5&7&-14&6\\4&-4&10&-10&2\end{vmatrix}$$

解 第一行乘以 3 加到第二行上，第一行乘以 −2 加到第三行上，第一行乘以 −3 加到第四行上，第一行乘以 −4 加到第五行上，得

$$D=\begin{vmatrix}1&-1&2&-3&1\\0&0&-1&0&-2\\0&2&0&4&-1\\0&-2&1&-5&3\\0&0&2&2&-2\end{vmatrix}$$

第二行与第四行交换，得

$$D=-\begin{vmatrix}1&-1&2&-3&1\\0&-2&1&-5&3\\0&2&0&4&-1\\0&0&-1&0&-2\\0&0&2&2&-2\end{vmatrix}$$

第二行加到第三行上

$$D=-\begin{vmatrix}1&-1&2&-3&1\\0&-2&1&-5&3\\0&0&1&-1&2\\0&0&-1&0&-2\\0&0&2&2&-2\end{vmatrix}$$

第三行加到第四行上

$$D=-\begin{vmatrix}1&-1&2&-3&1\\0&-2&1&-5&3\\0&0&1&-1&2\\0&0&0&-1&0\\0&0&2&2&-2\end{vmatrix}$$

第三行乘以 −2 加到第五行上

$$D=-\begin{vmatrix}1&-1&2&-3&1\\0&-2&1&-5&3\\0&0&1&-1&2\\0&0&0&-1&0\\0&0&0&4&-6\end{vmatrix}$$

第四行乘以 4 加到第五行上

$$D=-\begin{vmatrix}1&-1&2&-3&1\\0&-2&1&-5&3\\0&0&1&-1&2\\0&0&0&-1&0\\0&0&0&0&-6\end{vmatrix}=-(-2)(-1)(-6)=12$$

例 5 计算 n 阶行列式

$$D=\begin{vmatrix}a&b&b&\cdots&b\\b&a&b&\cdots&b\\b&b&a&\cdots&b\\\vdots&\vdots&\vdots&&\vdots\\b&b&b&\cdots&a\end{vmatrix}$$

解 将第 $2,3,\cdots,n$ 列都加到第一列得

$$D=\begin{vmatrix}a+(n-1)b&b&b&\cdots&b\\a+(n-1)b&a&b&\cdots&b\\a+(n-1)b&b&a&\cdots&b\\\vdots&\vdots&\vdots&&\vdots\\a+(n-1)b&b&b&\cdots&a\end{vmatrix}$$

第一列提取公因子 $a+(n-1)b$ 得

$$D=[a+(n-1)b]\begin{vmatrix}1&b&b&\cdots&b\\1&a&b&\cdots&b\\1&b&a&\cdots&b\\\vdots&\vdots&\vdots&&\vdots\\1&b&b&\cdots&a\end{vmatrix}$$

第一行乘以 -1 加到以下各行得

$$D=[a+(n-1)b]\begin{vmatrix}1&b&b&\cdots&b\\0&a-b&0&\cdots&0\\0&0&a-b&\cdots&0\\\vdots&\vdots&\vdots&&\vdots\\0&0&0&\cdots&a-b\end{vmatrix}$$

上三角行列式出现,则 $D=[a+(n-1)b](a-b)^{n-1}$.

例 6 证明范德蒙德(Vandermonde)行列式

$$D=\begin{vmatrix} 1 & 1 & 1 & \cdots & 1 \\ a_1 & a_2 & a_3 & \cdots & a_n \\ a_1^2 & a_2^2 & a_3^2 & \cdots & a_n^2 \\ \vdots & \vdots & \vdots & & \vdots \\ a_1^{n-1} & a_2^{n-1} & a_3^{n-1} & \cdots & a_n^{n-1} \end{vmatrix}=\prod_{1\leqslant j<i\leqslant n}(a_i-a_j)$$

证明 用数学归纳法.

当 $n=2$ 时,$\begin{vmatrix} 1 & 1 \\ a_1 & a_2 \end{vmatrix}=a_2-a_1$ 结论成立.

假设对于 $n=k-1$ 时结论成立.

当 $n=k$ 时,从第 k 行开始,逐行减去上面相邻行的 a_1 倍,得

$$D=\begin{vmatrix} 1 & 1 & 1 & \cdots & 1 \\ 0 & a_2-a_1 & a_3-a_1 & \cdots & a_k-a_1 \\ 0 & a_2(a_2-a_1) & a_3(a_3-a_1) & \cdots & a_k(a_k-a_1) \\ \vdots & \vdots & \vdots & & \vdots \\ 0 & a_2^{k-2}(a_2-a_1) & a_3^{k-2}(a_3-a_1) & \cdots & a_k^{k-2}(a_k-a_1) \end{vmatrix}$$

按第一列展开,再将各列的公因子提出来

$$D=\begin{vmatrix} a_2-a_1 & a_3-a_1 & \cdots & a_k-a_1 \\ a_2(a_2-a_1) & a_3(a_3-a_1) & \cdots & a_k(a_k-a_1) \\ \vdots & \vdots & & \vdots \\ a_2^{k-2}(a_2-a_1) & a_3^{k-2}(a_3-a_1) & \cdots & a_k^{k-2}(a_k-a_1) \end{vmatrix}$$

$$=(a_2-a_1)(a_3-a_1)\cdots(a_k-a_1)\begin{vmatrix} 1 & 1 & \cdots & 1 \\ a_2 & a_3 & \cdots & a_k \\ \vdots & \vdots & & \vdots \\ a_2^{k-2} & a_3^{k-2} & \cdots & a_k^{k-2} \end{vmatrix}$$

得到 $k-1$ 阶范德蒙德行列式,由归纳假设知其值为

$$\prod_{2\leqslant j<i\leqslant k}(a_i-a_j)$$

于是

$$D=(a_2-a_1)(a_3-a_1)\cdots(a_k-a_1)\prod_{2\leqslant j<i\leqslant k}(a_i-a_j)$$

$$=\prod_{1\leqslant j<i\leqslant k}(a_i-a_j)$$

因此,对于任意正整数 $n\geqslant 2$,范德蒙德行列式的展开式都成立.

例如

$$\begin{vmatrix} 1 & 1 & 1 & 1 \\ 2 & 3 & 4 & 5 \\ 2^2 & 3^2 & 4^2 & 5^2 \\ 2^3 & 3^3 & 4^3 & 5^3 \end{vmatrix} = (5-4)(5-3)(5-2)(4-3)(4-2)(3-2) = 12$$

例 7 计算 n 阶行列式

$$D_n = \begin{vmatrix} 2 & -1 & 0 & \cdots & 0 & 0 \\ -1 & 2 & -1 & \cdots & 0 & 0 \\ 0 & -1 & 2 & \ddots & 0 & 0 \\ \vdots & \vdots & \ddots & \ddots & \ddots & \vdots \\ 0 & 0 & 0 & \ddots & 2 & -1 \\ 0 & 0 & 0 & \cdots & -1 & 2 \end{vmatrix}$$

解 由行列式的性质 4,将 D_n 的第一列的每个元看成两个元之和,得

$$D_n = \begin{vmatrix} 1 & -1 & 0 & \cdots & 0 & 0 \\ 0 & 2 & -1 & \cdots & 0 & 0 \\ 0 & -1 & 2 & \ddots & 0 & 0 \\ \vdots & \vdots & \ddots & \ddots & \ddots & \vdots \\ 0 & 0 & 0 & \ddots & 2 & -1 \\ 0 & 0 & 0 & \cdots & -1 & 2 \end{vmatrix} + \begin{vmatrix} 1 & -1 & 0 & \cdots & 0 & 0 \\ -1 & 2 & -1 & \cdots & 0 & 0 \\ 0 & -1 & 2 & \ddots & 0 & 0 \\ \vdots & \vdots & \ddots & \ddots & \ddots & \vdots \\ 0 & 0 & 0 & \ddots & 2 & -1 \\ 0 & 0 & 0 & \cdots & -1 & 2 \end{vmatrix}$$

第一个行列式按第一列展开,第二个行列式从第一行开始依次加到下一行,得

$$D_n = D_{n-1} + \begin{vmatrix} 1 & -1 & 0 & \cdots & 0 & 0 \\ 0 & 1 & -1 & \cdots & 0 & 0 \\ 0 & 0 & 1 & \ddots & 0 & 0 \\ \vdots & \vdots & \ddots & \ddots & \ddots & \vdots \\ 0 & 0 & 0 & \ddots & 1 & -1 \\ 0 & 0 & 0 & \cdots & 0 & 1 \end{vmatrix} = D_{n-1} + 1$$

反复利用上面的递推公式,得到

$$D_n = D_{n-1} + 1 = D_{n-2} + 2 = \cdots = D_1 + n - 1 = 2 + n - 1 = n + 1$$

例 8 计算 n 阶行列式

$$D_n = \begin{vmatrix} a_1 & b & \cdots & b \\ b & a_2 & \cdots & b \\ \vdots & \vdots & & \vdots \\ b & b & \cdots & a_n \end{vmatrix}, \quad a_i \neq b, i = 1, 2, \cdots, n$$

解 对于这个行列式,采用一种“加边”的技巧.

$$D_n=\begin{vmatrix}1 & b & b & \cdots & b\\ 0 & a_1 & b & \cdots & b\\ 0 & b & a_2 & \cdots & b\\ \vdots & \vdots & \vdots & & \vdots\\ 0 & b & b & \cdots & a_n\end{vmatrix}$$

第一行乘以 -1 加到其他各行上去，得

$$D_n=\begin{vmatrix}1 & b & b & \cdots & b\\ -1 & a_1-b & 0 & \cdots & 0\\ -1 & 0 & a_2-b & \cdots & 0\\ \vdots & \vdots & \vdots & & \vdots\\ -1 & 0 & 0 & \cdots & a_n-b\end{vmatrix}$$

第二列乘以$\dfrac{1}{a_1-b}$加到第一列上去，第三列乘以$\dfrac{1}{a_2-b}$加到第一列上去，以此类推，最后一列乘以$\dfrac{1}{a_n-b}$加到第一列上去，得到

$$D_n=\begin{vmatrix}1+b\sum\limits_{i=1}^{n}\dfrac{1}{a_i-b} & b & b & \cdots & b\\ 0 & a_1-b & 0 & \cdots & 0\\ 0 & 0 & a_2-b & \cdots & 0\\ \vdots & \vdots & \vdots & & \vdots\\ 0 & 0 & 0 & \cdots & a_n-b\end{vmatrix}$$

$$=\left(1+b\sum_{i=1}^{n}\frac{1}{a_i}-b\right)\prod_{1\leqslant i\leqslant n}(a_i-b)$$

例 9 计算 n 阶行列式

$$D_n=\begin{vmatrix}a & b & 0 & \cdots & 0 & 0\\ 0 & a & b & \cdots & 0 & 0\\ \vdots & \vdots & \vdots & & \vdots & \vdots\\ 0 & 0 & 0 & \cdots & a & b\\ b & 0 & 0 & \cdots & 0 & a\end{vmatrix}$$

解 将行列式按第 1 列展开，得

$$D_n = a\begin{vmatrix} a & b & \cdots & 0 & 0 \\ 0 & a & \cdots & 0 & 0 \\ \vdots & \vdots & & \vdots & \vdots \\ 0 & 0 & \cdots & a & b \\ 0 & 0 & \cdots & 0 & a \end{vmatrix}_{(n-1)} + (-1)^{n+1} b \begin{vmatrix} b & 0 & \cdots & 0 & 0 \\ a & b & \cdots & 0 & 0 \\ \vdots & \vdots & & \vdots & \vdots \\ 0 & 0 & \cdots & b & 0 \\ 0 & 0 & \cdots & a & b \end{vmatrix}$$

$$= a^n + (-1)^{n+1} b^n$$

例 10 计算行列式

$$D_{n+1} = \begin{vmatrix} a_0 & b_1 & b_2 & \cdots & b_n \\ c_1 & a_1 & 0 & \cdots & 0 \\ c_2 & 0 & a_2 & \cdots & 0 \\ \vdots & \vdots & \vdots & & \vdots \\ c_n & 0 & 0 & \cdots & a_n \end{vmatrix}, \quad a_1 a_2 \cdots a_n \neq 0$$

分析 因为 D_{n+1} 主对角线上的元素非零,可利用行列式性质将第一列(行)除第一个元素外的其他元素化为零,把行列式变成上(下)三角行列式,从而可计算出行列式的值

解

$$D_n \overset{c_1 - \frac{c_{j-1}}{a_{j-1}} c_j}{\underset{j=2,3,\cdots,n}{=\!=\!=\!=}} \begin{vmatrix} a_0 - \sum\limits_{j=1}^{n} \dfrac{c_j b_j}{a_j} & b_1 & b_2 & \cdots & b_n \\ 0 & a_1 & 0 & \cdots & 0 \\ 0 & 0 & a_2 & \cdots & 0 \\ \vdots & \vdots & \vdots & & \vdots \\ 0 & 0 & 0 & \cdots & a_n \end{vmatrix}$$

$$= a_0 a_1 a_2 \cdots a_n - \left(\sum_{j=1}^{n} \frac{c_j b_j}{a_j}\right) a_1 a_2 \cdots a_n$$

6.3 行列式的应用

本节以行列式为工具,研究解线性方程组的问题. 设含 n 个未知量、n 个方程的线性方程组为

$$\begin{cases} a_{11} x_1 + a_{12} x_2 + \cdots + a_{1n} x_n = b_1 \\ a_{21} x_1 + a_{22} x_2 + \cdots + a_{2n} x_n = b_2 \\ \cdots \\ a_{n1} x_1 + a_{n2} x_2 + \cdots + a_{nn} x_n = b_n \end{cases} \tag{1}$$

简记为

$$\sum_{j=1}^{n} a_{kj}x_j = b_k, \quad k = 1,2,\cdots,n$$

它的系数构成的行列式

$$D = \begin{vmatrix} a_{11} & a_{12} & \cdots & a_{1n} \\ a_{21} & a_{22} & \cdots & a_{2n} \\ \vdots & \vdots & & \vdots \\ a_{n1} & a_{n2} & \cdots & a_{nn} \end{vmatrix}$$

称为方程组(1)的**系数行列式**.

定理 6.3.1 如果方程组(1)的系数行列式不为零,则该方程组有唯一解

$$x_1 = \frac{D_1}{D}, \quad x_2 = \frac{D_2}{D}, \quad \cdots, \quad x_n = \frac{D_n}{D}$$

这里,D_j($j=1,2,\cdots,n$)是把方程组的常数项 $b_1,b_2,\cdots,b_n$ 依次替换系数行列式中的第 j 列元所得到的 n 阶行列式.

通常称这个定理为**克拉默(Cramer)法则**.

例 1 解线性方程组

$$\begin{cases} x_1 - 3x_2 + 7x_3 = 2 \\ 2x_1 + 4x_2 - 3x_3 = -1 \\ -3x_1 + 7x_2 + 2x_3 = 3 \end{cases}$$

解 系数行列式

$$D = \begin{vmatrix} 1 & -3 & 7 \\ 2 & 4 & -3 \\ -3 & 7 & 2 \end{vmatrix} = 196$$

由于系数行列式不为零,所以可以使用克拉默法则,方程组有唯一解.此时

$$D_1 = \begin{vmatrix} 2 & -3 & 7 \\ -1 & 4 & -3 \\ 3 & 7 & 2 \end{vmatrix} = -54, \quad D_2 = \begin{vmatrix} 1 & 2 & 7 \\ 2 & -1 & -3 \\ -3 & 3 & 2 \end{vmatrix} = 38$$

$$D_3 = \begin{vmatrix} 1 & -3 & 2 \\ 2 & 4 & -1 \\ -3 & 7 & 3 \end{vmatrix} = 80$$

则有

$$x_1 = \frac{D_1}{D} = -\frac{54}{196} = -\frac{27}{98}$$

$$x_2 = \frac{D_2}{D} = \frac{38}{196} = \frac{19}{98}$$

$$x_3 = \frac{D_3}{D} = \frac{80}{196} = \frac{20}{49}$$

用克拉默法则解一个有 n 个未知量、n 个方程的线性方程组,需要计算 $n+1$ 个 n 阶行列式,这样的计算量通常是相当大的,但克拉默法则在理论上具有重要意义.

例 2 求一个二次多项式 $f(x)$,使 $f(1)=0, f(2)=3, f(-3)=28$.

解 设所求的二次多项式为 $f(x)=ax^2+bx+c$,则

$$f(1)=a+b+c=0,\quad f(2)=4a+2b+c=3,\quad f(-3)=9a-3b+c=28$$

得一个关于未知数 a,b,c 的线性方程组.

解之得

$$D=-20\neq 0,\quad D_1=-40,\quad D_2=60,\quad D_3=-20$$

从而可得 $a=D_1/D=2, b=D_2/D=-3, c=D_3/D=1$. 故所求多项式为 $f(x)=2x^2+-3x+1$.

例 3 用克拉默法则解线性方程组

$$\begin{cases} 2x_1+x_2-5x_3+x_4=8 \\ x_1-3x_2-6x_4=9 \\ 2x_2-x_3+2x_4=-5 \\ x_1+4x_2-7x_3+6x_4=0 \end{cases}$$

解 易知

$$D=\begin{vmatrix} 2 & 1 & -5 & 1 \\ 1 & -3 & 0 & -6 \\ 0 & 2 & -1 & 2 \\ 1 & 4 & -7 & 6 \end{vmatrix}=27,\quad D_1=\begin{vmatrix} 8 & 1 & -5 & 1 \\ 9 & -3 & 0 & -6 \\ -5 & 2 & -1 & 2 \\ 0 & 4 & -7 & 6 \end{vmatrix}=81$$

$$D_2=\begin{vmatrix} 2 & 8 & -5 & 1 \\ 1 & 9 & 0 & -6 \\ 0 & -5 & -1 & 2 \\ 1 & 0 & -7 & 6 \end{vmatrix}=108,\quad D_3=\begin{vmatrix} 2 & 1 & 8 & 1 \\ 1 & -3 & 9 & -6 \\ 0 & 2 & -5 & 2 \\ 1 & 4 & 0 & 6 \end{vmatrix}=-27$$

$$D_4=\begin{vmatrix} 2 & 1 & -5 & 8 \\ 1 & -3 & 0 & 9 \\ 0 & 2 & -1 & -5 \\ 1 & 4 & -7 & 0 \end{vmatrix}=27$$

所以 $x_1=\dfrac{D_1}{D}=\dfrac{81}{27}=3, x_2=-4, x_3=-1, x_4=1$.

定理 6.3.2 如果线性方程组(1)的系数行列式 $D\neq 0$,则式(1)一定有解,且解是唯一的.

定理 6.3.2 的逆否命题是：

定理 6.3.3 如果线性方程组(1)无解或有两个不同的解，则它的系数行列式必为零.

定义 6.3.1 线性方程组

$$\begin{cases} a_{11}x_1 + a_{12}x_2 + \cdots + a_{1n}x_n = b_1 \\ a_{21}x_1 + a_{22}x_2 + \cdots + a_{2n}x_n = b_2 \\ \cdots \\ a_{n1}x_1 + a_{n2}x_2 + \cdots + a_{nn}x_n = b_n \end{cases}$$

若常数项 $b_1, b_2, \cdots, b_m$ 不全为零，则称此方程组为非齐次线性方程组.

若 $b_1, b_2, \cdots, b_m$ 全为零，则称此方程组为齐次线性方程组.

定理 6.3.4 如果齐次线性方程组

$$\begin{cases} a_{11}x_1 + a_{12}x_2 + \cdots + a_{1n}x_n = 0 \\ a_{21}x_1 + a_{22}x_2 + \cdots + a_{2n}x_n = 0 \\ \cdots \\ a_{n1}x_1 + a_{n2}x_2 + \cdots + a_{nn}x_n = 0 \end{cases}$$

的系数行列式 $D \neq 0$，则此齐次线性方程组只有零解

推论 如果齐次线性方程组有非零解，则它的系数行列式 $D=0$.

例 4 问 λ 取何值时，齐次线性方程组

$$\begin{cases} (1-\lambda)x_1 - 2x_2 + 4x_3 = 0 \\ 2x_1 + (3-\lambda)x_2 + x_3 = 0 \\ x_1 + x_2 + (1-\lambda)x_3 = 0 \end{cases}$$

有非零解？

解

$$D = \begin{vmatrix} 1-\lambda & -2 & 4 \\ 2 & 3-\lambda & 1 \\ 1 & 1 & 1-\lambda \end{vmatrix} = \begin{vmatrix} 1-\lambda & -3+\lambda & 3+2\lambda-\lambda^2 \\ 2 & 1-\lambda & -1+2\lambda \\ 1 & 0 & 0 \end{vmatrix}$$

$$= (\lambda-3)(2\lambda-1) - (1-\lambda)(3+2\lambda-\lambda^3)$$

$$= -\lambda(\lambda-2)(\lambda-3)$$

因齐次方程组有非零解，则 $D=0$，故 $\lambda=0,2,3$ 时齐次方程组可能有非零解.

习 题 6

1. 设 $\boldsymbol{A}$ 为 n 阶方阵，且 $n>1$，$|\boldsymbol{A}|=5$，则 $|\boldsymbol{A}^{\mathrm{T}}|=$ ________.

2. 若$\begin{vmatrix} 4 & x \\ x & x \end{vmatrix}=3$,则 $x=$________.

3. 设 $A_{i3}(i=1,2,3,4)$是行列式$\begin{vmatrix} 1 & 2 & 3 & 4 \\ 5 & 6 & 7 & 8 \\ 2 & 3 & 4 & 8 \\ 6 & 7 & 8 & 9 \end{vmatrix}$中元素 a_{i3}的代数余子式,则 $A_{13}+5A_{23}+2A_{33}+6A_{43}=$________.

4. n 阶行列式中元素的代数余子式M_{ij}与余子式A_{ij}之间的关系是________.

5. 设方程组$\begin{cases} \lambda x_1+x_2=0 \\ x_1+\lambda x_2=0 \end{cases}$有非零解,则 $\lambda=$________.

6. 若 $D=\begin{vmatrix} a & b & c \\ \mathrm{d} & e & f \\ g & h & i \end{vmatrix}=M\neq 0$,则 $\Delta=\begin{vmatrix} 2a & 2b & 2c \\ d & e & f \\ 2g & 2h & 2i \end{vmatrix}=($　　$)$.

A. $2M$　　B. $-2M$　　C. $4M$　　D. $-4M$

7. 行列式$\begin{vmatrix} \lambda & 2 & 1 \\ 2 & \lambda & 0 \\ 1 & -1 & 1 \end{vmatrix}=0$的充要条件是(　　).

A. $\lambda=2$　　B. $\lambda=-2$　　C. $\lambda=0$　　D. $\lambda=3,\lambda=-2$

8. 行列式$\begin{vmatrix} 8 & 27 & 64 & 125 \\ 4 & 9 & 16 & 25 \\ 2 & 3 & 4 & 5 \\ 1 & 1 & 1 & 1 \end{vmatrix}=($　　$)$.

A. 12　　B. -12　　C. 16　　D. -16

9. 若$\begin{vmatrix} a & b \\ c & d \end{vmatrix}=0$,则方程组$\begin{cases} ax_1+bx_2=0 \\ cx_1+dx_2=0 \end{cases}$解的情况是(　　).

A. 无解　　B. 有无穷多解　　C. 有唯一解　　D. 不一定

10. 计算下列行列式:

(1) $D=\begin{vmatrix} -3 & -5 & 3 \\ 0 & -1 & 0 \\ 7 & 7 & 2 \end{vmatrix}$;

(2) $D=\begin{vmatrix} 2 & 0 & 1 \\ 1 & -4 & -1 \\ -1 & 8 & 3 \end{vmatrix}$;

(3) $D=\begin{vmatrix} 3 & 1 & -1 & 2 \\ -5 & 1 & 3 & -4 \\ 2 & 0 & 1 & -1 \\ 1 & -5 & 3 & -3 \end{vmatrix}$；

(4) $D=\begin{vmatrix} 0 & -1 & -1 & 2 \\ 1 & -1 & 0 & 2 \\ -1 & 2 & -1 & 0 \\ 2 & 1 & 1 & 0 \end{vmatrix}$.

11. 证明：

(1) $\begin{vmatrix} x^2 & xy & y^2 \\ 2x & x+y & 2y \\ 1 & 1 & 1 \end{vmatrix}=(x-y)^3$；

(2) $\begin{vmatrix} ax+by & ay+bz & az+bx \\ ay+bz & az+bx & ax+by \\ az+bx & ax+by & ay+bz \end{vmatrix}=(a^3+b^3)\begin{vmatrix} x & y & z \\ y & z & x \\ z & x & y \end{vmatrix}$；

(3) $\begin{vmatrix} (a+b)^2 & c^2 & c^2 \\ a^2 & (b+c)^2 & a^2 \\ b^2 & b^2 & (c+a)^2 \end{vmatrix}=2abc(a+b+c)$.

12. 设 n 阶行列式

$$D_n=\begin{vmatrix} 1 & 2 & 3 & \cdots & n \\ 1 & 2 & 0 & \cdots & 0 \\ 1 & 0 & 3 & \cdots & 0 \\ \vdots & \vdots & \vdots & & \vdots \\ 1 & 0 & 0 & \cdots & n \end{vmatrix}$$

求第一行各元素的代数余子式之和 $A_{11}+A_{12}+\cdots+A_{1n}$.

13. 求行列式

$$\begin{vmatrix} 1 & 1 & 1 & \cdots & 1 \\ 1 & 2 & 0 & \cdots & 0 \\ 1 & 0 & 3 & \cdots & 0 \\ \vdots & \vdots & \vdots & & \vdots \\ 1 & 0 & 0 & \cdots & n \end{vmatrix}$$

14. 用克拉默法则解方程组

$$\begin{cases}3x_1+5x_2+2x_3+x_4=3\\3x_2+4x_4=4\\x_1+x_2+x_3+x_4=\dfrac{11}{6}\\x_1-x_2-3x_3+2x_4=\dfrac{5}{6}\end{cases}$$

15. 解方程

$$\begin{vmatrix}x & a & b & c\\a & x & c & b\\b & c & x & a\\c & b & a & x\end{vmatrix}=0$$

16. 试问 k 为何值时，方程组

$$\begin{cases}kx_1+x_3=0\\2x_1+kx_2+x_3=0\\kx_1-2x_2+x_3=0\end{cases}$$

只有零解？

第 7 章　矩　　阵

当线性方程组的系数行列式为零或方程的个数与未知量的个数不相等时，克拉默法则无能为力，矩阵是解决它的有力工具，本章主要介绍矩阵的定义、矩阵的运算、逆矩阵与矩阵的初等变换等.矩阵是数学中一个重要概念，是处理线性数学模型的重要工具.

7.1　矩阵的概念

引例　某班有 10 名学员，第一学期开设了微积分、英语、线性代数、计算机等 4 门课程，期中考试结束后，班主任手中有如下一张表格(表 7.1).

表 7.1　期中考试成绩表

课程名称 / 成绩 / 学号	微积分	英语	线性代数	计算机
1	90	89	69	72
2	70	90	80	69
3	78	62	70	66
4	95	66	79	80
5	70	70	80	82
6	66	90	78	80
7	60	80	70	90
8	50	70	88	60
9	70	80	70	88
10	70	70	64	66

此表由表头和数字组成.去掉表头，将表中的数字抽象出来，按原来在表格中的顺序排列形成一个 10 行、4 列的矩形数表，用方括号或圆括号括起来，称为矩

阵.则上述表格可表示为

$$\begin{pmatrix} 90 & 89 & 69 & 72 \\ 70 & 90 & 80 & 69 \\ 78 & 62 & 70 & 66 \\ 95 & 66 & 79 & 80 \\ 70 & 70 & 80 & 82 \\ 66 & 90 & 78 & 80 \\ 60 & 80 & 70 & 90 \\ 50 & 70 & 88 & 60 \\ 70 & 80 & 70 & 88 \\ 70 & 70 & 64 & 66 \end{pmatrix}$$

7.1.1 矩阵定义

定义 7.1.1 由 $m\times n$ 个数 $a_{ij}(i=1,2,\cdots,m;j=1,2,\cdots,n)$ 排成 m 行、n 列的矩形数表

$$\begin{bmatrix} a_{11} & a_{12} & \cdots & a_{1n} \\ a_{21} & a_{22} & \cdots & a_{2n} \\ \vdots & \vdots & & \vdots \\ a_{m1} & a_{m2} & \cdots & a_{mn} \end{bmatrix}_{m\times n} \quad 或 \quad \begin{pmatrix} a_{11} & a_{12} & \cdots & a_{1n} \\ a_{21} & a_{22} & \cdots & a_{2n} \\ \vdots & \vdots & & \vdots \\ a_{m1} & a_{m2} & \cdots & a_{mn} \end{pmatrix}_{m\times n}$$

称为一个 m 行、n 列**矩阵**,或 $m\times n$ 矩阵.其中,横排叫行,纵排叫列,a_{ij} 称为矩阵第 i 行、第 j 列的元素.

矩阵通常用大写字母 $\boldsymbol{A},\boldsymbol{B},\boldsymbol{C}$ 等表示,矩阵中元素用相应小写字母表示.

一个 $m\times n$ 矩阵也可记作 $\boldsymbol{A}_{m\times n}$ 或 $(a_{ij})_{m\times n}$,即

$$\boldsymbol{A}_{m\times n}=(a_{ij})_{m\times n}=\begin{pmatrix} a_{11} & a_{12} & \cdots & a_{1n} \\ a_{21} & a_{22} & \cdots & a_{2n} \\ \vdots & \vdots & & \vdots \\ a_{m1} & a_{m2} & \cdots & a_{mn} \end{pmatrix}_{m\times n}$$

由定义 7.1.1 知,矩阵的实质是矩形数表,且矩阵的行数与列数可以不同.

7.1.2 特殊矩阵

1. 行阵

行数 $m=1$ 的矩阵.如 1 号学员期中考试成绩矩阵

$$B=(90\quad 89\quad 69\quad 72)_{1\times 4}$$

2. 列阵

列数 $n=1$ 的矩阵. 如全班微积分期中考试成绩矩阵

$$C=\begin{pmatrix}90\\70\\78\\95\\70\\66\\60\\50\\70\\70\end{pmatrix}_{10\times 1}$$

3. n 阶方阵

当 $m=n$ 时,称矩阵为 n 阶方阵,记作 A_n.

n 阶方阵 $A_n=(a_{ij})_{n\times n}$ 中称元素 $a_{11},a_{22},\cdots,a_{nn}$ 为主对角线元素.

4. 单位矩阵

主对角线元素为 1,其余元素均为 0 的 n 阶方阵,称为 n 阶单位阵,记作:E_n 或 I_n. 如

$$E_2=\begin{pmatrix}1&0\\0&1\end{pmatrix},\quad E_3=\begin{pmatrix}1&0&0\\0&1&0\\0&0&1\end{pmatrix}$$

5. 零阵

元素均为零的矩阵,记作 $O_{m\times n}$. 如

$$O_{2\times 3}=\begin{pmatrix}0&0&0\\0&0&0\end{pmatrix}$$

7.1.3 两矩阵间的关系

1. 同型

定义 7.1.2 已知矩阵 $A_{m\times n}$ 和 $B_{s\times t}$,若 $m=s$ 且 $n=t$,则称矩阵 A 与 B

同型.

2. 相等

定义 7.1.3 设$\boldsymbol{A}=(a_{ij})_{m\times n}$,$\boldsymbol{B}=(b_{ij})_{m\times n}$,若

$$a_{ij}=b_{ij},\quad i=1,2,\cdots,m;j=1,2,\cdots,n$$

称矩阵$\boldsymbol{A}$与$\boldsymbol{B}$相等,记作$\boldsymbol{A}=\boldsymbol{B}$.

由定义 7.1.3 知,两矩阵相等应满足以下两个条件:同型;对应元素相等.

7.1.4 线性方程组中常用矩阵

含有 m 个方程、n 个未知量的线性方程组的一般形式为

$$\begin{cases}a_{11}x_1+a_{12}x_2+\cdots+a_{1n}x_n=b_1\\a_{21}x_1+a_{22}x_2+\cdots+a_{2n}x_n=b_2\\\cdots\\a_{m1}x_1+a_{m2}x_2+\cdots+a_{mn}x_n=b_m\end{cases}$$

例如

$$\begin{cases}x_1-2x_2+x_3-x_4=3\\2x_1-4x_2+x_4=2\\2x_2+7x_4=0\end{cases}\qquad(1)$$

是含有3个方程、4个未知量的线性方程组.

线性方程组中常用矩阵包括以下四个矩阵

1. 线性方程组的系数矩阵

线性方程组中所有系数,按照在方程组中的位置排列组成的矩阵,称为线性方程组的系数矩阵.记作$\boldsymbol{A}$.即线性方程组的系数矩阵

$$\boldsymbol{A}=\begin{pmatrix}a_{11}&a_{12}&\cdots&a_{1n}\\a_{21}&a_{22}&\cdots&a_{2n}\\\vdots&\vdots&&\vdots\\a_{m1}&a_{m2}&\cdots&a_{mn}\end{pmatrix}_{m\times n}$$

式(1)中的系数矩阵为

$$\boldsymbol{A}=\begin{pmatrix}1&-2&1&-1\\2&-4&0&1\\0&2&0&7\end{pmatrix}_{3\times4}$$

系数矩阵只能反映线性方程组各方程中未知量的系数,即只能反映出线性方

程组一般形式等号左侧信息,不能反映整个线性方程组.

2. 线性方程组的增广矩阵

线性方程组中所有系数和常数,按照在方程组中的位置排列组成的矩阵,称为线性方程组的增广矩阵.记作:$\overline{\mathbf{A}}$,即线性方程组的增广矩阵为

$$\overline{\mathbf{A}}=\begin{pmatrix} a_{11} & \cdots & a_{1n} & b_1 \\ a_{21} & \cdots & a_{2n} & b_2 \\ \vdots & & \vdots & \vdots \\ a_{m1} & \cdots & a_{mn} & b_m \end{pmatrix}_{m\times(n+1)}$$

式(1)中的增广矩阵为

$$\overline{\mathbf{A}}=\begin{pmatrix} 1 & -2 & 1 & -1 & 3 \\ 2 & -4 & 0 & 1 & 2 \\ 0 & 2 & 0 & 7 & 0 \end{pmatrix}_{3\times 5}$$

增广矩阵的一行代表一个方程,前 n 列中第 j 列代表各方程中 x_j 的系数($j=1,2,\cdots,n$),最后一列为各方程中的常数.

线性方程组的增广矩阵与线性方程组一一对应.例如,已知某线性方程组的增广矩阵为

$$\overline{\mathbf{A}}=\begin{pmatrix} 1 & -4 & 0 & 1 \\ -1 & 2 & 2 & 0 \\ 0 & 1 & -2 & 3 \end{pmatrix}_{3\times 4}$$

其唯一对应着一个线性方程组

$$\begin{cases} x_1-4x_2=1 \\ -x_1+2x_2+2x_3=0 \\ x_2-2x_3=3 \end{cases}$$

又如,已知某线性方程组的增广矩阵为

$$\overline{\mathbf{A}}=\begin{pmatrix} 1 & 0 & 0 & 1 \\ 0 & 1 & 0 & -4 \\ 0 & 0 & 1 & 3 \end{pmatrix}_{3\times 4}$$

其对应着唯一的一个线性方程组为

$$\begin{cases} x_1=1 \\ x_2=-4 \\ x_3=3 \end{cases}$$

其恰为线性方程组的解,请分析其特征.

3. 未知量列阵

方程组中 n 个未知量排成 n 行、1 列组成的矩阵,称为线性方程组的未知量列阵,记作 $\boldsymbol{X}$,即线性方程组的未知量列阵为

$$\boldsymbol{X}=\begin{pmatrix} x_1 \\ x_2 \\ \vdots \\ x_n \end{pmatrix}_{n\times 1}$$

式(1)中的未知量列阵

$$\boldsymbol{X}=\begin{pmatrix} x_1 \\ x_2 \\ x_3 \\ x_4 \end{pmatrix}_{4\times 1}$$

至于未知量为何写成列阵,而不写成行阵,待学习到矩阵乘法便可理解.

4. 常数项列阵

方程组中各方程的常数,按照方程组中位置排列组成的矩阵,称为线性方程组的常数项列阵,记作 $\boldsymbol{B}$,即线性方程组的常数项列阵为

$$\boldsymbol{B}=\begin{pmatrix} b_1 \\ b_2 \\ \vdots \\ b_m \end{pmatrix}_{m\times 1}$$

式(1)中的常数项列阵

$$\boldsymbol{B}=\begin{pmatrix} 3 \\ 2 \\ 0 \end{pmatrix}_{3\times 1}$$

7.2 矩阵的运算

矩阵的意义不仅在于将一些数据排成阵列形式,而是在于对其定义一些有理论意义和实际意义的运算,从而使其成为进行理论研究或解决实际问题的有力工具.

7.2.1 矩阵的加、减法

1. 引例

某化工集团公司下设两家化工厂Ⅰ和Ⅱ,两厂均生产甲、乙、丙三种产品,今年3月底库存情况如表7.2(单位:吨).

表 7.2

库存量 \ 产品 企业	甲	乙	丙
Ⅰ	1 000	800	1 200
Ⅱ	700	1 000	1 300

表7.2所对应的矩阵为

$$\boldsymbol{A}=\begin{pmatrix}1\,000 & 800 & 1\,200\\ 700 & 1\,000 & 1\,300\end{pmatrix}_{2\times3}$$

4月1日产量情况如表7.3(单位:吨).

表 7.3

库存量 \ 产品 企业	甲	乙	丙
Ⅰ	500	400	300
Ⅱ	300	500	300

表7.3所对应的矩阵为

$$\boldsymbol{B}=\begin{pmatrix}500 & 400 & 300\\ 300 & 500 & 300\end{pmatrix}_{2\times3}$$

若4月1日产量全部入库,且此间无出库,则入库后库存量如表7.4(单位:吨).

表 7.4

库存量 \ 产品 企业	甲	乙	丙
Ⅰ	1 500	1 200	1 500
Ⅱ	1 000	1 500	1 600

表 7.4 所对应的矩阵为

$$C=\begin{pmatrix}1\ 500 & 1\ 200 & 1\ 500\\ 1\ 000 & 1\ 500 & 1\ 600\end{pmatrix}_{2\times 3}$$

称矩阵 $\boldsymbol{C}$ 为矩阵 $\boldsymbol{A}$ 与 $\boldsymbol{B}$ 的和阵，称这种运算为矩阵加法运算，即

$$\begin{aligned}\boldsymbol{C}=\boldsymbol{A}+\boldsymbol{B}&=\begin{pmatrix}1\ 000 & 800 & 1\ 200\\ 700 & 1\ 000 & 1\ 300\end{pmatrix}_{2\times 3}+\begin{pmatrix}500 & 400 & 300\\ 300 & 500 & 300\end{pmatrix}_{2\times 3}\\ &=\begin{pmatrix}1\ 000+500 & 800+400 & 1\ 200+300\\ 700+300 & 1\ 000+500 & 1\ 300+300\end{pmatrix}_{2\times 3}\\ &=\begin{pmatrix}1\ 500 & 1\ 200 & 1\ 500\\ 1\ 000 & 1\ 500 & 1600\end{pmatrix}_{2\times 3}\end{aligned}$$

若 4 月 2 日产量(单位:吨)出库矩阵为

$$\boldsymbol{D}=\begin{pmatrix}300 & 200 & 400\\ 200 & 500 & 700\end{pmatrix}_{2\times 3}$$

则出库后库存量矩阵 $\boldsymbol{F}$ 为矩阵 $\boldsymbol{C}$ 与 $\boldsymbol{D}$ 的差阵，称这种运算为矩阵减法运算，即

$$\begin{aligned}\boldsymbol{F}=\boldsymbol{C}-\boldsymbol{D}&=\begin{pmatrix}1\ 500 & 1\ 200 & 1\ 500\\ 1\ 000 & 1\ 500 & 1\ 600\end{pmatrix}_{2\times 3}-\begin{pmatrix}300 & 200 & 400\\ 200 & 500 & 700\end{pmatrix}_{2\times 3}\\ &=\begin{pmatrix}1\ 500-300 & 1\ 200-200 & 1\ 500-400\\ 1\ 000-200 & 1\ 500-500 & 1\ 600-700\end{pmatrix}_{2\times 3}\\ &=\begin{pmatrix}1\ 200 & 1\ 000 & 1\ 100\\ 800 & 1\ 000 & 900\end{pmatrix}_{2\times 3}\end{aligned}$$

2. 矩阵加、减法定义

定义 7.2.1 设矩阵 $\boldsymbol{A}=(a_{ij})_{m\times n}$，$\boldsymbol{B}=(b_{ij})_{m\times n}$，则矩阵 $\boldsymbol{A}$ 与 $\boldsymbol{B}$ 的和记作 $\boldsymbol{A}+\boldsymbol{B}$，并规定

$$\boldsymbol{A}+\boldsymbol{B}=(a_{ij}+b_{ij})_{m\times n}=\begin{bmatrix}a_{11}+b_{11} & \cdots & a_{1n}+b_{1n}\\ \vdots & & \vdots\\ a_{m1}+b_{m1} & \cdots & a_{mn}+b_{mn}\end{bmatrix}_{m\times n}$$

称此运算为矩阵的加法运算.

矩阵减法定义为

$$\boldsymbol{A}-\boldsymbol{B}=(a_{ij}-b_{ij})_{m\times n}=\begin{bmatrix}a_{11}-b_{11} & \cdots & a_{1n}-b_{1n}\\ \vdots & & \vdots\\ a_{m1}-b_{m1} & \cdots & a_{mn}-b_{mn}\end{bmatrix}_{m\times n}$$

矩阵加、减法可推广到有限个矩阵上去.

3. 矩阵加、减法要点

(1) 条件:同型;
(2) 法则:对应元素相加、减;
(3) 和及差阵与原阵同型.

4. 矩阵加、减法运算律

假设下列矩阵均可加,则有:
(1) 交换律:$\boldsymbol{A}+\boldsymbol{B}=\boldsymbol{B}+\boldsymbol{A}$;
(2) $\boldsymbol{A}+\boldsymbol{O}=\boldsymbol{A}$;
(3) $\boldsymbol{A}-\boldsymbol{A}=\boldsymbol{O}$;
(4) 结合律:$(\boldsymbol{A}+\boldsymbol{B})+\boldsymbol{C}=\boldsymbol{A}+(\boldsymbol{B}+\boldsymbol{C})$.
下列证交换律:$\boldsymbol{A}+\boldsymbol{B}=\boldsymbol{B}+\boldsymbol{A}$

证明 设 $\boldsymbol{A}=(a_{ij})_{m\times n}$,$\boldsymbol{B}=(b_{ij})_{m\times n}$,则

$$\begin{aligned}\boldsymbol{A}+\boldsymbol{B}&=(a_{ij})_{m\times n}+(b_{ij})_{m\times n}=(a_{ij}+b_{ij})_{m\times n}\\&=(b_{ij}+a_{ij})_{m\times n}=(b_{ij})_{m\times n}+(a_{ij})_{m\times n}\\&=\boldsymbol{B}+\boldsymbol{A}\end{aligned}$$

7.2.2 数乘矩阵

1. 引例

若 4 月份有 30 个工作日,每日产量与 4 月 1 日相同,则 4 月份产量矩阵为

$$\begin{aligned}\boldsymbol{G}=30\boldsymbol{B}&=30\begin{pmatrix}500&400&300\\300&500&300\end{pmatrix}_{2\times 3}\\&=\begin{pmatrix}30\times 500&30\times 400&30\times 300\\30\times 300&30\times 500&30\times 300\end{pmatrix}_{2\times 3}\\&=\begin{pmatrix}15\ 000&12\ 000&9\ 000\\9\ 000&15\ 000&9\ 000\end{pmatrix}_{2\times 3}\end{aligned}$$

2. 数乘矩阵定义

定义 7.2.2 设矩阵 $\boldsymbol{A}=(a_{ij})_{m\times n}$,数 k 与矩阵 $\boldsymbol{A}$ 的乘积记作 $k\boldsymbol{A}$,并规定

$$kA = k(a_{ij})_{m\times n} = (ka_{ij})_{m\times n} = \begin{bmatrix} ka_{11} & ka_{12} & \cdots & ka_{1n} \\ ka_{21} & ka_{22} & \cdots & ka_{2n} \\ \vdots & \vdots & & \vdots \\ ka_{m1} & ka_{m2} & \cdots & ka_{mn} \end{bmatrix}_{m\times n}$$

称此运算为数乘矩阵运算.

3. 数乘矩阵运算律

设 $\boldsymbol{A},\boldsymbol{B}$ 为同型矩阵,k,l 是常数,则:

(1) $k(\boldsymbol{A}+\boldsymbol{B}) = k\boldsymbol{A}+k\boldsymbol{B}$;

(2) $(k+l)\boldsymbol{A} = k\boldsymbol{A}+l\boldsymbol{A}$;

(3) $k(l\boldsymbol{A}) = (kl)\boldsymbol{A}$;

(4) $1\boldsymbol{A}=\boldsymbol{A}, 0\boldsymbol{A}=\boldsymbol{O}$.

下面证明 $k(\boldsymbol{A}+\boldsymbol{B}) = k\boldsymbol{A}+k\boldsymbol{B}$.

证明 设 $\boldsymbol{A}=(a_{ij})_{m\times n}, \boldsymbol{B}=(b_{ij})_{m\times n}$,则

$$\begin{aligned} k(\boldsymbol{A}+\boldsymbol{B}) &= k[(a_{ij})_{m\times n}+(b_{ij})_{m\times n}] = k(a_{ij}+b_{ij})_{m\times n} \\ &= (k(a_{ij}+b_{ij}))_{m\times n} = (ka_{ij}+kb_{ij})_{m\times n} \\ &= (ka_{ij})_{m\times n}+(kb_{ij})_{m\times n} = k\boldsymbol{A}+k\boldsymbol{B} \end{aligned}$$

例 1 已知 $\boldsymbol{A}=\begin{pmatrix} 2 & 3 & -7 & 1 \\ -1 & 2 & 6 & 0 \end{pmatrix}, \boldsymbol{B}=\begin{pmatrix} -3 & 4 & 1 & 5 \\ 8 & 0 & 3 & 2 \end{pmatrix}$,求 $3\boldsymbol{A}-2\boldsymbol{B}$.

解

$$\begin{aligned} 3\boldsymbol{A}-2\boldsymbol{B} &= 3\begin{pmatrix} 2 & 3 & -7 & 1 \\ -1 & 2 & 6 & 0 \end{pmatrix} - 2\begin{pmatrix} -3 & 4 & 1 & 5 \\ 8 & 0 & 3 & 2 \end{pmatrix} \\ &= \begin{pmatrix} 3\times 2 & 3\times 3 & 3\times(-7) & 3\times 1 \\ 3\times(-1) & 3\times 2 & 3\times 6 & 3\times 0 \end{pmatrix} - \begin{pmatrix} 2\times(-3) & 2\times 4 & 2\times 1 & 2\times 5 \\ 2\times 8 & 2\times 0 & 2\times 3 & 2\times 2 \end{pmatrix} \\ &= \begin{pmatrix} 6 & 9 & -21 & 3 \\ -3 & 6 & 18 & 0 \end{pmatrix} - \begin{pmatrix} -6 & 8 & 2 & 10 \\ 16 & 0 & 6 & 4 \end{pmatrix} \\ &= \begin{pmatrix} 6-(-6) & 9-8 & -21-2 & 3-10 \\ -3-16 & 6-0 & 18-6 & 0-4 \end{pmatrix} \\ &= \begin{pmatrix} 12 & 1 & -23 & -7 \\ -19 & 6 & 12 & -4 \end{pmatrix} \end{aligned}$$

例 2 已知 $\boldsymbol{A}=\begin{pmatrix} 1 & 2 & -3 & 1 \\ 4 & 0 & 5 & -2 \end{pmatrix}, \boldsymbol{B}=\begin{pmatrix} 7 & 0 & 5 & -1 \\ 6 & 4 & 1 & 0 \end{pmatrix}$,若矩阵 $\boldsymbol{X}$ 满足 $2\boldsymbol{X}-\boldsymbol{A}=\boldsymbol{B}$,求 $\boldsymbol{X}$.

解 $$\boldsymbol{X} = \frac{1}{2}(\boldsymbol{A}+\boldsymbol{B}) = \frac{1}{2}\left[\begin{pmatrix} 1 & 2 & -3 & 1 \\ 4 & 0 & 5 & -2 \end{pmatrix} + \begin{pmatrix} 7 & 0 & 5 & -1 \\ 6 & 4 & 1 & 0 \end{pmatrix}\right]$$

$$=\frac{1}{2}\begin{pmatrix}1+7 & 2+0 & -3+5 & 1+(-1)\\ 4+6 & 0+4 & 5+1 & -2+0\end{pmatrix}$$

$$=\frac{1}{2}\begin{pmatrix}8 & 2 & 2 & 0\\ 10 & 4 & 6 & -2\end{pmatrix}$$

$$=\begin{pmatrix}4 & 1 & 1 & 0\\ 5 & 2 & 3 & -1\end{pmatrix}.$$

7.2.3 矩阵乘法

1. 引例

设有甲、乙两厂，均生产Ⅰ、Ⅱ、Ⅲ、Ⅳ四种产品，其月产量可由矩阵 $\boldsymbol{A}$ 表示（单位：吨）

$$\boldsymbol{A}=\begin{pmatrix}10 & 15 & 20 & 25\\ 20 & 15 & 30 & 10\end{pmatrix}\begin{matrix}甲\\ 乙\end{matrix}$$

$$\quad\ \ \text{Ⅰ}\quad \text{Ⅱ}\quad \text{Ⅲ}\quad \text{Ⅳ}$$

生产四种产品均需消耗 a、b、c 三种材料，其单耗可由矩阵 $\boldsymbol{B}$ 表示

$$\boldsymbol{B}=\begin{pmatrix}1 & 2 & 3\\ 3 & 2 & 1\\ 1 & 3 & 2\\ 2 & 1 & 3\end{pmatrix}\begin{matrix}\text{Ⅰ}\\ \text{Ⅱ}\\ \text{Ⅲ}\\ \text{Ⅳ}\end{matrix}$$

$$\ \ \text{a}\quad \text{b}\quad \text{c}$$

问：两厂该月对 a、b、c 三种材料的消耗量各为多少？（要求将结果用矩阵表示.）

分析 (1) 该题需要求六个数，分别为甲厂对材料 a、b、c 的月消耗量和乙厂对 a、b、c 的月消耗量；

(2) 单耗指生产单位产品对材料的消耗量；

(3) 若企业生产单一产品，已知月产量和单耗，则月消耗量 = 月产量 × 单耗；

(4) 当企业生产多种产品时，企业对某种材料的月消耗量应为该企业所有产品对该材料的月消耗量之和. 即：

企业对某种材料月消耗量 = 该企业四种产品对该材料月消耗量之和

$$=\sum_{i=1}^{4}(\text{月产量}\times\text{单耗})$$

先求甲厂对材料 a 的月消耗量.

甲厂对材料 a 的月消耗量 = 甲厂生产Ⅰ、Ⅱ、Ⅲ、Ⅳ四种产品对 a 的月消耗量之和

甲厂生产产品Ⅰ对材料 a 的月消耗量 = 10×1

甲厂生产产品Ⅱ对材料 a 的月消耗量 = 15×3

甲厂生产产品Ⅲ对材料 a 的月消耗量 = 20×1

甲厂生产产品Ⅳ对材料 a 的月消耗量 = 25×2

甲厂对材料 a 的月消耗量 = 10×1 + 15×3 + 20×1 + 25×2 = 125

同理可得

甲对 b 的月消耗量 = 10×2 + 15×2 + 20×3 + 25×1 = 135

甲对 c 的月消耗量 = 10×3 + 15×1 + 20×2 + 25×3 = 160

乙对 a 的月消耗量 = 20×1 + 15×3 + 30×1 + 10×2 = 115

乙对 b 的月消耗量 = 20×2 + 15×2 + 30×3 + 10×1 = 170

乙对 c 的月消耗量 = 20×3 + 15×1 + 30×2 + 10×3 = 165

两厂对 a、b、c 的月消耗量可表示为矩阵

$$\boldsymbol{C}=\begin{pmatrix}125 & 135 & 160\\115 & 170 & 165\end{pmatrix}\begin{matrix}\text{甲}\\\text{乙}\end{matrix}$$

$$\begin{matrix}\text{a} & \text{b} & \text{c}\end{matrix}$$

通过上述运算方法得到的矩阵 $\boldsymbol{C}$ 称为矩阵 $\boldsymbol{A}$ 与 $\boldsymbol{B}$ 的乘积，记作 $\boldsymbol{C}=\boldsymbol{AB}$，即

$$\boldsymbol{AB}=\begin{pmatrix}10 & 15 & 20 & 25\\20 & 15 & 30 & 10\end{pmatrix}\begin{pmatrix}1 & 2 & 3\\3 & 2 & 1\\1 & 3 & 2\\2 & 1 & 3\end{pmatrix}=\begin{pmatrix}125 & 135 & 160\\115 & 170 & 165\end{pmatrix}$$

其中，$\boldsymbol{A}$ 称为左阵，$\boldsymbol{B}$ 称为右阵，$\boldsymbol{C}$ 为乘积矩阵.

2. 矩阵乘法定义

定义 7.2.3 设矩阵

$$\boldsymbol{A}_{m\times s}=\begin{pmatrix}a_{11} & a_{12} & \cdots & a_{1s}\\a_{21} & a_{22} & \cdots & a_{2s}\\\vdots & \vdots & & \vdots\\a_{m1} & a_{m2} & \cdots & a_{ms}\end{pmatrix},\quad \boldsymbol{B}_{s\times n}=\begin{pmatrix}b_{11} & b_{12} & \cdots & b_{1n}\\b_{21} & b_{22} & \cdots & b_{2n}\\\vdots & \vdots & & \vdots\\b_{s1} & b_{s2} & \cdots & b_{sn}\end{pmatrix}$$

则矩阵 $\boldsymbol{A}$ 与 $\boldsymbol{B}$ 的乘积记为 $\boldsymbol{AB}$，并规定 $\boldsymbol{AB}=(c_{ij})_{m\times n}$，其中

$$c_{ij}=a_{i1}b_{1j}+a_{i2}b_{2j}+\cdots+a_{is}b_{sj},\quad i=1,2,\cdots,m,j=1,2,\cdots,n$$

即

$$c_{ij}=\sum_{k=1}^{s}a_{ik}b_{kj},\quad i=1,2,\cdots,m,j=1,2,\cdots,n$$

3. 矩阵乘法要点

(1) 矩阵可乘条件:左阵的列数 = 右阵的行数;

(2) 乘积矩阵的规模:

乘积矩阵的行数 = 左阵的行数, 乘积矩阵的列数 = 右阵的列数

(3) 乘积矩阵中元素 c_{ij} 的计算($i=1,2,\cdots,m$;$j=1,2,\cdots,n$):

乘积阵中第 i 行、第 j 列元素 c_{ij} = 左阵第 i 行与右阵第 j 列对应元素乘积之和

例 3 已知矩阵 $\boldsymbol{A}=\begin{pmatrix}2&1&4\\5&3&6\end{pmatrix}$,$\boldsymbol{B}=\begin{bmatrix}1&0&2&4\\3&-1&0&1\\0&2&1&3\end{bmatrix}$,求:$\boldsymbol{AB}$ 及 $\boldsymbol{BA}$

分析 左阵 $\boldsymbol{A}$ 为 2 行 3 列矩阵,右阵 $\boldsymbol{B}$ 为 3 行 4 列矩阵,由于左阵的列数 = 右阵的行数,满足可乘条件,所以 $\boldsymbol{AB}$ 可乘,且 2×4 为乘积矩阵.

在 $\boldsymbol{BA}$ 中,由于左阵 $\boldsymbol{A}$ 的列数≠右阵 $\boldsymbol{A}$ 的行数,所以 $\boldsymbol{BA}$ 不可乘.

解 易知

$$\boldsymbol{AB}=\begin{pmatrix}2&1&4\\5&3&6\end{pmatrix}_{2\times3}\begin{bmatrix}1&0&2&4\\3&-1&0&1\\0&2&1&3\end{bmatrix}_{3\times4}$$

$$=\begin{pmatrix}2\times1+1\times3+4\times0&2\times0+1\times(-1)+4\times2&2\times2+1\times0+4\times1&2\times4+1\times1+4\times3\\5\times1+3\times3+6\times0&5\times0+3\times(-1)+6\times2&5\times2+3\times0+6\times1&5\times4+3\times1+6\times3\end{pmatrix}$$

$$=\begin{pmatrix}5&7&8&21\\14&9&16&41\end{pmatrix}_{2\times4}$$

$\boldsymbol{BA}$ 不可乘.

可见,矩阵乘法不满足交换律,因而作矩阵相乘时应注意顺序.

例 4 已知矩阵

$$\boldsymbol{A}=\begin{pmatrix}-2&4&-8\\1&-2&4\end{pmatrix},\quad \boldsymbol{B}=\begin{bmatrix}2&4\\-3&-6\\1&2\end{bmatrix}$$

求 $\boldsymbol{AB}$ 及 $\boldsymbol{BA}$.

解 $\boldsymbol{AB}=\begin{pmatrix}-2&4&-8\\1&-2&4\end{pmatrix}\begin{bmatrix}2&4\\-3&-6\\1&2\end{bmatrix}=\begin{pmatrix}-24&-48\\12&24\end{pmatrix}$

$$\boldsymbol{BA}=\begin{bmatrix}2&4\\-3&-6\\1&2\end{bmatrix}\begin{pmatrix}-2&4&-8\\1&-2&4\end{pmatrix}=\begin{bmatrix}0&0&0\\0&0&0\\0&0&0\end{bmatrix}=\boldsymbol{O}_{3\times3}$$

通过此题可以看出:即使 $\boldsymbol{AB}$,$\boldsymbol{BA}$ 均可乘,也未必相等;两个非零阵的乘积可能为

零阵.

例 5 已知矩阵 $\boldsymbol{A}=\begin{pmatrix}1&3&5\\2&4&6\end{pmatrix}$,求 $\boldsymbol{AE}$ 及 $\boldsymbol{EA}$.

解 为满足可乘条件,$\boldsymbol{AE}$ 中的 $\boldsymbol{E}$ 为 $\boldsymbol{E}_3$,$\boldsymbol{EA}$ 中的 $\boldsymbol{E}$ 为 E_2.于是

$$AE=\begin{pmatrix}1&3&5\\2&4&6\end{pmatrix}\begin{pmatrix}1&0&0\\0&1&0\\0&0&1\end{pmatrix}=\begin{pmatrix}1&3&5\\2&4&6\end{pmatrix}$$

$$EA=\begin{pmatrix}1&0\\0&1\end{pmatrix}\begin{pmatrix}1&3&5\\2&4&6\end{pmatrix}=\begin{pmatrix}1&3&5\\2&4&6\end{pmatrix}$$

注 对于任意矩阵 $\boldsymbol{A}_{m\times n}$ 有

$$\boldsymbol{A}_{m\times n}\boldsymbol{E}_n=\boldsymbol{E}_m\boldsymbol{A}_{m\times n}=\boldsymbol{A}_{m\times n}$$

例 6 已知

$$\boldsymbol{A}=\begin{pmatrix}2&3&0\\1&2&0\end{pmatrix},\quad \boldsymbol{B}=\begin{pmatrix}1&0\\0&2\\3&0\end{pmatrix},\quad \boldsymbol{C}=\begin{pmatrix}1&0\\0&2\\4&5\end{pmatrix}$$

求 $\boldsymbol{AB}$ 及 $\boldsymbol{AC}$.

解

$$\boldsymbol{AB}=\begin{pmatrix}2&3&0\\1&2&0\end{pmatrix}\begin{pmatrix}1&0\\0&2\\3&0\end{pmatrix}=\begin{pmatrix}2&6\\1&4\end{pmatrix}$$

$$\boldsymbol{AC}=\begin{pmatrix}2&3&0\\1&2&0\end{pmatrix}\begin{pmatrix}1&0\\0&2\\4&5\end{pmatrix}=\begin{pmatrix}2&6\\1&4\end{pmatrix}$$

由此可见,矩阵乘法不满足消去律,即 $\boldsymbol{AB}=\boldsymbol{AC},\boldsymbol{A}\neq\boldsymbol{O}\nRightarrow\boldsymbol{B}=\boldsymbol{C}$.

例 7 已知矩阵 $\boldsymbol{A}=\begin{pmatrix}1\\2\end{pmatrix}$,$\boldsymbol{B}=(3\quad 4)$,求 $\boldsymbol{AB}$ 及 $\boldsymbol{BA}$.

$$\boldsymbol{AB}=\begin{pmatrix}1\\2\end{pmatrix}(3\quad 4)=\begin{pmatrix}1\times3&1\times4\\2\times3&2\times4\end{pmatrix}=\begin{pmatrix}3&4\\6&8\end{pmatrix}$$

$$\boldsymbol{BA}=(3\quad 4)\begin{pmatrix}1\\2\end{pmatrix}=(3\times1+4\times2)=(11)$$

此题为两个特殊矩阵的乘积,为避免错误,乘之前先确定乘积矩阵的规模.

4. 线性方程组的矩阵表示形式

含有 m 个方程、n 个未知量的线性方程组

$$\begin{cases} a_{11}x_1 + a_{12}x_2 + \cdots + a_{1n}x_n = b_1 \\ a_{21}x_1 + a_{22}x_2 + \cdots + a_{2n}x_n = b_2 \\ \cdots \\ a_{m1}x_1 + a_{m2}x_2 + \cdots + a_{mn}x_n = b_m \end{cases}$$

系数矩阵为

$$\boldsymbol{A} = \begin{pmatrix} a_{11} & a_{12} & \cdots & a_{1n} \\ a_{21} & a_{22} & \cdots & a_{2n} \\ \vdots & \vdots & & \vdots \\ a_{m1} & a_{m2} & \cdots & a_{mn} \end{pmatrix}_{m\times n}$$

未知量列阵 $\boldsymbol{X} = \begin{pmatrix} x_1 \\ x_2 \\ \vdots \\ x_n \end{pmatrix}_{n\times 1}$，常数项列阵 $\boldsymbol{B} = \begin{pmatrix} b_1 \\ b_2 \\ \vdots \\ b_m \end{pmatrix}_{m\times 1}$，则

$$\boldsymbol{AX} = \begin{pmatrix} a_{11} & a_{12} & \cdots & a_{1n} \\ a_{21} & a_{22} & \cdots & a_{2n} \\ \vdots & \vdots & & \vdots \\ a_{m1} & a_{m2} & \cdots & a_{mn} \end{pmatrix}_{m\times n} \begin{pmatrix} x_1 \\ x_2 \\ \vdots \\ x_n \end{pmatrix}_{n\times 1}$$

$$= \begin{pmatrix} a_{11}x_1 + a_{12}x_2 + \cdots + a_{1n}x_n \\ a_{21}x_1 + a_{22}x_2 + \cdots + a_{2n}x_n \\ \vdots \\ a_{m1}x_1 + a_{m2}x_2 + \cdots + a_{mn}x_n \end{pmatrix}_{m\times 1} = \begin{pmatrix} b_1 \\ b_2 \\ \vdots \\ b_m \end{pmatrix}_{m\times 1} = \boldsymbol{B}$$

所以，线性方程组的矩阵表示形式为 $\boldsymbol{AX} = \boldsymbol{B}$.

5. 矩阵乘法运算律

设以下各式均有意义，k 为任意实数，则：

(1) 乘法结合律：$(\boldsymbol{AB})\boldsymbol{C} = \boldsymbol{A}(\boldsymbol{BC})$；

(2) 左乘分配律：$\boldsymbol{A}(\boldsymbol{B}+\boldsymbol{C}) = \boldsymbol{AB} + \boldsymbol{AC}$；

右乘分配律：$(\boldsymbol{B}+\boldsymbol{C})\boldsymbol{A} = \boldsymbol{BA} + \boldsymbol{CA}$；

(3) 数乘结合律：$k(\boldsymbol{AB}) = (k\boldsymbol{A})\boldsymbol{B} = \boldsymbol{A}(k\boldsymbol{B})$；

(4) $\boldsymbol{A}_{m\times n}\boldsymbol{E}_n = \boldsymbol{E}_m\boldsymbol{A}_{m\times n} = \boldsymbol{A}_{m\times n}$.

6. 矩阵乘法与数乘间的区别

(1) 矩阵乘法不满足交换律：$\boldsymbol{AB} \neq \boldsymbol{BA}$；

(2) 矩阵乘法不满足消去律：$\boldsymbol{AB} = \boldsymbol{AC} \not\Rightarrow \boldsymbol{B} = \boldsymbol{C}$；

(3) 若 $\boldsymbol{AB}=\boldsymbol{O}$,推不出 $\boldsymbol{A}=\boldsymbol{O}$ 或 $\boldsymbol{B}=\boldsymbol{O}$,即两个非零矩阵的乘积可能为零阵.

7.2.4 矩阵的转置

1. 转置矩阵的定义

定义 7.2.4 设矩阵

$$\boldsymbol{A}=\begin{pmatrix} a_{11} & a_{12} & \cdots & a_{1n} \\ a_{21} & a_{22} & \cdots & a_{2n} \\ \vdots & \vdots & & \vdots \\ a_{m1} & a_{m2} & \cdots & a_{mn} \end{pmatrix}_{m\times n}$$

将矩阵 $\boldsymbol{A}$ 的行元素换为同标号的列元素得到的矩阵称为矩阵 $\boldsymbol{A}$ 的转置矩阵,记作 $\boldsymbol{A}^{\mathrm{T}}$,即

$$\boldsymbol{A}^{\mathrm{T}}=\begin{pmatrix} a_{11} & a_{21} & \cdots & a_{m1} \\ a_{12} & a_{22} & \cdots & a_{m2} \\ \vdots & \vdots & & \vdots \\ a_{1n} & a_{2n} & \cdots & a_{mn} \end{pmatrix}_{n\times m}$$

显然 $m\times n$ 矩阵的转置为 $n\times m$ 矩阵.

线性方程组中未知量列阵 $\boldsymbol{X}=\begin{pmatrix} x_1 \\ x_2 \\ \vdots \\ x_n \end{pmatrix}_{n\times 1}$ 可以写为$(x_1,x_2,\cdots,x_n)^{\mathrm{T}}$ 的形式.

例 8 设 $\boldsymbol{A}=\begin{pmatrix} 1 & 3 & 5 \\ 2 & 4 & 6 \end{pmatrix}_{2\times 3}$,求 $\boldsymbol{A}^{\mathrm{T}}$ 及$(\boldsymbol{A}^{\mathrm{T}})^{\mathrm{T}}$.

解

$$\boldsymbol{A}^{\mathrm{T}}=\begin{pmatrix} 1 & 3 & 5 \\ 2 & 4 & 6 \end{pmatrix}_{2\times 3}^{\mathrm{T}}=\begin{pmatrix} 1 & 2 \\ 3 & 4 \\ 5 & 6 \end{pmatrix}_{3\times 2}$$

$$(\boldsymbol{A}^{\mathrm{T}})^{\mathrm{T}}=\begin{pmatrix} 1 & 2 \\ 3 & 4 \\ 5 & 6 \end{pmatrix}_{3\times 2}^{\mathrm{T}}=\begin{pmatrix} 1 & 3 & 5 \\ 2 & 4 & 6 \end{pmatrix}_{2\times 3}=\boldsymbol{A}$$

可见,$(\boldsymbol{A}^{\mathrm{T}})^{\mathrm{T}}=\boldsymbol{A}$.

例 9 已知 $\boldsymbol{A}=\begin{pmatrix} 1 & 3 & 5 \\ 2 & 0 & 1 \end{pmatrix}$,$\boldsymbol{B}=\begin{pmatrix} 1 \\ 0 \\ -2 \end{pmatrix}$,求$(\boldsymbol{AB})^{\mathrm{T}}$ 及 $\boldsymbol{B}^{\mathrm{T}}\boldsymbol{A}^{\mathrm{T}}$.

解 $$(\boldsymbol{AB})^{\mathrm{T}}=\left[\begin{pmatrix}1&3&5\\2&0&1\end{pmatrix}\begin{pmatrix}1\\0\\-2\end{pmatrix}\right]^{\mathrm{T}}=\begin{pmatrix}-9\\0\end{pmatrix}^{\mathrm{T}}=(-9\quad 0)$$

$$\boldsymbol{B}^{\mathrm{T}}\boldsymbol{A}^{\mathrm{T}}=\begin{pmatrix}1\\0\\-2\end{pmatrix}^{\mathrm{T}}\cdot\begin{pmatrix}1&3&5\\2&0&1\end{pmatrix}^{\mathrm{T}}=(1\quad 0\quad -2)\begin{pmatrix}1&2\\3&0\\5&1\end{pmatrix}=(-9\quad 0)$$

2. 矩阵转置的性质

(1) $(\boldsymbol{A}^{\mathrm{T}})^{\mathrm{T}}=\boldsymbol{A}$;

(2) $(\boldsymbol{A}+\boldsymbol{B})^{\mathrm{T}}=\boldsymbol{A}^{\mathrm{T}}+\boldsymbol{B}^{\mathrm{T}}$;

(3) $(k\boldsymbol{A})^{\mathrm{T}}=k\boldsymbol{A}^{\mathrm{T}}$($k$ 为常数);

(4) $(\boldsymbol{AB})^{\mathrm{T}}=\boldsymbol{B}^{\mathrm{T}}\boldsymbol{A}^{\mathrm{T}}$.

7.2.5 矩阵运算的应用

例 10 某公司有Ⅰ、Ⅱ、Ⅲ三家企业,均生产甲、乙、丙三种产品,其单位成本如下:

单价成本 \ 工厂 / 产品	Ⅰ	Ⅱ	Ⅲ
甲	3	2	4
乙	4	3	2
丙	2	5	3

现欲生产甲 600 件、乙 500 件、丙 200 件,问由哪家企业生产总成本最低?

分析 先分析数量关系

总成本 = 单位成本×产量, 或 总成本 = 产量×单位成本

则

总成本矩阵 = 单位成本矩阵×产量矩阵

或

总成本矩阵 = 产量矩阵×单位成本矩阵

此题已知单位成本和产量求总成本,属于矩阵乘法问题.

解 设单位成本矩阵

$$A=\begin{pmatrix}3&2&4\\4&3&2\\2&5&3\end{pmatrix}$$

产量矩阵

$$B=(600\quad 500\quad 200)_{1\times 3}$$

按设法,单位成本矩阵应按列使用,则总成本矩阵

$$C=BA=(600\quad 500\quad 200)\begin{pmatrix}3&2&4\\4&3&2\\2&5&3\end{pmatrix}=(4\,200\quad 3\,700\quad 4\,000)$$

答:由企业Ⅱ加工总成本最低,为3 700元.

7.3 逆 矩 阵

7.3.1 伴随矩阵的概念

定义7.3.1 对任意 n 阶方阵 $A=(a_{ij})$,称由 $\det A$ 中每个元的代数余子式所构成的如下方阵:

$$\operatorname{adj} A=\begin{pmatrix}A_{11}&A_{21}&\cdots&A_{n1}\\A_{12}&A_{22}&\cdots&A_{n2}\\\vdots&\vdots&&\vdots\\A_{1n}&A_{2n}&\cdots&A_{nn}\end{pmatrix}$$

为 A 的**转置伴随阵**或伴随矩阵,用记号 A^* 表示.

7.3.2 逆矩阵的概念

定义7.3.2 设 A 是一个 n 阶方阵,如果存在 n 阶方阵 B,使得

$$AB=BA=E$$

则称 A 为可逆阵,B 是 A 的**逆矩阵**,简称逆阵.可逆阵也称为非退化阵或非奇异阵.

性质1 若 A 是可逆矩阵,则 A 的逆矩阵是唯一的.

证明 设 B,C 都是 A 的逆矩阵,则

$$AB=BA=E,\quad AC=CA=E$$

从而 $B=EB=(CA)B=C(AB)=CE=C$.

性质2 如果矩阵 A 可逆,且 $AB=E$,则必有 $BA=E$;如果矩阵 A 可逆,且 BA

$=\boldsymbol{E}$,则必有 $\boldsymbol{AB}=\boldsymbol{E}$.

性质3 如果 n 阶方阵 $\boldsymbol{A},\boldsymbol{B}$ 都可逆,则 $\boldsymbol{AB}$ 也可逆,并且

$$(\boldsymbol{AB})^{-1}=\boldsymbol{B}^{-1}\boldsymbol{A}^{-1}$$

性质4 如果方阵 $\boldsymbol{A}$ 可逆,则 $\boldsymbol{A}^{-1}$ 可逆,而且 $(\boldsymbol{A}^{-1})^{-1}=\boldsymbol{A}$.

性质5 如果方阵 $\boldsymbol{A}$ 可逆,则 $\boldsymbol{A}^{\mathrm{T}}, k\boldsymbol{A}$($k$ 为任一非零常数)都可逆,且

$$(\boldsymbol{A}^{\mathrm{T}})^{-1}=(\boldsymbol{A}^{-1})^{\mathrm{T}},\quad (k\boldsymbol{A})^{-1}=\frac{1}{k}\boldsymbol{A}^{-1}$$

注 $(\boldsymbol{A}+\boldsymbol{B})^{-1}\neq\boldsymbol{A}^{-1}+\boldsymbol{B}^{-1}$.

7.3.3 方阵的行列式概念

由 n 阶方阵 $\boldsymbol{A}$ 的元素所构成的行列式,叫做方阵 $\boldsymbol{A}$ 的行列式,记作 $|\boldsymbol{A}|$ 或 $\det\boldsymbol{A}$.

例:$\boldsymbol{A}=\begin{pmatrix}1&2&3\\1&0&-1\\0&1&1\end{pmatrix}$,则 $|\boldsymbol{A}|=\begin{vmatrix}1&2&3\\1&0&-1\\0&1&1\end{vmatrix}=2$.

若 $|\boldsymbol{A}|=0$,则称 $\boldsymbol{A}$ 为奇异矩阵.

若 $|\boldsymbol{A}|\neq0$,则称 $\boldsymbol{A}$ 为非奇异矩阵.

运算规律:

(1) $|\boldsymbol{A}^{\mathrm{T}}|=|\boldsymbol{A}|$;

(2) $|\lambda\boldsymbol{A}|=\lambda^n|\boldsymbol{A}|$;

(3) $|\boldsymbol{AB}|=|\boldsymbol{A}||\boldsymbol{B}|$.

定理7.3.1 n 阶方阵 $\boldsymbol{A}$ 可逆充要条件是 $|\boldsymbol{A}|\neq0$,当 $\boldsymbol{A}$ 可逆时 $\boldsymbol{A}^{-1}=\dfrac{1}{|\boldsymbol{A}|}\boldsymbol{A}^*$.

7.3.4 根据定理求方阵 A 的逆矩阵

(1) 利用公式 $\boldsymbol{A}^{-1}=\dfrac{1}{|\boldsymbol{A}|}\boldsymbol{A}^*$;

(2) 找矩阵 $\boldsymbol{B}$,使得 $\boldsymbol{AB}=\boldsymbol{E}$.

引例 设 $\boldsymbol{A}=\begin{pmatrix}a&b\\c&d\end{pmatrix}$,当 $|\boldsymbol{A}|=ad-bc\neq0$,有

$$\boldsymbol{A}^{-1}=\frac{1}{|\boldsymbol{A}|}\boldsymbol{A}^*=\frac{1}{ad-bc}\begin{pmatrix}d&-b\\-c&a\end{pmatrix}$$

例1 设$\boldsymbol{A}=\begin{pmatrix}1&2&3\\2&2&1\\3&4&3\end{pmatrix}$,$\boldsymbol{B}=\begin{pmatrix}2&1\\5&3\end{pmatrix}$,$\boldsymbol{C}=\begin{pmatrix}1&3\\2&0\\3&1\end{pmatrix}$,求矩阵$\boldsymbol{X}$使足$\boldsymbol{AXB}=\boldsymbol{C}$.

解 因为

$$|\boldsymbol{A}|=\begin{vmatrix}1&2&3\\2&2&1\\3&4&3\end{vmatrix}=2\neq0,\quad |\boldsymbol{B}|=\begin{vmatrix}2&1\\5&3\end{vmatrix}=1\neq0$$

所以$\boldsymbol{A}^{-1}$,$\boldsymbol{B}^{-1}$都存在.

$$\boldsymbol{A}^{-1}=\begin{pmatrix}1&3&-2\\-3/2&-3&5/2\\1&1&-1\end{pmatrix},\quad \boldsymbol{B}^{-1}=\begin{pmatrix}3&-1\\-5&2\end{pmatrix}$$

由$\boldsymbol{AXB}=\boldsymbol{C}$得

$$\boldsymbol{A}^{-1}\boldsymbol{AXBB}^{-1}=\boldsymbol{A}^{-1}\boldsymbol{CB}^{-1}\quad\Rightarrow\quad \boldsymbol{X}=\boldsymbol{A}^{-1}\boldsymbol{CB}^{-1}$$

$$\boldsymbol{X}=\boldsymbol{A}^{-1}\boldsymbol{CB}^{-1}=\begin{pmatrix}1&3&-2\\-3/2&-3&5/2\\1&1&-1\end{pmatrix}\begin{pmatrix}1&3\\2&0\\3&1\end{pmatrix}\begin{pmatrix}3&-1\\-5&2\end{pmatrix}$$

于是

$$\boldsymbol{X}=\begin{pmatrix}-2&1\\10&-4\\-10&4\end{pmatrix}$$

例2 设方阵$\boldsymbol{A}$满足方程$\boldsymbol{A}^2-\boldsymbol{A}-2\boldsymbol{E}=\boldsymbol{O}$,证明:$\boldsymbol{A}$,$\boldsymbol{A}+2\boldsymbol{E}$都可逆,并求它们的逆矩阵.

证明 由$\boldsymbol{A}^2-\boldsymbol{A}-2\boldsymbol{E}=\boldsymbol{O}$,得$\boldsymbol{A}(\boldsymbol{A}-\boldsymbol{E})=2\boldsymbol{E}$,即$\boldsymbol{A}\dfrac{\boldsymbol{A}-\boldsymbol{E}}{2}=\boldsymbol{E}$,也即$\dfrac{\boldsymbol{A}-\boldsymbol{E}}{2}=\boldsymbol{A}^{-1}$.所以$\boldsymbol{A}$可逆,且$\dfrac{\boldsymbol{A}-\boldsymbol{E}}{2}=\boldsymbol{A}^{-1}$.又因为

$$\boldsymbol{A}^2-\boldsymbol{A}-2\boldsymbol{E}=\boldsymbol{O}$$

$$(A+2E)(A-3E)+4E=\boldsymbol{O}$$

$$(A+2E)\left[-\frac{1}{4}(A-3E)\right]=\boldsymbol{O}$$

所以$(\boldsymbol{A}+2\boldsymbol{E})^{-1}=-\dfrac{1}{4}(\boldsymbol{A}-3\boldsymbol{E})$.

7.4 矩阵的初等变换

7.4.1 矩阵初等变换的概念

定义 7.4.1 对矩阵实施的下列三种变换称为矩阵的初等行变换：

(1) 交换矩阵的两行；

(2) 用非零数 k 乘以矩阵某行所有元素；

(3) 将矩阵某行所有元素的 k 倍加到另一行对应元素上.

将定义 7.4.1 中的行换为列，称为矩阵的初等列变换.

矩阵的初等行变换和初等列变换称为矩阵的初等变换.

根据后面课程需要，我们仅作行变换，不作列变换.

交换矩阵的第 i 行和第 j 行记作 $r_i \leftrightarrow r_j$；用非零数 k 乘以矩阵的第 i 行记作 kr_i；将第 i 行的 k 倍加到第 j 行记作 $kr_i + r_j$.

对矩阵进行初等行变换后所得到的新矩阵与原矩阵等价，用"→"连接. 如

$$\begin{pmatrix} 2 & 1 \\ 1 & 1 \\ 4 & 6 \end{pmatrix} \xrightarrow{r_1 \leftrightarrow r_2} \begin{pmatrix} 1 & 1 \\ 2 & 1 \\ 4 & 6 \end{pmatrix} \xrightarrow{-2r_1 + r_2} \begin{pmatrix} 1 & 1 \\ 0 & -1 \\ 4 & 6 \end{pmatrix} \xrightarrow{-4r_1 + r_3} \begin{pmatrix} 1 & 1 \\ 0 & -1 \\ 0 & 2 \end{pmatrix} \xrightarrow{2r_2 + r_3} \begin{pmatrix} 1 & 1 \\ 0 & -1 \\ 0 & 0 \end{pmatrix}$$

显然，对矩阵进行一系列初等行变换，可化简矩阵.

定理 7.4.1 可逆矩阵 $\boldsymbol{A}$ 可以分解成若干初等矩阵的乘积. 设

$$\boldsymbol{A} = \boldsymbol{P}_1 \boldsymbol{P}_2 \cdots \boldsymbol{P}_t$$

则有

$$\boldsymbol{P}_t^{-1} \cdots \boldsymbol{P}_2^{-1} \boldsymbol{P}_1^{-1} \boldsymbol{A} = \boldsymbol{E} \quad 且 \quad \boldsymbol{P}_t^{-1} \cdots \boldsymbol{P}_2^{-1} \boldsymbol{P}_1^{-1} \boldsymbol{E} = \boldsymbol{A}^{-1}$$

上面两个式子表明，对矩阵 $\boldsymbol{A}$ 与 $\boldsymbol{E}$ 施行同样的行变换，在把 $\boldsymbol{A}$ 化成单位阵时，$\boldsymbol{E}$ 同时就化成 $\boldsymbol{A}^{-1}$. 因此，通常将 $\boldsymbol{A}$ 与 $\boldsymbol{E}$ 按照行的方向组合成一个大矩阵，对大矩阵施行同样的行变换，即得

$$\boldsymbol{P}_t^{-1} \cdots \boldsymbol{P}_2^{-1} \boldsymbol{P}_1^{-1} (\boldsymbol{A} \vdots \boldsymbol{E}) = (\boldsymbol{E} \vdots \boldsymbol{A}^{-1})$$

例 1 设

$$\boldsymbol{A} = \begin{pmatrix} 1 & -5 & -2 \\ -1 & 3 & 1 \\ 3 & -4 & 1 \end{pmatrix}$$

求 $\boldsymbol{A}^{-1}$.

解
$$\left(\begin{array}{ccc|ccc}1&-5&-2&1&0&0\\-1&3&1&0&1&0\\3&-4&-1&0&0&1\end{array}\right)\xrightarrow[r_3-3r_1]{r_2+r_1}\left(\begin{array}{ccc:ccc}1&-5&-2&1&0&0\\0&-2&-1&1&1&0\\0&11&5&-3&0&1\end{array}\right)$$

$$\xrightarrow{r_3+5r_2}\left(\begin{array}{ccc:ccc}1&-5&-2&1&0&0\\0&-2&-1&1&1&0\\0&1&0&2&5&1\end{array}\right)\xrightarrow{r_2\leftrightarrow r_3}\left(\begin{array}{ccc:ccc}1&-5&-2&1&0&0\\0&1&0&2&5&1\\0&-2&-1&1&1&0\end{array}\right)$$

$$\xrightarrow{r_3+2r_2}\left(\begin{array}{ccc:ccc}1&-5&-2&1&0&0\\0&1&0&2&5&1\\0&0&-1&5&11&2\end{array}\right)\xrightarrow{r_3\times(-1)}\left(\begin{array}{ccc:ccc}1&-5&-2&1&0&0\\0&1&0&2&5&1\\0&0&1&-5&-11&-2\end{array}\right)$$

$$\xrightarrow[r_1+5r_2]{r_1+2r_3}\left(\begin{array}{ccc:ccc}1&0&0&1&3&1\\0&1&0&2&5&1\\0&0&1&-5&-11&-2\end{array}\right)$$

所以

$$A^{-1}=\begin{pmatrix}1&3&1\\2&5&1\\-5&-11&-2\end{pmatrix}$$

同理可以用初等列变换来求逆矩阵.在这样做时,应是对形为

$$\begin{pmatrix}A\\\cdots\\E\end{pmatrix}$$

的矩阵作初等列变换,在将A化为E的同时,E就变成了所要求的逆矩阵A^{-1}.

注意 在这两种求逆矩阵的过程中,初等行变换与初等列变换不能混用.

例2 求下面矩阵的逆矩阵:

$$A=\begin{pmatrix}0&2&-1\\1&1&2\\-1&-1&-1\end{pmatrix}$$

解 $(A\vdots E)$,施行初等行变换.

$$\left(\begin{array}{ccc:ccc}0&2&-1&1&0&0\\1&1&2&0&1&0\\-1&-1&-1&0&0&1\end{array}\right)\xrightarrow{r_1\leftrightarrow r_2}\left(\begin{array}{ccc:ccc}1&1&2&0&1&0\\0&2&-1&1&0&0\\-1&-1&-1&0&0&1\end{array}\right)$$

$$\xrightarrow{r_2+r_3}\left(\begin{array}{ccc:ccc}1&1&2&0&1&0\\0&2&0&1&1&1\\0&0&1&0&1&1\end{array}\right)\xrightarrow{r_1+(-2)\times r_3}\left(\begin{array}{ccc:ccc}1&1&0&0&-1&-2\\0&2&0&1&1&1\\0&0&1&0&1&1\end{array}\right)$$

$$\xrightarrow{r_2\times\frac{1}{2}}\left(\begin{array}{ccc:ccc}1&1&0&0&-1&-2\\0&1&0&1/2&1/2&1/2\\0&0&1&0&1&1\end{array}\right)\xrightarrow{r_1+(-1)\times r_2}\left(\begin{array}{ccc:ccc}1&0&0&-1/2&-3/2&-5/2\\0&1&0&1/2&1/2&1/2\\0&0&1&0&1&1\end{array}\right)$$

所以

$$A^{-1}=\begin{pmatrix}-1/2&-3/2&-5/2\\1/2&1/2&1/2\\0&1&1\end{pmatrix}$$

7.4.2 用初等行变换化简矩阵

1. 化阶梯阵

引例 已知$A=\begin{pmatrix}2&1&3&0&-1&5\\1&3&2&-1&-3&3\\0&5&1&-2&-5&1\\3&-1&4&4&7&6\end{pmatrix}$,可对其进行如下初等行变换

$$A=\begin{pmatrix}2&1&3&0&-1&5\\1&3&2&-1&-3&3\\0&5&1&-2&-5&1\\3&-1&4&4&7&6\end{pmatrix}\xrightarrow{r_1\leftrightarrow r_2}\begin{pmatrix}1&3&2&-1&-3&3\\2&1&3&0&-1&5\\0&5&1&-2&-5&1\\3&-1&4&4&7&6\end{pmatrix}$$

$$\xrightarrow[-3r_1+r_4]{-2r_1+r_2}\begin{pmatrix}1&3&2&-1&-3&3\\0&-5&-1&2&5&-1\\0&5&1&-2&-5&1\\0&-10&-2&7&16&-3\end{pmatrix}$$

$$\xrightarrow[-2r_2+r_4]{r_2+r_3}\begin{pmatrix}1&3&2&-1&-3&3\\0&-5&-1&2&5&-1\\0&0&0&0&0&0\\0&0&0&3&6&-1\end{pmatrix}$$

$$\xrightarrow{r_3\leftrightarrow r_4}\begin{pmatrix}1&3&2&-1&-3&3\\0&-5&-1&2&5&-1\\0&0&0&3&6&-1\\0&0&0&0&0&0\end{pmatrix}=B$$

观察矩阵 B 的特点:

(1) 矩阵 B 是矩阵 A 经过若干次初等行变换得到的,与矩阵 A 等价.

(2) 矩阵 B 中有一行的元素都为 0,称该行为零行.变换时若出现零行一般放

在矩阵的下方.

(3) 元素不全为 0 的行称为非零行.如矩阵 $\boldsymbol{B}$ 中的第 1,2,3 行.非零行中左起第一个非零元素称为首非零元.如矩阵 $\boldsymbol{B}$ 中的 $a_{11}=1, a_{22}=-5, a_{34}=3$.

(4) 若首非零元的列标随行标的增大而严格增大,称矩阵为阶梯形矩阵,简称为阶梯阵.矩阵 $\boldsymbol{B}$ 即为阶梯阵.

(5) 任何一个非零矩阵经过一系列初等行变换均可化为阶梯阵.

例 3 用矩阵初等行变换将矩阵

$$\boldsymbol{A}=\begin{pmatrix} 0 & 2 & 0 & -2 & 2 & 4 \\ 1 & -2 & 2 & -1 & -2 & 6 \\ 0 & 3 & 0 & -3 & 1 & 12 \\ 1 & -2 & 2 & -1 & 2 & -6 \end{pmatrix}$$

化为阶梯阵.

分析 由于阶梯阵由首非零元的位置定义,故变换时以首非零元位置为标准.

解

$$\boldsymbol{A}=\begin{pmatrix} 0 & \underline{2} & 0 & -2 & 2 & 4 \\ \underline{1} & -2 & 2 & -1 & -2 & 6 \\ 0 & \underline{3} & 0 & -3 & 1 & 12 \\ \underline{1} & -2 & 2 & -1 & 2 & -6 \end{pmatrix}$$

一般先将元素 a_{11} 化为非零元素(最好为 1 或 -1),于是

$$\xrightarrow{r_1 \leftrightarrow r_2}\begin{pmatrix} \underline{1} & -2 & 2 & -1 & -2 & 6 \\ 0 & \underline{2} & 0 & -2 & 2 & 4 \\ 0 & \underline{3} & 0 & -3 & 1 & 12 \\ \underline{1} & -2 & 2 & -1 & 2 & -6 \end{pmatrix}$$

由于首非零元 a_{41} 与 a_{11} 在不同行,但却在同一列,不符合阶梯阵要求,应将 a_{41} 化为 0:

$$\xrightarrow{-r_1+r_4}\begin{pmatrix} \underline{1} & -2 & 2 & -1 & -2 & 6 \\ 0 & \underline{2} & 0 & -2 & 2 & 4 \\ 0 & \underline{3} & 0 & -3 & 1 & 12 \\ 0 & 0 & 0 & 0 & \underline{4} & -12 \end{pmatrix}$$

首非零元 a_{11}, a_{22} 已符合要求,而 a_{32} 不符合要求,将其化为 0.但应特别注意,只能用第二行的若干倍加到第三行上,而不能用第一行,请思考为什么.

可先将 a_{22} 化为 1:

$$\xrightarrow{\frac{1}{2}r_2}\begin{pmatrix}\underline{1} & -2 & 2 & -1 & -2 & 6\\ 0 & \underline{1} & 0 & -1 & 1 & 2\\ 0 & \underline{3} & 0 & -3 & 1 & 12\\ 0 & 0 & 0 & 0 & \underline{4} & -12\end{pmatrix}$$

$$\xrightarrow{-3r_2+r_3}\begin{pmatrix}\underline{1} & -2 & 2 & -1 & -2 & 6\\ 0 & \underline{1} & 0 & -1 & 1 & 2\\ 0 & 0 & 0 & 0 & \underline{-2} & 6\\ 0 & 0 & 0 & 0 & \underline{4} & -12\end{pmatrix}$$

首非零元 a_{11}，a_{22}，a_{35} 已符合要求，而 a_{45} 不符合要求，将其化为 0：

$$\xrightarrow{2r_3+r_4}\begin{pmatrix}\underline{1} & -2 & 2 & -1 & -2 & 6\\ 0 & \underline{1} & 0 & -1 & 1 & 2\\ 0 & 0 & 0 & 0 & \underline{-2} & 6\\ 0 & 0 & 0 & 0 & 0 & 0\end{pmatrix}$$

显然该矩阵中的三个非零行的首非零元都已符合阶梯阵要求，该阵为阶梯阵.

2. 化行简化阶梯阵

(1) 行简化阶梯阵的概念

首非零元为 1，首非零元所在列其他元素均为 0 的阶梯阵，称为**行简化阶梯阵**.

任何一个非零矩阵均可通过一系列初等行变换化为行简化阶梯阵，且行简化阶梯阵唯一.

(2) 化行简化阶梯阵的规律：$\begin{cases}\text{右}\to\text{左}\\ \text{下}\to\text{上}\end{cases}$.

例 4 将例 3 进一步化为行简化阶梯阵.

解 先从最右一个首非零元 a_{35} 出发，且下面行的倍数向上加

$$\begin{pmatrix}\underline{1} & -2 & 2 & -1 & -2 & 6\\ 0 & \underline{1} & 0 & -1 & 1 & 2\\ 0 & 0 & 0 & 0 & \underline{-2} & 6\\ 0 & 0 & 0 & 0 & 0 & 0\end{pmatrix}\xrightarrow{-\frac{1}{2}r_3}\begin{pmatrix}\underline{1} & -2 & 2 & -1 & -2 & 6\\ 0 & \underline{1} & 0 & -1 & 1 & 2\\ 0 & 0 & 0 & 0 & \underline{1} & -3\\ 0 & 0 & 0 & 0 & 0 & 0\end{pmatrix}$$

$$\xrightarrow[2r_3+r_1]{-r_3+r_2}\begin{pmatrix}\underline{1} & -2 & 2 & -1 & 0 & 0\\ 0 & \underline{1} & 0 & -1 & 0 & 5\\ 0 & 0 & 0 & 0 & \underline{1} & -3\\ 0 & 0 & 0 & 0 & 0 & 0\end{pmatrix}\xrightarrow{2r_2+r_1}\begin{pmatrix}\underline{1} & 0 & 2 & -3 & 0 & 10\\ 0 & \underline{1} & 0 & -1 & 0 & 5\\ 0 & 0 & 0 & 0 & \underline{1} & -3\\ 0 & 0 & 0 & 0 & 0 & 0\end{pmatrix}$$

此矩阵为行简化阶梯阵.

例 5　将矩阵 $\boldsymbol{A}=\begin{pmatrix}0 & -5 & 2 & 7 & 1\\ 2 & -1 & 0 & 1 & 1\\ 1 & 2 & -1 & 3 & 0\\ 3 & 1 & -1 & 2 & 1\end{pmatrix}$ 化为阶梯阵和行简化阶梯阵.

解

$$\boldsymbol{A}=\begin{pmatrix}0 & -5 & 2 & 7 & 1\\ 2 & -1 & 0 & 1 & 1\\ 1 & 2 & -1 & 3 & 0\\ 3 & 1 & -1 & 2 & 1\end{pmatrix}\xrightarrow{r_1\leftrightarrow r_3}\begin{pmatrix}1 & 2 & -1 & 3 & 0\\ 2 & -1 & 0 & 1 & 1\\ 0 & -5 & 2 & 7 & 1\\ 3 & 1 & -1 & 2 & 1\end{pmatrix}$$

$$\xrightarrow[-3r_1+r_4]{-2r_1+r_3}\begin{pmatrix}1 & 2 & -1 & 3 & 0\\ 0 & -5 & 2 & -5 & 1\\ 0 & -5 & 2 & 7 & 1\\ 0 & -5 & 2 & -7 & 1\end{pmatrix}$$

$$\xrightarrow[-r_2+r_4]{-r_2+r_3}\begin{pmatrix}1 & 2 & -1 & 3 & 0\\ 0 & -5 & 2 & -5 & 1\\ 0 & 0 & 0 & 12 & 0\\ 0 & 0 & 0 & -2 & 0\end{pmatrix}$$

$$\xrightarrow{\frac{1}{12}r_3}\begin{pmatrix}1 & 2 & -1 & 3 & 0\\ 0 & -5 & 2 & -5 & 1\\ 0 & 0 & 0 & 1 & 0\\ 0 & 0 & 0 & -2 & 0\end{pmatrix}\xrightarrow{2r_3+r_4}\begin{pmatrix}1 & 2 & -1 & 3 & 0\\ 0 & -5 & 2 & -5 & 1\\ 0 & 0 & 0 & 1 & 0\\ 0 & 0 & 0 & 0 & 0\end{pmatrix}$$

此时已为阶梯阵,再进一步化行简化阶梯阵:

$$\xrightarrow[-3r_3+r_1]{5r_3+r_2}\begin{pmatrix}1 & 2 & -1 & 0 & 0\\ 0 & -5 & 2 & 0 & 1\\ 0 & 0 & 0 & 1 & 0\\ 0 & 0 & 0 & 0 & 0\end{pmatrix}\xrightarrow{-\frac{1}{5}r_2}\begin{pmatrix}1 & 2 & -1 & 0 & 0\\ 0 & 1 & -\frac{2}{5} & 0 & -\frac{1}{5}\\ 0 & 0 & 0 & 1 & 0\\ 0 & 0 & 0 & 0 & 0\end{pmatrix}$$

$$\xrightarrow{-2r_2+r_1}\begin{pmatrix}1 & 0 & -\frac{1}{5} & 0 & \frac{2}{5}\\ 0 & 1 & -\frac{2}{5} & 0 & -\frac{1}{5}\\ 0 & 0 & 0 & 1 & 0\\ 0 & 0 & 0 & 0 & 0\end{pmatrix}$$

此阵为所求的行简化阶梯阵.

7.5 矩阵的秩

在 7.4 节中我们讲解了用初等行变换可将任何一个非零阵化为阶梯阵，而每个矩阵在化得的阶梯阵中非零行的行数，是由矩阵中元素及其之间的关系客观决定的，反映矩阵元素间内在关系，是解线性方程组的重要概念，于是，我们将其定义为矩阵的秩.

7.5.1 矩阵秩的概念及求法

定义 7.5.1 通过矩阵初等行变换，将已知矩阵 $\boldsymbol{A}$ 化为阶梯阵，阶梯阵中非零行的行数称为矩阵 $\boldsymbol{A}$ 的秩数，记作 $\mathrm{rank}(\boldsymbol{A})$.

定义 7.5.1 给出了求秩的方法，将已知矩阵化为阶梯阵，观察阶梯阵中非零行的行数即为所求矩阵的秩数.

例 1 求矩阵 $\boldsymbol{A}=\begin{pmatrix}1 & 1 & -1\\ 2 & 1 & 0\\ 1 & -1 & 0\end{pmatrix}$ 的秩.

解 将矩阵化为阶梯阵

$$\boldsymbol{A}=\begin{pmatrix}\underline{1} & 1 & -1\\ \underline{2} & 1 & 0\\ \underline{1} & -1 & 0\end{pmatrix}\xrightarrow[-r_1+r_3]{-2r_1+r_2}\begin{pmatrix}\underline{1} & 1 & -1\\ 0 & \underline{-1} & 2\\ 0 & \underline{-2} & 1\end{pmatrix}\xrightarrow{-2r_2+r_3}\begin{pmatrix}\underline{1} & 1 & -1\\ 0 & \underline{-1} & 2\\ 0 & 0 & \underline{-3}\end{pmatrix}=\boldsymbol{B}$$

因为阶梯阵 $\boldsymbol{B}$ 中非零行的行数为 3，所以 $\mathrm{rank}(\boldsymbol{A})=3$.

例 2 已知矩阵 $\boldsymbol{A}=\begin{pmatrix}1 & -3 & -1 & 1 & 1\\ 3 & -9 & 4 & -1 & 4\\ 1 & -3 & -8 & 5 & 0\end{pmatrix}$，求 $\mathrm{rank}(\boldsymbol{A})$.

解

$$\boldsymbol{A}=\begin{pmatrix}\underline{1} & -3 & -1 & 1 & 1\\ \underline{3} & -9 & 4 & -1 & 4\\ \underline{1} & -3 & -8 & 5 & 0\end{pmatrix}\xrightarrow[-r_1+r_3]{-3r_1+r_2}\begin{pmatrix}\underline{1} & -3 & -1 & 1 & 1\\ 0 & 0 & \underline{7} & -4 & 1\\ 0 & 0 & \underline{-7} & 4 & -1\end{pmatrix}$$

$$\xrightarrow{r_2+r_3}\begin{pmatrix}\underline{1} & -3 & -1 & 1 & 1\\ 0 & 0 & \underline{7} & -4 & 1\\ 0 & 0 & 0 & 0 & 0\end{pmatrix}$$

因为阶梯阵中非零行的行数为 2，所以 $\mathrm{rank}(\boldsymbol{A})=2$.

例 3 已知矩阵 $\boldsymbol{A}=\begin{pmatrix}1&1&-1\\-1&0&2\\1&2&0\\0&2&1\end{pmatrix}$，求 rank($\boldsymbol{A}$).

解 $\boldsymbol{A}=\begin{pmatrix}1&1&-1\\-1&0&2\\1&2&0\\0&2&1\end{pmatrix}\xrightarrow[-2r_2+r_4]{-r_2+r_3}\begin{pmatrix}1&1&-1\\0&1&1\\0&1&1\\0&2&1\end{pmatrix}\xrightarrow{r_3\leftrightarrow r_4}\begin{pmatrix}1&1&-1\\0&1&1\\0&0&0\\0&0&-1\end{pmatrix}$

$\xrightarrow{r_3\leftrightarrow r_4}\begin{pmatrix}1&1&-1\\0&1&1\\0&0&-1\\0&0&0\end{pmatrix}$

因为阶梯阵中非零行的行数为 3，所以 rank($\boldsymbol{A}$) = 3.

7.5.2 矩阵秩的有关说明

(1) 初等变换不改变矩阵的秩. 在化阶梯阵过程中的一系列矩阵的秩相等，它们在秩相等意义上等价.

(2) 规定：rank($\boldsymbol{O}$) = 0.

(3) rank($\boldsymbol{A}$) = rank($\boldsymbol{A}^{\mathrm{T}}$).

(4) $0\leqslant \operatorname{rank}(\boldsymbol{A}_{m\times n})\leqslant \min\{m,n\}$.

(5) 若 $\operatorname{rank}(\boldsymbol{A}_{m\times n})=m$，称矩阵 $\boldsymbol{A}_{m\times n}$ 为行满秩矩阵.

(6) $\operatorname{rank}(\boldsymbol{E}_n)=n$.

习 题 7

1. 设

$$\boldsymbol{A}=\begin{pmatrix}1&1&1\\1&1&-1\\1&-1&1\end{pmatrix},\quad \boldsymbol{B}=\begin{pmatrix}1&2&3\\-1&-2&4\\0&5&1\end{pmatrix}$$

求 $3\boldsymbol{B}-2\boldsymbol{A}$ 及 $\boldsymbol{A}^{\mathrm{T}}\boldsymbol{B}$.

2. 计算下列乘积：

(1) $\begin{pmatrix}4 & 3 & 1\\1 & -2 & 3\\5 & 7 & 0\end{pmatrix}\begin{pmatrix}7\\2\\1\end{pmatrix}$； (2) $(1\quad 2\quad 3)\begin{pmatrix}3\\2\\1\end{pmatrix}$；

(3) $\begin{pmatrix}2\\1\\3\end{pmatrix}(-1\quad 2)$； (4) $\begin{pmatrix}2 & 1 & 4 & 0\\1 & -1 & 3 & 4\end{pmatrix}\begin{pmatrix}1 & 3 & 1\\0 & -1 & 2\\1 & -3 & 1\\4 & 0 & -2\end{pmatrix}$.

3. 设 $\boldsymbol{A}=\begin{pmatrix}1 & 0\\0 & -1\end{pmatrix}$，$\boldsymbol{B}=\begin{pmatrix}0 & 1\\-1 & 0\end{pmatrix}$，问下列各式是否成立？

(1) $\boldsymbol{AB}=\boldsymbol{BA}$.

(2) $(\boldsymbol{AB})^2=\boldsymbol{A}^2\boldsymbol{B}^2$.

(3) $(\boldsymbol{A}+\boldsymbol{B})^2=\boldsymbol{A}^2+2\boldsymbol{AB}+\boldsymbol{B}^2$.

(4) $(\boldsymbol{A}+\boldsymbol{B})(\boldsymbol{A}-\boldsymbol{B})=\boldsymbol{A}^2-\boldsymbol{B}^2$.

4. 讨论下列命题是否正确：

(1) 若 $\boldsymbol{A}^2=\boldsymbol{O}$，则 $\boldsymbol{A}=\boldsymbol{O}$.

(2) 若 $\boldsymbol{A}^2=\boldsymbol{A}$，则 $\boldsymbol{A}=\boldsymbol{O}$ 或 $\boldsymbol{A}=\boldsymbol{E}$.

(3) 若 $\boldsymbol{AB}=\boldsymbol{AC}$ 且 $\boldsymbol{A}\neq\boldsymbol{O}$，则 $\boldsymbol{B}=\boldsymbol{C}$.

5. 设四阶矩阵 $\boldsymbol{A}=\begin{pmatrix}2 & 1 & 0 & 0\\1 & 1 & 0 & 0\\-1 & 2 & 2 & 5\\2 & -1 & 1 & 3\end{pmatrix}$，则 $\boldsymbol{A}$ 的逆矩 $\boldsymbol{A}^{-1}=$ ________.

6. 设 $\boldsymbol{A}$ 为 n 阶方阵，$\det\boldsymbol{A}=\frac{1}{3}$，则 $\det\left(\left(\frac{1}{4}\boldsymbol{A}\right)^{-1}-15\boldsymbol{A}^*\right)=$ ________.

7. 矩阵 $\boldsymbol{A}=\begin{pmatrix}0 & 0 & 2\\0 & 5 & 0\\8 & 0 & 0\end{pmatrix}$ 的逆矩阵 $\boldsymbol{A}^{-1}=$ ________.

8. 若 n 阶矩阵 $\boldsymbol{A}$ 满足方程 $\boldsymbol{A}^2+2\boldsymbol{A}+3\boldsymbol{E}=\boldsymbol{O}$，则 $\boldsymbol{A}^{-1}=$ ________.

9. 设 $\boldsymbol{A}$ 为三阶矩阵，且 $|\boldsymbol{A}|=1$，则 $|2\boldsymbol{A}^{-1}+3\boldsymbol{A}^*|=$ ________.

10. 设 $\boldsymbol{A}=\begin{pmatrix}3 & 0 & 0\\0 & 1 & 0\\0 & 0 & 4\end{pmatrix}$，则 $\boldsymbol{A}^n=$ ________.

11. 设 $\boldsymbol{A},\boldsymbol{B}$ 均为 n 阶方阵，且 $\boldsymbol{B}=\boldsymbol{B}^2$，$\boldsymbol{A}=\boldsymbol{E}+\boldsymbol{B}$，证明 $\boldsymbol{A}$ 可逆，并求其逆.

12. 解下列矩阵方程：

$$\begin{pmatrix}0&1&0\\1&0&0\\0&0&1\end{pmatrix}\boldsymbol{X}\begin{pmatrix}1&0&0\\0&0&1\\0&1&0\end{pmatrix}=\begin{pmatrix}1&-4&3\\2&0&-1\\1&-2&0\end{pmatrix}$$

13. 求下列矩阵：

(1) $\begin{pmatrix}2&-1\\3&-2\end{pmatrix}^n$；　(2) $\begin{pmatrix}2\\1\\3\end{pmatrix}(-1,\ 2)$；　(3) $\boldsymbol{A}=\begin{pmatrix}1&0&1\\0&1&0\\0&0&1\end{pmatrix}^n$.

14. 设 $\boldsymbol{A}=\begin{pmatrix}4&2&3\\1&1&0\\-1&2&3\end{pmatrix}$，$\boldsymbol{AB}=\boldsymbol{A}+2\boldsymbol{B}$，求 $\boldsymbol{B}$.

15. 设 $\boldsymbol{A}=\begin{pmatrix}2&0&-1\\1&3&2\end{pmatrix}$，$\boldsymbol{B}=\begin{pmatrix}1&7&-1\\4&2&3\\2&0&1\end{pmatrix}$，求 $(\boldsymbol{AB})^{\mathrm{T}}$.

16. 求下列矩阵的逆矩阵：

$$\boldsymbol{A}=\begin{pmatrix}1&1&0&0&0\\-1&3&0&0&0\\0&0&-2&0&0\\0&0&0&1&2\\0&0&0&0&1\end{pmatrix},\quad \boldsymbol{B}=\begin{pmatrix}1&3&0&0&0\\2&8&0&0&0\\1&0&1&0&1\\0&1&2&3&2\\2&3&3&1&1\end{pmatrix}$$

第8章 向量与线性方程组

第1章引入矩阵以后，便将用消元法解线性方程组的三种同解变形化成了用矩阵的初等行变换来表示，从而简单地用矩阵的初等行变换表示出了用消元法解线性方程组的过程．另一方面，为了解一般的 n 个未知量、n 个方程的线性方程组，引进了行列式的概念．如果方程组的系数行列式不等于零，那么由克拉默法则可以表示出它的唯一解．同时，这一类方程组可以表示为矩阵方程，用求逆矩阵的方法也能够表示出它的唯一解．但是，当方程组的系数行列式等于零，或者方程的个数少于未知量个数的时候，克拉默法则和求逆矩阵这两种方法就都失效了．此时的方程组是否有解？如果有，有几个？如果不止一个解，这些解与解之间是否有联系？本章将逐一回答以上问题．为了方便，我们引进向量进行讨论．

8.1 向量的定义及运算

容易看到，线性方程组完全是由它的未知量的系数及常数项决定的．方程组中的每一个方程都对应着一行数．例如，从方程

$$a_1x_1+a_2x_2+\cdots+a_nx_n=b$$

中抽去未知量及运算符号后得到一组有序的数组

$$(a_1,a_2,\cdots,a_n,b)$$

也就是说，给定一个方程，总有唯一的一个数组与之对应；反之，如果给定一个数组，在规定的条件下，也有唯一的一个方程与之对应．而找出方程组中多余的方程就是对方程组进行同解变形，方程组的同解变形主要包括以下两个步骤：

(1) 用一个非零数乘某个方程的两端；

(2) 两个方程相加．

为此，引进向量的概念以及向量的加法和数乘两种运算．

定义 8.1.1 由 n 个数 $a_1,a_2,\cdots,a_n$ 组成的有序数组 $(a_1,a_2,\cdots,a_n)$ 称为一个 n 维行向量，简称**向量**，用 $\boldsymbol{\alpha}$ 表示．即

$$\alpha=(\alpha_1,\alpha_2,\cdots,\alpha_n)$$

其中 $\alpha_i(i=1,2,\cdots,n)$称为向量 $\boldsymbol{\alpha}$ 的**分量**(或**坐标**).

本章只讨论分量是实数的向量.

一切 n 维行向量所构成的集合用 $\mathbf{R}^n$ 表示,称为 **n 维向量空间**,即

$$\mathbf{R}^n=\{(a_1,a_2,\cdots,a_n)\mid a_i\in\mathbf{R},i=1,2,\cdots,n\}$$

规定两个向量**相等**当且仅当它们对应的分量分别相等,即如果 $\boldsymbol{\alpha}=(\alpha_1,\alpha_2,\cdots,\alpha_n)$,$\boldsymbol{\beta}=(b_1,b_2,\cdots,b_n)$,当且仅当 $a_i=b_i(i=1,2,\cdots,n)$时,$\boldsymbol{\alpha}=\boldsymbol{\beta}$.

分量都是零的向量称为**零向量**,记作 $\mathbf{0}$,即

$$\mathbf{0}=(0,0,\cdots,0)$$

向量$(-a_1,-a_2,\cdots,-a_n)$称为向量 $\boldsymbol{\alpha}=(a_1,a_2,\cdots,a_n)$的**负向量**,记作$-\boldsymbol{\alpha}$,即

$$-\boldsymbol{\alpha}=(-a_1,-a_2,\cdots,-a_n)$$

定义 8.1.2 设 $\boldsymbol{\alpha}=(a_1,a_2,\cdots,a_n)$,$\boldsymbol{\beta}=(b_1,b_2,\cdots,b_n)$.称向量

$$(a_1+b_1,a_2+b_2,\cdots,a_n+b_n)$$

为向量 $\boldsymbol{\alpha}$ 与向量 $\boldsymbol{\beta}$ 的**和**,记作 $\boldsymbol{\alpha}+\boldsymbol{\beta}$,即

$$\boldsymbol{\alpha}+\boldsymbol{\beta}=(a_1+b_1,a_2+b_2,\cdots,a_n+b_n)$$

由负向量即可定义向量的**减法**

$$\boldsymbol{\alpha}-\boldsymbol{\beta}=\boldsymbol{\alpha}+(-\boldsymbol{\beta})=(a_1-b_1,a_2-b_2,\cdots,a_n-b_n)$$

定义 8.1.3 $\boldsymbol{\alpha}=(a_1,a_2,\cdots,a_n)$,$\lambda\in\mathbf{R}$.称向量

$$(\lambda a_1,\lambda a_2,\cdots,\lambda a_n)$$

为数 λ 与向量 $\boldsymbol{\alpha}$ 的**乘积**,记作 $\lambda\boldsymbol{\alpha}$,即

$$\lambda\boldsymbol{\alpha}=(\lambda a_1,\lambda a_2,\cdots,\lambda a_n)$$

向量的加法及数乘两种运算统称为向量的**线性运算**.设 $\boldsymbol{\alpha},\boldsymbol{\beta},\boldsymbol{\gamma}\in\mathbf{R}^n$,$\lambda,\mu\in\mathbf{R}$,则它满足下列运算规律:

(1) $\boldsymbol{\alpha}+\boldsymbol{\beta}=\boldsymbol{\beta}+\boldsymbol{\alpha}$;

(2) $(\boldsymbol{\alpha}+\boldsymbol{\beta})+\boldsymbol{\gamma}=\boldsymbol{\alpha}+(\boldsymbol{\beta}+\boldsymbol{\gamma})$;

(3) $\boldsymbol{\alpha}+\mathbf{0}=\boldsymbol{\alpha}$;

(4) $\boldsymbol{\alpha}+(-\boldsymbol{\alpha})=\mathbf{0}$;

(5) $1\boldsymbol{\alpha}=\boldsymbol{\alpha}$;

(6) $\lambda(\mu\boldsymbol{\alpha})=(\lambda\mu)\boldsymbol{\alpha}$;

(7) $\lambda(\boldsymbol{\alpha}+\boldsymbol{\beta})=\lambda\boldsymbol{\alpha}+\lambda\boldsymbol{\beta}$;

(8) $(\lambda+\mu)\boldsymbol{\alpha}=\lambda\boldsymbol{\alpha}+\mu\boldsymbol{\alpha}$.

8.2 向量的线性关系

向量间的线性运算关系可以反映方程组中有多余方程的情况.因此,向量间的这种关系对于讨论方程组的解的情况十分重要.为此,引入以下定义.

定义 8.2.1 设 $\boldsymbol{\alpha}_i \in \mathbf{R}^n$ $(i=1,2,\cdots,n)$,如果存在一组数 $k_1,k_2,\cdots,k_n$ 使得

$$\boldsymbol{\alpha}=k_1\boldsymbol{\alpha}_1+k_2\boldsymbol{\alpha}_2+\cdots+k_n\boldsymbol{\alpha}_n$$

则称向量 $\boldsymbol{\alpha}$ 可以由向量组 $\boldsymbol{\alpha}_1,\boldsymbol{\alpha}_2,\cdots,\boldsymbol{\alpha}_n$ **线性表示**,或称向量 $\boldsymbol{\alpha}$ 是向量组 $\boldsymbol{\alpha}_1,\boldsymbol{\alpha}_2,\cdots,\boldsymbol{\alpha}_n$ 的**线性组合**.

定义 8.2.2 设 $\boldsymbol{\alpha}_i \in \mathbf{R}^n$ $(i=1,2,\cdots,r)$,如果存在一组不全为零的数 k_1,k_2 $\cdots,k_r$,使得

$$k_1\boldsymbol{\alpha}_1+k_2\boldsymbol{\alpha}_2+\cdots+k_r\boldsymbol{\alpha}_r=\mathbf{0}$$

则称向量组 $\boldsymbol{\alpha}_1,\boldsymbol{\alpha}_2,\cdots,\boldsymbol{\alpha}_r$ **线性相关**,否则称它们**线性无关**.

例 1 讨论 n 维向量组

$$\boldsymbol{\varepsilon}_1=(1,0,0,\cdots,0)$$
$$\boldsymbol{\varepsilon}_2=(0,1,0,\cdots,0)$$
$$\cdots$$
$$\boldsymbol{\varepsilon}_n=(0,0,0,\cdots,1)$$

的线性相关性.

解 设有一组数 $x_1,x_2,\cdots,x_n$,使得

$$x_1\boldsymbol{\varepsilon}_1+x_2\boldsymbol{\varepsilon}_2+\cdots+x_n\boldsymbol{\varepsilon}_n=0 \tag{1}$$

写成分量形式为

$$(x_1,0,0,\cdots,0)+(0,x_2,0,\cdots,0)+\cdots+(0,0,0,\cdots,x_n)=(0,0,0,\cdots,0)$$

即

$$(x_1,x_2,\cdots,x_n)=(0,0,\cdots,0),x_1=x_2=\cdots=x_n=0$$

由此可知向量方程(1)只有唯一的零解.因此,向量组 $\boldsymbol{\varepsilon}_1,\boldsymbol{\varepsilon}_2,\cdots,\boldsymbol{\varepsilon}_n$ 线性无关.

通常称向量组 $\boldsymbol{\varepsilon}_1,\boldsymbol{\varepsilon}_2,\cdots,\boldsymbol{\varepsilon}_n$ 为 **n 维单位坐标向量组**.实际上,任何一个 n 维向量都可以表示成 $\boldsymbol{\varepsilon}_1,\boldsymbol{\varepsilon}_2,\cdots,\boldsymbol{\varepsilon}_n$ 的线性组合,即

$$(a_1,a_2,\cdots,a_n)=a_1(1,0,\cdots,0)+a_2(0,1,\cdots,0)+\cdots+a_n(0,0,\cdots,1)$$

例 2 讨论下列向量组的线性相关性:

$$\boldsymbol{\alpha}_1=(1,1,1),\quad \boldsymbol{\alpha}_2=(1,-1,2),\quad \boldsymbol{\alpha}_3=(1,2,3)$$

解 设有一组数 x_1,x_2,x_3 使得

$$x_1\boldsymbol{\alpha}_1+x_2\boldsymbol{\alpha}_2+x_3\boldsymbol{\alpha}_3=\mathbf{0}$$

写成分量形式相当于

$$\begin{cases}x_1+x_2+x_3=0\\x_1-x_2+2x_3=0\\x_1+2x_2+3x_3=0\end{cases}\tag{2}$$

齐次线性方程组(2)的系数行列式

$$\begin{vmatrix}1&1&1\\1&-1&2\\1&2&3\end{vmatrix}=\begin{vmatrix}1&1&1\\0&-2&1\\0&1&2\end{vmatrix}=-5\neq0$$

由克拉默法则知该方程组只有唯一的零解,即 $x_1=x_2=x_3=0$,这相当于向量方程(2)只有唯一的零解.因此,向量组 $\boldsymbol{\alpha}_1,\boldsymbol{\alpha}_2,\boldsymbol{\alpha}_3$ 线性无关.

例 3 设向量组 $\boldsymbol{\alpha}_1,\boldsymbol{\alpha}_2,\boldsymbol{\alpha}_3$ 线性无关,试证向量组

$$\boldsymbol{\alpha}_1+\boldsymbol{\alpha}_2,\quad \boldsymbol{\alpha}_2+\boldsymbol{\alpha}_3,\quad \boldsymbol{\alpha}_3+\boldsymbol{\alpha}_1$$

也线性无关

分析 要证明向量组 $\boldsymbol{\alpha}_1+\boldsymbol{\alpha}_2,\boldsymbol{\alpha}_2+\boldsymbol{\alpha}_3,\boldsymbol{\alpha}_3+\boldsymbol{\alpha}_1$ 线性无关,只要证明向量方程

$$x_1(\boldsymbol{\alpha}_1+\boldsymbol{\alpha}_2)+x_2(\boldsymbol{\alpha}_2+\boldsymbol{\alpha}_3)+x_3(\boldsymbol{\alpha}_3+\boldsymbol{\alpha}_1)=0$$

只有唯一的零解即可.

证明 对向量方程

$$x_1(\boldsymbol{\alpha}_1+\boldsymbol{\alpha}_2)+x_2(\boldsymbol{\alpha}_2+\boldsymbol{\alpha}_3)+x_3(\boldsymbol{\alpha}_3+\boldsymbol{\alpha}_1)=0$$

变形可得

$$(x_1+x_3)\boldsymbol{\alpha}_1+(x_1+x_2)\boldsymbol{\alpha}_2+(x_2+x_3)\boldsymbol{\alpha}_3=0$$

由于 $\boldsymbol{\alpha}_1,\boldsymbol{\alpha}_2,\boldsymbol{\alpha}_3$ 线性无关,所以

$$\begin{cases}x_1+x_3=0\\x_1+x_2=0\\x_2+x_3=0\end{cases}$$

而该线性方程组的系数行列式

$$\begin{vmatrix}1&0&1\\1&1&0\\0&1&1\end{vmatrix}=\begin{vmatrix}1&0&1\\0&1&-1\\0&1&1\end{vmatrix}=2\neq0$$

所以上述线性方程组只有唯一的零解,故结论得证.

定理 8.2.1 若向量组 $\boldsymbol{\alpha}_1,\boldsymbol{\alpha}_2,\cdots,\boldsymbol{\alpha}_m$ 线性无关,而向量组 $\boldsymbol{\alpha}_1,\boldsymbol{\alpha}_2,\cdots,\boldsymbol{\alpha}_m,\boldsymbol{\beta}$ 线性相关,则向量 $\boldsymbol{\beta}$ 可以由向量组 $\boldsymbol{\alpha}_1,\boldsymbol{\alpha}_2,\cdots,\boldsymbol{\alpha}_m$ 线性表示.

证明 因为 $\boldsymbol{\alpha}_1,\boldsymbol{\alpha}_2,\cdots,\boldsymbol{\alpha}_m,\boldsymbol{\beta}$ 线性相关,所以存在一组不全为零的数 $k_1,k_2,\cdots,k_m,k$ 使得

$$k_1\boldsymbol{\alpha}_1+k_2\boldsymbol{\alpha}_2+\cdots+k_m\boldsymbol{\alpha}_m+k\boldsymbol{\beta}=\mathbf{0}$$

假设 $k=0$,则 $k_1,k_2,\cdots,k_m$ 不全为零,并且

$$k_1\boldsymbol{\alpha}_1+k_2\boldsymbol{\alpha}_2+\cdots+k_m\boldsymbol{\alpha}_m=\mathbf{0}$$

与 $\boldsymbol{\alpha}_1,\boldsymbol{\alpha}_2,\cdots,\boldsymbol{\alpha}_m$ 线性无关矛盾.因此 $k\neq0$.故

$$\boldsymbol{\beta}=-\left(\frac{k_1}{k}\boldsymbol{\alpha}_1+\frac{k_2}{k}\boldsymbol{\alpha}_2+\cdots+\frac{k_m}{k}\boldsymbol{\alpha}_m\right)$$

即 $\boldsymbol{\beta}$ 可以表示成向量组 $\boldsymbol{\alpha}_1,\boldsymbol{\alpha}_2,\cdots,\boldsymbol{\alpha}_m$ 的线性组合.

定理 8.2.2 向量组 $\boldsymbol{\alpha}_1,\boldsymbol{\alpha}_2,\cdots,\boldsymbol{\alpha}_m(m\geqslant2)$ 线性相关的充要条件是该向量组中至少有一个向量是其余向量的线性组合.

证明 (必要性)设向量组 $\boldsymbol{\alpha}_1,\boldsymbol{\alpha}_2,\cdots,\boldsymbol{\alpha}_m$ 线性相关,则存在不全为零的一组数 $k_1,k_2,\cdots,k_m$ 使得

$$k_1\boldsymbol{\alpha}_1+k_2\boldsymbol{\alpha}_2+\cdots+k_m\boldsymbol{\alpha}_m=\mathbf{0}$$

不妨设 $k_i\neq0(1\leqslant i\leqslant m)$,则有

$$\boldsymbol{\alpha}_i=-\frac{k_1}{k_i}\boldsymbol{\alpha}_1-\frac{k_2}{k_i}\boldsymbol{\alpha}_2-\cdots-\frac{k_{i-1}}{k_i}\boldsymbol{\alpha}_{i-1}-\frac{k_{i+1}}{k_i}\boldsymbol{\alpha}_{i+1}-\cdots-\frac{k_m}{k_i}\boldsymbol{\alpha}_m$$

即 $\boldsymbol{\alpha}_i$ 是其余向量的线性组合.

(充分性)设向量组 $\boldsymbol{\alpha}_1,\boldsymbol{\alpha}_2,\cdots,\boldsymbol{\alpha}_m$ 中有一个向量 $\boldsymbol{\alpha}_j(1\leqslant j\leqslant m)$ 是其余向量的线性组合,则存在一组数 $k_1,k_2,\cdots,k_{j-1},k_{j+1},\cdots,k_m$ 使得

$$\boldsymbol{\alpha}_j=k_1\boldsymbol{\alpha}_1+k_2\boldsymbol{\alpha}_2+\cdots+k_{j-1}\boldsymbol{\alpha}_{j-1}+k_{j+1}\boldsymbol{\alpha}_{j+1}+\cdots+k_m\boldsymbol{\alpha}_m$$

从而

$$k_1\boldsymbol{\alpha}_1+k_2\boldsymbol{\alpha}_2+\cdots+k_{j-1}\boldsymbol{\alpha}_{j-1}+(-1)\boldsymbol{\alpha}_j+k_{j+1}\boldsymbol{\alpha}_{j+1}+\cdots+k_m\boldsymbol{\alpha}_m=0$$

由于常数 $k_1,k_2,\cdots,k_{j-1},-1,k_{j+1},\cdots,k_m$ 不全为零,故向量组 $\boldsymbol{\alpha}_1,\boldsymbol{\alpha}_2,\cdots,\boldsymbol{\alpha}_m$ 线性相关.

由定理 8.2.2 可以看出,一个线性方程组中有没有多余的方程,取决于看对应的向量组是否线性相关.若向量组线性相关,则该方程组就一定有多余的方程.那么怎样判断一个向量组是否线性相关呢?除了在例 1 和例 2 中所介绍的方法(即用定义来判断)外,还可以用矩阵来进行判断.

8.3 向量组与矩阵的秩

设 $\boldsymbol{A}=(a_{ij})$ 是一个 $m\times n$ 矩阵,在 $\boldsymbol{A}$ 中任取 k 行、k 列,由这些行、列相交处的元素按原来的相对位置构成的 k **阶行列式**,称为 $\boldsymbol{A}$ 的 k 阶子式.若 $\boldsymbol{A}$ 是一个 n 阶方阵,则 $\boldsymbol{A}$ 只有一个 n 阶子式,称为矩阵行列式,记为

$$|\boldsymbol{A}| = \begin{vmatrix} a_{11} & a_{12} & \cdots & a_{1n} \\ a_{21} & a_{22} & \cdots & a_{2n} \\ \vdots & \vdots & & \vdots \\ a_{n1} & a_{n2} & \cdots & a_{nn} \end{vmatrix}$$

定义 8.3.1 矩阵 $\boldsymbol{A}$ 中不为零的子式的最高阶数称为矩阵 $\boldsymbol{A}$ 的秩(rank)，记为 $\mathrm{rank}(\boldsymbol{A})$.

对 n 阶方阵 $\boldsymbol{A}$，如果 $|\boldsymbol{A}| \neq 0$，则称 $\boldsymbol{A}$ 为**满秩矩阵**，否则称 $\boldsymbol{A}$ 为**降秩矩阵**. 另外，规定零矩阵的秩为零.

例 1 齐次线性方程组

$$\begin{cases} x_1 - 2x_2 + x_3 + 2x_4 + x_5 = 0 \\ x_1 - x_2 + x_3 - x_4 + 2x_5 = 0 \\ 2x_1 - 3x_2 + 2x_3 + x_4 + 3x_5 = 0 \\ x_1 - 3x_2 + x_3 + 5x_4 = 0 \end{cases}$$

所对应的四个向量分别为

$$\begin{aligned} \boldsymbol{\alpha}_1 &= (1 \quad -2 \quad 1 \quad 2 \quad 1) \\ \boldsymbol{\alpha}_2 &= (1 \quad -1 \quad 1 \quad -1 \quad 2) \\ \boldsymbol{\alpha}_3 &= (2 \quad -3 \quad 2 \quad 1 \quad 3) \\ \boldsymbol{\alpha}_4 &= (1 \quad -3 \quad 1 \quad 5 \quad 0) \end{aligned}$$

它们构成矩阵

$$\boldsymbol{A} = \begin{pmatrix} 1 & -2 & 1 & 2 & 1 \\ 1 & -1 & 1 & -1 & 2 \\ 2 & -3 & 2 & 1 & 3 \\ 1 & -3 & 1 & 5 & 0 \end{pmatrix}$$

化成阶梯矩阵

$$\boldsymbol{J} = \begin{pmatrix} 1 & -2 & 1 & 2 & 1 \\ 1 & -1 & 1 & -1 & 2 \\ 0 & 0 & 0 & 0 & 0 \\ 0 & 0 & 0 & 0 & 0 \end{pmatrix}$$

这样便可以得到齐次线性方程组的同解方程组为

$$\begin{cases} x_1 - 2x_2 + x_3 + 2x_4 + x_5 = 0 \\ x_1 - x_2 + x_3 - x_4 + 2x_5 = 0 \end{cases}$$

变形为

$$\begin{cases} x_1 - 2x_2 = - x_3 - 2x_2 - x_5 \\ x_1 - x_2 = - x_3 + x_4 - 2x_5 \end{cases}$$

由于系数行列式不等于零，由克拉默法则可以得到方程组的解为

$$\begin{cases} x_1 = -x_3 + 4x_4 - 3x_5 \\ x_2 = 3x_4 - x_5 \end{cases}$$

其中，x_3, x_4, x_5 可取任意数. 由此可得方程组的解为

$$\begin{cases} x_1 = -x_3 + 4x_4 - 3x_5 \\ x_2 = 3x_4 - x_5 \\ x_3 = x_3 \\ x_4 = x_4 \\ x_5 = x_5 \end{cases}$$

其中，x_3, x_4, x_5 可取任意数.

在前一章中，我们引入了矩阵的初等行变换来解线性方程组. 实际上，将矩阵的初等行变换对比行列式的性质，不难证明：矩阵的初等行变换并不改变矩阵的秩. 因此，可以将矩阵先化成行阶梯型矩阵，就很快求出矩阵的秩了.

例 2 计算例 1 中系数矩阵 $\boldsymbol{A}$ 的秩.

解 对系数矩阵 $\boldsymbol{A}$ 进行初等行变换

$$\boldsymbol{A} = \begin{pmatrix} 1 & -2 & 1 & 2 & 1 \\ 1 & -1 & 1 & -1 & 2 \\ 2 & -3 & 2 & 1 & 3 \\ 1 & -3 & 1 & 5 & 0 \end{pmatrix} \xrightarrow[r_4 - r_1]{\substack{r_2 - r_1 \\ r_3 - 2r_1}} \begin{pmatrix} 1 & -2 & 1 & 2 & 1 \\ 0 & 1 & 0 & -3 & 1 \\ 0 & 1 & 0 & -3 & 1 \\ 0 & -1 & 0 & 3 & -1 \end{pmatrix}$$

$$\xrightarrow{\substack{r_3 - r_2 \\ r_4 + r_2}} \begin{pmatrix} 1 & -2 & 1 & 2 & 1 \\ 0 & 1 & 0 & -3 & 1 \\ 0 & 0 & 0 & 0 & 0 \\ 0 & 0 & 0 & 0 & 0 \end{pmatrix}$$

上述最后一个矩阵称为行阶梯型矩阵，其特点是：可画出一条阶梯线，线的下方全为零；每个阶梯只有一行.

容易看出上述行阶梯形矩阵的秩等于 2，因此 $\text{rank}(\boldsymbol{A}) = 2$.

例 1 中齐次线性方程组(1)的解有无穷多个. 那么这些解与解之间有没有内在的联系呢？为了回答这个问题，需要引进如下概念.

定义 8.3.2 设有向量组 T，如果：

(1) 在 T 中有 r 个向量 $\boldsymbol{\alpha}_1, \boldsymbol{\alpha}_2, \cdots, \boldsymbol{\alpha}_r$ 线性无关；

(2) T 中任意 $r+1$ 个向量(如果有的话)都线性相关，则称 $\boldsymbol{\alpha}_1, \boldsymbol{\alpha}_2, \cdots, \boldsymbol{\alpha}_r$ 是向量组 T 的一个**最大线性无关向量组**，简称**最大无关组**，数 r 称为向量组 T 的**秩**.

定理 8.3.1 设有向量组 T，如果：

(1) 在 T 中有 r 个向量 $\boldsymbol{\alpha}_1, \boldsymbol{\alpha}_2, \cdots, \boldsymbol{\alpha}_r$ 线性无关；

(2) T 中任意一个向量 $\boldsymbol{\alpha}$ 都可以由向量组 $\boldsymbol{\alpha}_1,\boldsymbol{\alpha}_2,\cdots,\boldsymbol{\alpha}_r$ 线性表示，则 $\boldsymbol{\alpha}_1,\boldsymbol{\alpha}_2,\cdots,\boldsymbol{\alpha}_r$ 是向量组 T 的一个最大无关组.

8.4 线性方程组解的结构

齐次线性方程组

$$\begin{cases} a_{11}x_1 + a_{12}x_2 + \cdots + a_{1n}x_n = 0 \\ a_{21}x_1 + a_{22}x_2 + \cdots + a_{2n}x_n = 0 \\ \cdots \\ a_{m1}x_1 + a_{m2}x_2 + \cdots + a_{mn}x_n = 0 \end{cases} \tag{1}$$

的系数矩阵为

$$\boldsymbol{A} = \begin{pmatrix} a_{11} & a_{12} & \cdots & a_{1n} \\ a_{21} & a_{22} & \cdots & a_{2n} \\ \vdots & \vdots & & \vdots \\ a_{m1} & a_{m2} & \cdots & a_{mn} \end{pmatrix}$$

定理 8.4.1 齐次线性方程组(1)，当其系数矩阵的秩 $\mathrm{rank}(\boldsymbol{A}) = n$ 时，只有唯一的零解；当 $\mathrm{rank}(\boldsymbol{A}) < n$ 时，有无穷多个解.

例 1 设有齐次线性方程组

$$\begin{cases} x_1 + (\lambda-1)x_2 + x_3 = 0 \\ (\lambda-1)x_1 + x_2 + x_3 = 0 \\ x_1 + x_2 + (\lambda-1)x_3 = 0 \end{cases}$$

问当 λ 取何值时，上述方程组(1)有唯一的零解；(2)有无穷多个解，并求出这些解.

解 方程组的系数行列式为

$$|\boldsymbol{A}| = \begin{vmatrix} 1 & \lambda-1 & 1 \\ \lambda-1 & 1 & 1 \\ 1 & 1 & \lambda-1 \end{vmatrix} = \begin{vmatrix} \lambda+1 & \lambda+1 & \lambda+1 \\ \lambda-1 & 1 & 1 \\ 1 & 1 & \lambda-1 \end{vmatrix}$$

$$= (\lambda+1)\begin{vmatrix} 1 & 1 & 1 \\ \lambda-1 & 1 & 1 \\ 1 & 1 & \lambda-1 \end{vmatrix} = (\lambda+1)\begin{vmatrix} 1 & 1 & 1 \\ \lambda-2 & 0 & 0 \\ 0 & 0 & \lambda-2 \end{vmatrix}$$

$$= -(\lambda+1)(\lambda-2)^2$$

(1) 当 $\lambda \neq -1, 2$ 时，方程组有唯一的零解.

(2) 当 $\lambda = -1$ 时，方程组的系数矩阵为

$$A=\begin{pmatrix}1&-2&1\\-2&1&1\\1&1&-2\end{pmatrix}$$

由于$|A|=0$，而A中有一个二阶子式$D=\begin{vmatrix}1&-2\\-2&1\end{vmatrix}=-3\neq0$. 因此 $\text{rank}(A)=2<n(n=3)$，故方程组有无穷多个解. 对A施行初等行变换

$$A=\begin{pmatrix}1&-2&1\\-2&1&1\\1&1&-2\end{pmatrix}\xrightarrow[r_3-r_1]{r_2+2r_1}\begin{pmatrix}1&-2&1\\0&-3&3\\0&3&-3\end{pmatrix}\xrightarrow[-\frac{1}{3}r_2]{r_3+r_2}\begin{pmatrix}1&-2&1\\0&1&-1\\0&0&0\end{pmatrix}$$

$$\xrightarrow{r_1+2r_2}\begin{pmatrix}1&0&-1\\0&1&-1\\0&0&0\end{pmatrix}$$

上述最后一个矩阵称为行最简型矩阵. 它的特点是：非零行的第一个非零元为1，且这些非零元所在的列的其他元素都为零的行阶梯型矩阵. 由行最简型矩阵很容易得到方程组的解为

$$\begin{cases}x_1=x_3\\x_2=x_3\\x_3=x_3\end{cases}$$

其中，x_3 可取任意数.

当 $\lambda=2$ 时，方程组的系数矩阵为

$$A=\begin{pmatrix}1&1&1\\1&1&1\\1&1&1\end{pmatrix}$$

显然 $\text{rank}(A)=1<n(n=3)$.

此时方程组也有无穷多个解. 对A施行初等行变换

$$A=\begin{pmatrix}1&1&1\\1&1&1\\1&1&1\end{pmatrix}\xrightarrow[r_3-r_1]{r_2-r_1}\begin{pmatrix}1&1&1\\0&0&0\\0&0&0\end{pmatrix}$$

由上述最后一个矩阵可得方程组的解为

$$\begin{cases}x_1=-x_2-x_3\\x_2=x_2\\x_3=x_3\end{cases}$$

其中，x_2,x_3 可取任意数.

由齐次线性方程组

$$\begin{cases} a_{11}x_1 + a_{12}x_2 + \cdots + a_{1n}x_n = 0 \\ a_{21}x_1 + a_{22}x_2 + \cdots + a_{2n}x_n = 0 \\ \cdots \\ a_{m1}x_1 + a_{m2}x_2 + \cdots + a_{mn}x_n = 0 \end{cases} \tag{2}$$

的一个解构成的一列数称为一个 n 维列向量,也称为解向量.完全类似于8.2节中关于行向量的讨论,我们可以定义列向量的数乘和加法运算,它们具有和行向量完全一样的性质;还可以定义和讨论与8.3节中完全相同的向量的线性关系,并且在8.3节中关于行向量的有关定理换成列向量也同样成立.

记

$$\begin{pmatrix} x_1 \\ x_2 \\ \vdots \\ x_n \end{pmatrix} = (x_1, x_2, \cdots, x_n)^{\mathrm{T}}$$

解向量还具有以下性质:

性质 若 $\boldsymbol{\alpha} = (x_1, x_2, \cdots, x_n)^{\mathrm{T}}, \boldsymbol{\beta} = (y_1, y_2, \cdots, y_n)^{\mathrm{T}}$ 都是齐次线性方程组(2)的解向量,k 为常数,则 $\boldsymbol{\alpha} + \boldsymbol{\beta}, k\boldsymbol{\alpha}$ 也都是式(2)的解向量.

定义 8.4.1 齐次线性方程组(2)的一组解 $\boldsymbol{\eta}_1, \boldsymbol{\eta}_2, \cdots, \boldsymbol{\eta}_r$,若满足:

(1) $\boldsymbol{\eta}_1, \boldsymbol{\eta}_2, \cdots, \boldsymbol{\eta}_r$ 线性无关;

(2) 式(2)的任一解向量可由 $\boldsymbol{\eta}_1, \boldsymbol{\eta}_2, \cdots, \boldsymbol{\eta}_r$ 线性表出,

则称 $\boldsymbol{\eta}_1, \boldsymbol{\eta}_2, \cdots, \boldsymbol{\eta}_r$ 为式(2)的一个基础解系.

例 2 求齐次线性方程组

$$\begin{cases} x_1 + x_2 - x_3 - x_4 = 0 \\ 2x_1 - 5x_2 + 3x_3 + 2x_4 = 0 \\ 7x_1 - 7x_2 + 3x_3 + x_4 = 0 \end{cases}$$

的基础解系.

解 $$\boldsymbol{A} \to \cdots \to \begin{pmatrix} 1 & 1 & -1 & -1 \\ 0 & -7 & 5 & 4 \\ 0 & 0 & 0 & 0 \end{pmatrix} \to \begin{pmatrix} 1 & 0 & -\frac{2}{7} & -\frac{3}{7} \\ 0 & 1 & -\frac{5}{7} & -\frac{4}{7} \\ 0 & 0 & 0 & 0 \end{pmatrix}$$

所以原方程组的解为

$$\begin{cases} x_1 = \frac{2}{7}x_3 + \frac{3}{7}x_4 \\ x_2 = \frac{5}{7}x_3 + \frac{4}{7}x_4 \end{cases}$$

令 $x_3=1, x_4=0$，得 $\boldsymbol{\eta}_1=(2/7,3/7,1,0)$；

令 $x_3=0, x_4=1$，得 $\boldsymbol{\eta}_2=(5/7,4/7,0,1)$.

综上，原方程的基础解系为 $\boldsymbol{\eta}_1, \boldsymbol{\eta}_2$，原方程组的一般解为 $k_1\boldsymbol{\eta}_1+k_2\boldsymbol{\eta}_2, k_1, k_2 \in \mathbf{R}$.

例 3 求齐次线性方程组

$$\begin{cases}3x_1+5x_3=0\\2x_1-x_2+3x_3+x_4=0\\x_1+x_2+2x_3-x_4=0\end{cases}$$

的通解.

解 系数矩阵 $\boldsymbol{A}=\begin{pmatrix}3&0&5&0\\2&-1&3&1\\1&1&2&-1\end{pmatrix}$，对 $\boldsymbol{A}$ 施行初等行变换

$$\begin{pmatrix}3&0&5&0\\2&-1&3&1\\1&1&2&-1\end{pmatrix}\xrightarrow{r_1\leftrightarrow r_3}\begin{pmatrix}1&1&2&-1\\2&-1&3&1\\3&0&5&0\end{pmatrix}$$

$$\xrightarrow[r_3-3r_1]{r_2-2r_1}\begin{pmatrix}1&1&2&-1\\0&-3&-1&3\\0&-3&-1&3\end{pmatrix}\xrightarrow{r_3+r_3}\begin{pmatrix}1&1&2&-1\\0&-3&-1&3\\0&0&0&0\end{pmatrix}$$

由上述最后一个行阶梯形矩阵可知，方程组的系数矩阵的秩等于 2，因此其基础解系应含有 $4-2=2$ 个解向量.

继续对上述行阶梯形矩阵施行初等行变换

$$\begin{pmatrix}1&1&2&-1\\0&-3&-1&3\\0&0&0&0\end{pmatrix}\xrightarrow{-\frac{1}{3}r_2}\begin{pmatrix}1&1&2&-1\\0&1&\frac{1}{3}&-1\\0&0&0&0\end{pmatrix}\xrightarrow{r_1-r_2}\begin{pmatrix}1&0&\frac{5}{3}&0\\0&1&\frac{1}{3}&-1\\0&0&0&0\end{pmatrix}$$

由上述最后一个行最简形矩阵可得方程组的一般解为

$$\begin{cases}x_1=-\dfrac{5}{3}x_3\\x_2=-\dfrac{1}{3}x_3+x_4\\x_3=x_3\\x_4=x_4\end{cases}$$

其中，x_3, x_4 可取任意数.

令 $\begin{pmatrix}x_3\\x_4\end{pmatrix}$ 分别取 $\begin{pmatrix}3\\0\end{pmatrix}$ 和 $\begin{pmatrix}0\\1\end{pmatrix}$ 得到方程组的两个线性无关的解向量

$$\boldsymbol{\alpha}_1=(-5,-1,3,0)^{\mathrm{T}},\quad \boldsymbol{\alpha}_2=(0,1,0,1)^{\mathrm{T}}$$

因此,方程组的通解为

$$\begin{pmatrix}x_1\\x_2\\x_3\\x_4\end{pmatrix}=x_3\begin{pmatrix}-5\\-1\\3\\0\end{pmatrix}+x_4\begin{pmatrix}0\\1\\0\\1\end{pmatrix}$$

其中,x_3,x_4 可取任意数.

8.5 非齐次线性方程组解的结构

本节讨论非齐次线性方程组

$$\begin{cases}a_{11}x_1+a_{12}x_2+\cdots+a_{1n}x_n=b_1\\a_{21}x_1+a_{22}x_2+\cdots+a_{2n}x_n=b_2\\\cdots\\a_{m1}x_1+a_{m2}x_2+\cdots+a_{mn}x_n=b_m\end{cases}\tag{1}$$

解的结构.

设

$$\boldsymbol{A}=\begin{pmatrix}a_{11}&a_{12}&\cdots&a_{1n}\\a_{21}&a_{22}&\cdots&a_{2n}\\\vdots&\vdots&&\vdots\\a_{m1}&a_{m2}&\cdots&a_{mn}\end{pmatrix},\quad \boldsymbol{B}=\begin{pmatrix}a_{11}&a_{12}&\cdots&a_{1n}&b_1\\a_{21}&a_{22}&\cdots&a_{2n}&b_2\\\vdots&\vdots&&\vdots&\vdots\\a_{m1}&a_{m2}&\cdots&a_{mn}&b_m\end{pmatrix}$$

分别称它们为方程组的系数矩阵和增广矩阵.非齐次线性方程组是否和齐次线性方程组一样总是有解呢?这就不一定了.下面我们先讨论非齐次线性方程组有解的条件.

定理 8.5.1 非齐次线性方程组(1)有解的充要条件是,其系数矩阵的秩与增广矩阵的秩相等.

例 1 解下列线性方程组:

(1) $\begin{cases}x_1+2x_2-x_3+x_4=2\\2x_1-x_2+x_3-3x_4=-1;\\4x_1+3x_2-x_3-x_4=3\end{cases}$ (2) $\begin{cases}2x_1+3x_2-x_3=2\\3x_1-2x_2+x_3=2.\\x_1-5x_2+2x_3=1\end{cases}$

解 (1) 对增广矩阵 $\boldsymbol{B}=\begin{pmatrix}1&2&-1&1&2\\2&-1&1&-3&-1\\4&3&-1&-1&3\end{pmatrix}$ 施行初等行变换

$$B=\begin{pmatrix}1&2&-1&1&2\\2&-1&1&-3&-1\\4&3&-1&-1&3\end{pmatrix}\xrightarrow[r_3-4r_1]{r_2-2r_1}\begin{pmatrix}1&2&-1&1&2\\0&-5&3&-5&-5\\0&-5&3&-5&-5\end{pmatrix}$$

$$\xrightarrow{r_3-r_2}\begin{pmatrix}1&2&-1&1&2\\0&-5&3&-5&-5\\0&0&0&0&0\end{pmatrix}$$

由上式最后一个行阶梯形矩阵,可知该方程组的系数矩阵与增广矩阵的秩都等于2,也就是说该方程组有解.继续对上述行阶梯形矩阵施行初等行变换

$$\begin{pmatrix}1&2&-1&1&2\\0&-5&3&-5&-5\\0&0&0&0&0\end{pmatrix}\xrightarrow{-\frac{1}{5}r_2}\begin{pmatrix}1&2&-1&1&2\\0&1&-\frac{3}{5}&1&1\\0&0&0&0&0\end{pmatrix}\xrightarrow{r_1-2r_2}$$

$$\begin{pmatrix}1&0&\frac{1}{5}&-1&0\\0&1&-\frac{3}{5}&1&1\\0&0&0&0&0\end{pmatrix}$$

由上面最后一个行最简形矩阵可得该方程组的一般解

$$\begin{cases}x_1=-\frac{1}{5}x_3+x_4\\x_2=\frac{3}{5}x_3-x_4+1\\x_3=x_3\\x_4=x_4\end{cases}$$

其中,x_3,x_4 可取任意数.

(2) 对增广矩阵 $\boldsymbol{B}$ 施行初等行变换

$$B=\begin{pmatrix}2&3&-1&2\\3&-2&1&2\\1&-5&2&1\end{pmatrix}\xrightarrow{r_1\leftrightarrow r_3}\begin{pmatrix}1&-5&2&1\\3&-2&1&2\\2&3&-1&2\end{pmatrix}$$

$$\xrightarrow[r_3-2r_1]{r_2-3r_1}\begin{pmatrix}1&-5&2&1\\0&13&-5&-1\\0&13&-5&0\end{pmatrix}\xrightarrow{r_4-r_3}\begin{pmatrix}1&-5&2&1\\0&13&-5&-1\\0&0&0&1\end{pmatrix}$$

由上式的最后一个行阶梯形矩阵,可知该方程组的系数矩阵的秩等于2,而增广矩阵的秩等于3,因此该方程组无解.

对于非齐次线性方程组(1)和它所对应的齐次线性方程组由于其系数矩阵相同,它们的解之间有以下密切的联系:

性质 1 设 $\boldsymbol{x}$ 和 $\boldsymbol{y}$ 是非齐次线性方程组(1)的两个解向量，则 $\boldsymbol{x}-\boldsymbol{y}$ 是式(1)所对应的齐次线性方程组的解向量.

性质 2 设 $\boldsymbol{x}$ 是非齐次线性方程组(1)的一个解向量，$\boldsymbol{y}$ 是式(1)所对应的齐次线性方程组的解向量，则 $\boldsymbol{x}+\boldsymbol{y}$ 是式(1)的解向量.

定理 8.5.2 把非齐次线性方程组(1)的某个特解加到对应的齐次线性方程组的每一个解向量上，就得到式(1)的全部解向量.

例 2 求解方程组

$$\begin{cases} x_1 - x_2 - x_2 + x_4 = 0 \\ x_1 - x_2 + x_2 - 3x_4 = 1 \\ x_1 - x_2 - 2x_2 + 3x_4 = -\dfrac{1}{2} \end{cases}$$

解

$$\overline{\boldsymbol{A}} = \begin{pmatrix} 1 & -1 & -1 & 1 & 0 \\ 1 & -1 & 1 & -3 & 1 \\ 1 & -1 & -2 & 3 & -\dfrac{1}{2} \end{pmatrix} \xrightarrow[r_3 - r_1]{r_2 - r_1} \begin{pmatrix} 1 & -1 & -1 & 1 & 0 \\ 0 & 0 & 2 & -4 & 1 \\ 0 & 0 & -1 & 2 & -\dfrac{1}{2} \end{pmatrix}$$

$$\xrightarrow[\substack{r_3 + r_2 \\ r_1 + r_2}]{r_2 \cdot 0.5} \begin{pmatrix} 1 & -1 & 0 & -1 & \dfrac{1}{2} \\ 0 & 0 & 1 & -2 & \dfrac{1}{2} \\ 0 & 0 & 0 & 0 & 0 \end{pmatrix}$$

可见 $\operatorname{rank}(\boldsymbol{A}) = \operatorname{rank}(\overline{\boldsymbol{A}})$，方程组有解，并有

$$\begin{cases} x_1 = x_2 + x_4 + \dfrac{1}{2} \\ x_3 = 2x_4 + \dfrac{1}{2} \end{cases}$$

取 $x_2 = x_4 = 0$，则 $x_1 = x_3 = \dfrac{1}{2}$，即得原方程组的一个特解 $\boldsymbol{\gamma}_0 = \left(\dfrac{1}{2}, 0, \dfrac{1}{2}, 0\right)$.

下面求导出组的基础解系：导出组与 $\begin{cases} x_1 = x_2 + x_4 \\ x_3 = 2x_4 \end{cases}$ 同解.

取 $x_2 = 1, x_4 = 0$，得 $\boldsymbol{\eta}_1 = (1,1,0,0)$；

取 $x_2 = 0, x_4 = 1$，得 $\boldsymbol{\eta}_2 = (1,0,2,1)$.

于是原方程组的通解为 $\boldsymbol{\gamma} = \boldsymbol{\gamma}_0 + k_1\boldsymbol{\eta}_1 + k_2\boldsymbol{\eta}_2, k_1, k_2 \in \mathbf{R}$.

例 3 设

$$\begin{cases} x_1 + x_2 + 2x_3 = 1 \\ 2x_1 + x_2 + 3x_3 = 3 \\ 3x_1 + 2x_2 + (u+3)x_3 = v + 1 \end{cases}$$

问 u,v 的值为多少时，方程组(1)有唯一解；(2)无解；(3)有无穷多解？

解 (1) $|\boldsymbol{A}|=\begin{vmatrix}1&1&2\\2&1&3\\3&2&u+3\end{vmatrix}=\begin{vmatrix}1&1&2\\0&-1&-1\\0&-1&u-3\end{vmatrix}=\begin{vmatrix}1&1&2\\0&-1&-1\\0&0&u-2\end{vmatrix}=-u+2$

当 $u\neq2$ 时有唯一解.

(2) $(A \vdots b)=\begin{pmatrix}1&1&2&1\\2&1&3&3\\3&2&5&v+1\end{pmatrix}\rightarrow\begin{pmatrix}1&1&2&1\\0&-1&-1&1\\0&0&0&v-3\end{pmatrix}$

当 $u=2,v\neq3$ 时，无解；

(3) 当 $u=2,v=3$ 时，有无穷多解；

$$(A \vdots b)\rightarrow\begin{pmatrix}1&1&2&1\\0&-1&-1&1\\0&0&0&0\end{pmatrix}\rightarrow\begin{pmatrix}1&0&1&2\\0&1&1&-1\\0&0&0&0\end{pmatrix}$$

所以 $\begin{cases}x_1+x_3=2\\x_2+x_3=-1\end{cases}$ 的通解

$$\begin{pmatrix}x_1\\x_2\\x_3\end{pmatrix}=C\begin{pmatrix}-1\\-1\\1\end{pmatrix}+\begin{pmatrix}2\\-1\\0\end{pmatrix}$$

习 题 8

1. 讨论下列向量组的线性相关性：

(1) $\boldsymbol{\alpha}_1=(2,-1,0),\boldsymbol{\alpha}_2=(-1,1,3),\boldsymbol{\alpha}_3=(1,0,3)$；

(2) $\boldsymbol{\alpha}_1=(-1,3,4),\boldsymbol{\alpha}_2=(2,0,1)$；

(3) $\boldsymbol{\alpha}_1=(2,1,0),\boldsymbol{\alpha}_2=(-1,3,2),\boldsymbol{\alpha}_3=(0,3,4),\boldsymbol{\alpha}_4=(-1,5,6)$.

2. 若 n 元线性方程组有解，且其系数矩阵的秩为 r，则当________时，方程组有唯一解；当________时，方程组有无穷多解.

3. 设 $\boldsymbol{A}=\begin{pmatrix}1&1&1\\1&-1&1\\1&1&-1\end{pmatrix}$，则 $\boldsymbol{AX}=\boldsymbol{O}$ 的通解为________.

4. 若齐次线性方程组

$$\begin{cases} x_1 + kx_2 + x_3 = 0 \\ 2x_1 + x_2 + x_3 = 0 \\ kx_2 + 3x_3 = 0 \end{cases}$$

只有零解，则 k 应满足的条件是________________.

5. 求解下列线性方程组：

(1) $\begin{cases} 3x_1 + x_2 - 6x_3 - 4x_4 + 2x_5 = 0 \\ 2x_1 + 2x_2 - 3x_3 - 5x_4 + 3x_5 = 0 \\ x_1 - 5x_2 - 6x_3 + 8x_4 - 6x_5 = 0 \end{cases}$；

(2) $\begin{cases} x_1 + 3x_2 + 3x_3 - 2x_4 + x_5 = 3 \\ 2x_1 + 6x_2 + x_3 - 3x_4 = 2 \\ x_1 + 3x_2 - 2x_3 - x_4 - x_5 = -1 \\ 3x_1 + 9x_2 + 4x_3 - 5x_4 + x_5 = 5 \end{cases}$.

6. a,b 取何值时，线性方程组

$$\begin{cases} x_1 + ax_2 + x_3 = 3 \\ x_1 + 2ax_2 + x_3 = 4 \\ x_1 + x_2 + bx_3 = 4 \end{cases}$$

有唯一解、无解或无穷多解？在有无穷多解时，求其通解.

7. 设线性方程组

$$\begin{cases} (1+\lambda)x_1 + x_2 + x_3 = 0 \\ x_1 + (1+\lambda)x_2 + x_3 = \lambda \\ x_1 + x_2 + (1+\lambda)x_3 = -\lambda^2 \end{cases}$$

当 λ 等于何值时，方程组(1) 有唯一解；(2) 无解；(3) 有无穷多解，并求出此时方程组的通解.

第9章　随机事件及其概率

9.1　随机事件

9.1.1　随机事件的概念

1. 随机现象

自然界与人类社会存在和发生的各种现象，大致可分为两类：一类称为确定性现象，即条件完全决定结果的现象，如在标准大气压下，水被加热到100 ℃时沸腾；另一类称为随机现象，即条件不能完全决定结果的现象．如掷一枚均匀硬币，可能出现正面，也可能不出现正面；从一批产品中任取一件产品，可能是次品，也可能不是次品．

对于随机现象，在少数几次试验或观察中其结果无规律性，但通过长期观察或大量的重复试验可以看出，试验的结果呈现出一种规律性，这种规律性称为统计规律性，它是随机现象自身所具有的特征．概率论是研究随机现象及其统计规律性的一门数学学科，它被广泛应用于自然科学、社会科学的许多领域．

2. 随机试验

为了深入研究随机现象，就必须在一定的条件下对它进行多次观察．若把一次观察视为一次试验，观测到的结果就是试验结果．概率论中把满足下列条件的试验称为随机试验：

(1) 可以在相同的条件下重复进行；

(2) 有许多可能结果，且试验前不能预言会出现哪种结果；

(3) 知道试验可能出现的全部结果．

若无特别声明，本书以后所指的试验均指随机试验．例如：

(E_1) 在一定的条件下进行射击练习，考虑中靶的环数；

(E_2) 掷一枚硬币，观察所出现的面；

(E_3) 记录某汽车站某时段内候车的人数；

(E_4) 测试某种灯泡的寿命;

(E_5) 记录电话交换台在单位时间内收到的呼唤次数;

(E_6) 抛掷一颗均匀的骰子,观察骰子出现的点数.

不难看出,这六个例子都满足随机试验的上述三个特征,它们均为随机试验.

3. 随机事件

在随机试验中,人们通常不仅关心某个样本点出现,更关心试验时可能出现的某种结果.例如,在掷骰子的试验 E_6 中,我们可能关心是否出现点数 1,亦或可能关注是否出现奇数点(即点数 1,3,5)等结果.它们皆为样本空间的子集(随机试验可能出现的结果),我们称之为随机事件,简称事件.随机事件通常用大写英文字母 A,B,C 或其带下标的形式 $A_k,B_k,C_k(k=1,2,\cdots)$ 等表示.事件在一次事件中发生,当且仅当本次试验结果 $\omega\in A$.此外,我们称仅含有一个样本点的随机事件(不能再分解的最简单的随机结果)为基本事件;由多个样本点构成的集合称为复合事件.样本空间 Ω 包含所有样本点,样本点是 Ω 自身的一个子集.显然在每次试验后必有 Ω 中的一个样本点出现,我们称其为必然事件,仍记为 Ω.因空集 $\varnothing$ 总是样本空间 Ω 的一个子集,空集不包含任何样本点,显然在每次试验中都不会出现,我们称其为不可能事件.很明显,必然事件与不可能事件并不具有随机性,但为了讨论问题方便,也把它们看特殊的随机事件.

4. 样本空间

我们把随机事件 E 的所有可能结果组成的集合称为随机试验 E 的样本空间,用 Ω 来表示.Ω 中的元素,即 E 的每一个可能结果,称为样本点,一般用 ω 表示.

例如:E_2 和 E_6 的样本空间分别为 $\Omega_2=\{$正面,反面$\}$和 $\Omega_6=\{1,2,3,4,5,6\}$.

样本空间的引入使得我们能用集合这一数学工具来研究随机事件.这样一来,试验 E 的任一事件都是其样本空间的一个子集合.特别地,E 的必然事件就是其样本空间 Ω 自身,E 的不可能事件记为 $\varnothing$,它对应着空集.

9.1.2 事件的关系与运算

在概率论中,人们往往不仅要研究随机试验的一个事件,还要研究多个事件,而这些事件之间又有一定的联系.为了表述事件间的联系,下面定义事件间的关系和运算.

1. 包含关系

若事件 A 发生必然导致事件 B 发生,则称事件 B 包含事件 A,记作 $A\subset B$.如

图 9.1 所示.

显然,对任何事件 A,$A\subset\Omega$.为方便起见,规定对任何事件 A,$\varnothing\subset A$.不难验证,若 $A\subset B$,$B\subset C$,则 $A\subset C$.这一性质称为包含关系的传递性.

若事件 A 所包含的基本事件与事件 B 所包含的基本事件完全相同,则称事件 A 与 B 相等,记作 $A=B$.

2. 和(并)事件

事件 A 与 B 中至少有一个发生,即事件 A 发生或事件 B 发生,这个事件称为事件 A 与 B 的和(并)事件,记作 $A+B$(或 $A\cup B$).如图 9.2 所示.

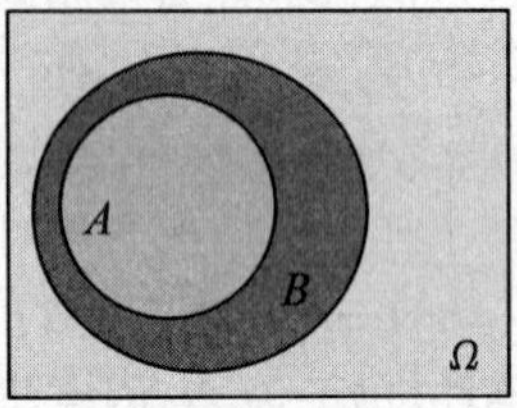

图 9.1

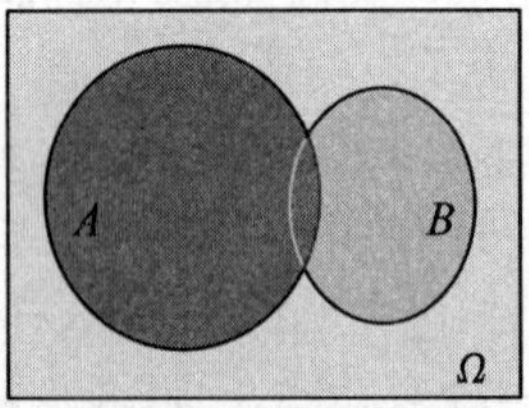

图 9.2

$A+B$ 是由所有属于事件 A 或 B 的基本事件组成.$A+B$ 发生当且仅当 A,B 至少有一个发生.

3. 积(交)事件

事件 A 与 B 同时发生,即事件 A 发生且事件 B 发生,这个事件称为事件 A 与 B 的积(交)事件,记作 AB(或 $A\cap B$).如图 9.3 所示.

$A\cap B$ 是由所有属于事件 A 又属于事件 B 的基本事件组成.$A\cap B$ 发生当且仅当 A 与 B 同时发生.

4. 差事件

事件 A 发生且事件 B 不发生,这个事件称为事件 A 与 B 的差事件,记作 $A-B$.如图 9.4 所示.

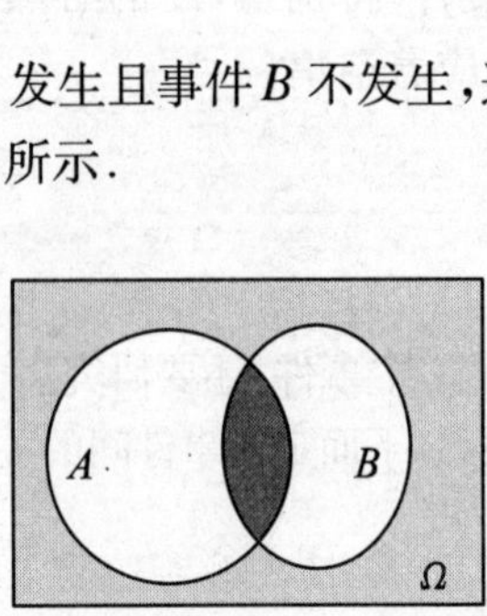

图 9.3

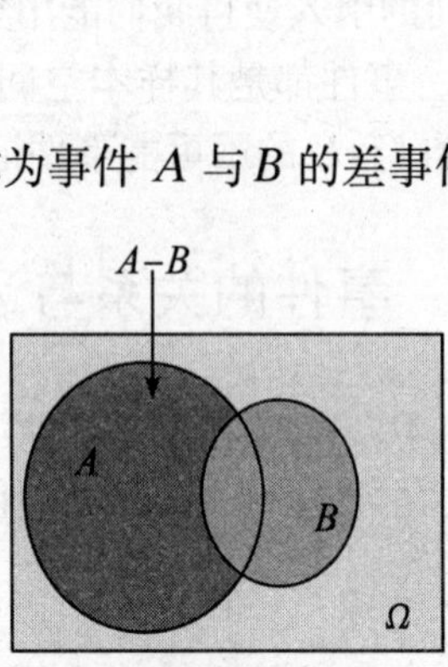

图 9.4

$A-B$ 是由所有属于事件 A 但不属于事件 B 的基本事件组成. $A-B$ 发生当且仅当 A 发生并且 B 不发生.

5. 互斥事件

若事件 A 与 B 不可能同时发生,则称事件 A 与 B 互斥,或事件 A 与 B 互不相容. 如图 9.5 所示.

互斥的两个事件不含有共同的基本事件,基本事件是互斥的,不可能事件与任何事件都是互斥的.

6. 对立(逆)事件

对于事件 A,若事件 $\overline{A}$ 满足 $A\cup\overline{A}=\Omega$, $A\cap\overline{A}=\varnothing$,则把事件 $\overline{A}$ 称为事件 A 的对立事件. 如图 9.6 所示.

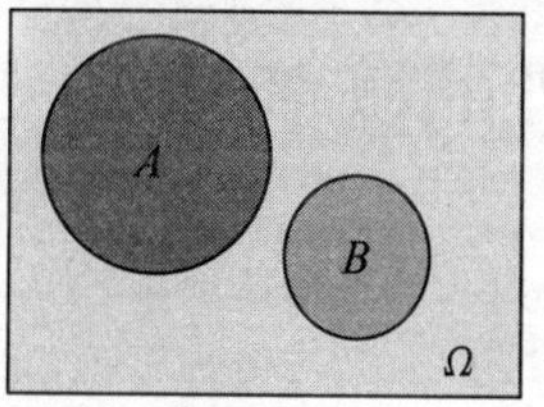

图 9.5

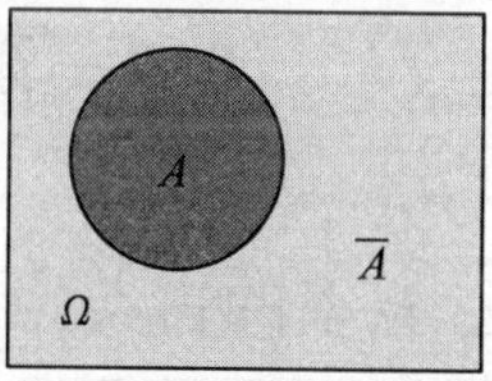

图 9.6

$\overline{A}$ 是由 Ω 中的所有不属于 A 的基本事件组成. 若 A 发生,则 $\overline{A}$ 必不发生,反之亦然. 事件 A, $\overline{A}$ 对立,意味着在任何一次试验中, A, $\overline{A}$ 不可能同时发生且它们中恰好有一个发生.

显然对立事件一定是互斥的,但互斥的事件却并不一定是对立的.

与集合运算一样,事件间的运算满足下列规律:

(1) 交换律: $A\cup B=B\cup A$; $A\cap B=B\cap A$.

(2) 结合律: $A\cup(B\cup C)=(A\cup B)\cup C$; $A\cap(B\cap C)=(A\cap B)\cap C$.

(3) 分配律: $A\cap(B\cup C)=(A\cap B)\cup(A\cap C)$; $A\cup(B\cap C)=(A\cup B)\cap(A\cup C)$.

(4) 对偶律: $\overline{\bigcup_{k=1}^{n}A_k}=\bigcap_{k=1}^{n}\overline{A_k}$, $\overline{\bigcup_{k=1}^{\infty}A_k}=\bigcap_{k=1}^{\infty}\overline{A_k}$; $\overline{\bigcap_{k=1}^{n}A_k}=\bigcup_{k=1}^{n}\overline{A_k}$, $\overline{\bigcap_{k=1}^{\infty}A_k}=\bigcup_{k=1}^{\infty}\overline{A_k}$.

例 1 将两颗均匀的骰子各掷一次,若以 (x,y) 表示其结果,其中 x 表示第一颗骰子出现的点数, y 表示第二颗骰子出现的点数,则样本空间为 $\Omega=\{(x,y):x,y=1,2,3,4,5,6\}$. 若以 A,B,C,D 分别表示事件"点数之和等于 2"、"点数之和等于 5"、"点数之和超过 9"、"点数之和小于 4 也不超过 6". 试写出事件包含的结果.

解 $A=\{(1,1)\}$

$B=\{(1,4),(2,3),(3,2),(4,1)\}$

$C=\{(4,6),(5,5),(6,4),(5,6),(6,5),(6,6)\}$

$D=\{(1,3),(2,3),(3,1),(1,4),(2,2),(3,2),(4,1),$
$(1,5),(2,4),(3,3),(4,2),(5,1)\}$

例 2 设 A,B,C 为三个随机事件,试表示以下事件:

(1) A,B,C 都发生;

(2) A,C 发生但 B 不发生;

(3) A,B,C 都不发生;

(4) A,B,C 中至少有一个发生.

解 (1) ABC;(2) $A\bar{B}C$;(3) $\overline{ABC}$;(4) $A\cup B\cup C$.

9.2 随机事件的概率

9.2.1 概率的古典定义

古典概率模型简称古典概型,通常是指具有下列两个特征的随机试验模型.

(1) 随机试验只有有限个可能的结果,即有限个样本点(有限性).

(2) 每一个样本点发生的可能性相等(等可能性).

古典概型又称为等可能性概型.在概率论产生和发展的过程中,它是最早的研究对象,在实际应用中它也是最常用的一种概率模型.

对于古典概型,以 $\Omega=\{\omega_1,\cdots,\omega_n\}$ 表示样本空间,$\omega_i(i=1,2,\cdots,n)$ 表示样本点,对任一随机事件 $A=\{\omega_{i1},\cdots,\omega_{in}\}$,下面给出古典概型的定义.

定义 9.2.1(概率的古典概型定义) 对于给定的古典概型,若样本空间中有个样本点,事件含有个样本点,则事件的概率为 $P(A)=\dfrac{m}{n}$.

性质 1(古典概率的性质) (1) 对于任意事件 A,$0\leqslant A\leqslant 1$.

(2) $P(\Omega)=1$,$P(\varnothing)=0$.

(3) 若 $A_1,A_2,\cdots,A_n$ 使两两互不相容的事件,则

$$P(A_1\cup A_2\cup\cdots\cup A_n)=P(A_1)+P(A_2)+\cdots+P(A_n)$$

例 1 某种产品共有 30 件,其中含正品 23 件,次品 7 件,从中任取 5 件,试求被取出的 5 件中恰好有 2 件次品的概率.

解 设 =“被取出的 5 件中恰好有 2 件次品”.由题设“从中任取 5 件”应理解

为"一次性取5件",故样本点总数.事件包含的样本点数,则所求概率为

$$P(A)=\frac{C_7^2C_{23}^3}{C_{30}^3}=0.2610$$

9.2.2 概率的统计定义

为得到概率的统计定义,首先引入频率的概念,频率描述了事件发生的频繁程度.

频率定义 若在同一条件组下将试验 E 重复 n 次,事件 A 发生了 m 次,则称比值 $\frac{m}{n}$ 为事件 A 在 n 次重复试验中发生的频率,记为 $f_n(A)$,即 $f_n(A)=\frac{m}{n}$.

人们在实践中发现,当重复试验次数 n 较大时,事件发生的频率往往可以大致反映事件发生的可能性大小.为了解决更一般场合(如等可能性不成立)下概率的定义与计算问题,历史上许多人做了大量的实验来研究频率,发现频率具有稳定性:当 n 很大时,频率值 $f_n(A)$ 会在某个常数附近摆动,而随着试验次数 n 的增大,这种摆动幅度会越来越小.这个常值当然不可能是别的什么值,它是 A 发生的概率 $P(A)$.

频率的稳定性为人们用当 n 很大时的频率值近似地作为概率值提供了依据,由此也得到了历史上第一个概率的一般定义.

概率的统计定义在观察某一随机事件 A 的随机试验中,随着试验次数的增大,事件 A 发生的频率 $f_n(A)$ 会越来越稳定地在某一常数 p 附近摆动,这时就以常数 p 作为事件 A 的概率,并称其为统计概率,即 $P(A)=p$.例如,表9.1中六人抛掷硬币出现正面的频率,随着抛掷次数的增加,越来越稳定在0.5附近.

表9.1

人名	抛掷次数(n)	出现正面的次数	频率
德摩根	2 048	1 061	0.518 1
蒲丰	4 040	2 048	0.506 9
费勒	10 000	4 979	0.497 9
皮尔逊	12 000	6 019	0.501 6
皮尔逊	24 000	12 012	0.500 5
维尼	30 000	14 994	0.499 8

由频率和概率的统计定义,可以得到统计概率的性质:

(1) 非负性:$0\leqslant P(A)\leqslant 1$;

(2) 规范性：$P(\Omega)=1$；

(3) 有限可加性：若事件 $A_1,A_2,\cdots,A_n$ 互不相容，则 $P(\bigcup\limits_{i=1}^{n} A_i)=\sum\limits_{i=1}^{n} P(A_i)$.

例 2 某市卫生管理部门对该市 60 岁以上老人患高血压的情况进行调查，从四个区各分别调查了 80 人、90 人、100 人、100 人，其中患病人数分别为 23,27,33,30. 试估计该市 60 岁以上老人高血压的患病率.

解 以四组调查结果频率的平均值来估计，结果为

$$p=\frac{1}{4}\left(\frac{23}{80}+\frac{27}{90}+\frac{33}{100}+\frac{30}{100}\right)\approx 0.304\ 4$$

9.2.3 概率的性质

根据随机事件概率的定义，可得到随机事件的概率具有以下性质：

性质 1 $P(\varnothing)=0$，即不可能事件的概率为零.

性质 2 若 $A_1,A_2,\cdots,A_n$ 是两两互不相容的事件，则 $P(\bigcup\limits_{i=1}^{n} A_i)=\sum\limits_{i=1}^{n} P(A_i)$.

性质 3 $P(\overline{A})=1-P(A)$.

性质 4 若 $B\subset A$，则 $P(A-B)=P(A)-P(B)$，且 $P(B)\leqslant P(A)$.

性质 5 对于任意事件 A,B，$P(A\cup B)=P(A)+P(B)-P(AB)$.

例 3 设有 100 件产品，其中有 95 件合格品、5 件次品. 从中任取 5 件，试求其中至少有一件次品的概率.

解法 1 设 A_k 表示“5 件产品中有 k 件次品”，这里 $k=1,2,3,4,5$；A 表示“其中至少有一件次品”，则 $A=\sum\limits_{k=1}^{5} A_k$，且 $A_1,A_2,\cdots,A_5$ 互不相容，$P(A_k)=\frac{C_5^k C_{95}^{5-k}}{C_{100}^5}(1\leqslant k\leqslant 5)$. 于是，由性质 2 可得

$$P(A)=\sum_{k=1}^{5} P(A_k)=P(A_k)=\frac{C_5^k C_{95}^{5-k}}{C_{100}^5}\approx 0.230\ 4$$

解法 2 A 事件比较复杂，而其对立事件 $\overline{A}=A_0$ 则比较简单，且 $P(A_0)=\frac{C_{95}^5}{C_{100}^5}\approx 0.767\ 6$. 于是，由性质 3 可得

$$P(A)=1-P(\overline{A})\approx 1-0.769\ 6=0.230\ 4$$

9.3 条件概率与事件的独立性

9.3.1 条件概率

前面我们讨论了一个事件 A 的概率 $P(A)$ 的计算.但在实际生活中,我们常常需要求在事件 B 已发生的条件下 A 发生的概率.我们记为 $P(A|B)$.一般来说,这两个概率是不同的.

考虑有两个孩子的家庭(假定男、女出生率相同).

设 $A=\{一男一女\}=\{(男,女)(女,男)\}$

$B=\{至少有一女\}=\{(男,女),(女,女),(女,男)\}$

则 $\Omega=\{(男,男),(男,女),(女,女),(女,男)\}$,

$$P(A)=\frac{1}{2},\quad P(B)=\frac{3}{4},\quad P(AB)=\frac{1}{2}$$

现在考虑:已知事件 B 发生的条件下,A 发生的概率,则

$$P(A|B)=\frac{2}{3}=\frac{\frac{2}{4}}{\frac{3}{4}}=\frac{P(AB)}{P(B)}$$

即 $P(A|B)=\dfrac{P(AB)}{P(B)}$.

定义 9.3.1 设 A,B 为试验 E 的两个事件,且 $P(B)>0$,则称 $P(A|B)=\dfrac{P(AB)}{P(B)}$ 为事件 B 发生的条件下,事件 A 发生的概率,简称**条件概率**.

条件概率具有以下性质:

(1) 若 A,B 为随机事件,且 $P(B)>0$,则 $0\leqslant P(A|B)\leqslant 1$;

(2) 若 $P(B)>0$,则 $P(\Omega|B)=1$,$P(\varnothing|B)=0$;

(3) 若 $A_1,A_2,\cdots,A_n$ 是两两互不相容的事件,且 $P(B)>0$,则

$$P\left(\sum_{i=1}^{n}A_i \mid B\right)=\sum_{i=1}^{n}P(A_i \mid B)$$

(4) 若 $P(B)>0$,则 $P(\overline{A}|B)=1-P(A|B)$.

例 1 设某种动物由出生算起活 10 年以上的概率为 0.9,活 20 年以上的概率为 0.3.现在有一只 10 岁的这种动物,问它能活 20 岁以上的概率是多少?

解 设 A="能活 10 年以上",B="能活 20 年以上",依题意,$P(A)=0.9$,

$P(B)=0.3$. 由于 $B\subset A$,所以 $AB=B$. 因此 $P(AB)=P(B)=0.3$,于是 $P(A|B)=\dfrac{P(AB)}{P(B)}=\dfrac{1}{3}$.

9.3.2 乘法公式

若已知 $P(B)$,$P(A|B)$,也可以求 $P(AB)$. 这就是概率的乘法公式.

定理 9.3.1 设 $P(B)>0$,则有

$$P(AB)=P(B)P(A|B)$$

设 $P(A)>0$,则有

$$P(AB)=P(A)P(B|A)$$

以上两式称为概率的乘法公式.

概率的乘法公式可以推广到任意个事件的情形.

若事件 $A_1,A_2,\cdots,A_n$ 满足 $P(A_1A_2\cdots A_{n-1})>0$,则

$$P(\bigcap_{i=1}^{n}A_i)=P(A_1)P(A_2|A_1)P(A_3|A_1A_2)\cdots P(A_n|A_1A_2\cdots A_{n-1})$$

例 2 从含有 3 只次品的 10 只产品中无返回地取两次,每次任取一只.(1)求两次都取到正品的概率;(2)求第 2 次才取到正品的概率.

解 设 A_i="第 i 次取到正品",B="两次都取到正品",C="第 2 次才取到正品".

(1) 很显然 $B=A_1A_2$,依题意有

$$P(A_1)=\frac{C_7^1}{C_{10}^1}=\frac{7}{10},\quad P(A_2|A_1)=\frac{C_6^1}{C_9^1}=\frac{2}{3}$$

故 $P(B)=P(A_1)P(A_2|A_1)=\dfrac{7}{15}$.

(2) "第 2 次才取到正品"即"第一次取到次品而第二次取到正品",故 $C=\overline{A_1}A_2$,因此

$$P(C)=P(\overline{A_1}A_2)=P(\overline{A_1})P(A_2|A_1)=\frac{C_3^1}{C_{10}^1}\cdot\frac{C_7^1}{C_9^1}=\frac{7}{30}$$

9.3.3 事件的独立性

一般情况下,条件概率 $P(B|A)$与 $P(B)$是不同的. 但是在某些特殊情况下,条件概率 $P(B|A)$等于无条件概率 $P(B)$. 这时事件发生与否不影响事件的概率,这表明事件 A 与 B 之间存在某种独立性.

定义 9.3.2 设 A,B 为两事件,若 $P(AB)=P(A)P(B)$成立,则称事件 A

与 B 相互独立.

由定义 9.3.2,可以推出如下定理和性质成立.

定理 9.3.2 设 A,B 为两事件,且 $P(A)>0$,则 A 与 B 相互独立的充要条件是 $P(B|A)=P(B)$.

证明 设 A,B 相互独立,即 $P(AB)=P(A)P(B)$,则

$$P(B|A)=\frac{P(AB)}{P(A)}=\frac{P(A)P(B)}{P(A)}=P(B)$$

反之,设 $P(B|A)=P(B)$,则

$$P(AB)=P(A)P(B|A)=P(A)P(B)$$

显然,当 $P(B)>0$ 时,定理 9.3.2 中的充要条件可改为 $P(A|B)=P(A)$,而当 $P(A),P(B)$ 至少有一个为零时,由 $AB\subset A$ 及 $AB\subset B$ 易知,此时仍有 $P(AB)=P(A)P(B)$ 成立.这表明,概率为零的事件与任一事件相互独立.

性质 (1) 不可能事件 $\varnothing$ 与任何事件独立;

(2) 若事件 A,B 相互独立,则 A 与 $\overline{B}$,$\overline{A}$ 与 B,$\overline{A}$ 与 $\overline{B}$ 分别相互独立.

证明 (1) 显然成立.

(2) 由于 $A=AB+A\overline{B}$,则 $P(A)=P(AB)+P(A\overline{B})$.

由 A 与 B 的独立性,知 $P(A)=P(A)P(B)+P(A\overline{B})$,则

$$\begin{aligned}P(A\overline{B})&=P(A)-P(A)P(B)\\&=P(A)(1-P(B))\\&=P(A)P(\overline{B})\end{aligned}$$

从而 A 与 $\overline{B}$ 相互独立,类似可证明其他结论.

定义 9.3.3 对于随机事件 A_1,A_2,A_3,若下列四个等式成立,则称 A_1,A_2,A_3 是相互独立的:

(1) $P(A_1A_2)=P(A_1)P(A_2)$;

(2) $P(A_3A_2)=P(A_3)P(A_2)$;

(3) $P(A_1A_3)=P(A_1)P(A_3)$;

(4) $P(A_1A_2A_3)=P(A_1)P(A_2)P(A_3)$.

若前三个等式成立,称是 A_1,A_2,A_3 两两独立的.

上述三个事件相互独立的定义中要求四个等式同时成立,缺一不可,下面的例子说明了这一点.

例 3 若有一个均匀正八面体,其 1,2,3,4 面染有红色,1,2,3,5 面染有白色,1,6,7,8 面染有黑色,用 A,B,C 表示投掷一次正八面体出现红、白、黑色的事件,则

$$P(A)=P(B)=P(C)=\frac{4}{8}=\frac{1}{2}$$

$$P(ABC)=\frac{1}{8}=P(A)P(B)P(C)$$

但 $P(AB)=\frac{3}{8}\neq\frac{1}{4}=P(A)P(B)$.

我们可以将相互独立概念推广到任意 n 个事件的情形.

定义 9.3.4 设有 n 个事件 $A_1,A_2,\cdots,A_n$，如果对于任意正整数 $k(2\leqslant k\leqslant n)$ 以及 $1\leqslant i_1<i_2<\cdots<i_k\leqslant n$ 有 $P(A_{i_1}A_{i_2}\cdots A_{i_k})=P(A_{i_1})P(A_{i_2})\cdots P(A_{i_k})$ 成立，则称事件 $A_1,A_2,\cdots,A_n$ 是相互独立的.

从定义 9.3.4 不难看出，多个事件相互独立的条件十分苛刻，要求 $C_n^2+C_n^3+\cdots+C_n^n=(1+1)^n-C_n^0-C_n^1=2^n-n-1$ 个等式必须同时成立. 例如，当 $n=3$ 时应有 $2^3-3-1=4$ 个等式同时成立.

而 n 个事件中两两独立的条件是 C_n^2 个式子

$$P(A_iA_j)=P(A_i)P(A_j)\quad(i\neq j;i,j=1,\cdots,n)$$

成立.

可见由多个事件相互独立可以推出它们两两独立. 反之，由多个事件两两独立不一定能推出它们相互独立.

例 4 有两门高射炮独立地射击一架敌机，设甲炮击中敌机的概率为 0.8，乙炮击中敌机的概率为 0.7，试求敌机被击中的概率.

解 设 A 表示"甲击中敌机"，B 表示"乙击中敌机"，那么敌机被击中这一事件是 $A+B$，由于 A,B 相互独立，故

$$\begin{aligned}P(A+B)&=P(A)+P(B)-P(AB)\\&=P(A)+P(B)-P(A)P(B)\\&=0.8+0.7-0.8\times0.7\\&=0.94\end{aligned}$$

习 题 9

1. 已知事件 $A\subset B$，$P(A)=0.3$，$P(B)=0.7$，则 $P(A\cup B)=$(　　).
   A. 0.3　　B. 0.7　　C. 1　　D. 0.4
2. 已知 $A\subset B$，$P(A)=0.2$，$P(B)=0.3$，则 $P(AB)=$(　　).
   A. 0.2　　B. 0.3　　C. 0.06　　D. 0.1

3. 从1,2,3,4,5这五个数字中等可能地、有放回地接连抽取两个数字,则这两个数字不相同的概率为(　　).

A. $\frac{1}{2}$　　B. $\frac{2}{25}$　　C. $\frac{4}{25}$　　D. 以上都不对

4. 投掷两个均匀的骰子,已知点数之和是偶数,那么点数之和为6的概率为(　　).

A. $\frac{5}{18}$　　B. $\frac{1}{3}$　　C. $\frac{1}{2}$　　D. 以上都不对

5. 一对年轻夫妇和其两岁的孩子做游戏,让孩子把分别写有"One","World","One","Dream"的四张卡片随机排成一行,若卡片按从左到右的顺序排成"One World One Dream",则孩子会得到父母的奖励,那么孩子受到奖励的概率为(　　).

A. $\frac{1}{12}$　　B. $\frac{5}{12}$　　C. $\frac{7}{12}$　　D. $\frac{5}{6}$

6. 10个产品中有3个次品,现抽取4个产品检查,记 A_i ="第 i 个产品是次品",$i=1,2,3,4$,用 A 表示事件"恰有2个次品",则 $P(A)=$ ________.

7. 10个产品中有3个次品,现抽取4个产品检查,记 A_i ="第 i 个产品是次品",$i=1,2,3,4$,用 A 表示事件"至少有1个次品",则 $P(A)=$ ________.

8. 设事件 A,B,C 相互独立,且 $P(A)=0.5,P(B)=0.6,P(C)=0.7$,则 $P(A\cup B\cup C)=$ ________.

9. 设两事件 A,B 相互独立,$P(A)=0.6,P(B)=0.5$,则 $P(\overline{A}(A\cup B))$ $=$ ________.

10. 某人有一笔资金,他投入基金的概率为0.58,购买股票的概率为0.28,两项投资都做的概率为0.19,已知他已购买股票,问他再投入基金的概率是多少?

11. 一批零件共有100个,次品率为10%,每次从中任取一个零件,取出的零件不再放回去,求第三次才取得正品的概率.

12. 将4个球随机地放在5个盒子里,求下列事件的概率:

(1) 4个球全在一个盒子里;

(2) 恰有一个盒子有2个球.

13. 为积极配合深圳2011年第26届世界大运会志愿者招募工作,某大学数学学院拟成立由4名同学组成的志愿者招募宣传队,经过初步选定,2名男同学、4名女同学共6名同学成为候选人,每位候选人当选宣传队队员的机会是相同的.

(1) 求当选的4名同学中恰有1名男同学的概率;

(2) 求当选的4名同学中至少有3名女同学的概率.

14. 已知三个正数 a,b,c 满足 $a<b<c$.

(1) 若 a,b,c 是从 $\left\{\frac{1}{10},\frac{2}{10},\cdots,\frac{9}{10}\right\}$ 中任取的三个数，求 a,b,c 能构成三角形三边长的概率；

(2) 若 a,b,c 是从 $(0,1)$ 中任取的三个数，求 a,b,c 能构成三角形三边长的概率.

15. 设函数 $f(x)=ax+\frac{x}{x-1}+(x-1)$，若 a 是从 1,2,3 三个数中任取一个数，b 是从 2,3,4,5 四个数中任取一个数，求 $f(x)>b$ 恒成立的概率.

第 10 章　随机变量及其数字特征

10.1　随机变量的概念

我们发现在讨论随机变量及其概率时，随机试验的结果与数值有密切的关联，试验的结果可以用某些实数值加以刻画，许多随机试验的结果本身就是一个数值.虽然有些随机试验的结果不直接表现为数值，但却可以被数量化.

例 1　掷一质地均匀的骰子，向上一面的点数用 X 表示，则所有可能值为 1，2，…，6，即：

	出现 1 点	出现 2 点	出现 3 点	出现 4 点	出现 5 点	出现 6 点
X	1	2	3	4	5	6

显然，X 是一个变量，它取不同的数值表示试验的不同结果，例如 $\{X=2\}$ 就表示事件"出现 2 点".这里 X 取 1，2，…，6 的概率相等，均为 $\frac{1}{6}$.

例 2　设袋中有 10 只同样大小的球，其中有 3 只黑球、7 只白球，先从中任意取出 2 球，如果用 X 表示取到黑球的数量，则 X 的可能取值为 0，1，2，即：

	没有取到黑球	取到 1 只黑球	取到 2 只黑球
X	0	1	2

显然，X 也是一个变量，它取不同的数值表示取出的不同结果，且 X 是以一定概率取值的.例如：$\{X=2\}$ 就表示事件"取到 2 个黑球"，且

$$P(X=2)=\frac{C_3^2}{C_{10}^2}=\frac{1}{15}$$

从以上的例子可以看出，X 变量的取值总是与随机试验的结果对应，即 X 的取值随试验结果的不同而不同，由于试验的各种结果具有随机性，因此 X 的取值也具有一定的随机性.

定义 10.1.1　设随机试验 E，它的样本空间 $\Omega=\{\omega\}$.若对任一 $\omega\in\Omega$，都有

实数 $X(\omega)$与之对应,则称 $X(\omega)$为随机变量,简记为 X.

引入随机变量后,随机事件就可以表示为随机变量在某一范围内的取值,例如:在掷骰子实验中"恰好出现5点"表示为$\{X=5\}$,"出现的点数不少于3"表示为$\{X\geqslant 3\}$.

随机变量分离散型和非离散型两大类.离散型随机变量是指其所有可能取值为有限或可列无穷多个的随机变量.非离散型随机变量是对除离散型随机变量以外的所有随机变量的总和,范围很广,而其中最重要且应用最广泛的是连续型随机变量.

定义 10.1.2 设 X 为随机变量,x 是任意实数,称函数 $F(x)=P(X\leqslant x)$为 X **的分布函数**.

分布函数 $F(x)$的性质如下:

(1) $F(x)$单调不减,即当 $x_1<x_2$ 时,$F(x_2)\leqslant F(x_2)$;

(2) $0\leqslant F(x)\leqslant 1$,且 $F(-\infty)=\lim\limits_{x\to-\infty}F(x)=0$,$F(+\infty)=\lim\limits_{x\to+\infty}F(x)=1$;

(3) $F(x)$在任意一点 x 处右连续,即 $F(x^+)=\lim\limits_{t\to x^+}F(t)$.

由分布函数的定义与性质可归纳出如下用分布函数表达概率的公式:

(1) $P(a<X\leqslant b)=F(a)-F(a)$;

(2) $P(X=a)=F(a)-F(a^-)$,其中 $F(a^-)=\lim\limits_{x\to a^-}F(X)$.

10.2 离散型随机变量及其分布

10.2.1 离散型随机变量及其分布

定义 10.2.1 如果随机变量 X 只能取有限个或可列无穷多个数值,则 X 称为**离散型随机变量**.

要掌握一个随机变量的统计规律,不但要知道它都可能取什么值,更重要的是知道它取每一个值的概率是多少.

定义 10.2.2 设 $x_k(k=1,2,\cdots)$为离散型随机变 X 量所有可能取值,$p_k(k=1,2,\cdots)$是 X 取值 x_k 时相应的概率,即

$$P(X=x_k)=p_k\quad(k=1,2,\cdots)$$

则上式叫做离散型随机变量 X 的**概率分布**,其中 $p_k\geqslant 0$ 且 $\sum p_k=1$.

离散型随机变量 X 的概率分布也可以用表 10.1 的形式来表示,称其为离散

型随机变量 X 的分布律.

表 10.1

X	x_1	x_2	…	x_k	…
P	p_1	p_2	…	p_k	…

例 1 某男生投篮的命中率为 0.8,现在他不停地投篮,直到投中为止,求投篮次数 X 的概率分布.

解 显然当 $X=1$ 时 $p_1=0.8$.

当 $X=2$ 时,意味着第一次投篮未中,而第二次命中.由于两次投篮是相互独立的,故 $p_2=0.2\times0.8=0.16$.

当 $X=k$ 时,前 $k-1$ 次均未投中,所以 $p_k=0.2^{k-1}\times0.8$.

于是所求的概率分布为 $P(X=k)=p_k=0.2^{k-1}\times0.8(k=1,2,\cdots)$.

10.2.2 几种常见的离散型随机变量的分布

1. 两点分布(0-1 分布)

如果随机变量 X 只取 0,1 两个值,即:

X	事件 A 不出现	事件 A 出现
P	0	1

其分布律为:

X	q	p
P	0	1

其中 $0<p<1$, $q=1-p$,则称 X 服从参数为 p 的两点分布或 0-1 分布,记为 $X\sim B(1,p)$.

例 2 一批产品共有 100 件,其中有 3 件次品.从这批产品中任取一件,以 x 表示"取到的次品数",即

X	q	p
P	0	1

求抽取次数 X 的分布律.

解 因为

$$P(X=0)=\frac{C_{97}^{1}}{C_{100}^{1}}\frac{97}{100}$$

$$P(X=1)=\frac{C_{3}^{1}}{C_{100}^{1}}\frac{3}{100}$$

故得分布律为

X	0	1
P	97/100	3/100

两点分布是简单且又经常遇到的一种分布,一次试验只可能出现两种结果时,便确定一个服从两点分布的随机变量.如检验产品是否合格、电路是否通路.新生婴儿的性别、系统运行是否正常等等,相应的结果均服从两点分布.

2. 二项分布

如果随机变量 X 为 n 重伯努利试验中事件 A 发生的次数,则 X 的可能取值为 $0,1,2,\cdots,n$,在 n 次试验中,A 发生 k 次的概率为 $p_k=P(X=k)=C_n^k p^k q^{n-k}$.

显然 $p_k\geqslant 0$,且

$$\sum_{k=0}^{n}p_k=\sum_{k=0}^{n}C_n^k p^k q^{n-k}=(p+q)^n=1$$

如果随机变量 X 的概率分布为

$$P(X=k)=C_n^k p^k q^{n-k}\quad(k=0,1,2,\cdots,n)$$

其中,$0<p<1,q=1-p$,则称 X 服从参数为 n,p 的二项分布,记作 $X\sim B(n,p)$.

特别地,当 $n=1$ 时的二项分布就是两点分布.

例 3 某大楼有两部电梯,每部电梯因故障不能使用的概率均为 0.02,设某时刻不能使用的电梯数为 X,求 X 的分布律.

解 因为 $X\sim B(2,0.02)$,所以

$$P(X=k)=C_2^{0.02}(0.02)^k(1-0.02)^{2-k}\quad(k=0,1,2)$$

于是 X 的分布律为

X	0	1	2
P	0.960 4	0.039 2	0.000 4

3. 泊松分布

如果随机变量 X 的概率分布为 $P(X=k)=\frac{\lambda^k}{k!}e^{-\lambda}(k=0,1,2,\cdots)$,其中 $\lambda>$

0,则称 X 服从参数为 λ 的泊松(Poisson)分布,记为 $X \sim P(\lambda)$.

泊松分布常见于所谓"稠密性"问题.在实际生活中已发现许多取值为非负整数的随机变量都服从泊松分布.例如,在一定时间内,在某随机服务设施得到服务对象的数目(如电话交换台收到的呼叫次数、网站收到的点击数、柜台前到达的顾客人数、车站候车的旅客人数、机场降落的飞机数、交叉路口通过的车辆数等);在一定时间或其他某度量范围内,发生错误、故障、事故等的次数(如单位面积上的疵点数、零件铸造表面上一定大小的面积内砂眼的个数、某时间内某工厂发生的事故数、某时间内打字员打错的字数、书中每页的印刷错误等);放射性物质在一定时间内放射的粒子数,等等.

例 4 某城市每天发生火灾的次数服从参数为 $\lambda = 0.8$ 的泊松分布,求该城市内一天发生火灾的次数大于或等于 3 的概率.

解 由概率的性质知

$$\begin{aligned} P(X \geqslant 3) &= 1 - P(X=0) - P(X=1) - P(X=2) \\ &= 1 - \mathrm{e}^{-0.8}\left(1 + \frac{0.8^1}{1!} + \frac{0.8^2}{2!}\right) \approx 0.047\,4 \end{aligned}$$

10.3 连续型随机变量及其分布

10.3.1 连续型随机变量及其密度函数

除了离散型随机变量外,人们比较关心的另一类随机变量是连续型随机变量,这种变量 X 可以取某个区间上的所有值.这时考察 X 取某个值的概率往往意义不大,人们往往考察 X 在此区间上的某一子区间取值的概率.例如打靶时,人们并不想知道某个射手击中靶上某一点的概率,而是希望知道他击中某一环的概率.若把弹着点和靶心的距离看成随机变量 X,则击中某一环即 X 表示在此环所对应的区间内取值,于是,人们讨论的问题就变成了求概率 $P(a < X \leqslant b)$ 值的问题

定义 10.3.1 对于随机变量 X,若存在非负可积函数 $f(x)(-\infty < x < +\infty)$,对于任意的实数 $a, b(a < b)$,都有

$$P(a < X \leqslant b) = \int_a^b f(x)\mathrm{d}x$$

则称 X 为连续型随机变量,$f(x)$ 称为 X 的概率密度函数,简称概率密度或密度函数,有时也可用其他函数符号如 $p(x)$ 等表示.

如果 $f(x)$ 是随机变量 X 的密度函数,则它必有如下性质:

(1) $f(x) \geqslant 0(-\infty < x < +\infty)$;

(2) $\int_{-\infty}^{+\infty} f(x)\mathrm{d}x = P(+\infty < X < +\infty) = 1$.

如果给出了随机变量的概率密度，那么它在任何区间取值的概率就等于概率密度在这个区间上的定积分.在直角坐标系中画出的密度函数的图像，称为密度曲线.如图10.1所示，密度曲线位于x轴的上方，且密度曲线与x轴之间的面积恒为1；X落在任一区间(a,b)内取值的概率等于以该区间为底、以密度曲线为顶的曲边梯形的面积.

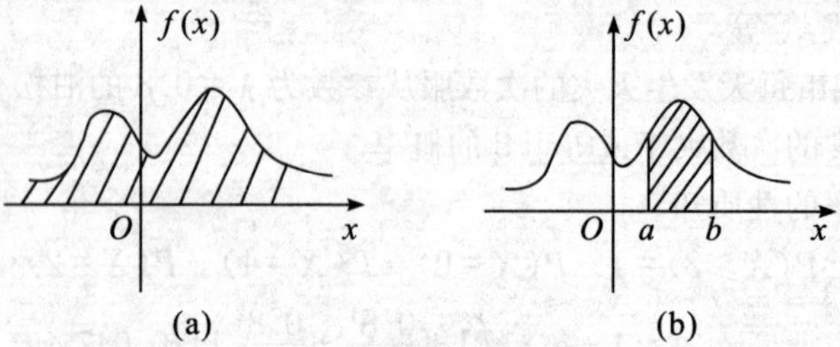

图 10.1

由连续型随机变量的定义及概率的性质可以推出$P(X=a)=0$(a为任一常数)，即连续型随机变量在某一点取值的概率为零，从而有

$$P(a < X < b) = P(a < X \leqslant b) = P(a \leqslant X < b) = P(a \leqslant X \leqslant b) = \int_a^b f(x)\mathrm{d}x$$

即区间端点对求连续型随机变量的概率没有影响.

概率密度$f(x)$不表示随机变量X取值为x的影响，而是表示随机变量X在点x附近取值的密度程度，就像线密度一样，某一点的线密度并不代表物质在这一点的质量.

例1 设某连续型随机变量的概率密度为

$$f(x)=\begin{cases} k(4x-2x^2), & 0<x<2 \\ 0, & \text{其他} \end{cases}$$

求：(1) 常数k；(2) $P(1<X<2)$；(3) $P(X>1)$.

解 (1) 根据密度函数性质有

$$\int_{-\infty}^{+\infty} f(x)\mathrm{d}x = \int_0^2 k(4x-2x^2)\mathrm{d}x = k\left(2x^2 - \frac{2}{3}x^3\right)\Big|_0^2 = \frac{8}{3}k = 1$$

解得$k=\dfrac{3}{8}$.

(2) $P(1 < X < 2) = \int_1^2 \dfrac{3}{8}(4x-2x^2)\mathrm{d}x = \dfrac{3}{8}\left(2x^2 - \dfrac{2}{3}x^3\right)\Big|_1^2 = \dfrac{1}{2}$.

(3) $P(X>1)=\int_1^{+\infty}\frac{3}{8}(4x-2x^2)\mathrm{d}x=\int_1^2\frac{3}{8}(4x-2x^2)\mathrm{d}x+\int_2^{+\infty}0\mathrm{d}x=\frac{1}{2}$.

10.3.2 几种常用的连续型随机变量的分布

1. 均匀分布

如果连续型随机变量的概率密度为

$$f(x)=\begin{cases}\dfrac{1}{b-a}, & a\leqslant x\leqslant b\\ 0, & 其他\end{cases}$$

其中,$a<b$ 为有限数,则称 X 在区间$[a,b]$上服从均匀分布,记作 $X\sim U[a,b]$.

容易验证:$f(x)$满足概率密度的两条性质.由连续型随机变量的定义,可以求得 X 的分布函数为

$$F(x)=\begin{cases}0, & x<a\\ \dfrac{x-a}{b-a}, & a\leqslant x\leqslant b\\ 1, & b<x\end{cases}$$

$F(x)$的图像如图 10.2 所示.

易见,对于在区间$[a,b]$上均匀分布的随机变量,X 落在任一长度为 l 的子区间$(c,d)$$(a\leqslant c<d\leqslant b)$上的概率为

$$\int_c^d f(x)\mathrm{d}x=\int_c^d\frac{1}{b-a}\mathrm{d}x=\frac{d-c}{b-a}=\frac{l}{b-a}$$

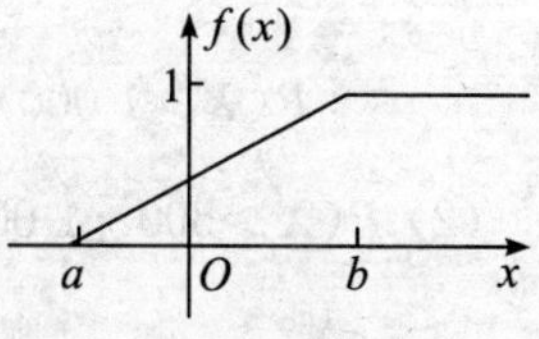

图 10.2

该概率与子区间的长度成正比,而与子区间的起点无关.

例 2 设某一时间段内的任意时刻,乘客到达公共汽车站是等可能的.若每隔 3 分钟来一趟车,则乘客等车时间 X 服从均匀分布.试求 X 的概率密度即等车时间不超过 2 分钟的概率.

解 因为 $X\sim U[0,3]$,所以 X 的密度函数为

$$f(x)=\begin{cases}\dfrac{1}{3}, & 0\leqslant x\leqslant 3\\ 0, & 其他\end{cases}$$

所以等车时间不超过 2 分钟的概率为 $P(0\leqslant X\leqslant 2)=\int_0^2\frac{1}{3}\mathrm{d}x=\frac{2}{3}$.

2. 指数分布

如果连续型随机变量 X 的密度函数为

$$f(x)=\begin{cases}\lambda \mathrm{e}^{-\lambda x}, & x>0\\ 0, & x\leqslant 0\end{cases}$$

则称 X 服从参数为 λ 的指数分布，记作 $X\sim E(\lambda)$.

指数分布常常作为各种“寿命”分布的近似描述.例如，某些产品(如电子元件等)的使用寿命、人或动物的寿命，某生产系统接连两次故障之间的时间间隔.一些随机服务系统中，等待服务的时间也常服从指数分布.例如，电话的通话时间、机场的一条跑道等待一次飞机起飞或降落的时间、某网站等待一次点击的时间、顾客在柜台前或银行窗口前等待服务的时间等.指数分布在可靠性理论和排队论等领域内亦有着广泛的应用.

例 3 已知某种机器无故障工作时间 X(单位:小时)服从参数为 $\frac{1}{2\,000}$ 的指数分布.

(1) 试求机器无故障工作时间在 1 000 小时以上的概率；

(2) 如果某机器已经无故障工作了 500 小时，试求该机器能再继续无故障工作 1 000 小时的概率.

解 (1)因 $X\sim E\left(\frac{1}{2\,000}\right)$，所以 X 的分布函数为 $F(x)=1-\mathrm{e}^{-\frac{1}{2\,000}}\ (x>0)$，从而

$$P(X>1\,000)=1-P(X\leqslant 1\,000)=1-(1-\mathrm{e}^{-\frac{1\,000}{2\,000}})=\mathrm{e}^{-\frac{1}{2}}$$

(2) $P(X>500+1\,000\mid X>500)=\dfrac{P(X>1\,500)}{P(X>500)}=\dfrac{1-P(X\leqslant 1\,500)}{1-P(X\leqslant 500)}=\mathrm{e}^{-\frac{1}{2}}$.

3. 正态分布

如果连续型随机变量 X 的概率密度函数为

$$f(x)=\frac{1}{\sigma\sqrt{2\pi}}\mathrm{e}^{-\frac{(x-\mu)^2}{2\sigma^2}}\quad(-\infty<x<+\infty,-\infty<\mu<+\infty)$$

其中，$\sigma>0$ 为常数，则称 X 服从以 μ,σ^2 为参数的正态分布，记作 $X\sim N(\mu,\sigma^2)$.

特别地，当 $\mu=0,\sigma=1$ 时，称 X 服从标准正态分布，并分别以

$$\varphi(x)=\frac{1}{\sqrt{2\pi}}\mathrm{e}^{-\frac{x^2}{2}},\quad -\infty<x<+\infty$$

及

$$\Phi(x)=\frac{1}{\sqrt{2\pi}}\int_{-\infty}^{x}\mathrm{e}^{-\frac{t^2}{2}}\,\mathrm{d}t,\quad -\infty<x<+\infty$$

为标准正态分布的密度函数和分布函数.

正态分布是概率论中最重要的一种分布，因为它是实际中最常见的一种分布.

理论上可以证明，如果某个数量指标呈现的随机性是由许多个相对独立的随机因素影响的结果，而每个随机因素的影响并不大，这时该数量指标就服从正态分布．例如测量误差，人的身高、体重，产品的质量指标（如尺寸、强度），农作物的收获量等都服从或近似地服从正态分布．

正态密度函数 $f(x)$ 的图像具有以下特点：

(1) 以直线 $x=\mu$ 为对称轴，并在 $x=\mu$ 处有最大值 $f(x)=\dfrac{1}{\sqrt{2\pi}\sigma}$（图10.3(a)）；

(2) 在 $x=\mu\pm\sigma$ 处各有一个拐点；

(3) 当 $x\to\pm\infty$ 时，以 x 轴为渐近线；

(4) 当固定 σ 而变动 μ 时，图像形状不变地沿 x 轴平行移动（图10.3(b)）．当固定 μ 而变动 σ 时，随着 σ 的变大，图像的高度下降，形状变得平坦；随着 σ 的变小，图像的高度上升，形状变得陡峭（图10.3(c)）．

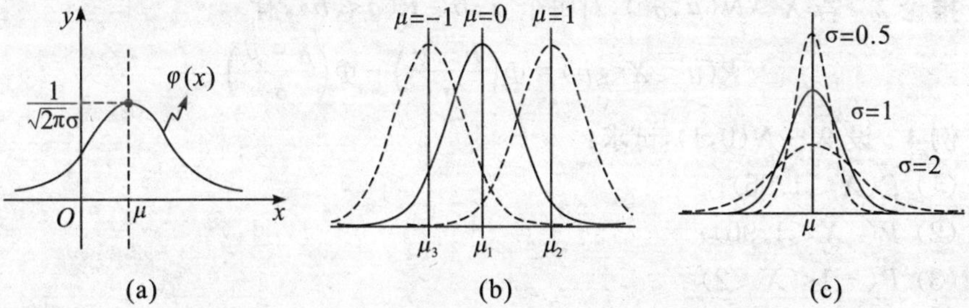

图10.3

若 $X\sim N(\mu,\sigma^2)$，则 X 的分布函数为

$$F(x)=\frac{1}{\sigma\sqrt{2\pi}}\int_{-\infty}^{x}e^{-\frac{(t-\mu)^2}{2\sigma^2}}dt$$

对于标准正态分布函数 $\Phi(x)=\dfrac{1}{\sqrt{2\pi}}\displaystyle\int_{-\infty}^{x}e^{-\frac{t^2}{2}}dt$ 的值，已编制成表可供使用（见附录3）．由于标准正态密度函数 $\varphi(x)=\dfrac{1}{\sqrt{2\pi}}e^{-\frac{x^2}{2}}$ 的图像关于 y 轴对称，从而有

$$\begin{aligned}\Phi(-x)&=\int_{-\infty}^{x}\varphi(t)dt=\int_{x}^{+\infty}\varphi(t)dt=\left(\int_{-\infty}^{x}+\int_{x}^{+\infty}-\int_{-\infty}^{x}\right)\varphi(t)dt\\&=\int_{-\infty}^{+\infty}\varphi(t)dt-\int_{-\infty}^{x}\varphi(t)dt=1-\Phi(x)\end{aligned}$$

一般正态分布 $N(\mu,\sigma^2)$ 与标准正态分布 $N(0,1)$ 有如下关系：

定理10.3.1 设随机变量 $X\sim N(\mu,\sigma^2)$，分布函数为 $F(x)$，则对每一个 $x\in$

R,有

$$F(x)=\Phi\left(\frac{x-\mu}{\sigma}\right)$$

证明 由分布函数的定义,知

$$F(x)=\int_{-\infty}^{x}f(t)\mathrm{d}t=\int_{-\infty}^{x}\frac{1}{\sqrt{2\pi}}\mathrm{e}^{-\frac{(t-\mu)^2}{2\sigma^2}}\mathrm{d}t$$

令$\frac{t-\mu}{\sigma}=u$,则得

$$F(x)=\int_{-\infty}^{\frac{x-\mu}{\sigma}}\frac{1}{\sqrt{2\pi}}\mathrm{e}^{-\frac{u^2}{2}}\mathrm{d}u=\Phi\left(\frac{x-\mu}{\sigma}\right)$$

由此可得如下推论:

推论 1 若 $X\sim N(\mu,\sigma^2)$,则 $Y=\frac{X-\mu}{\sigma}\sim N(0,1)$.

推论 2 若 $X\sim N(\mu,\sigma^2)$,对每个 $a,b\in\mathbf{R}(a<b)$,有

$$P(a<X\leqslant b)=\Phi\left(\frac{b-\mu}{\sigma}\right)-\Phi\left(\frac{a-\mu}{\sigma}\right)$$

例 4 设 $X\sim N(0,1)$,试求:

(1) $P(X\leqslant 1.96)$;

(2) $P(\ X\leqslant 1.96)$;

(3) $P(-1<X<2)$

解 (1) $P(X\leqslant 1.96)=\Phi(1.96)=0.975$.

(2) $P(X\leqslant 1.96)=2\Phi(1.96)-1=0.95$.

(3) $P(-1<X<2)=\Phi(2)-\Phi(-1)=\Phi(2)+\Phi(1)-1$
$=0.97\,725+0.841\,3-1=0.818\,55$.

10.4 随机变量的数字特征

10.4.1 数学期望

1. 离散型随机变量的数学期望

例 1 设一盒产品共有 10 件,其中含有等外品、二级品、一级品件数与售价为

售价 x_k	5	8	10
件数 n_k	1	3	6
频率 f_k	$\frac{1}{10}$	$\frac{3}{10}$	$\frac{5}{10}$

该盒产品平均每件售价

$$\overline{X}=\frac{1}{10}(5\times1+8\times3+10\times6)$$

$$=5\times\frac{1}{10}+8\times\frac{3}{10}+10\times\frac{6}{10}\times8.9$$

不难看出,售价的平均值 $\overline{X}$ 等于售价 X 的各可能值 x_k 与其频率 f_k 乘积之和,但对一批同类产品而言,各盒产品各个等级的频率具有波动性,因此要定出该批产品每件的平均售价,应该用频率 f_k 的稳定值即概率 p_k 去代替频率 f_k 对各可能值求加权平均,推而广之,便得数学期望的概念.

定义 10.4.1 设离散型随机变量 X 的分布律为 $P(X=x_i)=p_i(i=1,2,\cdots)$,则称和式 $\sum\limits_{i=1}x_ip_i$ 为离散型随机变量 X 的数学期望,记作

$$E(X)=\sum_{i=1}x_ip_i=x_1p_1+x_2p_2+\cdots+x_np_n+\cdots$$

或记为 EX,即数学期望等于离散型随机变量的所有可能取值与其对应概率乘积之和.

例 2 设随机变量 X 的分布律为

X	0	1	2
P	0.2	0.3	0.5

求 $E(X)$.

解

$$E(X)=\sum_{k=1}^{3}x_kp_k=x_1p_1+x_2p_2+x_3p_3$$

$$=0\times0.2+1\times0.3+2\times0.5$$

$$=1.3$$

例 3 一批产品中有一、二、三等品、等外品及废品五种,相应的概率分别为 0.7,0.1,0.1,0.06 及 0.04,若其产值分别为 6 元、5.4 元、5 元、4 元及零元.试求产品的平均产值.

解 设 X 表示各种产品的产值,则依题意可知其分布律为

X	6	5.4	5	4	0
P	0.7	0.1	0.1	0.06	0.04

从而

$$E(X)=6\times 0.7+5.4\times 0.1+4\times 0.06+0\times 0.04$$
$$=5.48(\text{元})$$

下面求解几个常用的离散型随机变量的数学期望.

(1) 两点分布

两点分布的分布律为

X	q	p
P	0	1

其中,$0<p<1$,$p=1-q$,所以两点分布的数学期望

$$E(X)=0\times q+1\times p=p$$

(2) 二项分布

二项分布的分布律为

$$P(X=k)=C_n^k p^k q^{n-k},0<p<1,k=0,1,2,\cdots,n$$

所以

$$E(X)=\sum_{k=0}^{n}kp_k=\sum_{k=0}^{n}kC_n^k p^k q^{n-k}$$
$$=\sum_{k=0}^{n}k\frac{n!}{k!(n-k)!}p^k q^{n-k}$$
$$=\sum_{k=1}^{n}\frac{np(n-1)!}{(k-1)![(n-1)-(k-1)]!}p^{k-1}q^{n-k}$$

令 $k'=k-1,m=n-1$.当 $k=1$ 时,$k'=0$,当 $k=n$ 时,$k'=n-1=m$,于是有

$$E(X)=\sum_{k'=0}^{n}\frac{npm!}{k'!(m-k')!}p^{k'}q^{m-k'}=np\sum_{k'=0}^{m}C^m p^{k'}q^{m-k'}=np$$

即二项分布的数学期望 $E(X)=np$.

二项分布的期望是 np,直观上也比较容易理解这个结果,因为 X 是 n 次试验中某事件 A 出现的次数,它在每次试验时出现的概率为 p,那么 n 次试验时当然平均出现了 np 次.

(3) 泊松分布

泊松分布的分布律为

$$P(X=k)=\frac{\lambda^k e^{-\lambda}}{k!},\quad k=0,1,2,\cdots,n$$

所以

$$E(X) = \sum_{k=0}^{\infty} k \frac{\lambda^k e^{-\lambda}}{k!} = \sum_{k=1}^{\infty} k \frac{\lambda^k e^{-\lambda}}{k!} = \sum_{k=1}^{\infty} k \frac{\lambda^k e^{-\lambda}}{(k-1)!}$$

$$= \lambda \sum_{k=1}^{\infty} \frac{\lambda^{k-1} e^{-\lambda}}{(k-1)!}$$

令 $k' = k - 1$,当 $k = 1$ 时,$k' = 0$,则

$$E(X) = \lambda \sum_{k'=1}^{\infty} \frac{\lambda^{k'} e^{-\lambda}}{k'!} = \lambda$$

即泊松分布的参数 λ 就是随机变量的数学期望.

2. 连续型随机变量的数学期望

对于连续型随机变量数学期望概念的引入,大体上可以在离散型随机变量数学期望基础上,沿用高等数学中生成定积分的思路,改求和为和积分即可.

定义 10.4.2 设随机变量 X 的密度函数为 $f(x)(-\infty < x < +\infty)$. 如果积分 $\int_{-\infty}^{+\infty} xf(x)\mathrm{d}x$ 绝对收敛,称积分 $\int_{-\infty}^{+\infty} xf(x)\mathrm{d}x$ 的值为随机变量 X 的数学期望,记为 $E(X) = \int_{-\infty}^{+\infty} xf(x)\mathrm{d}x$

例 4 设随机变量 X 的密度函数为 $f(x) = \frac{1}{2}e^{-|x|}$, $-\infty < x < +\infty$. 求 $E(X)$.

解 由定义知

$$E(X) = \int_{-\infty}^{+\infty} xf(x)\mathrm{d}x = \int_{-\infty}^{+\infty} \frac{1}{2} x e^{-|x|}\mathrm{d}x = \frac{1}{2}\int_{-\infty}^{0} xe^{x}\mathrm{d}x + \frac{1}{2}\int_{0}^{+\infty} xe^{-x}\mathrm{d}x$$

利用分部积分法可得 $E(X) = 0$.

下面我们求解几种常见的连续型随机变量的数学期望.

(1) 均匀分布

均匀分布的密度函数为

$$f(x) = \begin{cases} \frac{1}{b-a}, & a \leqslant x \leqslant b \\ 0, & \text{其他} \end{cases}$$

所以

$$E(X) = \int_{-\infty}^{+\infty} xf(x)\mathrm{d}x = \int_{a}^{b} \frac{x}{b-a}\mathrm{d}x = \frac{1}{b-a} \frac{x^2}{2}\Big|_{a}^{b} = \frac{b+a}{2}$$

即均匀分布的数学期望 $E(X) = \frac{b+a}{2}$.

(2) 指数分布

指数分布的密度函数为

$$f(x)=\begin{cases}\lambda e^{-\lambda x}, & x>0\\ 0, & x\leqslant 0\end{cases}$$

所以

$$\begin{aligned}E(X)&=\int_{-\infty}^{+\infty}xf(x)\mathrm{d}x=\int_{0}^{+\infty}x\lambda e^{-\lambda x}\mathrm{d}x\\&=-\int_{0}^{+\infty}x\mathrm{d}e^{-\lambda x}=-xe^{-\lambda x}\Big|_{0}^{+\infty}+\int_{0}^{+\infty}e^{-\lambda x}\mathrm{d}x=\int_{0}^{+\infty}e^{-\lambda x}\mathrm{d}x\\&=-\frac{1}{\lambda}e^{-\lambda x}\Big|_{0}^{+\infty}=\frac{1}{\lambda}\end{aligned}$$

即指数分布的数学期望 $E(X)=\dfrac{1}{\lambda}$.

(3) 正态分布

如果 $X\sim N(\mu,\sigma^2)$则

$$E(X)=\int_{-\infty}^{+\infty}xf(x)\mathrm{d}x=\int_{-\infty}^{+\infty}x\frac{1}{\sqrt{2\pi}\sigma}e^{-\frac{(x-\mu)^2}{2\sigma^2}}\mathrm{d}x$$

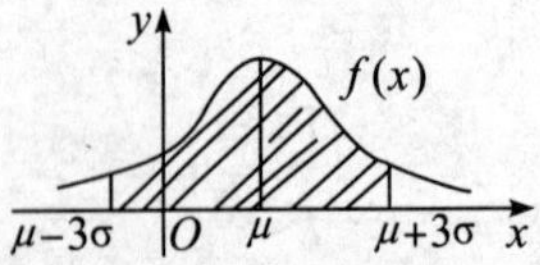

图 10.4

上式右端第一项的被积函数为奇函数,它在对称区间上的积分为 0,第二项的被积函数为正态分布 $N(\mu,\sigma^2)$的密度函数(图 10.4),所以其在$(-\infty,+\infty)$上的积分值为 1,于是 $E(X)=\mu$,即正态分布的参数 μ 恰好是随机变量的数学期望.

可见,数学期望作为体现集中位置的数字特征,往往要比分布本身更能直观地显示随机变量取值的平均状态这一特征,从而再次说明了引入数字特征的必要.

例 5 设随机变量 $X\sim N\left(0,\dfrac{1}{2}\right)$, $Y\sim N\left(0,\dfrac{1}{2}\right)$,且两者相互独立,求$|X-Y|$的均值.

解 令 $Z=X-Y$,由于 $X\sim N\left(0,\dfrac{1}{2}\right)$, $Y\sim N\left(0,\dfrac{1}{2}\right)$,且 X 和 Y 相互独立,故 $Z\sim N(0,1)$,均值

$$\begin{aligned}E(|X-Y|)=E(|Z|)&=\int_{-\infty}^{+\infty}|z|\frac{1}{\sqrt{2\pi}}e^{-\frac{z^2}{2}}\mathrm{d}z\\&=\frac{2}{\sqrt{2\pi}}\int_{0}^{+\infty}ze^{-\frac{z^2}{2}}\mathrm{d}z=\sqrt{\frac{2}{\pi}}\left(1-e^{-\frac{z^2}{2}}\right)\Big|_{0}^{+\infty}\\&=\sqrt{\frac{2}{\pi}}\end{aligned}$$

3. 随机变量函数的数学期望

在实践中，我们经常会遇到已知随机变量 X 的概率分布，求其随机变量的函数 $Y=g(X)$的数学期望 $E[g(X)]$的问题.例如，已知圆盘半径 X 的概率分布，需要求其面积 $Y=\pi X^2$ 的数学期望 $E(\pi X^2)$我们当然可以先求随机变量 X 的函数 $Y=g(X)$的分布，然后求其数学期望 $E(Y)$.而由前面所学内容知，求随机变量函数的分布是个相当复杂甚至困难的问题，尤其是对于连续型的情形，下面给出不求 $Y=g(X)$的分布，也可以求出 $E(Y)$的方法.

定理 10.4.1 设 Y 是随机变量 X 的函数，$Y=g(X)$（g 是连续函数）.

(1) 若 X 是离散型随机变量，其分布律为 $p_k = P(X = x_k), k = 0,1,2,\cdots$，且 $\sum\limits_{k=1}^{\infty} g(x_k)p_k$ 绝对收敛，则有

$$E(Y) = E[g(X)] = \sum_{k=1}^{\infty} g(x_k)p_k$$

(2) 若 X 是连续型随机变量，其概率密度为 $f(x)$，且$\int_{-\infty}^{+\infty} f(x)g(x)\mathrm{d}x$ 绝对收敛，则有

$$E(Y) = E[g(X)] = \int_{-\infty}^{+\infty} f(x)g(x)\mathrm{d}x$$

证明略.

例 6 设随机变量 X 的分布律如下所示：

X	-1	0	2	3
P	0.2	0.3	0.1	0.4

又设 $Y=(X-1)^2$，试求数学期望 $E(Y)$.

解 易知

$$\begin{aligned}E(Y) &= (-1-1)^2\times 0.2+(0-1)^2\times 0.3+(2-1)^2\times 0.1+(3-1)^2\times 0.4\\ &= 2.8\end{aligned}$$

例 7 设随机变量 X 服从$[0,\pi]$上的均匀分布，已知 $Y=\sin^2 X$，试求 $E(Y)$.

解 由题意知 X 的概率密度函数为

$$f(x) = \begin{cases}\dfrac{1}{\pi}, & 0 \leqslant x \leqslant \pi\\ 0, & \text{其他}\end{cases}$$

$$E(Y) = \int_{-\infty}^{+\infty} \sin^2 x f(x)\mathrm{d}x = \int_0^{\pi} \frac{\sin^2 x}{\pi}\mathrm{d}x = \frac{1}{2}$$

10.4.2 数学期望的性质

数学期望主要具有如下性质：

(1) 若 C 为常数，则 $E(C)=C$；

(2) 若 C 为常数，则 $E(CX)=CE(X)$；

(3) 对任意的随机变量 X 与 Y，有 $E(X+Y)=E(X)+E(Y)$（此性质可推广到有限个情形）；

(4) 若 X 与 Y 相互独立，则 $E(XY)=E(X)E(Y)$（此性质可推广到有限个情形）.

10.4.3 方差

1. 方差的概念

在实际生活和生产中，我们不仅要了解某种指标（随机变量）的平均值，有时还需要弄清楚该指标的各取值与这平均值的偏差情况. 例如，测量某物体长度时，除了要了解诸测量值的平均值外，还需了解测量的精度，即诸测量值与均值的偏差. 若偏差较小，则表示测量精确度较高. 又如，有两批灯泡，已知其平均寿命都是 1 000小时，但第一批灯泡寿命绝大部分都是 950～1 050 小时，第二批中约有一半寿命为 1 300 小时，另一半寿命为 700 小时. 为评定灯泡质量的好坏，我们还需进一步考察灯泡寿命 X 与平均值 1 000 的偏离程度. 显然，第一批灯泡偏离程度较小，质量比较稳定. 那么，恰当地在数字上定出能反映随机变量与其均值或期望值的偏离程度的度量标准是十分必要的.

为不使正、负偏差相互抵消，易看到量 $E[|X-E(X)|]$能度量随机变量 X 与其均值$E(X)$的偏离程度.

但由于 $E[|X-E(X)|]$含有绝对值，在运算上不方便，通常是用量 $E[X-E(X)]^2$ 取而代之.

定义 10.4.3 设 X 是随机变量，若 $E[X-E(X)]^2$ 存在，则称它为随机变量 X 的方差，记为

$$D(X),\quad 即\quad D(X)=E[X-E(X)]^2$$

与随机变量 X 具有相同量纲的量 $\sqrt{D(X)}$称为标准差或均方差.

由方差的定义知，方差是一非负实数，且当 X 的可能值集中在它的期望值附近时，方差就较小；反之，方差就较大. 所以方差的大小刻画了随机变量 X 取值的离散（或集中）程度.

除定义外，关于随机变量 X 的方差的计算有以下重要公式：

$$D(X)=E(X^2)-[E(X)]^2$$

例 8 设甲、乙两人加工同一零件，两人每天加工的零件数相等，所出的次品数分别为 X 和 Y，且 X 和 Y 的分布律分别为

X	0	1	2
P	0.6	0.1	0.3

Y	0	1	2
P	0.5	0.3	0.2

试对甲、乙两人的技术进行比较.

解 易知

$$E(X)=0\times0.6+1\times0.1+2\times0.3=0.7$$
$$E(Y)=0\times0.5+1\times0.3+2\times0.2=0.7$$
$$D(X)=(0-0.7)^2\times0.6+(1-0.7)^2\times0.1+(2-0.7)^2\times0.3=0.81$$
$$D(Y)=(0-0.7)^2\times0.5+(1-0.7)^2\times0.3+(2-0.7)^2\times0.2=0.61$$

因为 $E(X)=E(Y)$，$D(X)>D(Y)$，所以甲、乙两人技术水平相当，但乙的技术比甲稳定.

例 9 设 $X\sim B(1,p)$，求 $E(X)$，$D(X)$.

解 易知

$$E(X)=1\times p+0\times(1-p)=p$$
$$[E(X)]^2=1^1\times p+0^2\times(1-p)=p$$
$$D(X)=E(X^2)-[E(X)]^2=p-p^2=p(1-p)$$

2. 方差的性质

方差主要具有以下性质(假设 DX，DY 存在)：

(1) 若 C 为常数，则 $D(C)=0$；

(2) 若 C 为常数，则 $D(CX)=C^2D(X)$；

(3) 若 X 与 Y 相互独立，则有 $D(X+Y)=D(X)+D(Y)$.

例 10 已知随机变量 X 的分布律为

X	2	3	5.4	7.1	9
P	0.05	0.1	0.15	0.5	0.2

试求变量 $Y=4-3X$ 的方差.

解 易知 $D(X)=3.845\ 4$,故

$$D(Y)=D(4-3X)=(-3)^2D(X)=9\times3.845\ 4=34.608\ 6$$

习 题 10

1. 设离散型随机 X 变量的分布律为

X	0	1	2
p	$\frac{1}{3}$	a	$\frac{1}{2}$

则常数 $a=$(　　).

A. $\frac{1}{5}$　　B. $\frac{1}{6}$　　C. $\frac{1}{4}$　　D. $\frac{1}{12}$

2. 设离散型随机变量 ξ 的分布律为

ξ	1	0	1	2
P	0.1	0.2	0.3	0.4

设 $F(x)$是分布函数,则 $F\left(\frac{3}{2}\right)=$(　　).

A. 0.1　　B. 0.3　　C. 0.6　　D. 1

3. 某一随机变量的分布函数为 $F(x)=\dfrac{a+be^x}{3+e^x}$,$a=0,b=1$,则那么 $F(0)$的值为(　　).

A. 0.1　　B. 0.5　　C. 0.25　　D. 以上都不对

4. 离散随机变量 X 的分布函数为$F(x)$,且 $x_{k-1}<x_k<x_{k+1}$,则 $P(X=x_k)$ =(　　).

A. $P(x_{k-1}\leqslant X\leqslant x_k)$　　B. $F(x_{k+1})-F(x_{k-1})$

C. $P(x_{k-1}<X<x_{k+1})$　　D. $F(x_k)-F(x_{k-1})$

5. 设随机变量(X,Y)的方差 $D(X)=4,D(Y)=1$,相关系数 $\rho_{XY}=0.6$,则方差 $D(3X-2Y)=$(　　).

A. 40　　B. 34　　C. 25.6　　D. 17.6

6. 已知随机变量 X 满足$E(X^2)=31,D(X)=6$,则 $E(X)=$(　　).

A. -5　　B. ±5　　C. 5　　D. $\begin{cases}5, & x\geqslant0\\-5, & x<0\end{cases}$

7. 已知随机变量 X 满足 $E(X)=3, D(X)=1$，则 $E(4X^2-1)=($ $)$.

A. 41 B. 40 C. 39 D. 38

8. 随机变量 ξ 服从泊松分布 $P(2)$，则 $E(\xi^2)=($ $)$.

A. 2 B. 4 C. 6 D. 8

9. 随机变量 ξ 服从分布 $B(6,0.4)$，则 $E(\xi), D(\xi)$ 的值为______.

A. $E(\xi)=2.4, D(\xi)=1.44$ B. $E(\xi)=2.4, D(\xi)=0.96$

C. $E(\xi)=3.6, D(\xi)=1.44$ D. $E(\xi)=3.6, D(\xi)=2.16$

10. 设 $\xi \sim N(3,2^2)$，且 $P(\xi>C)=3P(\xi \leqslant C)$，则 $C=$______.

11. 设 $\xi \sim N(1,\sigma^2)$，$P(1<\xi \leqslant 3)=0.3$，则 $\sigma=$______.

12. 设随机变量 $\xi \sim P(2)$，则 $D(2\xi-3)=$______.

13. 设随机变量 ξ 与 η 相互独立，$D(\xi)=4, D(\eta)=2$，则 $D(3\xi-2\eta)=$______.

14. 已知随机变量 X 的分布密度函数为

$$f(x)=\begin{cases} Cx^2, & 0<x<2 \\ 0, & \text{其他} \end{cases}$$

求(1) 常数 C；(2) $P(-1<X<1)$.

15. 已知随机变量 X 的密度函数为

$$\varphi(x)=\begin{cases} x, & 0 \leqslant x<1 \\ a-x, & 1 \leqslant x<2 \\ 0, & \text{其他} \end{cases}$$

求(1) 常数 a；(2) $P\left(-1 \leqslant X \leqslant \dfrac{3}{2}\right)$.

16. 某厂生产的滚珠直径服从正态分布 $N(2.05,0.01)$，合格品的规格规定直径为 2 ± 0.2，求该厂滚珠的合格率.

17. 某人上班所需的时间 $X \sim N(30,100)$（单位：分钟），已知上班时间是8:30，他每天7:50出门，求他某天迟到的概率.

第 11 章　数 理 统 计

11.1　总体与样本

数理统计的显著特征是由部分推断或估计整体.这就需要获得研究对象的相关数据资料,然后再进行分析研究.下面我们首先介绍总体、样本等数理统计中的最基本的概念.

11.1.1　总体与样本概述

1. 总体与个体

现实生活中,在研究事物的某种性质时,不是对全部对象逐一进行分析研究,而是从中抽取一部分进行研究,通过这部分对象所包含的信息,对事物的性质做出判断.例如,在一次商品质量大检查中,从某市场上随机抽取 100 袋食盐检测含碘量,得到 100 个数据,据此对整个市场上袋装食盐的含碘量是否达到国家规定标准进行判断.又如,为了了解一批新制炮弹的爆炸半径,从中随机抽取 50 发炮弹进行试射,得到 50 个数据,据此对这批炮弹的爆炸半径做出评判.

在数理统计中,通常把研究对象的全体称为总体(或母体),把组成总体的每个单元称为个体.其含义是,观察到的样本总是由某个具体事物产生的,并反映该事物的特征,这时,可以把样本视为一些被抽取的该事物的个体,而将该事物本身视为所有个体的集合,即总体.这些值不一定都不相同,数目上也不一定是有限的,每一个可能观察值称为个体.总体中所包含的个体的数量称为总体的容量.容量为有限的称为有限总体,容量为无限的称为无限总体.例如,要研究某厂年生产灯泡的寿命,该批灯泡的寿命的全体就是总体,而每个灯泡的寿命即为个体,它是一个实数.又如在研究某市中学生的身高与体重时,该市中学生身高与体重的数对全体就是总体,而个体就是每个学生的身高和体重.

注意:灯泡的寿命、中学生的体重与身高一般是随个体而变化的,它是一个随机变量(或多维随机变量),这样,该厂年产灯泡的寿命(或某中学生的身高与体重)

这一总体，就是该随机变量（或多维随机变量）取值的全体，并且在总体中各种寿命（或各种身高与体重）的分布对应着该随机变量（或多维随机变量）的分布.由此看来，一个总体和一个随机变量（或多维随机变量）相互对应，因此，今后可以把总体与随机变量（或多维随机变量）等同起来.当总体对应于一维随机变量时，我们称该总体为一维的，否则称为多维的.本章重点讨论一维总体的情况，今后若无特别声明，所述总体都指一维随机变量.

在实际问题中，通常研究对象的某个或某几个数值指标，因而常把总体的数值指标称为总体.设 X 为总体的某个数值指标，常称这个总体为总体 X. X 的分布函数称为总体分布函数.当 X 为离散型随机变量时，称 X 的概率函数为总体概率函数.当 X 为连续型随机变量时，称 X 的密度函数为总体密度函数.当 X 服从正态分布 $N(\mu,\sigma^2)$ 时，称 X 为正态总体.

例如，市场上袋装食盐的含碘量记为 X，所有袋装食盐的含碘量就是 X 所有的可能取值.如果含碘量分别为 A 和 B，袋装食盐“袋数”不同，自然地可认为 $X=A$ 和 $X=B$ 的可能性（概率）不同；又如，炮弹的爆炸半径记为 Y，所有炮弹的爆炸半径就是 Y 的所有可能取值.如果爆炸半径不超过30米的炮弹占30%，超过40米的炮弹占50%，自然就可认为 $Y\leqslant 30$ 的可能性为30%，$Y>40$ 的可能性为50%.

2. 样本与样本值

要将一个总体 X 的性质了解清楚，最理想的是对每个个体逐个进行观测，但实际上这样做往往是不现实的.原因有：

(1) 要观测全部个体的信息，需耗费大量人力、物力、财力及时间；

(2) 有些实际问题根本办不到，如破坏性试验.

因此在数理统计中，总是从总体中抽取一部分个体，然后对这些个体进行观测或测试某一指标的数值，并从取得的数据信息中推断总体的性质.这种从总体中抽取部分个体进行观测或测试的过程称为抽样.假定从总体 X 中抽取了 n 个个体 $X_1,X_2,\cdots,X_n$，这 n 个个体称为总体 X 的一个样本，它构成一个 n 维随机变量.样本中个体的数目 n 称为样本容量.当一次抽样完成后，我们得到 n 个具体的数据 $x_1,x_2,\cdots,x_n$，称为样本的一个样本值（或实验值）.注意，样本值实际上是多维随机变量 $(X_1,X_2,\cdots,X_n)$ 的一个取值.样本 $(X_1,X_2,\cdots,X_n)$ 的所有可能取值的全体称为样本空间，记作 S.这里的数据可以是实数值，例如：X 表示称得某重物的重量，也可以是事物的属性，又例如 $X=$“正品”（或“废品”）等.通常为了方便研究，也常将这些属性数量化，例如：用“1”表示“废品”，“0”表示“正品”，通常称作虚拟变量.又如：在考察市场上袋装食盐的含碘量，从中任意抽取一袋盐的含碘量是一个样品，任意抽取的 100 袋盐的含碘量就构成一个容量为 n 的样本；再如，考察炮弹爆炸半径，从中任取一发炮弹的爆炸半径是一个样品，从中任取 50 发炮弹的爆炸半径就构成一个容量为 50 的样本.

理解样本时，需要注意以下两点：

(1) 样本并非没有规律的数据，它受随机性影响，因此，每个样本既可以视为一组数据，又可视为一组随机变量，这就是所谓样本的二重性. 当通过一次具体的试验得到一组观测值时，样本表现为一组数据；但这组数据的出现并非是必然的，它只能以一定的概率(或概率密度)出现，这就是说，当考察一个统计方法是否具有某种普遍意义下的效果时，又需要将其样本视为随机变量，而一次具体试验得到的数据，则可视为随机变量的一个实现值.

(2) 样本也不是任意一组随机变量，我们要求它是一组独立同分布的随机变量. 同分布就是要求样本具有代表性，独立是要求样本中各数据的出现互不影响，即抽取样本时应该是在相同条件下独立重复地进行.

11.1.2 简单随机样本

从总体中抽样具有随机性，事先并不能确定样品的值，因而样品也是随机变量，当抽出的样品经检测，所得到的数值就称样品值或样品观察值，显然，不同次的抽取会得到不同的样品观察值.

样本是由样品(个体)构成的，容量为 n 的样本就是 n 个随机变量，记为 X_1，X_2，…，X_n. 显然，不同次的抽样(抽取样本)会得到不同的样本观察值，记为 x_1，x_2，…，x_n.

总体 X 的分布一般是未知的，或只知道它具有某种形式而其中包含着未知参数. 统计推断的主要任务就是确定总体分布(由部分推断总体)，即从总体 X 中抽取样本 X_1，X_2，…，X_n，目的就是根据样本包含的信息去研究总体，因此希望样本具有代表性.

实际上，从总体中抽取样本可以有各种不同的方法. 为了能够从抽到的样本对总体做出较为可靠的推断，就希望样本能客观地反映总体的特性，可以依据如下两个要求进行样本抽取：① 假设每个个体被抽中的机会是均等的；② 抽取一个个体后不影响总体. 这样获取部分的方式称为简单随机抽样.

定义 11.1.1 设随机变量 X 具有分布函数 F，若 X_1，X_2，…，X_n 是具有同一分布函数 F 的相互独立的随机变量，则称 X_1，X_2，…，X_n 为服从分布函数 F(或总体 F，或总体 X)得到的容量为 n 的简单随机样本，简称样本，它们的观察值 x_1，x_2，…，x_n 称为样本值，又称为 X 的 n 个独立的观察值.

也可以将样本看成是一个随机向量，写成$(X_1,X_2,\cdots,X_n)$，此时样本值应写成$(x_1,x_2,\cdots,x_n)$.若$(x_1,x_2,\cdots,x_n)$与$(y_1,y_2,\cdots,y_n)$都是相应于样本$(X_1,X_2,\cdots,X_n)$的样本值，一般说来它们是不相同的.

以后若无另外说明，所提到的样本都是指简单随机样本.如实验室中的数据记录，水文、气象等观察资料都是简单随机样本，试制新产品得到的质量指标，也常被认为是简单随机样本.

由定义得：若$X_1,X_2,\cdots,X_n$为F的一个样本，则$X_1,X_2,\cdots,X_n$相互独立，且它们的分布函数都是F，所以$(X_1,X_2,\cdots,X_n)$的分布函数为

$$F^*(x_1,x_2,\cdots,x_n)=\prod_{i=1}^{n}F(x_i)$$

又若X具有概率密度F，则$(X_1,X_2,\cdots,X_n)$的概率密度为

$$f^*(x_1,x_2,\cdots,x_n)=\prod_{i=1}^{n}f(x_i)$$

注 (1) 对于有限总体，采用放回抽样就能得到简单随机样本，但放回抽样使用起来不方便.当个体的总数N比要得到的样本的容量n大得多时，在实际中可将不放回抽样近似地当作放回抽样来处理.

(2) 至于无限总体，因抽样不影响它的分布，所以总是用不放回抽样.例如：在生产过程中，每隔一定时间抽取一个个体，抽取n次就得到一个简单随机样本.

例1 设总体X服从指数分布，其概率密度为

$$f(x)=\begin{cases}\dfrac{1}{\theta}e^{-\frac{x}{\theta}}, & x>0\\ 0, & x\leqslant 0\end{cases}$$

$X_1,X_2,\cdots,X_{10}$是来自总体X的样本，(1) 求$X_1,X_2,\cdots,X_{10}$的联合概率密度；(2) 设$X_1,X_2,\cdots,X_{10}$分别为10块独立工作的电路板的寿命(以年计)，求10块电路板的寿命都大于2的概率.

解 (1) $X_1,X_2,\cdots,X_{10}$的联合概率密度为

$$f^*(x_1,x_2,\cdots,x_n)=\begin{cases}\prod\limits_{i=1}^{n}f(x_i)=\prod\limits_{i=1}^{n}\dfrac{1}{\theta}e^{-\frac{x_i}{\theta}}=\dfrac{1}{\theta^{10}}e^{-\frac{1}{\theta}\sum\limits_{i=1}^{n}x_i}, & x_1,x_2,\cdots,x_{10}>0\\ 0, & x\leqslant 0\end{cases}$$

(2) 所求概率为

$$p=P(X_1>2)P(X_2>2)\cdots P(X_{10}>2)=[P(X_1>2)]^{10}=e^{-\frac{20}{\theta}}$$

11.2 统计量与抽样分布

11.2.1 统计量

样本是进行统计推断的依据，但样本所含的信息往往不能直接用于解决所研究的问题，所以实际应用时，通常不是直接使用样本本身，而是对样本（值）进行适当的加工整理，即针对不同的问题构造适当的样本函数，利用这些样本函数进行统计推断.为此，必须预先根据问题的需要适当构造关于样本函数，这种函数在数理统计中称为统计量.

定义 11.2.1 设$(X_1,X_2,\cdots,X_n)$是来自总体 X 的一个样本，$g(X_1,X_2,\cdots,X_n)$是$(X_1,X_2,\cdots,X_n)$的一个连续函数，若 $g(X_1,X_2,\cdots,X_n)$中不含任何未知参数，则称 $g(X_1,X_2,\cdots,X_n)$是一个**统计量**.

因为 $X_1,X_2,\cdots,X_n$ 都是随机变量，而统计量 $g(X_1,X_2,\cdots,X_n)$是随机变量的函数，因此统计量是一个随机变量.设 $x_1,x_2,\cdots,x_n$ 是 $X_1,X_2,\cdots,X_n$ 相应于样本的样本值，则称 $g(x_1,x_2,\cdots,x_n)$是 $g(X_1,X_2,\cdots,X_n)$的观察值或统计量值.

例如：$g(\xi_1,\xi_2,\cdots,\xi_n)=\dfrac{1}{n}(\xi_1+\xi_2+\cdots+\xi_n)$是一个统计量.若 $\xi\sim N(\mu,\sigma^2)$，其中 μ 已知，σ^2 未知，则$\sum\limits_{i=1}^{n}(\xi-\mu)^2$与$2\xi_1$都是统计量，而$\sum\limits_{i=1}^{n}\left(\dfrac{\xi}{\sigma}\right)^2$不是统计量.

下面给出几个常用的统计量.设 $X_1,X_2,\cdots,X_n$ 是来自总体X 的一个样本，其样本观察值为 $x_1,x_2,\cdots,x_n$.

(1) 样本平均值 $\overline{X}=\dfrac{1}{n}\sum\limits_{i=1}^{n}X_i$；

(2) 样本方差 $S^2=\dfrac{1}{n-1}\sum\limits_{i=1}^{n}(X_i-\overline{X})^2=\dfrac{1}{n-1}(\sum\limits_{i=1}^{n}X_i-n\overline{X}^2)$；

(3) 样本标准差 $S=\sqrt{S^2}=\sqrt{\dfrac{1}{n-1}\sum\limits_{i=1}^{n}(X_i-\overline{X})^2}$；

(4) 样本 k 阶（原点）矩 $A_k=\dfrac{1}{n}\sum\limits_{i=1}^{n}X^k,k=1,2,\cdots$；

(5) 样本 k 阶中心矩 $B_k=\dfrac{1}{n}\sum\limits_{i=1}^{n}(X_i-\overline{X})^k,k=2,3,\cdots$.

显然 $A_1 = \overline{X}, B_2 = \frac{n-1}{n}S^2$.

它们的观察值分别为

$$\overline{x} = \frac{1}{n}\sum_{i=1}^{n} x_i$$

$$s^2 = \frac{1}{n-1}\sum_{i=1}^{n}(x_i - \overline{x})^2 = \frac{1}{n-1}(\sum_{i=1}^{n} x_i - n\overline{x}^2)$$

$$s = \sqrt{s^2} = \sqrt{\frac{1}{n-1}\sum_{i=1}^{n}(x_i - \overline{x})^2}$$

$$a_k = \frac{1}{n}\sum_{i=1}^{n} x^k, k = 1,2,\cdots$$

$$b_k = \frac{1}{n}\sum_{i=1}^{n}(x_i - \overline{x})^k,\quad k = 2,3,\cdots$$

这些观察值仍分别称为样本均值、样本方差、样本标准差、样本 k 阶(原点)矩和样本 k 阶中心矩.

例 2 在某工厂生产的轴承中随机地抽取 10 只,测得重量(以千克计)为 2.36,2.42,2.38,2.34,2.40,2.42,2.39,2.43,2.39,2.37.求样本均值、样本方差和样本标准方差.

解 样本均值为

$$\overline{x} = \frac{2.36 + 2.42 + \cdots + 2.37}{10} = 2.39$$

样本方差和样本标准方差分别为

$$s^2 = \frac{1}{10-1}(2.36^2 + 2.42^2 + \cdots + 2.37^2 - 10\times 2.39^2) = 0.000\ 822\ 2$$

$$s = \sqrt{0.000\ 822\ 2} = 0.028\ 67$$

定理 11.2.1 设总体 X 的数学期望和方差存在,并设 $E(X) = \mu, D(X) = \sigma^2$. 若$(X_1, X_2, \cdots, X_n)$是取自总体 X 的样本,则有 $E(\overline{X}) = \mu, D(\overline{X}) = \sigma^2, E(S^2) = \sigma^2$.

证明 易知

$$E(\overline{X}) = E\left(\frac{1}{n}\sum_{i=1}^{n}\overline{X_i}\right) = \frac{1}{n}\sum_{i=1}^{n}E(\overline{X_i}) = \mu$$

$$E(S^2) = E\left(\frac{1}{n-1}(\sum_{i=1}^{n}X_i^2 - n\overline{X}^2)\right)$$

$$= \frac{1}{n-1}\left[\sum_{i=1}^{n}E(X_i^2) - nE(\overline{X}^2)\right]$$

$$= \frac{1}{n-1}\left[\sum_{i=1}^{n}(\sigma^2+\mu^2)-n(\sigma^2/n+\mu^2)\right]$$
$$= \sigma^2$$

即

$$E(S^2) = \sigma^2$$

$$D(\overline{X}) = D\left(\frac{1}{n}\sum_{i=1}^{n}\overline{X_i}\right) = \frac{1}{n^2}\sum_{i=1}^{n}D(\overline{X_i}) = \frac{\sigma^2}{n}$$

由于$(X_1, X_2, \cdots, X_n)$是来自总体 X 的一个样本，因此，$X_1^k, X_2^k, \cdots, X_n^k$ 相互独立，且与 X^k 具有相同的分布，故当 $E(X^k) = \mu_k$ 存在时，由辛钦大数定律，对于任意 $\varepsilon > 0$，有

$$\lim_{n\to\infty} P\left(\sum_{i=1}^{n} X_i^k - \mu_k \geqslant \varepsilon\right) = 0$$

即

$$A_k = \frac{1}{n}\sum_{i=1}^{n} X_i^k \xrightarrow{P} \mu_k$$

也就是说，当样本容量趋于无穷时，样本 k 阶矩依概率收敛于相应的总体k 阶矩.

综上所述，还可以做出与总体分布函数 $F(x)$相应的统计量——经验分布函数.做法如下：设 $X_1, X_2, \cdots, X_n$ 是总体F 的一个样本，用$S(x)$，$-\infty < x < +\infty$表示 $X_1, X_2, \cdots, X_n$ 中不大于x 的随机变量的个数.定义经验分布函数 $F(x)$为

$$F_n(x) = \frac{1}{n}S(x), \quad -\infty < x < +\infty$$

对于一个样本值，那么经验分布函数 $F_n(x)$的观察值是很容易得到的($F_n(x)$的观察值仍以 $F_n(x)$表示).例如：

(1) 设总体 F 具有一个样本值 1,2,3，则经验分布函数 $F_3(x)$的观察值为

$$F_3(x)\begin{cases} 0, & x<1 \\ \dfrac{1}{3}, & 1\leqslant x<2 \\ \dfrac{2}{3}, & 2\leqslant x<3 \\ 1, & x\geqslant 3 \end{cases}$$

(2) 设总体 F 具有一个样本值 1,1,2，则经验分布函数 $F_3(x)$的观察值为

$$F_3(x)\begin{cases} 0, & x<1, \\ \dfrac{2}{3}, & 1\leqslant x<2 \\ 1, & x\geqslant 2 \end{cases}$$

一般地，设 $x_1, x_2, \cdots, x_n$ 是总体F 的一个容量为n 的样本值.先将 $x_1, x_2, \cdots,$

x_n 按从小到大的次序排列，并重新编号，设为 $x_{(1)}, x_{(2)}, \cdots, x_{(n)}$，则经验分布函数 $F_n(x)$ 的观察值为

$$F_n(x)=\begin{cases}0, & x<x_{(1)}\\ \dfrac{k}{n}, & x_{(k)}\leqslant x<x_{(k+1)}\\ 1, & x\geqslant x_{(k+1)}\end{cases}$$

对于经验分布函数 $F_n(x)$，格利文科（Glivenko）在 1933 年证明了以下的结论：对于任一实数 x，当 $n\to\infty$ 时，$F_n(x)$ 以概率 1 一致收敛于分布函数 $F(x)$，即

$$P(\lim_{n\to\infty}\sup_{-\infty<x<+\infty}|F_n(x)-F(x)|=0)=1$$

因此，对于任一实数 x，当 n 充分大时，经验分布函数的任一个观察值 $F_n(x)$ 与总体分布函数 $F(x)$ 只有微小的差别，从而在实际上可以当作 $F(x)$ 来使用.

例 3 某厂从一批荧光灯中抽出 10 个，测其寿命（单位：千时）的数据如下：

95.5，18.1，13.1，26.5，31.7，33.8，8.7，15.0，48.8，48.3

求其经验分布函数.

解 将数据由小到大排列得 8.7，13.1，15.0，18.1，26.5，31.7，33.8，48.8，49.3，95.5. 则经验分布函数为

$$F_n(x)=\begin{cases}0, & x<8.7\\ 0.1, & 8.7\leqslant x<13.1\\ 0.2, & 13.1\leqslant x<15.0\\ 0.3, & 15.0\leqslant x<18.1\\ 0.4, & 18.1\leqslant x<26.5\\ 0.5, & 26.5\leqslant x<31.7\\ 0.6, & 31.7\leqslant x<33.8\\ 0.7, & 33.8\leqslant x<48.8\\ 0.8, & 48.8\leqslant x<49.3\\ 0.9, & 49.3\leqslant x<95.5\\ 1, & 95.5\leqslant x\end{cases}$$

11.2.2 抽样分布

统计量的分布称为抽样分布. 在使用统计量进行统计推断时常需要知道它的分布. 当总体的分布函数已知时，抽样分布是确定的，但要求出统计量的精确分布，一般来说是困难的. 本小节着重介绍来自正态总体的几个常用统计量的分布. 因为正态分布是最常见的，另一方面，即使不是正态分布，根据中心极限定理，当 n 很

大时，也可以用正态分布近似.

1. χ^2 分布

定义 11.2.2 设 $X_1,X_2,\cdots,X_n$ 是来自总体 $N(0,1)$ 的样本，则称统计量

$$\chi^2=X_1^2+X_2^2+\cdots+X_n^2$$

服从自由度为 n 的 χ^2 分布，记为 $\chi^2\sim\chi^2(n)$. 自由度是指该式右端包含的独立变量的个数. χ^2 的密度函数为

$$f_{\chi^2}(x)=\begin{cases}\dfrac{1}{2^{\frac{n}{2}}\Gamma\left(\dfrac{n}{2}\right)}x^{\frac{n}{2}-1}\mathrm{e}^{-\frac{x}{2}}, & x>0\\ 0, & \text{其他}\end{cases}$$

其图像如图 11.1 所示.

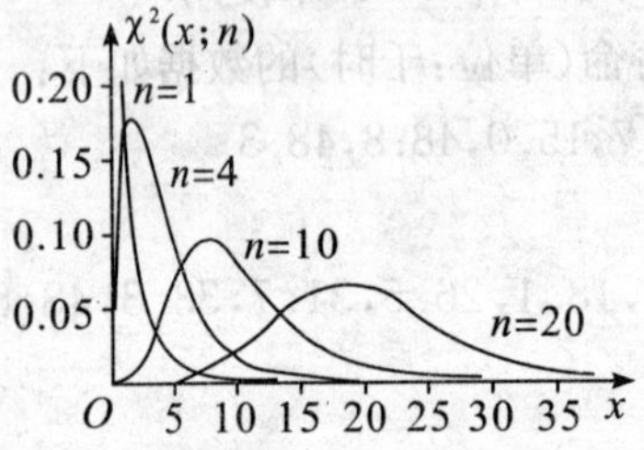

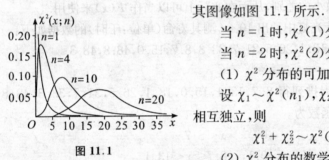

图 11.1

当 $n=1$ 时，$\chi^2(1)$ 分布又叫 Γ 分布.

当 $n=2$ 时，$\chi^2(2)$ 分布就是指数分布.

(1) χ^2 分布的可加性

设 $\chi_1\sim\chi^2(n_1)$，$\chi_2\sim\chi^2(n_2)$，并且 χ_1，χ_2 相互独立，则

$$\chi_1^2+\chi_2^2\sim\chi^2(n_1)+\chi^2(n_2)$$

(2) χ^2 分布的数学期望和方差

若 $\chi^2\sim\chi^2(n)$，则有 $E(\chi^2)=n$，$D(\chi^2)=2n$.

事实上，因 $X_i\sim N(0,1)$，故 $E(X_i)=D(X_i)=1$，

$$D(X_i^4)=E(X_i^4)-[E(X_i^2)]^2=3-1=2,\quad i=1,2,\cdots,n$$

于是

$$E(\chi^2)=E\left(\sum_{i=1}^{n}X_i^2\right)=\sum_{i=1}^{n}E(X_i^2)=n$$

$$D(\chi^2)=D\left(\sum_{i=1}^{n}X_i^2\right)=\sum_{i=1}^{n}D(X_i^2)=2n$$

(3) χ^2 分布的分位点

对于给定的 α，$0<\alpha<1$ 和自由度 n，满足条件

$$P(\chi^2>\chi_\alpha^2(n))=\int_{\chi_\alpha^2(n)}^{\infty}f_{\chi^2}(x)\mathrm{d}x=\alpha$$

的点 $\chi_\alpha^2(n)$ 称为 $\chi^2(n)$ 分布的上 α 分位点或临界点，如图 11.2 所示.

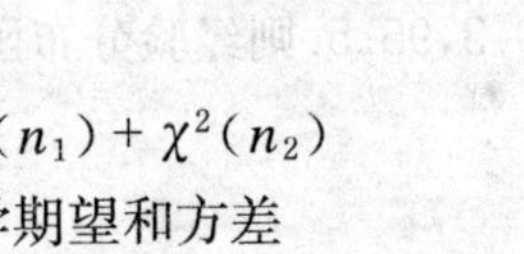

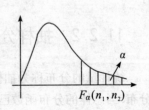

图 11.2

对于不同的 α 和 n，上 α 分位点的值已制定 χ^2 分布表(见附录 5)，自由度为 n 的上 α 分位点 $\chi_\alpha^2(n)$ 由该表

即可查得.例如:当 $\alpha=1, n=25$ 时,查得

$$\chi^2_{0.1}(25)=34.382$$

当 $\alpha=0.05, n=20$ 时,

$$\chi^2_{0.05}(20)=31.41$$

当 $\alpha=0.3, n=30$ 时,

$$\chi_{0.3}(30)=33.53$$

但该表只详列到 $n=45$,当 n 很大时,费希尔(R. A. Fisher)曾证明,当 n 充分大时,近似地有

$$\chi^2_\alpha(n)\approx\frac{1}{2}(z_\alpha+\sqrt{2n-1})^2$$

其中,z_α 是标准正态分布的上 α 分位点.利用上式就可以求得当 $n>45$ 时,$\chi^2(n)$ 分布的上 α 分位点的近似值.例如:求 $\chi^2_{0.025}(50)$,这里 $\alpha=0.025, n=50, z_\alpha=z_{0.025}=1.96$,据上式有

$$\chi^2_{0.025}(50)\approx\frac{1}{2}(1.96+\sqrt{100-1})^2\approx70.922\,6$$

又如:$\chi^2_{0.1}(60)\approx\frac{1}{2}(1.286+\sqrt{2\times60-1})^2\approx74.31$.

2. t 分布

定义 11.2.3 设 $X\sim N(0,1)$,$Y\sim\chi^2(n)$,且 X,Y 独立,则称随机变量 $t=\frac{X}{\sqrt{Y/n}}$ 服从自由度为 n 的 t 分布,记为 $t\sim t(n)$,t 分布又称学生(Student)分布. $t(n)$ 分布的概率密度函数为

$$f_t(x)=\frac{\Gamma\left(\frac{n+1}{2}\right)}{\sqrt{n\pi}\,\Gamma\left(\frac{n}{2}\right)}\left(1+\frac{x^2}{n}\right)^{-\frac{(n+1)}{2}},\quad -\infty<t<+\infty$$

图 11.3 中画出了 $f_t(x)$ 的图像. $f_t(x)$ 是偶数,图像关于 $x=0$ 对称,当 n 充分大时,其图像类似于标准正态变量概率密度的图像.事实上,利用 Γ 函数的性质可得

$$\lim_{n\to\infty}f_t(t)=\frac{1}{\sqrt{2\pi}}\mathrm{e}^{-\frac{x^2}{2}}=\varphi(t)$$

故当 n 足够大时,t 分布近似于 $N(0,1)$ 分布,但对于较小的 n,t 分布与 $N(0,1)$ 分布相差较大.

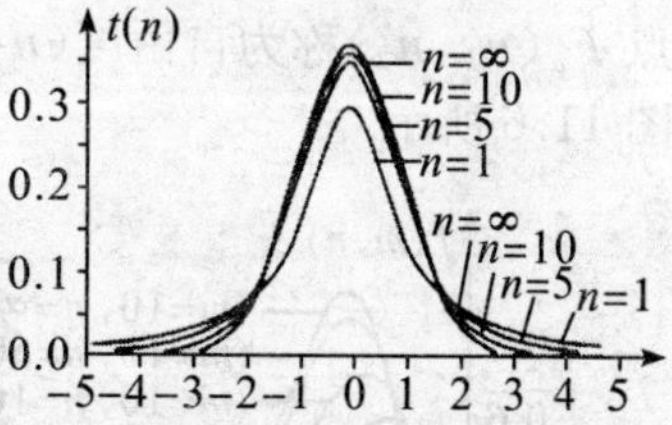

图 11.3

对于给定的 α,$0<\alpha<1$,满足条件 $P(t>t_\alpha(n))=\int_{t_\alpha(n)}^{\infty}f(x)\mathrm{d}t=\alpha$ 的点

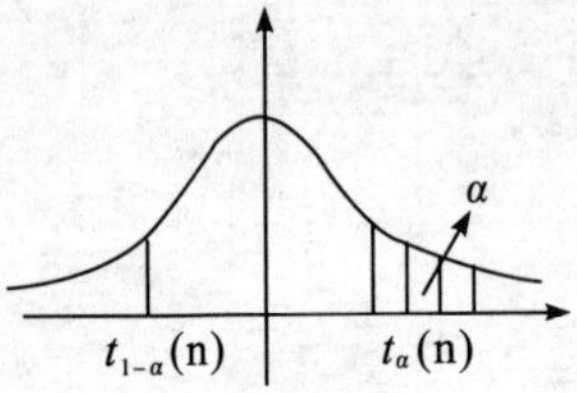

图 11.4

$t_\alpha(n)$ 称为自由度为 n 的 $t(n)$ 分布的上 α 分位点或临界点,如图 11.4 所示.

由 t 分布的上 α 分位点的定义及概率密度函数 $f_t(x)$ 图像的对称性知

$$t_{1-\alpha}(n)=-t_\alpha(n),\quad P(|x|\geqslant t_\alpha(n))=2\alpha$$

对于不同的 α 和 n,人们制成了 t 分布表,t 分布的上 α 分位点 $t_\alpha(n)$ 可从附表查得,如:$\alpha=0.01$,$n=30$,$t_\alpha(30)=2.457\,3$.该表只列到 $n=45$,当 $n>45$ 时,对于上 α 分位点 $t_\alpha(n)$ 的值,就用正态近似 $t_\alpha\approx z_\alpha$.

可近似地由标准正态分布表查得 $t_\alpha(n)$.

3. F 分布

定义 11.2.4　设 $U\sim\chi^2(n_1)$,$V\sim\chi^2(n_2)$,且 U,V 独立,则称随机变量 $F=\dfrac{U/n_1}{V/n_2}$ 服从自由度为 (n_1,n_2) 的 F 分布,记为 $F\sim F(n_1,n_2)$.

F 分布的概率密度为

$$f_F(x)=\begin{cases}\dfrac{\Gamma\dfrac{n_1+n_2}{2}\left(\dfrac{n_1}{n_2}\right)^{\frac{n_1}{2}}x^{\frac{n_1}{2}-1}}{\Gamma\left(\dfrac{n_1}{2}\right)\Gamma\left(\dfrac{n_2}{2}\right)\left[1+\left(\dfrac{n_1x}{n_2}\right)\right]^{\frac{n_1+n_2}{2}}}, & x>0\\ 0, & \text{其他}\end{cases}$$

其图像如图 11.5 所示.

由定义可知,若 $F\sim F(n_1,n_2)$,则 $\dfrac{1}{F}\sim F(n_2,n_1)$.

对于给定的 α,$0<\alpha<1$,满足条件

$$P(F>F_\alpha(n_1,n_2))=\int_{F_\alpha(n_1,n_2)}^{\infty}\Psi(y)\mathrm{d}y=\alpha$$

的点 $F_\alpha(n_1,n_2)$ 称为自由度 (n_1,n_2) 的 $F_\alpha(n_1,n_2)$ 分布的上 α 分位点或临界点,如图 11.6 所示.

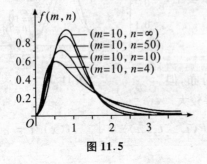

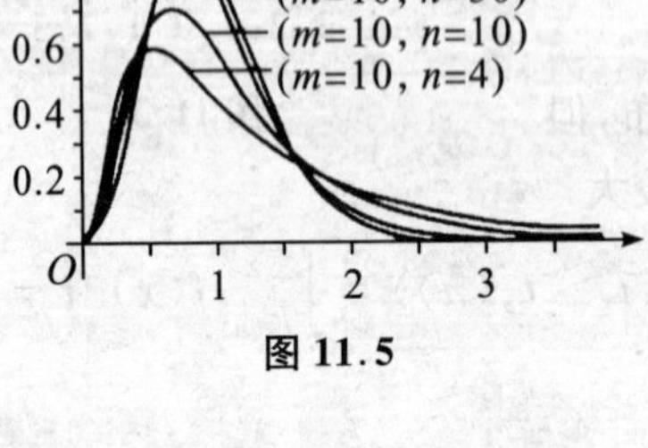

图 11.5

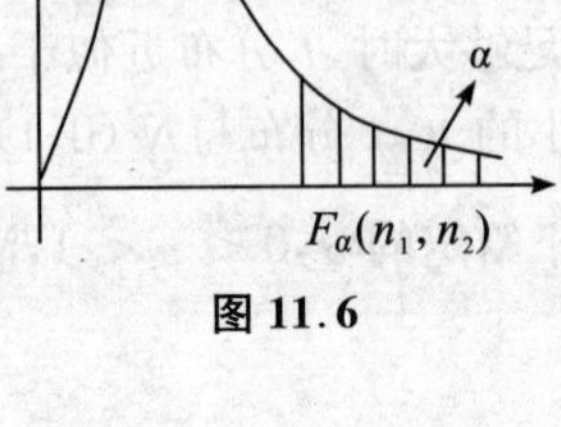

图 11.6

对于不同的 α 和 n，已制成了 F 分布表.

由 F 分布的定义，则 F 分布的上 α 分位点有如下重要性质：

$$F_{1-\alpha}(n_1,n_2)=\frac{1}{F_\alpha(n_2,n_1)}$$

证明如下：设 $X\sim F(n_2,n_1)$，因为

$$\begin{aligned}1-p&=P(X\leqslant F_{1-\alpha}(n_2,n_1))\\&=P\left(\frac{1}{X}\geqslant\frac{1}{F_{1-\alpha}(n_2,n_1)}\right)\\&=1-P\left(\frac{1}{X}<\frac{1}{F_{1-\alpha}(n_2,n_1)}\right)\end{aligned}$$

所以

$$p=P\left(\frac{1}{X}<\frac{1}{F_{1-\alpha}(n_2,n_1)}\right)$$

而 $\frac{1}{X}\sim F(n_1,n_2)$，故

$$F_{1-\alpha}(n_1,n_2)=\frac{1}{F_\alpha(n_2,n_1)}$$

该式常用来求 F 分布表中未列出的常用的上 α 分位点，例如：

$$F_{0.95}(10,6)=\frac{1}{F_{0.05}(6,10)}=\frac{1}{3.22}=0.31$$

$$F_{0.95}(12,9)=\frac{1}{F_{0.05}(9,12)}=\frac{1}{2.80}=0.357$$

11.2.3 正态总体的抽样分布

概率统计中，正态分布占据着非常重要的地位. 在下面的讨论中，总是假设总体 X 是服从正态分布的. 设 $X_1,X_2,\cdots,X_n$ 是取自正态总体 $X\sim N(\mu,\sigma^2)$ 的样本，$\overline{X}=\frac{1}{n}\sum_{i=1}^{n}X_i$ 为其样本均值，$S^2=\frac{1}{n-1}\sum_{i=1}^{n}(X_i-\overline{X})^2$ 为其样本方差.

定理 11.2.2 设 $X_1,X_2,\cdots,X_n$ 是来自总体 $N(\mu,\sigma^2)$ 的样本，$\overline{X}$ 是样本均值，则：

(1) 样本均值 $\overline{X}=\frac{1}{n}\sum_{i=1}^{n}X_i\sim N(\mu,\frac{\sigma^2}{n})$.

(2) 统计量 $=\frac{\overline{X}-\mu}{\sigma/\sqrt{n}}\sim N(0,1)$，事实上，$U$ 是 $\overline{X}$ 的标准化随机变量.

注意到 $E(\overline{X})$ 与总体的均值 μ 相等，$D(\overline{X})$ 仅为总体方差的 $\frac{1}{n}$，这说明 n 越

大，$\overline{X}$ 取值越集中在 μ 的附近.

例 4 已知某单位职工的月奖金(单位:元)服从正态分布，总体均值为 300，总体标准差为 50，从该总体中抽取一个容量为 16 的样本，求样本均值在 290～310 内的概率.

解 设总体 $X \sim N(300, 50^2)$，则样本均值

$$\overline{X} = \frac{1}{16}\sum_{i=1}^{20} X_i \sim N\left(300, \left(\frac{50}{16}\right)^2\right)$$

所以

$$\begin{aligned} P(290 < x < 310) &= \Phi\left(\frac{310-300}{50}\times 4\right) - \Phi\left(\frac{290-300}{50}\times 4\right) \\ &= \Phi(0.8) - \Phi(-0.8) = 2\Phi(0.8) - 1 \\ &= 2\times 0.788 - 1 = 0.576\,2 \end{aligned}$$

例 5 已知某种金属丝的单根强力 $X \sim N(240, 20^2)$，现随机抽取一个容量为 100 的样本，问其样本均值与总体均值之差的绝对值大于 3 的概率是多少？

解 设样本$(X_1, X_2, \cdots, X_{100})$，$n = 100$，$\mu = 240$，$\sigma^2 = 20^2$，则

$$\overline{X} \sim N\left(240, \frac{20^2}{100}\right),\quad \frac{\overline{X}-240}{\frac{20}{10}} = \frac{\overline{X}-240}{2} \sim N(0, 1^2)$$

所以

$$\begin{aligned} P(|\overline{X}-240| > 3) &= P\left(\left|\frac{\overline{X}-240}{2}\right| > 1.5\right) \\ &= 1 - P\left(-1.5 \leqslant \frac{\overline{X}-240}{2} \leqslant 1.5\right) \\ &= 1 - [\Phi(1.5) - \Phi(-1.5)] = 2 - 2\Phi(1.5) \\ &= 2 - 2\times 0.9332 = 0.1336 \end{aligned}$$

这就表明，如果抽样 100 次(样本容量均为 100)进行观察，有近 86 次的样本均值观察值 $\bar{x}$ 与总体均值之差的绝对值不大于 3.

定理 11.2.3 $\frac{1}{\sigma^2}\sum_{i}^{n}(X_i - \mu)^2 \sim \chi^2(n)$.

证明 因为是 $X_i \sim N(\mu, \sigma^2)$，$U_i = \frac{X_i - \mu}{\sigma}$ 是 X_i 的标准化随机变量，所以 $U_i \sim N(0, 1^2)$，且相互独立. 因此

$$\frac{1}{\sigma^2}\sum_{i}^{n}(X_i - \mu)^2 = \sum_{i=1}^{n} U_i \sim \chi^2(n)$$

定理 11.2.4 设 $X_1, X_2, \cdots, X_n$ 是来自总体 $N(\mu, \sigma^2)$ 的样本，$\overline{X}$ 和 S^2 分别

是样本均值和样本方差，则：

(1) $\dfrac{(n-1)S^2}{\sigma^2}\sim\chi^2(n-1)$；

(2) $\overline{X}$ 与 S^2 独立；

(3) $\dfrac{\overline{X}-\mu}{S/\sqrt{n}}\sim t(n-1)$.

证明 仅证(3)，其他读者自己证明.由(1)和(2)知

$$\frac{\overline{X}-\mu}{S/\sqrt{n}}\sim N(0,1),\quad \frac{(n-1)S^2}{\sigma^2}\sim\chi^2(n-1)$$

且两者独立.由 t 分布的定义知

$$\frac{\overline{X}-\mu}{S/\sqrt{n}}\Bigg/\sqrt{\frac{(n-1)S^2}{\sigma^2}}\sim t(n-1)$$

化简上式即得

$$\frac{\overline{X}-\mu}{S/\sqrt{n}}\sim t(n-1)$$

例 6 设 $X_1,X_2,\cdots,X_{10}$ 是来自正态总体 $N(\mu,\sigma^2)$ 的一个样本，指出下列统计量的分布：

$$\frac{1}{100}\sum_{i=1}^{10}X_{i\partial},\quad \frac{9S^2}{\sigma^2}=\frac{\sum\limits_{i=1}^{10}(X_i-\overline{X})^2}{\sigma^2},\quad \frac{\overline{X}-\mu}{S}\sqrt{10}$$

解 对于来自正态总体 $N(\mu,\sigma^2)$ 的样本 $X_1,X_2,\cdots,X_{10}$，

$$\overline{X}\sim N\left(\mu,\frac{\sigma^2}{n}\right),\quad \frac{(n-1)S^2}{\sigma^2}\sim\chi^2(n-1),\quad \frac{\overline{X}-\mu}{S/\sqrt{n}}\sim t(n-1)$$

由于样本总量 $n=10$，所以

$$\frac{1}{10}\sum_{i=1}^{10}X_i\sim N\left(\mu,\frac{\sigma^2}{10}\right),\quad \frac{9S^2}{\sigma^2}\sim\chi^2(9),\quad \frac{\overline{X}-\mu}{S/\sqrt{10}}\sim t(9)$$

对于两个正态总体的样本均值和样本方差有下面的定理：

定理 11.2.5 设 $X_1,X_2,\cdots,X_n$ 和 $Y_1,Y_2,\cdots,Y_n$ 是分别来自总体 $N(\mu_1,\sigma_1)$ 和 $N(\mu_2,\sigma_2^2)$ 的样本，它们分别相互独立.令

$$\overline{X}=\frac{1}{n_1}\sum_{i=1}^{n}X_i,\quad S^2=\frac{1}{n_1-1}\sum_{i=1}^{n}(X_i-\overline{X})^2$$

$$\overline{Y}=\frac{1}{n_2}\sum_{i=1}^{n}Y_i,\quad S^2=\frac{1}{n_2-1}\sum_{i=1}^{n}(Y_i-\overline{Y})^2$$

$$S_{12}^2=\frac{(n_1-1)S_1^2+(n_2-1)S_2^2}{n_1+n_2-2}$$

则

$$T=\frac{(\overline{X}-\overline{Y})+(\mu_1-\mu_2)}{S_{12}\sqrt{\frac{1}{n_1}+\frac{1}{n_2}}}\sim t(n_1+n_2-2)$$

证明 因为 $\overline{X}\sim N(\mu_1,\sigma_1)$，$\overline{Y}\sim N(\mu_2,\sigma_2)$，所以

$$\overline{X}-\overline{Y}\sim N\left(\mu_1-\mu_2,\frac{\sigma^2}{n_1}+\frac{\sigma^2}{n_2}\right)$$

$$U=\frac{(\overline{X}-\overline{Y})-(\mu_1-\mu_2)}{\sigma\sqrt{\frac{1}{n_1}+\frac{1}{n_2}}}\sim N(0,1)$$

又因

$$\frac{(n_1-1)S_1^2}{\sigma^2}\sim\chi^2(n_1-1),\quad \frac{(n_2-1)S_2}{\sigma^2}\sim\chi^2(n_2-1)$$

且它们相互独立，故由 χ^2 分布的独立性可知

$$Z^2=\frac{(n_1-1)S_1^2}{\sigma^2}+\frac{(n_2-1)S_2^2}{\sigma^2}\sim\chi^2(n_1+n_2-2)$$

由 t 分布的定义有

$$T=\frac{U}{\sqrt{\frac{Z^2}{n_1+n_2-2}}}=\frac{U}{\frac{S_{12}}{\sigma}}\sim t(n_1+n_2-2)$$

即

$$T=\frac{(\overline{X}-\overline{Y})+(\mu_1-\mu_2)}{S_{12}\sqrt{\frac{1}{n_1}+\frac{1}{n_2}}}\sim t(n_1+n_2-2)$$

定理 11.2.6 设 $X_1,X_2,\cdots,X_n$ 和 $Y_1,Y_2,\cdots,Y_n$ 是分别来自总体 $N(\mu_1,\sigma_1)$ 和 $N(\mu_2,\sigma_2)$ 的样本，它们分别相互独立，则 $F=\frac{S_1^2\sigma_2^2}{S_2^2\sigma_1^2}\sim F(n_1-1,n_2-1)$.

证明 因为$\frac{(n_1-1)S_1^2}{\sigma^2}\sim\chi^2(n_1-1)$，$\frac{(n_2-1)S_2^2}{\sigma^2}\sim\chi^2(n_2-1)$，故由 F 分布的定义有

$$T=\frac{\dfrac{\frac{(n_1-1)S_1^2}{\sigma^2}}{n_1}-1}{\dfrac{\frac{(n_2-1)S_2^2}{\sigma^2}}{n_2}-1}=\frac{S_1^2\sigma_2^2}{S_2^2\sigma_1^2}\sim F(n_1-1,n_2-1)$$

例 7 设 $X_1, X_2, \cdots, X_n$ 是来自正态总体 $N(0,0.09)$ 的一个样本，求 $P(\sum_{i=1}^{10} X_i^2 > 1.44)$.

解 因为 $X \sim N(0,0.09)$，所以 $\frac{X_i - 0}{0.3} \sim N(0,1)$，则

$$U = \sum_{i=1}^{10} \frac{X_i}{0.09} \sim \chi^2(10)$$

所以

$$P(\sum_{i=1}^{10} X_i^2 > 1.44) = P\left(\frac{1}{0.09}\sum_{i=1}^{10} X_i^2 > 16\right) = 1 - P(U \leqslant 16)$$

查 χ^2 表可知，$P(U \leqslant 16) = 0.9$，故所求的概率为 0.1.

习 题 11

1. 已知总体 $X \sim N(\mu, \sigma^2)$，其中 σ^2 已知，μ 未知，$X_1, X_2, \cdots, X_n$ 是 X 的样本，下列哪个是统计量(　　).

A. $\frac{1}{n}\sum_{i=1}^{n}(X_i - \mu)^2$　　B. $\overline{X} + \mu$

C. $\frac{\frac{1}{n-1}\sum_{i=1}^{n}(X_i - \overline{X})^2}{\sigma^2}$　　D. $\frac{X_1 + X_n + \mu}{3}$

2. 设 X_1, X_2, X_3 是总体 X 的样本，下面四个统计量中，哪一个是总体均值 μ 的无偏估计(　　).

A. $\frac{1}{6}X_1 + \frac{1}{3}X_2 + \frac{1}{2}X_3$　　B. $\frac{1}{5}X_1 + \frac{1}{3}X_2 + \frac{1}{2}X_3$

C. $\frac{1}{6}X_1 + \frac{1}{4}X_2 + \frac{1}{2}X_3$　　D. $\frac{1}{6}X_1 + \frac{1}{5}X_2 + \frac{1}{2}X_3$

3. 设总体 X 服从正态分布，$E(X) = 2, E(X^2) = 8, X_1, X_2, \cdots, X_n$ 是 X 的样本，$\overline{X} = \frac{1}{n}\sum_{i=1}^{n} X_i$，则 $\overline{X}$ 的分布为(　　).

A. $N\left(2, \frac{4}{n}\right)$　　B. $N(2,1)$　　C. $N\left(\frac{2}{n}, 4\right)$　　D. $N\left(\frac{2}{n}, \frac{4}{n}\right)$

4. 设某种保险丝熔化时间 $X \sim N(\mu, \sigma^2)$(单位:秒)，取 $n = 16$ 的样本，得样本均值和方差分别为 $\overline{X} = 15, S^2 = 0.36$，则 μ 的置信度为 95% 的单侧置信区间上限为________.

5. 设 X 的分布律为

X	1	2	3
P	θ^2	$2\theta(1-\theta)$	$(1-\theta)^2$

已知一个样本值$(x_1,x_2,x_3)=(1,2,1)$,则参数的极大似然估计值为________.

6. 设 $X_1,X_2,\cdots,X_n$ 是总体 X 的样本,X 的分布密度为

$$f(x)=\begin{cases}\beta^2 x\mathrm{e}^{-\beta x}, & x>0\\ 0 & \text{其他}\end{cases}$$

求未知参数 β 的极大似然估计.

7. 设 $X_1,X_2,\cdots,X_n$ 是总体 X 的样本,X 的分布密度为

$$f(x)=\begin{cases}\dfrac{1}{24\theta}x^{\theta}\mathrm{e}^{-x}, & x>0\\ 0 & x\leqslant 0\end{cases}$$

求未知参数 θ 的极大似然估计.

8. 已知某种果树产量 $X\sim N(\mu,5^2)$,今随机地抽取 6 株计算其产量(单位:千克)为,其值为

221,191,202,205,256,236

试求平均产量置信区间($\alpha=0.05$).

9. 设总体 $X\sim N(\mu,\sigma^2)$,σ^2 未知,8 个样本值为

9,14,10,12,7,13,11,12

求均值 μ 的置信度为 95%置信区间.

附　录

附录 1　基本初等函数的图像与性质

	函数	定义域与值域	图像	特性
幂函数	$y=x$	$x\in(-\infty,+\infty)$ $y\in(-\infty,+\infty)$	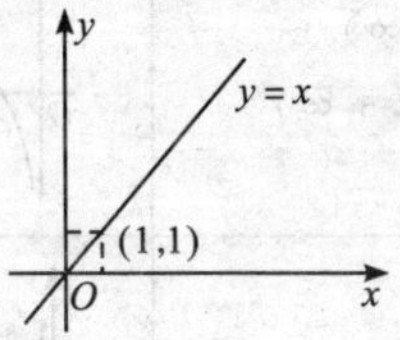	奇函数 单调增加
	$y=x^2$	$x\in(-\infty,+\infty)$ $y\in[0,+\infty)$	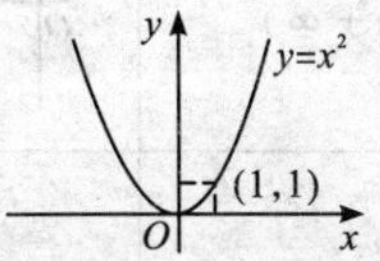	偶函数 在$(-\infty,0]$内单调减少 在$[0,+\infty)$内单调增加
	$y=x^3$	$x\in(-\infty,+\infty)$ $y\in(-\infty,+\infty)$	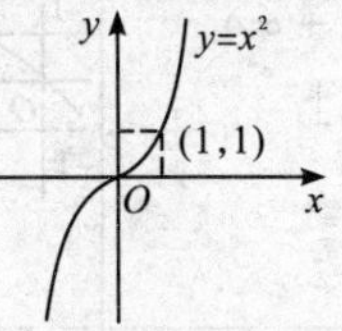	奇函数 单调增加
	$y=x^{-1}$	$x\in(-\infty,0)\cup(0,+\infty)$ $y\in(-\infty,0)\cup(0,+\infty)$	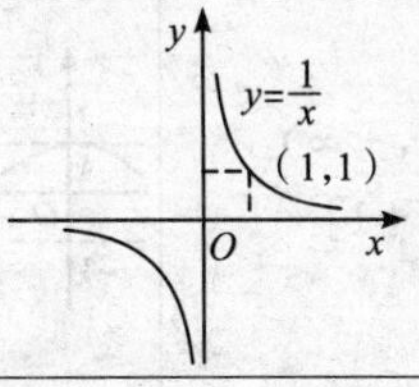	奇函数 在$(-\infty,0)$内单调减少 在$(0,+\infty)$内单调减少
	$y=x^{\frac{1}{2}}$	$x\in[0,+\infty)$ $y\in[0,+\infty)$	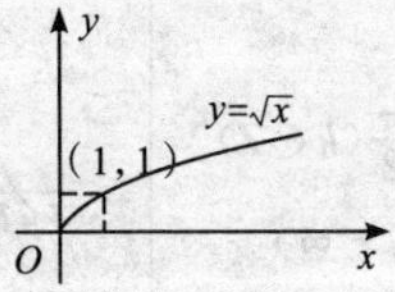	单调增加

（续表）

	函数	定义域与值域	图像	特性
指数函数	$y=a^x$ $(a>1)$	$x\in(-\infty,+\infty)$ $y\in(0,+\infty)$	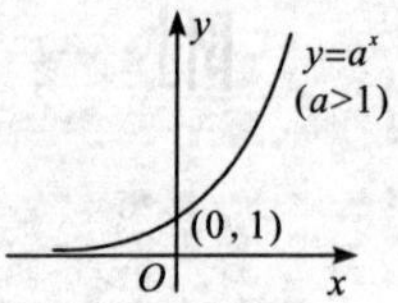	单调增加
	$y=a^x$ $(0<a<1)$	$x\in(-\infty,+\infty)$ $y\in(0,+\infty)$	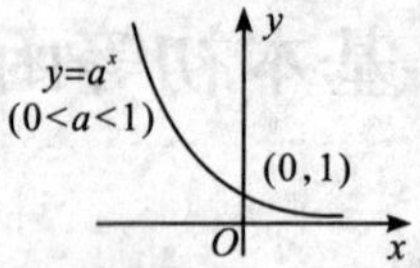	单调减少
对数函数	$y=\log_a x$ $(a>1)$	$x\in(0,+\infty)$ $y\in(-\infty,+\infty)$	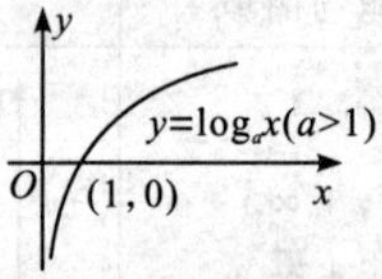	单调增加
	$y=\log_a x$ $(0<a<1)$	$x\in(0,+\infty)$ $y\in(-\infty,+\infty)$	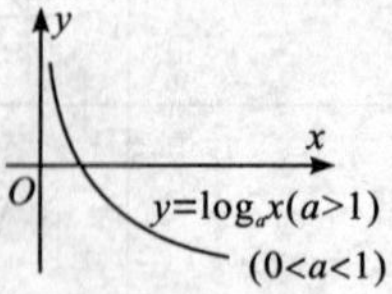	单调减少
三角函数	$y=\sin x$	$x\in(-\infty,+\infty)$ $y\in[-1,1]$	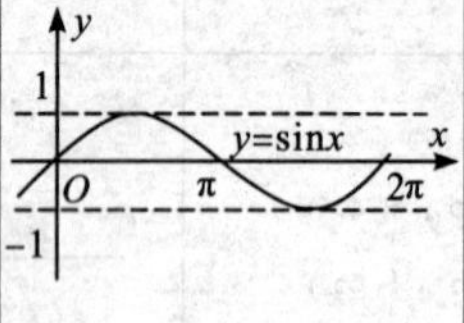	奇函数，周期为 2π，有界 在$\left(2k\pi-\frac{\pi}{2},2k\pi+\frac{\pi}{2}\right)$ 内单调增加 在$\left(2k\pi+\frac{\pi}{2},2k\pi-\frac{\pi}{2}\right)$ 内单调减少$(k\in\mathbf{Z})$
	$y=\cos x$	$x\in(-\infty,+\infty)$ $y\in[-1,+1]$	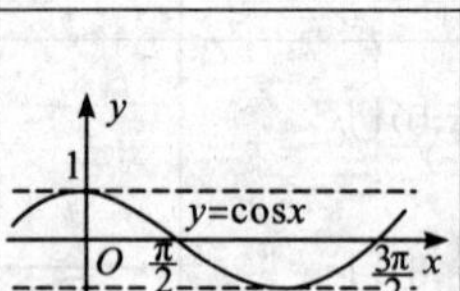	偶函数，周期为 2π，有界 在$(2\pi,2k\pi+\pi)$内单调减少 在$(2k\pi+\pi,2k\pi+2\pi)$ 内单调增加$(k\in\mathbf{Z})$
	$y=\tan x$	$x\neq k\pi+\frac{\pi}{2}(k\in\mathbf{Z})$ $y\in(-\infty,+\infty)$	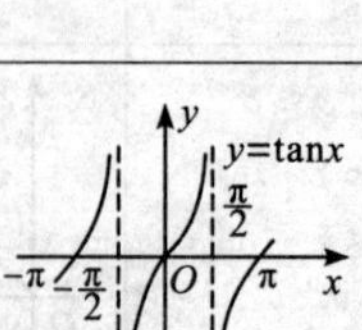	奇函数，周期为 π 在$\left(k\pi-\frac{\pi}{2},k\pi+\frac{\pi}{2}\right)$内 单调增加$(k\in\mathbf{Z})$

(续表)

	函数	定义域与值域	图像	特性
三角函数	$y=\cot x$	$x\neq k\pi(k\in\mathbf{Z})$ $y\in(-\infty,+\infty)$	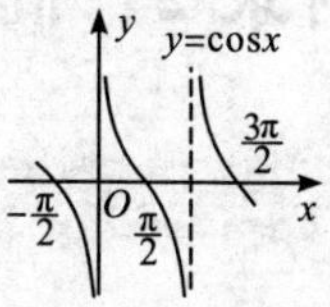	奇函数,周期 π 在$(k\pi,k\pi+\pi)$内单调减少$(k\in\mathbf{Z})$
反三角函数	$y=\arcsin x$	$x\in[-1,1]$ $y\in\left[-\frac{\pi}{2},\frac{\pi}{2}\right]$	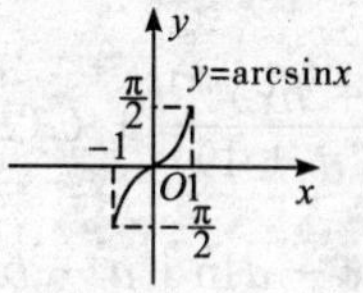	奇函数,单调增加,有界
	$y=\arccos x$	$x\in[-1,1]$ $y\in(0,\pi)$	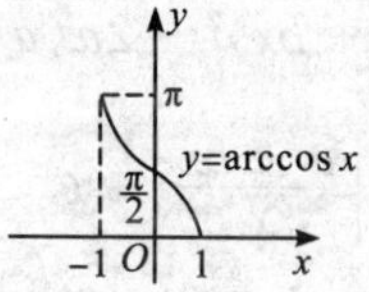	单调减少,有界
	$y=\arctan x$	$x\in(-\infty,+\infty)$ $\left[-\frac{\pi}{2},\frac{\pi}{2}\right]$	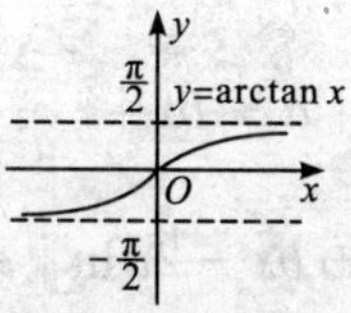	奇函数,单调增加,有界
	$y=\text{arccot}\, x$	$x\in(-\infty,+\infty)$ $y\in(0,\pi)$	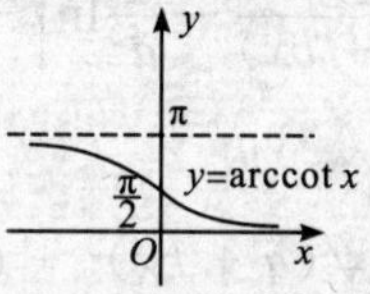	单调减少,有界

附录 2 简易积分表

含有 $a+bx$ 的积分

1. $\int \frac{dx}{a+bx} = \frac{1}{b}\ln|a+bx| + C$

2. $\int (a+bx)^n dx = \frac{(a+bx)^{n+1}}{b(n+1)} + C(n \neq -1)$

3. $\int \frac{x dx}{a+bx} = \frac{1}{b^2}(a+bx-a\ln|a+bx|) + C$

4. $\int \frac{x^2 dx}{a+bx} = \frac{1}{b^3}\left[\frac{1}{2}(a+bx)^2 - 2a(a+bx) + a^2\ln|a+bx|\right] + C$

5. $\int \frac{dx}{x(a+bx)} = -\frac{1}{a}\ln\left|\frac{a+bx}{x}\right| + C$

6. $\int \frac{dx}{x^2(a+bx)} = -\frac{1}{ax} + \frac{b}{a^2}\ln\left|\frac{a+bx}{x}\right| + C$

7. $\int \frac{x dx}{(a+bx)^2} = \frac{1}{b^2}\left(\ln|a+bx| + \frac{a}{a+bx}\right) + C$

8. $\int \frac{x^2 dx}{(a+bx)^2} = \frac{1}{b^3}\left[a+bx-2a\ln|a+bx| - \frac{a^2}{a+bx}\right] + C$

9. $\int \frac{dx}{x(a+bx)^2} = \frac{1}{a(a+bx)} - \frac{1}{a^2}\ln\left|\frac{a+bx}{x}\right| + C$

含有 $\sqrt{a+bx}$ 的积分

10. $\int \sqrt{a+bx}\,dx = \frac{2}{3b}\sqrt{(a+bx)^3} + C$

11. $\int x\sqrt{a+bx}\,dx = -\frac{2(2a-3bx)\sqrt{(a+bx)^3}}{15b^2} + C$

12. $\int x^2\sqrt{a+bx}\,dx = \frac{2(8a^2-12abx+15b^2x^2)\sqrt{(a+bx)^3}}{105b^3} + C$

13. $\int \frac{x dx}{\sqrt{a+bx}} = -\frac{2(2a-bx)}{3b^2}\sqrt{a+bx} + C$

14. $\int \frac{x^2 dx}{\sqrt{a+bx}} = \frac{2(8a^2-4abx+3b^2x^2)}{15b^3}\sqrt{a+bx} + C$

15. $\int \frac{dx}{x\sqrt{a+bx}} = \begin{cases} \frac{1}{\sqrt{a}}\ln\frac{|\sqrt{a+bx}-\sqrt{a}|}{\sqrt{a+bx}+\sqrt{a}}+C, & a>0 \\ \frac{2}{\sqrt{-a}}\arctan\sqrt{\frac{a+bx}{-a}}+C, & a<0 \end{cases}$

16. $\int \frac{dx}{x^2\sqrt{a+bx}} = -\frac{\sqrt{a+bx}}{ax} - \frac{b}{2a}\int\frac{dx}{x\sqrt{a+bx}}$

17. $\int \frac{\sqrt{a+bx}\,dx}{x} = 2\sqrt{a+bx} + a\int\frac{dx}{x\sqrt{a+bx}}$

含有 $a^2 \pm x^2$ 的积分

18. $\int \frac{dx}{a^2+x^2} = \frac{1}{a}\arctan\frac{x}{a}+C$

19. $\int \frac{dx}{(x^2+a^2)^n} = \frac{x}{2(n-1)a^2(x^2+a^2)^{n-1}} + \frac{2n-3}{2(n-1)a^2}\int\frac{dx}{(x^2+a^2)^{n-1}}$

20. $\int \frac{dx}{a^2-x^2} = \frac{1}{2a}\ln\left|\frac{a+x}{a-x}\right|+C$

21. $\int \frac{dx}{x^2-a^2} = \frac{1}{2a}\ln\left|\frac{x-a}{x+a}\right|+C$

含有 $a \pm bx^2$ 的积分

22. $\int \frac{dx}{a+bx^2} = \frac{1}{\sqrt{ab}}\arctan\sqrt{\frac{b}{a}}x+C$

23. $\int \frac{dx}{a-bx^2} = \frac{1}{2\sqrt{ab}}\ln\left|\frac{\sqrt{a}+\sqrt{bx}}{\sqrt{a}-\sqrt{bx}}\right|+C$

24. $\int \frac{x\,dx}{a+bx^2} = \frac{1}{2b}\ln|a+bx^2|+C$

25. $\int \frac{x^2dx}{a+bx^2} = \frac{x}{b} - \frac{a}{b}\int\frac{dx}{a+bx^2}$

26. $\int \frac{dx}{x(a+bx^2)} = \frac{1}{2a}\ln\left|\frac{x^2}{a+bx^2}\right|+C$

27. $\int \frac{dx}{x^2(a+bx^2)} = -\frac{1}{ax} - \frac{b}{a}\int\frac{dx}{a+bx^2}$

28. $\int \frac{dx}{(a+bx^2)^2} = \frac{x}{2a(a+bx^2)} + \frac{1}{2a}\int\frac{dx}{a+bx^2}$

含有 $\sqrt{x^2+a^2}$ 的积分

29. $\int \sqrt{x^2+a^2}\,dx = \frac{x}{2}\sqrt{x^2+a^2} + \frac{a^2}{2}\ln(x+\sqrt{x^2+a^2})+C$

30. $\int \sqrt{(x^2+a^2)^3}\,dx = \frac{x}{8}(2x^2+5a^2)\sqrt{x^2+a^2} + \frac{3a^4}{8}\ln(x+\sqrt{x^2+a^2})+C$

31. $\int x\sqrt{x^2+a^2}\,\mathrm{d}x = \frac{\sqrt{(x^2+a^2)^3}}{3}+C$

32. $\int x^2\sqrt{x^2+a^2}\,\mathrm{d}x = \frac{x}{8}(2x^2+a^2)\sqrt{x^2+a^2}-\frac{a^4}{8}\ln(x+\sqrt{x^2+a^2})+C$

33. $\int \frac{\mathrm{d}x}{\sqrt{x^2+a^2}} = \ln(x+\sqrt{x^2+a^2})+C$

34. $\int \frac{\mathrm{d}x}{\sqrt{(x^2+a^2)^3}} = \frac{x}{a^2\sqrt{x^2+a^2}}+C$

35. $\int \frac{x\mathrm{d}x}{\sqrt{x^2+a^2}} = \sqrt{x^2+a^2}+C$

36. $\int \frac{x^2\mathrm{d}x}{\sqrt{x^2+a^2}} = \frac{x}{2}\sqrt{x^2+a^2}-\frac{a^2}{2}\ln(x+\sqrt{x^2+a^2})+C$

37. $\int \frac{x^2\mathrm{d}x}{\sqrt{(x^2+a^2)^3}} = -\frac{x}{\sqrt{x^2+a^2}}+\ln(x+\sqrt{x^2+a^2})+C$

38. $\int \frac{\mathrm{d}x}{x\sqrt{x^2+a^2}} = \frac{1}{a}\ln\frac{|x|}{a+\sqrt{x^2+a^2}}+C$

39. $\int \frac{\mathrm{d}x}{x^2\sqrt{x^2+a^2}} = -\frac{\sqrt{x^2+a^2}}{a^2x}+C$

40. $\int \frac{\sqrt{x^2+a^2}\mathrm{d}x}{x} = \sqrt{x^2+a^2}-a\ln\frac{a+\sqrt{x^2+a^2}}{|x|}+C$

41. $\int \frac{\sqrt{x^2+a^2}\mathrm{d}x}{x^2} = -\frac{\sqrt{x^2+a^2}}{x}+\ln(x+\sqrt{x^2+a^2})+C$

含有 $\sqrt{x^2-a^2}$ 的积分

42. $\int \frac{\mathrm{d}x}{\sqrt{x^2-a^2}} = \ln|x+\sqrt{x^2-a^2}|+C$

43. $\int \frac{\mathrm{d}x}{\sqrt{(x^2-a^2)^3}} = -\frac{x}{a^2\sqrt{x^2-a^2}}+C$

44. $\int \frac{x\mathrm{d}x}{\sqrt{x^2-a^2}} = \sqrt{x^2-a^2}+C$

45. $\int \sqrt{x^2-a^2}\,\mathrm{d}x = \frac{x}{2}\sqrt{x^2-a^2}-\frac{a^2}{2}\ln|x+\sqrt{x^2-a^2}|+C$

46. $\int \sqrt{(x^2-a^2)}\,\mathrm{d}x = \frac{x}{8}(2x^2-5a^2)\sqrt{x^2-a^2}+\frac{3a^4}{8}\ln|x+\sqrt{x^2-a^2}|+C$

47. $\int x\sqrt{x^2-a^2}\,\mathrm{d}x = \frac{\sqrt{(x^2-a^2)^3}}{3}+C$

48. $\int x\sqrt{(x^2-a^2)^3}\,dx = \dfrac{\sqrt{(x^2-a^2)^5}}{5} + C$

49. $\int x^2\sqrt{x^2-a^2}\,dx = \dfrac{x}{8}(2x^2-a^2)\sqrt{x^2-a^2} - \dfrac{a^4}{8}\ln|x+\sqrt{x^2-a^2}| + C$

50. $\int \dfrac{x^2 dx}{\sqrt{x^2-a^2}} = \dfrac{x}{2}\sqrt{x^2-a^2} + \dfrac{a^2}{2}\ln|x+\sqrt{x^2-a^2}| + C$

51. $\int \dfrac{x^2 dx}{\sqrt{(x^2-a^2)^3}} = -\dfrac{x}{\sqrt{x^2-a^2}} + \ln|x+\sqrt{x^2-a^2}| + C$

52. $\int \dfrac{dx}{x\sqrt{x^2-a^2}} = \dfrac{1}{a}\arccos\dfrac{a}{x} + C$

53. $\int \dfrac{dx}{x^2\sqrt{x^2-a^2}} = \dfrac{\sqrt{x^2-a^2}}{a^2 x} + C$

54. $\int \dfrac{\sqrt{x^2-a^2}}{x}dx = \sqrt{x^2-a^2} - a\arccos\dfrac{a}{x} + C$

55. $\int \dfrac{\sqrt{x^2-a^2}}{x^2}dx = -\dfrac{\sqrt{x^2-a^2}}{x} + \ln|x+\sqrt{x^2-a^2}| + C$

含有 $\sqrt{a^2-x^2}$ 的积分

56. $\int \dfrac{dx}{\sqrt{a^2-x^2}} = \arcsin\dfrac{x}{a} + C$

57. $\int \dfrac{dx}{\sqrt{(a^2-x^2)^3}} = \dfrac{x}{a^2\sqrt{a^2-x^2}} + C$

58. $\int \dfrac{x\,dx}{\sqrt{a^2-x^2}} = -\sqrt{a^2-x^2} + C$

59. $\int \dfrac{x\,dx}{\sqrt{(a^2-x^2)^3}} = \dfrac{1}{\sqrt{a^2-x^2}} + C$

60. $\int \dfrac{x^2 dx}{\sqrt{a^2-x^2}} = -\dfrac{x}{2}\sqrt{a^2-x^2} + \dfrac{a^2}{2}\arcsin\dfrac{x}{a} + C$

61. $\int \sqrt{a^2-x^2}\,dx = \dfrac{x}{2}\sqrt{a^2-x^2} + \dfrac{a^2}{2}\arcsin\dfrac{x}{a} + C$

62. $\int \sqrt{(a^2-x^2)^3}\,dx = \dfrac{x}{8}(5a^2-2x^2)\sqrt{a^2-x^2} + \dfrac{3a^4}{8}\arcsin\dfrac{x}{a} + C$

63. $\int x\sqrt{a^2-x^2}\,dx = -\dfrac{\sqrt{(a^2-x^2)^3}}{3} + C$

64. $\int x\sqrt{(a^2-x^2)}\,dx = -\dfrac{\sqrt{(a^2-x^2)^5}}{5} + C$

65. $\int x^2 \sqrt{a^2 - x^2}\mathrm{d}x = \frac{x}{8}(2x^2 - a^2)\sqrt{a^2 - x^2} + \frac{a^4}{8}\arcsin\frac{x}{a} + C$

66. $\int \frac{x^2\mathrm{d}x}{\sqrt{(a^2 - x^2)^3}} = \frac{x}{\sqrt{a^2 - x^2}} - \arcsin\frac{x}{a} + C$

67. $\int \frac{\mathrm{d}x}{x\sqrt{a^2 - x^2}} = \frac{1}{a}\ln\left|\frac{x}{a + \sqrt{a^2 - x}}\right| + C$

68. $\int \frac{\mathrm{d}x}{x^2\sqrt{a^2 - x^2}} = -\frac{\sqrt{a^2 - x^2}}{a^2 x} + C$

69. $\int \frac{\sqrt{a^2 - x^2}}{x}\mathrm{d}x = \sqrt{a^2 - x^2} - a\ln\left|\frac{a + \sqrt{a^2 - x^2}}{x}\right| + C$

70. $\int \frac{\sqrt{a^2 - x^2}}{x^2}\mathrm{d}x = -\frac{\sqrt{a^2 - x^2}}{x} - \arcsin\frac{x}{a} + C$

含有 $a + bx \pm cx^2\ (c > 0)$ 的积分

71. $\int \frac{\mathrm{d}x}{a + bx - cx^2} = \frac{1}{\sqrt{b^2 + 4ac}}\ln\left|\frac{\sqrt{b^2 + 4ac} + 2cx - b}{\sqrt{b^2 + 4ac} - 2cx + b}\right| + C$

72. $\int \frac{\mathrm{d}x}{a + bx + cx^2} = \begin{cases} \frac{2}{\sqrt{4ac - b^2}}\arctan\frac{2cx + b}{\sqrt{4ac - b^2}} + C, & b^2 < 4ac \\ \frac{1}{\sqrt{b^2 - 4ac}}\ln\left|\frac{2cx + b - \sqrt{b^2 - 4ac}}{2cx + b + \sqrt{b^2 - 4ac}}\right| + C, & b^2 > 4ac \end{cases}$

含有 $\sqrt{a + bx \pm cx^2}\ (c > 0)$ 的积分

73. $\int \frac{\mathrm{d}x}{\sqrt{a + bx + cx^2}} = \frac{1}{\sqrt{c}}\ln|2cx + b + 2\sqrt{c}\sqrt{a + bx + cx^2}| + C$

74. $\int \sqrt{a + bx + cx^2}\mathrm{d}x = \frac{2cx + b}{4c}\sqrt{a + bx + cx^2}$

$$- \frac{b^2 - 4ac}{8\sqrt{c^3}}\ln|2cx + b + 2\sqrt{c}\sqrt{a + bx + cx^2}| + C$$

75. $\int \frac{x\mathrm{d}x}{\sqrt{a + bx + cx^2}} = \frac{\sqrt{a + bx + cx^2}}{c}$

$$- \frac{b}{2\sqrt{c^3}}\ln|2cx + b + 2\sqrt{c}\sqrt{a + bx + cx^2}| + C$$

76. $\int \frac{\mathrm{d}x}{\sqrt{a + bx - cx^2}} = \frac{1}{\sqrt{c}}\arcsin\frac{2cx - b}{\sqrt{b^2 + 4ac}} + C$

77. $\int \sqrt{a + bx - cx^2}\mathrm{d}x = \frac{2cx - b}{4c}\sqrt{a + bx - cx^2} + \frac{b^2 + 4ac}{8\sqrt{c^3}}\arcsin\frac{2cx - b}{\sqrt{b^2 + 4ac}} + C$

78. $\int \frac{x\mathrm{d}x}{\sqrt{a+bx-cx^2}} = -\frac{\sqrt{a+bx+cx^2}}{c} + \frac{b}{2\sqrt{c^3}}\arcsin\frac{2cx-b}{\sqrt{b^2+4ac}} + C$

含有$\sqrt{\frac{a \pm x}{b \pm x}}$的积分和含有$\sqrt{(x-a)(b-x)}$的积分

79. $\int \sqrt{\frac{a+x}{b+x}}\mathrm{d}x = \sqrt{(x+a)(b+x)} + (a-b)\ln(\sqrt{a+x} + \sqrt{b+x}) + C$

80. $\int \sqrt{\frac{a-x}{b+x}}\mathrm{d}x = \sqrt{(a-x)(b+x)} + (a+b)\arcsin\sqrt{\frac{x+b}{a+b}} + C$

81. $\int \sqrt{\frac{a+x}{b-x}}\mathrm{d}x = -\sqrt{(a+x)(b-x)} - (a+b)\arcsin\sqrt{\frac{b-x}{a+b}} + C$

82. $\int \frac{\mathrm{d}x}{\sqrt{(x-a)(b-x)}} = 2\arcsin\sqrt{\frac{x-a}{b-a}} + C$

含有三角函数的积分

83. $\int \sin x\mathrm{d}x = -\cos x + C$

84. $\int \cos x\mathrm{d}x = \sin x + C$

85. $\int \tan x\mathrm{d}x = -\ln|\cos x| + C$

86. $\int \cot x\mathrm{d}x = \ln|\sin x| + C$

87. $\int \sec x\mathrm{d}x = \ln|\sec x + \tan x| + C$

88. $\int \csc x\mathrm{d}x = \ln|\csc x - \cot x| + C$

89. $\int \sec x^2\mathrm{d}x = \tan x + C$

90. $\int \csc^2 x\mathrm{d}x = -\cot x + C$

91. $\int \sec x\tan x\mathrm{d}x = \sec x + C$

92. $\int \csc x\cot x\mathrm{d}x = -\csc x + C$

93. $\int \sin^2 x\mathrm{d}x = \frac{x}{2} - \frac{1}{4}\sin 2x + C$

94. $\int \cos^2 x\mathrm{d}x = \frac{x}{2} + \frac{1}{4}\sin 2x + C$

95. $\int \sin^n x\mathrm{d}x = -\frac{\sin^{n-1}x\cos x}{n} + \frac{n-1}{n}\int \sin^{n-2}x\mathrm{d}x$

96. $\int \cos^n x\mathrm{d}x = \frac{\cos^{n-1}x\sin x}{n} + \frac{n-1}{n}\int \cos^{n-2}x\mathrm{d}x$

97. $\int \frac{\mathrm{d}x}{\sin^n x} = -\frac{\cos x}{(n-1)\sin^{n-1}x} + \frac{n-2}{n-1}\int \frac{\mathrm{d}x}{\sin^{n-2}x}$

98. $\int \frac{\mathrm{d}x}{\cos^n x} = \frac{\sin x}{(n-1)\cos^{n-1}x} + \frac{n-2}{n-1}\int \frac{\mathrm{d}x}{\cos^{n-2}x}$

99. $$\begin{aligned}\int \cos^m x\sin^n x\mathrm{d}x &= \frac{\cos^{m-1}x\sin^{n+1}x}{m+n} + \frac{m-1}{m+n}\int \cos^{m-2}x\sin^n x\mathrm{d}x \\ &= -\frac{\sin^{n-1}x\cos^{m+1}x}{m+n} + \frac{n-1}{m+n}\int \cos^m x\sin^{n-2}x\mathrm{d}x\end{aligned}$$

100. $\int \sin mx\cos nx\mathrm{d}x = -\frac{\cos(m+n)x}{2(m+n)} - \frac{\cos(m-n)x}{2(m-n)} + C \quad (m \neq n)$

101. $\int \sin mx\sin nx\mathrm{d}x = -\frac{\sin(m+n)x}{2(m+n)} + \frac{\sin(m-n)x}{2(m-n)} + C \quad (m \neq n)$

102. $\int \cos mx\cos nx\mathrm{d}x = \frac{\sin(m+n)x}{2(m+n)} + \frac{\sin(m-n)x}{2(m-n)} + C \quad (m \neq n)$

103. $\int \frac{\mathrm{d}x}{a+b\sin x} = \frac{2}{\sqrt{a^2-b^2}}\arctan\frac{a\tan\frac{x}{2}+b}{\sqrt{a^2-b^2}} + C \quad (a^2 > b^2)$

104. $\int \frac{\mathrm{d}x}{a+b\sin x} = \frac{1}{\sqrt{b^2-a^2}}\ln\left|\frac{a\tan\frac{x}{2}+b-\sqrt{b^2-a^2}}{a\tan\frac{x}{2}+b+\sqrt{b^2-a^2}}\right| + C \quad (a^2 < b^2)$

105. $\int \frac{\mathrm{d}x}{a+b\cos x} = \frac{2}{\sqrt{a^2-b^2}}\arctan\left(\sqrt{\frac{a-b}{a+b}}\tan\frac{x}{2}\right) + C \quad (a^2 > b^2)$

106. $\int \frac{\mathrm{d}x}{a+b\cos x} = \frac{1}{\sqrt{b^2-a^2}}\ln\left|\frac{\tan\frac{x}{2}+\sqrt{\frac{b+a}{b-a}}}{\tan\frac{x}{2}-\sqrt{\frac{b+a}{b-a}}}\right| + C \quad (a^2 < b^2)$

107. $\int \frac{\mathrm{d}x}{a^2\cos^2 x + b^2\sin^2 x} = \frac{1}{ab}\arctan\left(\frac{b\tan x}{a}\right) + C$

108. $\int \frac{\mathrm{d}x}{a^2\cos^2 x - b^2\sin^2 x} = \frac{1}{2ab}\ln\left|\frac{b\tan x+a}{b\tan x-a}\right| + C$

109. $\int x\sin ax\mathrm{d}x = \frac{1}{a^2}\sin ax - \frac{1}{a}x\cos ax + C$

110. $\int x^2\sin ax\mathrm{d}x = -\frac{1}{a}x^2\cos ax + \frac{2}{a^2}x\sin ax + \frac{2}{a^3}\cos ax + C$

111. $\int x\cos ax\mathrm{d}x = \frac{1}{a^2}\cos ax + \frac{1}{a}x\sin ax + C$

112. $\int x^2\cos ax\mathrm{d}x = \frac{1}{a}x^2\sin ax + \frac{2}{a^2}x\cos ax - \frac{2}{a^3}\sin ax + C$

含有反三角函数的积分

113. $\int \arcsin\frac{x}{a}\mathrm{d}x = x\arcsin\frac{x}{a} + \sqrt{a^2 - x^2} + C$

114. $\int x\arcsin\frac{x}{a}\mathrm{d}x = \left(\frac{x^2}{2} - \frac{a^2}{4}\right)\arcsin\frac{x}{a} + \frac{x}{4}\sqrt{a^2 - x^2} + C$

115. $\int x^2\arcsin\frac{x}{a}\mathrm{d}x = \frac{x^3}{3}\arcsin\frac{x}{a} + \frac{1}{9}(x^2 + 2a^2)\sqrt{a^2 - x^2} + C$

116. $\int \arccos\frac{x}{a}\mathrm{d}x = x\arccos\frac{x}{a} - \sqrt{a^2 - x^2} + C$

117. $\int x\arccos\frac{x}{a}\mathrm{d}x = \left(\frac{x^2}{2} - \frac{a^2}{4}\right)\arccos\frac{x}{a} - \frac{x}{4}\sqrt{a^2 - x^2} + C$

118. $\int x^2\arccos\frac{x}{a}\mathrm{d}x = \frac{x^3}{3}\arccos\frac{x}{a} - \frac{1}{9}(x^2 + 2a^2)\sqrt{a^2 - x^2} + C$

119. $\int \arctan\frac{x}{a}\mathrm{d}x = x\arctan\frac{x}{a} - \frac{a}{2}\ln(x^2 + a^2) + C$

120. $\int x\arctan\frac{x}{a}\mathrm{d}x = \frac{1}{2}(x^2 + a^2)\arctan\frac{x}{a} - \frac{ax}{2} + C$

121. $\int x^2\arctan\frac{x}{a}\mathrm{d}x = \frac{x^3}{3}\arctan\frac{x}{a} - \frac{ax^2}{6} + \frac{a^3}{6}\ln(x^2 + a^2) + C$

含有指数函数的积分

122. $\int a^x\mathrm{d}x = \frac{a^x}{\ln a} + C$

123. $\int \mathrm{e}^{ax}\mathrm{d}x = \frac{\mathrm{e}^{ax}}{a} + C$

124. $\int \mathrm{e}^{ax}\sin bx\mathrm{d}x = \frac{\mathrm{e}^{ax}(a\sin bx - b\cos bx)}{a^2 + b^2} + C$

125. $\int \mathrm{e}^{ax}\cos bx\mathrm{d}x = \frac{\mathrm{e}^{ax}(b\sin bx + a\cos bx)}{a^2 + b^2} + C$

126. $\int x\mathrm{e}^{ax}\mathrm{d}x = \frac{\mathrm{e}^{ax}}{a^2}(ax - 1) + C$

127. $\int x^n\mathrm{e}^{ax}\mathrm{d}x = \frac{x^n\mathrm{e}^{ax}}{a} - \frac{n}{a}\int x^{n-1}\mathrm{e}^{ax}\mathrm{d}x$

128. $\int xa^{mx}\mathrm{d}x = \frac{xa^{mx}}{m\ln a} - \frac{a^{mx}}{(m\ln a)^2} + C$

129. $\int x^n a^{mx}\mathrm{d}x = \frac{x^n a^{mx}}{m\ln a} - \frac{n}{m\ln a}\int x^{n-1}a^{mx}\mathrm{d}x$

130. $\int \mathrm{e}^{ax}\sin^n bx\mathrm{d}x = \frac{\mathrm{e}^{ax}\sin^{n-1}bx(a\sin bx - nb\cos bx)}{a^2 + b^2n^2}$

$$+\frac{n(n-1)}{a^2+b^2n^2}b^2\int e^{ax}\sin^{n-2}bx\,dx$$

131. $\int e^{ax}\cos^n bx\,dx=\frac{e^{ax}\cos^{n-1}bx(a\cos bx+nb\sin bx)}{a^2+b^2n^2}$

$$+\frac{n(n-1)}{a^2+b^2n^2}b^2\int e^{ax}\cos^{n-2}bx\,dx$$

含有对数函数的积分

132. $\int\ln x\,dx=x\ln x-x+C$

133. $\int\frac{dx}{x\ln x}=\ln\ln x+C$

134. $\int x^n\ln x\,dx=x^{n+1}\left[\frac{\ln x}{n+1}-\frac{1}{(n+1)^2}\right]+C$

135. $\int\ln^n x\,dx=x\ln^n x-n\int\ln^{n-1}x\,dx$

136. $\int x^m\ln^n x\,dx=\frac{x^{m+1}}{m+1}\ln^n x-\frac{n}{m+1}\int x^m\ln^{n-1}x\,dx$

定积分

137. $\int_{-\pi}^{\pi}\cos nx\,dx=\int_{-\pi}^{\pi}\sin nx\,dx=0$

138. $\int_{-\pi}^{\pi}\cos mx\sin nx\,dx=0$

139. $\int_{-\pi}^{\pi}\cos mx\cos nx\,dx=\begin{cases}0, & m\neq n\\ \pi, & m=n\end{cases}$

140. $\int_{-\pi}^{\pi}\sin mx\sin nx\,dx=\begin{cases}0, & m\neq n\\ \pi, & m=n\end{cases}$

141. $\int_0^{\pi}\sin mx\sin nx\,dx=\int_0^{\pi}\cos mx\cos nx\,dx=\begin{cases}0, & m\neq n\\ \frac{\pi}{2}, & m=n\end{cases}$

142. $I_n=\int_0^{\frac{\pi}{2}}\sin^n x\,dx=\int_0^{\frac{\pi}{2}}\cos^n x\,dx$

$I_n=\frac{n-1}{n}I_{n-2}$

$I_n=\frac{n-1}{n}\cdot\frac{n-3}{n-2}\cdots\frac{4}{5}\cdot\frac{2}{3}$（$n$ 为大于 1 的奇数），$I_1=1$

$I_n=\frac{n-1}{n}\cdot\frac{n-3}{n-2}\cdots\frac{3}{4}\cdot\frac{1}{2}\cdot\frac{\pi}{2}$（$n$ 为正偶数），$I_0=\frac{\pi}{2}$

附录 3 标准正态分布表

$$\Phi(z)=\int_{-\infty}^{x}\frac{1}{\sqrt{2\pi}}e^{-u^2/2}du=P(Z\leqslant z)$$

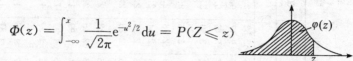

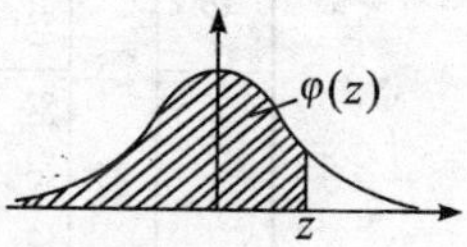

z	0	1	2	3	4	5	6	7	8	9
0.0	0.500 0	0.504 0	0.508 0	0.512 0	0.516 0	0.519 9	0.523 9	0.527 9	0.531 9	0.535 9
0.1	0.539 8	0.543 8	0.547 8	0.551 7	0.555 7	0.559 6	0.563 6	0.567 5	0.571 4	0.575 3
0.2	0.579 3	0.583 2	0.587 1	0.591 0	0.594 8	0.598 7	0.602 6	0.606 4	0.610 3	0.614 1
0.3	0.617 9	0.621 7	0.625 5	0.629 3	0.633 1	0.636 8	0.640 6	0.644 3	0.648 0	0.651 7
0.4	0.655 4	0.659 1	0.662 8	0.666 4	0.670 0	0.673 6	0.677 2	0.680 8	0.684 4	0.687 9
0.5	0.691 5	0.695 0	0.698 5	0.701 9	0.750 4	0.708 8	0.712 3	0.715 7	0.719 0	0.722 4
0.6	0.725 7	0.729 1	0.732 4	0.735 7	0.738 9	0.742 2	0.745 4	0.748 6	0.751 7	0.754 9
0.7	0.758 0	0.761 1	0.764 2	0.767 3	0.770 3	0.773 4	0.776 4	0.779 4	0.782 3	0.785 2
0.8	0.788 1	0.791 0	0.793 9	0.796 7	0.799 5	0.802 3	0.831 5	0.834 0	0.836 5	0.838 9
0.9	0.815 9	0.818 6	0.821 2	0.823 8	0.826 4	0.828 9	0.831 5	0.834 0	0.836 5	0.838 9
1.0	0.841 3	0.843 8	0.846 1	0.848 5	0.850 8	0.853 1	0.855 4	0.857 7	0.859 9	0.862 1
1.1	0.864 3	0.866 5	0.868 6	0.870 8	0.8729	0.874 9	0.877 0	0.879 0	0.881 0	0.883 0
1.2	0.884 9	0.886 9	0.888 8	0.890 7	0.892 5	0.894 4	0.896 2	0.898 0	0.899 7	0.901 5
1.3	0.903 2	0.904 9	0.906 6	0.908 2	0.909 9	0.911 5	0.913 1	0.914 9	0.916 2	0.917 7
1.4	0.919 2	0.920 7	0.922 2	0.923 6	0.925 1	0.926 5	0.927 8	0.929 2	0.930 6	0.931 9
1.5	0.933 2	0.934 5	0.935 7	0.937 0	0.938 2	0.939 4	0.940 6	0.941 8	0.943 0	0.944 1
1.6	0.945 2	0.946 3	0.947 4	0.948 4	0.949 5	0.950 5	0.951 5	0.952 5	0.953 5	0.954 5
1.7	0.955 4	0.956 4	0.957 3	0.958 2	0.959 1	0.959 9	0.960 8	0.961 6	0.962 5	0.963 3
1.8	0.964 1	0.964 8	0.965 6	0.966 4	0.967 1	0.967 8	0.968 6	0.969 3	0.970 0	0.970 6
1.9	0.971 3	0.971 9	0.972 6	0.973 2	0.973 8	0.974 4	0.975 0	0.975 6	0.976 2	0.976 7
2.0	0.977 2	0.977 8	0.978 3	0.978 8	0.979 6	0.979 8	0.980 3	0.980 8	0.981 2	0.981 7
2.1	0.982 1	0.982 6	0.983 0	0.983 4	0.983 8	0.984 2	0.984 6	0.985 0	0.985 4	0.985 7
2.2	0.986 1	0.986 4	0.986 8	0.987 1	0.987 4	0.987 8	0.988 1	0.988 4	0.988 7	0.989 0
2.3	0.989 3	0.989 6	0.989 8	0.990 1	0.990 4	0.990 6	0.990 9	0.991 1	0.991 3	0.991 6
2.4	0.991 8	0.992 0	0.992 2	0.992 5	0.992 7	0.992 9	0.993 1	0.993 2	0.993 4	0.993 6
2.5	0.993 8	0.994 0	0.994 1	0.994 3	0.994 5	0.994 6	0.994 8	0.994 9	0.995 1	0.995 2
2.6	0.995 3	0.995 5	0.995 6	0.995 7	0.995 9	0.996 0	0.996 1	0.996 2	0.996 3	0.996 4
2.7	0.996 5	0.996 6	0.996 7	0.996 8	0.996 9	0.997 0	0.997 1	0.997 2	0.997 3	0.997 4
2.8	0.997 4	0.997 5	0.997 6	0.997 7	0.997 7	0.997 8	0.997 9	0.997 9	0.998 0	0.998 1
2.9	0.998 1	0.998 2	0.998 2	0.998 3	0.998 4	0.998 4	0.998 5	0.998 5	0.998 6	0.998 6
3.0	0.998 7	0.999 0	0.999 3	0.999 5	0.999 7	0.999 8	0.999 8	0.999 9	0.999 9	1.000 0

注:表中末行系函数值 $\Phi(3.0)$,$\Phi(3.1)$,…,$\Phi(3.9)$.

附录 4　F 分布表

$$P\{F(n_1,n_2)>F_\alpha(n_1,n_2)\}=\alpha$$

n_2 \ n_1	1	2	3	4	5	6	7	8	9	10	12	15	20	24	30	40	60	120	∞
									$\alpha=0.10$										
1	39.86	49.50	53.59	55.83	57.24	58.20	58.91	59.44	59.86	60.19	60.71	61.22	61.74	62.00	62.26	62.53	62.79	63.06	63.33
2	8.53	9.00	9.16	9.24	9.29	9.33	9.35	9.37	9.38	9.39	9.41	9.42	9.44	9.45	9.46	9.47	9.47	9.48	9.49
3	5.54	5.46	5.39	5.34	5.31	5.28	5.27	5.25	5.24	5.23	5.22	5.20	5.18	5.18	5.17	5.16	5.15	5.14	5.13
4	4.54	4.32	4.19	4.11	4.05	4.01	3.98	3.95	3.94	3.92	3.90	3.87	3.84	3.83	3.82	3.80	3.79	3.78	3.76
5	4.06	3.78	3.62	3.52	3.45	3.40	3.37	3.34	3.32	3.30	3.27	3.24	3.21	3.19	3.17	3.16	3.14	3.12	3.10
6	3.78	3.46	3.29	3.18	3.11	3.05	3.01	2.98	2.96	2.94	2.90	2.87	2.84	2.82	2.80	2.78	2.76	2.74	2.72
7	3.59	3.26	3.07	2.96	2.88	2.83	2.78	2.75	2.72	2.70	2.67	2.63	2.59	2.58	2.56	2.54	2.51	2.49	2.47
8	3.46	3.11	2.92	2.81	2.73	2.67	2.62	2.59	2.56	2.54	2.50	2.46	2.42	2.40	2.38	2.36	2.34	2.32	2.29
9	3.36	3.01	2.81	2.69	2.61	2.55	2.51	2.47	2.44	2.42	2.38	2.34	2.30	2.28	2.25	2.23	2.21	2.18	2.16
10	3.29	2.92	2.73	2.61	2.52	2.46	2.41	2.38	2.35	2.32	2.28	2.24	2.20	2.18	2.16	2.13	2.11	2.08	2.06
11	3.23	2.86	2.66	2.54	2.45	2.39	2.34	2.30	2.27	2.25	2.21	2.17	2.12	2.10	2.08	2.05	2.03	2.00	1.97
12	3.18	2.81	2.61	2.48	2.39	2.33	2.28	2.24	2.21	2.19	2.15	2.10	2.06	2.04	2.01	1.99	1.96	1.93	1.90
13	3.14	2.76	2.56	2.43	2.35	2.28	2.23	2.20	2.16	2.14	2.10	2.05	2.01	1.98	1.96	1.93	1.90	1.88	1.85
14	3.10	2.73	2.52	2.39	2.31	2.24	2.19	2.15	2.12	2.10	2.05	2.01	1.96	1.94	1.91	1.89	1.86	1.83	1.80
15	3.07	2.70	2.49	2.36	2.27	2.21	2.16	2.12	2.09	2.06	2.02	1.97	1.92	1.90	1.87	1.85	1.82	1.79	1.76
16	3.05	2.67	2.46	2.33	2.24	2.18	2.13	2.09	2.06	2.03	1.99	1.94	1.89	1.87	1.84	1.81	1.78	1.75	1.72
17	3.03	2.64	2.44	2.31	2.22	2.15	2.10	2.06	2.03	2.00	1.96	1.91	1.86	1.84	1.81	1.78	1.75	1.72	1.69
18	3.01	2.62	2.42	2.29	2.20	2.13	2.08	2.04	2.00	1.98	1.93	1.89	1.84	1.81	1.78	1.75	1.72	1.69	1.66
19	2.99	2.61	2.40	2.27	2.18	2.11	2.06	2.02	1.98	1.96	1.91	1.86	1.81	1.79	1.76	1.73	1.70	1.67	1.63

（续表）

n_2 \ n_1	1	2	3	4	5	6	7	8	9	10	12	15	20	24	30	40	60	120	∞
									$\alpha=0.10$										
20	2.97	2.59	2.38	2.25	2.16	2.09	2.04	2.00	1.96	1.94	1.89	1.84	1.79	1.77	1.74	1.71	1.68	1.64	1.61
21	2.96	2.57	2.36	2.23	2.14	2.08	2.02	1.98	1.95	1.92	1.87	1.83	1.78	1.75	1.72	1.69	1.66	1.62	1.59
22	2.95	2.56	2.35	2.22	2.13	2.06	2.01	1.97	1.93	1.90	1.86	1.81	1.76	1.73	1.70	1.67	1.64	1.60	1.57
23	2.94	2.55	2.34	2.21	2.11	1.05	1.99	1.95	1.92	1.89	1.84	1.80	1.74	1.72	1.69	1.66	1.62	1.59	1.55
24	2.93	2.54	2.33	2.19	2.10	2.04	1.98	1.94	1.91	1.88	1.83	1.78	1.73	1.70	1.67	1.64	1.61	1.57	1.53
25	2.92	2.53	2.32	2.18	2.09	2.02	1.97	1.93	1.89	1.87	1.82	1.77	1.72	1.69	1.66	1.63	1.59	1.56	1.52
26	2.91	2.52	2.31	2.17	2.08	2.01	1.96	1.92	1.88	1.86	1.81	1.76	1.71	1.68	1.65	1.61	1.58	1.54	1.50
27	2.90	2.51	2.30	2.17	2.07	2.00	1.95	1.91	1.87	1.85	1.80	1.75	1.70	1.67	1.64	1.60	1.57	1.53	1.49
28	2.89	2.50	2.29	2.16	2.06	2.00	1.94	1.90	1.87	1.84	1.79	1.74	1.69	1.66	1.63	1.59	1.56	1.52	1.48
29	2.89	2.50	2.28	2.15	2.06	1.99	1.93	1.89	1.86	1.83	1.78	1.73	1.68	1.65	1.62	1.58	1.55	1.51	1.47
30	2.88	2.49	2.28	2.14	2.05	1.98	1.93	1.88	1.85	1.82	1.77	1.72	1.67	1.64	1.61	1.57	1.54	1.50	1.46
40	2.84	2.44	2.23	2.09	2.00	1.93	1.87	1.83	1.79	1.76	1.71	1.66	1.61	1.57	1.54	1.51	1.47	1.42	1.38
60	2.79	2.39	2.18	2.04	1.95	1.87	1.82	1.77	1.74	1.71	1.66	1.60	1.54	1.51	1.48	1.44	1.40	1.35	1.29
120	2.75	2.35	2.13	1.99	1.90	1.82	1.77	1.72	1.68	1.65	1.60	1.55	1.48	1.45	1.41	1.37	1.32	1.26	1.19
∞	2.71	2.30	2.08	1.94	1.85	1.77	1.72	1.67	1.63	1.60	1.55	1.49	1.42	1.38	1.34	1.30	1.24	1.17	1.00
									$\alpha=0.05$										
1	161.4	199.5	215.7	224.6	230.2	234.0	236.8	238.9	240.5	241.9	243.9	245.9	248.0	249.1	250.1	251.1	252.2	253.3	254.3
2	18.51	19.00	19.16	19.25	19.30	19.33	19.35	19.37	19.38	19.40	19.41	19.43	19.45	19.45	19.46	19.47	19.48	19.49	19.50
3	10.13	9.55	9.28	9.12	9.01	8.94	8.89	8.85	8.81	8.79	8.74	8.70	8.66	8.64	8.62	8.59	8.57	8.55	8.53
4	7.71	6.94	6.59	6.39	6.26	6.16	6.09	6.04	6.00	5.96	5.91	5.86	5.80	5.77	5.75	5.72	5.69	5.66	5.63
5	6.61	5.79	5.41	5.19	5.05	4.95	4.88	4.82	4.77	4.74	4.68	4.62	4.56	4.53	4.50	4.46	4.43	4.40	4.36
6	5.99	5.14	4.76	4.53	4.39	4.28	4.21	4.15	4.10	4.06	4.00	3.94	3.87	3.84	3.81	3.77	3.74	3.70	3.67
7	5.59	4.74	4.35	4.12	3.97	3.87	3.79	3.73	3.68	3.64	3.57	3.51	3.44	3.41	3.38	3.34	3.30	3.27	3.23
8	5.32	4.46	4.07	3.84	3.69	3.58	3.50	3.44	3.39	3.35	3.28	3.22	3.15	3.12	3.08	3.04	3.01	2.97	2.93
9	5.12	4.26	3.86	3.63	3.48	3.37	3.29	3.23	3.18	3.14	3.07	3.01	2.94	2.90	2.86	2.83	2.79	2.75	2.71

(续表)

n_2 \ n_1	1	2	3	4	5	6	7	8	9	10	12	15	20	24	30	40	60	120	∞
									$\alpha=0.05$										
10	4.96	4.10	3.71	3.48	3.33	3.22	3.14	3.07	3.02	2.98	2.91	2.85	2.77	2.74	2.70	2.66	2.62	2.58	2.54
11	4.84	3.98	3.59	3.36	3.20	3.09	3.01	2.95	2.90	2.85	2.79	2.72	2.65	2.61	2.57	2.53	2.49	2.45	2.40
12	4.75	3.89	3.49	3.26	3.11	3.00	2.91	2.85	2.80	2.75	2.69	2.62	2.54	2.51	2.47	2.43	2.38	2.34	2.30
13	4.67	3.81	3.41	3.18	3.03	2.92	2.83	2.77	2.71	2.67	2.60	2.53	2.46	2.42	2.38	2.34	2.30	2.25	2.21
14	4.60	3.74	3.34	3.11	2.96	2.85	2.76	2.70	2.65	2.60	2.53	2.46	2.39	2.35	2.31	2.27	2.22	2.18	2.13
15	4.54	3.68	3.29	3.06	2.90	2.79	2.71	2.64	2.59	2.54	2.48	2.40	2.33	2.29	2.25	2.20	2.16	2.11	2.07
16	4.49	3.63	3.24	3.01	2.85	2.74	2.66	2.59	2.54	2.49	2.42	2.35	2.28	2.24	2.19	2.15	2.11	2.06	2.01
17	4.45	3.59	3.20	2.96	2.81	2.70	2.61	2.55	2.49	2.45	2.38	2.31	2.23	2.19	2.15	2.10	2.06	2.01	1.96
18	4.41	3.55	3.16	2.93	2.77	2.66	2.58	2.51	2.46	2.41	2.34	2.27	2.19	2.15	2.11	2.06	2.02	1.97	1.92
19	4.38	3.52	3.13	2.90	2.74	2.63	2.54	2.48	2.42	2.38	2.31	2.23	2.16	2.11	2.07	2.03	1.98	1.93	1.88
20	4.35	3.49	3.10	2.87	2.71	2.60	2.51	2.45	2.39	2.35	2.28	2.20	2.12	2.08	2.04	1.99	1.95	1.90	1.84
21	4.32	3.47	3.07	2.84	2.68	2.57	2.49	2.42	2.37	2.32	2.25	2.18	2.10	2.05	2.01	1.96	1.92	1.87	1.81
22	4.30	3.44	3.05	2.82	2.66	2.55	2.46	2.40	2.34	2.30	2.23	2.15	2.07	2.03	1.98	1.94	1.89	1.84	1.78
23	4.28	3.42	3.03	2.80	2.64	2.53	2.44	2.37	2.32	2.27	2.20	2.13	2.05	2.01	1.96	1.91	1.86	1.81	1.76
24	4.26	3.40	3.01	2.78	2.62	2.51	2.42	2.36	2.30	2.25	2.18	2.11	2.03	1.98	1.94	1.89	1.84	1.79	1.73
25	4.24	3.39	2.99	2.76	2.60	2.49	2.40	2.34	2.28	2.24	2.16	2.09	2.01	1.96	1.92	1.87	1.82	1.77	1.71
26	4.23	3.37	2.98	2.74	2.59	2.47	2.39	2.32	2.27	2.22	2.15	2.07	1.99	1.95	1.90	1.85	1.80	1.75	1.69
27	4.21	3.35	2.96	2.73	2.57	2.46	2.37	2.31	2.25	2.20	2.13	2.06	1.97	1.93	1.88	1.84	1.79	1.73	1.67
28	4.20	3.34	2.95	2.71	2.56	2.45	2.36	2.29	2.24	2.19	2.12	2.04	1.96	1.91	1.87	1.82	1.77	1.71	1.65
29	4.18	3.33	2.93	2.70	2.55	2.43	2.35	2.28	2.22	2.18	2.10	2.03	1.94	1.90	1.85	1.81	1.75	1.70	1.64
30	4.17	3.32	2.92	2.69	2.53	2.42	2.33	2.27	2.21	2.16	2.09	2.01	1.93	1.89	1.84	1.79	1.74	1.68	1.62
40	4.08	3.23	2.84	2.61	2.45	2.34	2.25	2.18	2.12	2.08	2.00	1.92	1.84	1.79	1.74	1.69	1.64	1.58	1.51
60	4.00	3.15	2.76	2.53	2.37	2.25	2.17	2.10	2.04	1.99	1.92	1.84	1.75	1.70	1.65	1.59	1.53	1.47	1.39
120	3.92	3.07	2.68	2.45	2.29	2.17	2.09	2.02	1.96	1.91	1.83	1.75	1.66	1.61	1.55	1.50	1.43	1.35	1.25
∞	3.84	3.00	2.60	2.37	2.21	2.10	2.01	1.94	1.88	1.83	1.75	1.67	1.57	1.52	1.46	1.39	1.32	1.22	1.00

(续表)

n_2 \ n_1	1	2	3	4	5	6	7	8	9	10	12	15	20	24	30	40	60	120	∞
									$\alpha=0.025$										
1	647.8	799.5	864.2	899.6	921.8	937.1	948.2	956.7	963.3	968.6	976.7	984.9	993.1	997.2	1001	1006	1010	1014	1018
2	38.51	39.00	39.17	39.25	39.30	39.33	39.36	39.37	39.39	39.40	39.41	39.43	39.45	39.46	39.46	39.47	39.48	39.40	39.50
3	17.44	16.04	15.44	15.10	14.88	14.73	14.62	14.54	14.47	14.42	14.34	14.25	14.17	14.12	14.08	14.04	13.99	13.95	13.90
4	12.22	10.65	9.98	9.60	9.36	9.20	9.07	8.98	8.90	8.84	8.75	8.66	8.56	8.51	8.46	8.41	8.36	8.31	8.26
5	10.01	8.43	7.76	7.39	7.15	6.98	6.85	6.76	6.68	6.62	6.52	6.43	6.33	6.28	6.23	6.18	6.12	6.07	6.02
6	8.81	7.26	6.60	6.23	5.99	5.82	5.70	5.60	5.52	5.46	5.37	5.27	5.17	5.12	5.07	5.01	4.96	4.90	4.85
7	8.07	6.54	5.89	5.52	5.29	5.12	4.99	4.90	4.82	4.76	4.67	4.57	4.47	4.42	4.36	4.31	4.25	4.20	4.14
8	7.57	6.06	5.42	5.05	4.82	4.65	4.53	4.43	4.36	4.30	4.20	4.10	4.00	3.95	3.89	3.84	3.78	3.73	3.67
9	7.21	5.71	5.08	4.72	4.48	4.23	4.20	4.10	4.03	3.96	3.87	3.77	3.67	3.61	3.56	3.51	3.45	3.39	3.33
10	6.94	5.46	4.83	4.47	4.24	4.07	3.95	3.85	3.78	3.72	3.62	3.52	3.42	3.37	3.31	3.26	3.20	3.14	3.08
11	6.72	5.26	4.63	4.28	4.04	3.88	3.76	3.66	3.59	3.53	3.43	3.33	3.23	3.17	3.12	3.06	3.00	2.94	2.88
12	6.55	5.10	4.47	4.12	3.89	3.73	3.61	3.51	3.44	3.37	3.28	3.18	3.07	3.02	2.96	2.91	2.85	2.79	2.72
13	6.41	4.97	4.35	4.00	3.77	3.60	3.48	3.39	3.31	3.25	3.15	3.05	2.95	2.89	2.84	2.78	2.72	2.66	2.60
14	6.30	4.86	4.24	3.89	3.66	3.50	3.38	3.29	3.21	3.15	3.05	2.95	2.84	2.79	2.73	2.67	2.61	2.55	2.49
15	6.20	4.77	4.15	3.80	3.58	3.41	3.29	3.20	3.12	3.06	2.96	2.86	2.76	2.70	2.64	2.59	2.52	2.46	2.40
16	6.12	4.69	4.08	3.73	3.50	3.34	3.22	3.12	3.05	2.99	2.89	2.79	2.68	2.63	2.57	2.51	2.45	2.38	2.32
17	6.04	4.62	4.01	3.66	3.44	3.28	3.26	3.06	2.98	2.92	2.82	2.72	2.62	2.56	2.50	2.44	2.38	2.32	2.25
18	5.98	4.56	3.95	3.61	3.38	3.22	3.10	3.01	2.93	2.87	2.77	2.67	2.56	2.50	2.44	2.38	2.32	2.26	2.19
19	5.92	4.51	3.90	3.56	3.33	3.17	3.05	2.96	2.88	2.82	2.72	2.62	2.51	2.45	2.39	2.33	2.27	2.20	2.13
20	5.87	4.46	3.86	3.51	3.29	3.13	3.01	2.91	2.84	2.77	2.68	2.57	2.46	2.41	2.35	2.29	2.22	2.16	2.09
21	5.83	4.42	3.82	3.48	3.25	3.09	2.97	2.87	2.80	2.73	2.64	2.53	2.42	2.37	2.31	2.25	2.18	2.11	2.04
22	5.79	4.38	3.78	3.44	3.22	3.05	2.73	2.84	2.76	2.70	2.60	2.50	2.39	2.33	2.27	2.21	2.14	2.08	2.00
23	5.75	4.35	3.75	3.41	3.18	3.02	2.90	2.81	2.73	2.67	2.57	2.47	2.36	2.30	2.24	2.18	2.11	2.04	1.97
24	5.72	4.32	3.72	3.38	3.15	2.99	2.87	2.78	2.70	2.64	2.54	2.44	2.33	2.27	2.21	2.15	2.08	2.01	1.94

（续表）

n_2 \ n_1	1	2	3	4	5	6	7	8	9	10	12	15	20	24	30	40	60	120	∞
									$\alpha=0.025$										
25	5.69	4.29	3.69	3.35	3.13	2.97	2.85	2.75	2.68	2.61	2.51	2.41	2.30	2.24	2.18	2.12	2.05	1.98	1.91
26	5.66	4.27	3.67	3.33	3.10	2.94	2.82	2.73	2.65	2.59	2.49	2.39	2.28	2.22	2.16	2.09	2.03	1.95	1.88
27	5.63	4.24	3.65	3.31	3.08	2.92	2.80	2.71	2.63	2.57	2.47	2.36	2.25	2.19	2.13	2.07	2.00	1.93	1.85
28	5.61	4.22	3.63	3.29	3.06	2.90	2.78	2.69	2.61	2.55	2.45	2.34	2.23	2.17	2.11	2.05	1.98	1.91	1.83
29	5.59	4.20	3.61	3.27	3.04	2.88	2.76	2.67	2.59	2.53	2.43	2.32	2.21	2.15	2.09	2.03	1.96	1.89	1.81
30	5.57	4.18	3.59	3.25	3.03	2.87	2.75	2.65	2.57	2.51	2.41	2.31	2.20	2.14	2.07	2.01	1.94	1.87	1.79
40	5.42	4.05	3.46	3.13	3.90	2.74	2.62	2.53	2.45	2.39	2.29	2.18	2.07	2.01	1.94	1.88	1.80	1.72	1.64
60	5.29	3.93	3.34	3.01	2.79	2.63	2.51	2.41	2.33	2.27	3.17	2.06	1.94	1.88	1.82	1.74	1.67	1.58	1.48
120	5.15	3.80	3.23	2.89	2.67	2.52	2.39	2.30	2.22	2.16	2.05	1.94	1.82	1.76	1.69	1.61	1.53	1.43	1.31
∞	5.02	3.69	3.12	2.79	2.57	2.41	2.29	2.19	2.11	2.05	1.94	1.83	1.71	1.64	1.57	1.48	1.39	1.27	1.00
									$\alpha=0.01$										
1	4052	4999.5	5403	5625	5764	5859	5928	5982	6022	6056	6106	6157	6209	6235	6261	6287	6313	6339	6366
2	98.50	99.00	99.17	99.25	99.30	99.33	99.36	99.37	99.39	99.40	99.42	99.43	99.45	99.46	99.47	99.47	99.48	99.49	99.50
3	34.12	30.82	29.46	28.71	28.24	27.91	27.67	27.49	27.35	27.23	27.05	26.87	26.69	26.60	26.50	26.41	26.32	26.22	26.13
4	21.20	18.00	16.69	15.98	15.52	15.21	14.98	14.80	14.66	14.55	14.37	24.20	14.02	13.93	13.84	13.75	13.65	13.56	13.46
5	16.26	13.27	12.06	11.39	10.97	10.67	10.46	10.29	10.16	10.05	9.89	9.72	9.55	9.47	9.38	9.29	9.20	9.11	9.02
6	13.75	10.93	9.78	9.15	8.75	8.47	8.26	8.10	7.98	7.87	7.72	7.56	7.40	7.31	7.23	7.14	7.06	6.97	6.88
7	12.25	9.55	8.45	7.85	7.46	7.19	6.99	6.84	6.72	6.62	6.47	6.31	6.16	6.07	5.99	5.91	5.82	5.74	5.65
8	11.26	8.65	7.59	7.01	6.63	6.37	6.18	6.03	5.91	5.81	5.67	5.52	5.36	5.28	5.20	5.12	5.03	4.95	4.86
9	10.56	8.02	6.99	6.42	6.06	5.80	5.61	5.47	5.35	5.26	5.11	4.96	4.81	4.73	4.65	4.57	4.48	4.40	4.31

（续表）

n_2 \ n_1	1	2	3	4	5	6	7	8	9	10	12	15	20	24	30	40	60	120	∞
									$\alpha=0.01$										
10	10.04	7.56	6.55	5.99	5.64	5.39	5.20	5.06	4.94	4.85	4.71	4.56	4.41	4.33	4.25	4.17	4.08	4.00	3.91
11	9.65	7.21	6.22	5.67	5.32	5.07	4.89	4.74	4.63	4.54	4.40	4.25	4.10	4.02	3.94	3.86	3.78	3.69	3.60
12	9.33	6.93	5.95	5.41	5.06	4.82	4.64	4.50	4.39	4.30	4.16	4.01	3.86	3.78	3.70	3.62	3.54	3.45	3.36
13	9.07	6.70	5.74	5.21	4.86	4.62	4.44	4.3	4.19	4.10	3.96	3.82	3.66	3.59	3.51	3.43	3.34	3.25	3.17
14	8.86	6.51	5.56	5.04	4.69	4.46	4.28	4.14	4.03	3.94	3.80	3.66	3.51	3.43	3.35	3.27	3.18	3.09	3.00
15	8.68	6.36	5.42	4.89	4.56	4.32	4.14	4.00	3.89	3.80	3.67	3.52	3.37	3.29	3.21	3.13	3.05	2.96	2.87
16	8.53	6.23	5.29	4.77	4.44	4.20	4.03	3.89	3.78	3.69	3.55	3.41	3.26	3.18	3.10	3.02	2.93	2.84	2.75
17	8.40	6.11	5.18	4.67	4.34	4.10	3.93	3.79	3.68	3.59	3.46	3.31	3.16	3.08	3.00	2.92	2.83	2.75	2.65
18	8.29	6.01	5.09	4.58	4.25	4.01	3.94	3.71	3.60	3.51	3.37	3.23	3.08	3.00	2.92	2.84	2.75	2.66	2.57
19	8.18	5.93	5.01	4.50	4.17	3.94	3.77	3.63	3.52	3.43	3.30	3.15	3.00	2.92	2.84	2.76	2.67	2.58	2.49
20	8.10	5.85	4.94	4.43	4.10	3.87	3.70	3.56	3.46	3.37	3.23	3.09	2.94	2.86	2.78	2.69	2.61	2.52	2.42
21	8.02	5.78	4.87	4.37	4.04	3.81	3.64	3.51	3.40	3.31	3.17	3.03	2.88	2.80	2.72	2.64	2.55	2.46	2.36
22	7.95	5.72	4.82	4.31	3.99	3.76	3.59	3.45	3.35	3.26	3.12	2.98	2.83	2.75	2.67	2.58	2.50	2.40	2.31
23	7.88	5.66	4.76	4.26	3.94	3.71	3.54	3.41	3.30	3.21	3.07	2.93	2.78	2.70	2.62	2.54	2.45	2.35	2.26
24	7.82	5.61	4.72	4.22	3.9	3.67	3.50	3.36	3.26	3.17	3.03	2.89	2.74	2.66	2.58	2.49	2.40	2.31	2.21
25	7.77	5.57	4.68	4.18	3.85	3.63	3.46	3.32	3.22	3.13	2.99	2.85	2.70	2.62	2.54	2.45	2.36	2.27	2.17
26	7.72	5.53	4.64	4.14	3.82	3.59	3.42	3.29	3.18	3.09	2.96	2.81	2.66	2.58	2.50	2.42	2.33	2.23	2.13
27	7.68	5.49	4.60	4.11	3.78	3.56	3.39	3.26	3.15	3.06	2.93	2.78	2.63	2.55	2.47	2.38	2.29	2.20	2.10
28	7.64	5.45	4.57	4.07	3.75	3.53	3.36	3.23	3.12	3.03	2.90	2.75	2.60	2.52	2.44	2.35	2.26	2.17	2.06
29	7.60	5.42	4.54	4.04	3.73	3.50	3.33	3.20	3.09	3.00	2.87	2.73	2.57	2.49	2.41	2.33	2.23	2.14	2.03
30	7.56	5.39	4.51	4.02	3.70	3.47	3.30	3.17	3.07	2.98	2.84	2.70	2.55	2.47	2.39	2.30	2.21	2.11	2.01
40	7.31	5.18	4.31	3.83	3.51	3.29	3.12	2.99	2.89	2.80	2.66	2.52	2.37	2.29	2.20	2.11	2.02	1.92	1.80
60	7.08	4.98	4.13	3.65	3.34	3.12	2.95	2.82	2.72	2.63	2.50	2.35	2.20	2.12	2.03	1.94	1.84	1.73	1.60
120	6.85	4.79	3.95	3.48	3.17	2.96	2.79	2.66	2.56	2.47	2.34	2.19	2.03	1.95	1.86	1.76	1.66	1.53	1.38
∞	6.63	4.61	3.78	3.32	3.02	2.80	2.64	2.51	2.41	2.32	2.18	2.04	1.88	1.79	1.70	1.59	1.47	1.32	1.00

（续表）

n_2 \ n_1	1	2	3	4	5	6	7	8	9	10	12	15	20	24	30	40	60	120	∞
										$\alpha=0.005$									
1	16211	20000	21615	22500	23056	23437	23715	23925	24091	24224	24426	24630	24836	24940	25044	25148	35253	25359	25465
2	198.5	199.0	199.2	199.2	199.3	199.3	199.4	199.4	199.4	199.4	199.4	199.4	199.4	199.5	199.5	199.5	199.5	199.5	199.5
3	55.55	49.80	47.47	46.19	45.39	44.84	44.43	44.13	43.88	43.69	43.39	43.08	42.78	42.62	42.47	42.31	42.15	41.99	41.83
4	31.33	26.28	24.26	23.15	22.46	21.97	21.62	21.35	21.14	20.97	20.70	20.44	20.17	20.03	19.89	19.75	19.61	19.47	19.32
5	22.78	18.31	16.53	15.56	14.94	14.51	14.20	13.96	13.77	13.62	13.38	13.15	12.90	12.78	12.66	12.53	12.40	12.27	12.14
6	18.63	14.54	12.92	12.03	11.46	11.07	10.79	10.57	10.39	10.25	10.03	9.81	9.59	9.47	9.36	9.24	9.12	9.00	8.88
7	16.24	12.40	10.88	10.05	9.52	9.16	8.89	8.68	8.51	8.38	8.18	7.97	7.75	7.65	7.53	7.42	7.31	7.19	7.08
8	14.69	11.04	9.60	8.81	8.30	7.95	7.69	7.50	7.34	7.21	7.01	6.81	6.61	6.50	6.40	6.29	6.18	6.06	5.95
9	13.61	10.11	8.72	7.96	7.47	7.13	6.88	6.69	6.54	6.42	6.23	6.03	5.83	5.73	5.62	5.52	5.41	5.30	5.19
10	12.83	9.43	8.08	7.34	6.87	6.54	6.30	6.12	5.97	5.85	5.66	5.47	5.27	5.17	5.07	4.97	4.86	4.75	4.64
11	12.23	8.91	7.60	6.88	6.42	6.10	5.86	5.68	5.54	5.42	5.24	5.05	4.86	4.76	4.65	4.55	4.44	4.34	4.23
12	11.75	8.51	7.23	6.52	6.07	5.76	5.52	5.35	5.20	5.09	4.91	4.72	4.53	4.43	4.33	4.23	4.12	4.01	3.90
13	11.37	8.19	6.93	6.23	5.79	5.48	5.25	5.08	4.94	4.82	4.64	4.46	4.27	4.17	4.07	3.97	3.87	3.76	3.65
14	11.06	7.92	6.68	6.00	5.56	5.26	5.03	4.86	4.72	4.60	4.43	4.25	4.06	3.96	3.86	3.76	3.66	3.55	3.44
15	10.80	7.70	6.48	5.80	5.37	5.07	4.85	4.67	4.54	4.42	4.25	4.07	3.88	3.79	3.69	3.58	3.48	3.37	3.26
16	10.58	7.51	6.30	5.64	5.21	4.91	4.69	4.52	4.38	4.27	4.10	3.92	3.73	3.64	3.54	3.44	3.33	3.22	3.11
17	10.38	7.35	6.16	5.50	5.07	4.78	4.56	4.39	4.25	4.14	3.97	3.79	3.61	3.51	3.41	3.31	3.21	3.10	2.98
18	10.22	7.21	6.03	5.37	4.96	4.66	4.44	4.28	4.14	4.03	3.86	3.68	3.50	3.40	3.30	3.20	3.10	2.99	2.87
19	10.07	7.09	5.92	5.27	7.85	4.56	4.34	4.18	4.04	3.93	3.76	3.59	3.40	3.31	3.21	3.11	3.00	2.89	2.78
20	9.94	6.99	5.82	5.17	4.76	4.47	4.26	4.09	3.96	3.85	3.68	3.50	3.32	3.22	3.12	3.02	2.92	2.81	2.69
21	9.83	6.89	5.73	5.09	4.68	4.39	4.18	4.01	3.88	3.77	3.60	3.43	3.24	3.15	3.05	2.95	2.84	2.73	2.61
22	9.73	6.81	5.65	5.02	4.61	4.32	4.11	3.94	3.81	3.70	3.54	3.36	3.18	3.08	2.98	2.88	2.77	2.66	2.55
23	9.63	6.73	5.58	4.95	4.54	4.26	4.05	3.88	3.75	3.64	3.47	3.30	3.12	3.02	2.92	2.82	2.71	2.60	2.48
24	9.55	6.66	5.52	4.89	4.49	4.20	3.99	3.83	3.69	3.59	3.42	3.25	3.06	2.97	2.87	2.77	2.66	2.55	2.43

（续表）

n_2 \ n_1	1	2	3	4	5	6	7	8	9	10	12	15	20	24	30	40	60	120	∞
									$\alpha=0.005$										
25	9.48	6.60	5.46	4.84	4.43	4.15	3.94	3.78	3.64	3.54	3.37	3.20	3.01	2.92	2.82	2.72	2.61	2.50	2.38
26	9.41	6.54	5.41	4.79	4.38	4.10	3.89	3.73	3.60	3.49	3.33	3.15	2.97	2.87	2.77	2.67	2.56	2.45	2.33
27	9.34	6.49	5.36	4.74	4.34	4.06	3.85	3.69	3.56	3.45	3.28	3.11	2.93	2.83	2.73	2.63	2.52	2.41	2.29
28	9.28	6.44	5.32	4.70	4.30	4.02	3.81	3.65	3.52	3.41	3.25	3.07	2.89	2.79	2.69	2.59	2.48	2.37	2.25
29	9.23	6.40	5.28	4.66	4.26	3.98	3.77	3.61	3.48	3.38	3.21	3.04	2.86	2.76	2.66	2.56	2.45	2.33	2.21
30	9.18	6.35	5.24	4.62	4.23	3.95	3.74	3.58	3.45	3.34	3.18	3.01	2.82	2.73	2.63	2.52	2.42	2.30	2.18
40	8.83	6.07	4.98	4.37	3.99	3.71	3.51	3.35	3.22	3.12	2.95	2.78	2.60	2.50	2.40	2.30	2.18	2.06	1.93
60	8.49	5.79	4.73	4.14	3.76	3.49	3.29	3.13	3.01	2.90	2.74	2.57	2.39	2.29	2.19	2.08	1.96	1.83	1.69
120	8.18	5.54	4.50	3.92	3.55	3.28	3.09	2.93	2.81	2.71	2.54	2.37	2.19	2.09	1.98	1.87	1.75	1.61	1.43
∞	7.88	5.30	4.28	3.72	3.35	3.09	2.90	2.74	2.62	2.52	2.36	2.19	2.00	1.90	1.79	1.67	1.53	1.36	1.00
									$\alpha=0.001$										
1	4053+	5000+	5404+	5625+	5764+	5859+	5929+	5981+	6023+	6056+	6107+	6158+	6209+	6235+	6261+	6287+	6313+	6340+	6366+
2	998.5	999.0	999.2	999.2	999.3	999.3	999.4	999.4	999.4	999.4	999.4	999.4	999.4	999.5	999.5	999.5	999.5	999.5	999.5
3	167.0	148.5	141.1	137.1	134.6	132.8	131.6	130.6	129.9	129.2	128.3	127.4	126.4	125.9	125.4	125	124.5	124.0	123.5
4	74.14	61.25	56.18	53.44	51.71	50.53	49.66	49.00	48.47	48.05	47.41	46.76	46.10	45.77	45.43	45.09	44.75	44.40	44.05
5	47.18	37.12	33.20	31.09	27.75	28.84	28.16	27.64	27.24	26.92	26.42	25.91	25.39	25.14	24.87	24.60	24.33	24.06	23.79
6	35.51	27.00	23.70	21.92	20.81	20.03	19.46	19.03	18.69	18.41	17.99	17.56	17.12	16.89	16.67	16.44	16.21	15.99	15.75
7	29.25	21.69	18.77	17.19	16.21	15.52	15.02	14.63	14.33	14.08	13.71	13.32	12.93	12.73	12.53	12.33	12.12	11.91	11.70
8	25.42	18.49	15.83	14.39	13.49	12.86	12.40	12.04	11.77	11.54	11.19	10.84	10.48	10.30	10.11	9.92	9.73	9.53	9.33
9	22.86	16.39	13.90	12.56	11.71	11.13	10.70	10.37	10.11	9.89	9.57	9.24	8.90	8.72	8.55	8.37	8.19	8.00	7.80

+：表示要将所列数乘以100.

(续表)

n_2 \ n_1	1	2	3	4	5	6	7	8	9	10	12	15	20	24	30	40	60	120	∞
									$\alpha=0.001$										
10	21.04	14.91	12.55	11.28	10.48	9.92	9.52	9.20	8.96	8.75	8.45	8.13	7.80	7.64	7.47	7.30	7.12	6.94	6.76
11	19.69	13.81	11.56	10.35	9.58	9.05	8.66	8.35	8.12	7.92	7.63	7.32	7.01	6.85	6.68	6.52	6.35	6.17	6.00
12	18.64	12.97	10.80	9.63	8.89	8.38	8.00	7.71	7.48	7.29	7.00	6.71	6.40	6.25	6.09	5.93	5.76	5.59	5.42
13	17.81	12.31	10.21	9.07	8.35	7.86	7.49	7.21	6.98	6.80	6.52	6.23	5.93	6.78	5.63	5.47	5.30	5.14	4.97
14	17.14	11.78	9.73	8.62	7.92	7.43	7.08	6.80	6.58	6.40	6.13	5.85	5.56	5.41	5.25	5.10	4.94	4.77	4.60
15	16.59	11.34	9.34	8.25	7.57	7.09	6.74	6.47	6.26	6.08	5.81	5.54	5.25	5.10	4.95	4.80	4.64	4.47	4.31
16	16.12	10.97	9.00	7.94	7.27	6.81	6.46	6.19	5.98	5.81	5.55	5.27	4.99	4.85	4.70	4.54	4.39	4.23	4.06
17	15.72	10.36	8.73	7.68	7.02	6.56	6.22	5.96	5.75	5.58	5.32	5.05	4.78	4.63	4.48	4.33	4.18	4.02	3.85
18	15.38	10.39	8.49	7.46	6.81	6.35	6.02	5.76	5.56	5.39	5.13	4.87	4.59	4.45	4.30	4.15	4.00	3.84	3.67
19	15.08	10.16	8.28	7.26	6.62	6.18	5.85	5.59	5.39	5.22	4.97	4.70	4.43	4.29	4.14	3.99	3.84	3.68	3.51
20	14.82	9.95	8.10	7.10	6.46	6.02	5.69	5.44	5.24	5.08	4.82	4.56	4.29	4.15	4.00	3.86	3.70	3.54	3.38
21	14.59	9.77	7.94	6.95	6.32	5.88	5.56	5.31	5.11	4.95	4.70	4.44	4.17	4.03	3.88	3.74	3.58	3.42	3.26
22	14.38	9.61	7.80	6.81	6.19	5.76	5.44	5.19	4.98	4.83	4.58	4.33	4.06	3.92	3.78	3.63	3.48	3.32	3.15
23	14.19	9.47	7.67	6.69	6.08	5.65	5.33	5.09	4.89	4.73	4.48	4.23	3.96	3.82	3.68	3.53	3.38	3.22	3.05
24	14.03	9.34	7.55	6.59	5.98	5.55	5.23	4.99	4.80	4.64	4.39	4.14	3.87	3.74	3.59	3.45	3.29	3.14	2.97
25	13.88	9.22	7.45	6.49	5.88	5.46	5.15	4.91	4.71	4.56	4.31	4.06	3.79	3.66	3.52	3.37	3.22	3.06	2.89
26	13.74	9.12	7.36	6.41	5.80	5.38	5.07	4.83	4.64	4.48	4.24	3.99	3.72	3.59	3.44	3.30	3.15	2.99	2.82
27	13.61	9.02	7.27	6.33	5.73	5.31	5.00	4.76	4.57	4.41	4.17	3.92	3.66	3.52	3.38	3.23	3.08	2.92	2.75
28	13.50	8.93	7.19	6.25	5.66	5.24	4.93	4.69	4.50	4.35	4.11	3.86	3.60	3.46	3.32	3.18	3.02	2.86	2.69
29	13.39	8.85	7.12	6.19	5.59	5.18	4.87	4.64	4.45	4.29	4.05	3.80	3.54	3.41	3.27	3.12	2.97	2.81	2.64
30	13.29	8.77	7.05	6.12	5.53	5.12	4.82	4.58	4.39	14.24	4.00	3.75	3.49	3.36	3.22	3.07	2.92	2.76	2.59
40	12.61	8.25	6.60	5.70	5.13	4.73	4.44	4.21	4.02	3.87	3.64	3.40	3.15	3.01	2.87	2.73	2.57	2.41	2.23
60	11.97	7.76	6.17	5.31	4.76	4.37	4.09	3.87	3.69	3.54	3.31	3.08	2.83	2.69	2.55	2.41	2.25	2.08	1.89
120	11.38	7.32	5.79	4.95	4.42	4.04	3.77	3.55	3.38	3.24	3.02	2.78	2.53	2.40	2.26	2.11	1.95	1.76	1.54
∞	10.83	6.91	5.42	4.62	4.10	3.74	3.47	3.27	3.10	2.96	2.74	2.51	2.27	2.13	1.99	1.84	1.66	1.45	1.00

附录5 卡方分布表

n \ α	0.995	0.99	0.975	0.95	0.9	0.75	0.5	0.25	0.1	0.05	0.025	0.01	0.005
1	…	…	…	…	0.02	0.1	0.45	1.32	2.71	3.84	5.02	6.63	7.88
2	0.01	0.02	0.02	0.1	0.21	0.58	1.39	2.77	4.61	5.99	7.38	9.21	10.6
3	0.07	0.11	0.22	0.35	0.58	1.21	2.37	4.11	6.25	7.81	9.35	11.34	12.84
4	0.21	0.3	0.48	0.71	1.06	1.92	3.36	5.39	7.78	9.49	11.14	13.28	14.86
5	0.41	0.55	0.83	1.15	1.61	2.67	4.35	6.63	9.24	11.07	12.83	15.09	16.75
6	0.68	0.87	1.24	1.64	2.2	3.45	5.35	7.84	10.64	12.59	14.45	16.81	18.55
7	0.99	1.24	1.69	2.17	2.83	4.25	6.35	9.04	12.02	14.07	16.01	18.48	20.28
8	1.34	1.65	2.18	2.73	3.4	5.07	7.34	10.22	13.36	15.51	17.53	20.09	21.96
9	1.73	2.09	2.7	3.33	4.17	5.9	8.34	11.39	14.68	16.92	19.02	21.67	23.59
10	2.16	2.56	3.25	3.94	4.87	6.74	9.34	12.55	15.99	18.31	20.48	23.21	25.19
11	2.6	3.05	3.82	4.57	5.58	7.58	10.34	13.7	17.28	19.68	21.92	24.72	26.76
12	3.07	3.57	4.4	5.23	6.3	8.44	11.34	14.85	18.55	21.03	23.34	26.22	28.3
13	3.57	4.11	5.01	5.89	7.04	9.3	12.34	15.98	19.81	22.36	24.74	27.69	29.82
14	4.07	4.66	5.63	6.57	7.79	10.17	13.34	17.12	21.06	23.68	26.12	29.14	31.32
15	4.6	5.23	6.27	7.26	8.55	11.04	14.34	18.25	22.31	25	27.49	30.58	32.8
16	5.14	5.81	6.91	7.96	9.31	11.91	15.34	19.37	23.54	26.3	28.85	32	34.27
17	5.7	6.41	7.56	8.67	10.09	12.79	16.34	20.49	24.77	27.59	30.19	33.41	35.72
18	6.26	7.01	8.23	9.39	10.86	13.68	17.34	21.6	25.99	28.87	31.53	34.81	37.16

（续表）

n \ α	0.995	0.99	0.975	0.95	0.9	0.75	0.5	0.25	0.1	0.05	0.025	0.01	0.005
19	6.84	7.63	8.91	10.12	11.65	14.56	18.34	22.72	27.2	30.14	32.85	36.19	38.58
20	7.43	8.26	9.59	10.85	12.44	15.45	19.34	23.83	28.41	31.41	34.17	37.57	40
21	8.03	8.9	10.28	11.59	13.24	16.34	20.34	24.93	29.62	32.67	35.48	38.93	41.4
22	8.64	9.54	10.98	12.34	14.04	17.24	21.34	26.04	30.81	33.92	36.78	40.29	42.8
23	9.26	10.2	11.69	13.09	14.85	18.14	22.34	27.14	32.01	35.17	38.08	41.64	44.18
24	9.89	10.86	12.4	13.85	15.66	19.04	23.34	28.24	33.2	36.42	39.36	42.98	45.56
25	10.52	11.52	13.12	14.61	16.47	19.94	24.34	29.34	34.38	37.65	40.65	44.31	46.93
26	11.16	12.2	13.84	15.38	17.29	20.84	25.34	30.43	35.56	38.89	41.92	45.64	48.29
27	11.81	12.88	14.57	16.15	18.11	21.75	26.34	31.53	36.74	40.11	43.19	46.96	49.64
28	12.46	13.56	15.31	16.93	18.94	22.66	27.34	32.62	37.92	41.34	44.46	48.28	50.99
29	13.12	14.26	16.05	17.71	19.77	23.57	28.34	33.71	39.09	42.56	45.72	49.59	52.34
30	13.79	14.95	16.79	18.49	20.6	24.48	29.34	34.8	40.26	43.77	46.98	50.89	53.67
40	20.71	22.16	24.43	26.51	29.05	33.66	39.34	45.62	51.8	55.76	59.34	63.69	66.77
50	27.99	29.71	32.36	34.76	37.69	42.94	49.33	56.33	63.17	67.5	71.42	76.15	79.49
60	35.53	37.48	40.48	43.19	46.46	52.29	59.33	66.98	74.4	79.08	83.3	88.38	91.95
70	43.28	45.44	48.76	51.74	55.33	61.7	69.33	77.58	85.53	90.53	95.02	100.42	104.22
80	51.17	53.54	57.15	60.39	64.28	71.14	79.33	88.13	96.58	101.88	106.63	112.33	116.32
90	59.2	61.75	65.65	69.13	73.29	80.62	89.33	98.64	107.56	113.14	118.14	124.12	128.3
100	67.33	70.06	74.22	77.93	82.36	90.13	99.33	109.14	118.5	124.34	129.56	135.81	140.17

附录 6　t 分布表

n \ α	0.25	0.2	0.15	0.1	0.05	0.025	0.01	0.005	0.0025	0.001	0.0005
1	1	1.376	1.963	3.078	6.314	12.71	31.82	63.66	127.3	318.3	636.6
2	0.816	1.061	1.386	1.886	2.92	4.303	6.965	9.925	14.09	22.33	31.6
3	0.765	0.978	1.25	1.638	2.353	3.182	4.541	5.841	7.453	10.21	12.92
4	0.741	0.941	1.19	1.533	2.132	2.776	3.747	4.604	5.598	7.173	8.61
5	0.727	0.92	1.156	1.476	2.015	2.571	3.365	4.032	4.773	5.893	6.869
6	0.718	0.906	1.134	1.44	1.943	2.447	3.143	3.707	4.317	5.208	5.959
7	0.711	0.896	1.119	1.415	1.895	2.365	2.998	3.499	4.029	4.785	5.408
8	0.706	0.889	1.108	1.397	1.86	2.306	2.896	3.355	3.833	4.501	5.041
9	0.703	0.883	1.1	1.383	1.833	2.262	2.821	3.25	3.69	4.297	4.781
10	0.7	0.879	1.093	1.372	1.812	2.228	2.764	3.169	3.581	4.144	4.587
11	0.697	0.876	1.088	1.363	1.796	2.201	2.718	3.106	3.497	4.025	4.437
12	0.695	0.873	1.083	1.356	1.782	2.179	2.681	3.055	3.428	3.93	4.318
13	0.694	0.87	1.079	1.35	1.771	2.16	2.65	3.012	3.372	3.852	4.221
14	0.692	0.868	1.076	1.345	1.761	2.145	2.624	2.977	3.326	3.787	4.14
15	0.691	0.866	1.074	1.341	1.753	2.131	2.602	2.947	3.286	3.733	4.073
16	0.69	0.865	1.071	1.337	1.746	2.12	2.583	2.921	3.252	3.686	4.015

（续表）

n \ α	0.25	0.2	0.15	0.1	0.05	0.025	0.01	0.005	0.0025	0.001	0.0005
17	0.689	0.863	1.069	1.333	1.74	2.11	2.567	2.898	3.222	3.646	3.965
18	0.688	0.862	1.067	1.33	1.734	2.101	2.552	2.878	3.197	3.61	3.922
19	0.688	0.861	1.066	1.328	1.729	2.093	2.539	2.861	3.174	3.579	3.883
20	0.687	0.86	1.064	1.325	1.725	2.086	2.528	2.845	3.153	3.552	3.85
21	0.686	0.859	1.063	1.323	1.721	2.08	2.518	2.831	3.135	3.527	3.819
22	0.686	0.858	1.061	1.321	1.717	2.074	2.508	2.819	3.119	3.505	3.792
23	0.685	0.858	1.06	1.319	1.714	2.069	2.5	2.807	3.104	3.485	3.767
24	0.685	0.857	1.059	1.318	1.711	2.064	2.492	2.797	3.091	3.467	3.745
25	0.684	0.856	1.058	1.316	1.708	2.06	2.485	2.787	3.078	3.45	3.725
26	0.684	0.856	1.058	1.315	1.706	2.056	2.479	2.779	3.067	3.435	3.707
27	0.684	0.855	1.057	1.314	1.703	2.052	2.473	2.771	3.057	3.421	3.69
28	0.683	0.855	1.056	1.313	1.701	2.048	2.467	2.763	3.047	3.408	3.674
29	0.683	0.854	1.055	1.311	1.699	2.045	2.462	2.756	3.038	3.396	3.659
30	0.683	0.854	1.055	1.31	1.697	2.042	2.457	2.75	3.03	3.385	3.646
40	0.681	0.851	1.05	1.303	1.684	2.021	2.423	2.704	2.971	3.307	3.551
50	0.679	0.849	1.047	1.299	1.676	2.009	2.403	2.678	2.937	3.261	3.496
60	0.679	0.848	1.045	1.296	1.671	2	2.39	2.66	2.915	3.232	3.46
80	0.678	0.846	1.043	1.292	1.664	1.99	2.374	2.639	2.887	3.195	3.416
100	0.677	0.845	1.042	1.29	1.66	1.984	2.364	2.626	2.871	3.174	3.39
120	0.677	0.845	1.041	1.289	1.658	1.98	2.358	2.617	2.86	3.16	3.373
∞	0.674	0.842	1.036	1.282	1.645	1.96	2.326	2.576	2.807	3.09	3.291

习题答案或提示

习 题 1

1～15. B D C A B C D B C D C B C A C

16. $[-1,3]$,2,0.

17. $[-1,1]$.

18. x.

19. $\frac{1}{x}+\sqrt{1+\frac{1}{x^2}}$.

20. $\frac{3}{2}$.

21. $\frac{4}{3}$.

22. 0.

23. $\frac{2^{20}\cdot 3^{30}}{5^{50}}$.

24. 1.

25. x.

26. $(-\infty,-1)$、$(-1,1)$、$(-1,+\infty)$.

27. $(k\pi,(k+1)\pi)$, $k=0,1,\pm 2$.

28. 1.

29. $\frac{1}{2}$.

30. $\frac{-2}{x^3}$.

31. (1) 当 $x=-1$ 为第二类间断点;(2) $x=\pm\sqrt{2}$均为第二类间断点.
(3) $x=0$,为第一类断点;(4) $x=0,\pm 1,\pm 2,\cdots$,均为第一类间断点.

32. (1) 1;(2) 不连续,可去间断点. $f^*(x)=\begin{cases}x, & 0<x<1\\ 1, & x=1\\ 1, & 1<x<2\end{cases}$,则 $f^*(x)$在 $x=$

1 处连续.

33. 略.

34. 略.

习 题 2

1~15. C A A C D D A D A A D A A A B

16. $f'(a)$.

17. $x=-1$.

18. 2.

19. 1.

20. $y-\mathrm{e}=\dfrac{1}{\mathrm{e}}(x-1)$.

21. 2.

22. $2\mathrm{e}^x\cos x$.

23. $f'\{f[f(x)]\}+f'[f(x)]f'(x)$.

24. $y+\dfrac{1}{3}=\dfrac{2}{3}(x-0)$.

25. 略.

26. $f'(x)=\begin{cases}\cos x, & x<0\\ 1, & x\geqslant 0\end{cases}$.

27. $\dfrac{2}{\mathrm{e}^{4x}+1}$;1.

28. $\mathrm{e}^{f(x)}[f'(\mathrm{e}^x)\mathrm{e}^x+f(\mathrm{e}^x)+f'(x)]$.

29. $\dfrac{3}{(1+x^3)-\sqrt{1+x^3}}-\dfrac{3}{x}$.

30. $1+x^x(\ln x+1)$.

31. $\dfrac{1}{7}x^{-\frac{6}{7}}-7^{\frac{1}{x}}\cdot\dfrac{1}{x^2}\ln 7$.

32. $\dfrac{\sqrt{x+2}(3-x)^4}{(1+x)^5}\left[\dfrac{1}{2(x+2)}+\dfrac{4}{x-3}-\dfrac{5}{x+1}\right]$.

33. $f''(x^2)4x^2+2f'(x^2)$.

习 题 3

1~14. B C B D C A C B B C C D C D

15. $\frac{1}{2}$.

16. $\frac{1}{2}$.

17. $\frac{\sqrt{3}}{3}$.

18. 1.

19. e^{-1}.

20. y 在$(-\infty,-1]$及$[3,+\infty)$单增,在$[-1,3]$单减.

21. 0.

22. 略.

23. 略.

24. 极小值 0;极大值$\frac{4}{e^2}$.

25. $x=\frac{\pi}{3}$处取得极大值.

26. $b^2<3ac$ 时,y 没有极值.

27. 提示:设(a,b)是 $y=x\sin x$ 的拐点,则$\begin{cases}2\cos a-a\sin a=0\\ b=a\sin a\end{cases}$

习　题　4

1. $\frac{1}{2}(x+\sin x)+c$.

2. $-\frac{1}{2}x^2+c$.

3. $\frac{x}{2}[\sin(\ln x)-\cos(\ln x)]+c$.

4. $e^{-\tan^2 x}+c$.

5. $-2x^{-\frac{1}{2}}+3$.

6. $\frac{1}{a}F(ax+b)+c$.

7. $-e^{-2x}+c$.

8. $-\frac{1}{3}(1-x^2)\frac{3}{2}+c$.

9. e^x+x+c.

10～16. B　C　C　D　C　D　C

17. (1) $-\frac{1}{x}+C$;　(2) $-\frac{2}{3}x^{-\frac{3}{2}}+C$;

(3) $\frac{1}{3}x^3-2x^2+4x+C$;　(4) $x-\arctan x+C$;

(5) $2x-\frac{5\left(\frac{2}{3}\right)^x}{\ln 2-\ln 3}+C$;　(6) $-(\cot x+\tan x)+C$;

(7) $2e^x+3\ln|x|+C$;　(8) $\frac{4(x^2+7)}{7\sqrt[4]{x}}+C$.

18. (1) $-\frac{1}{8}(3-2x)^4+C$;　(2) $-\frac{1}{2}(2-3x)^{\frac{2}{3}}+C$;

(3) $-2\cos\sqrt{t}+C$;　(4) $\ln|\ln\ln x|+C$;

(5) $\ln|\tan x|+C$;　(6) $\arctan e^x+C$;

(7) $\frac{1}{2}\sin x^2+C$;　(8) $-\frac{3}{4}\ln|1-x^4|+C$;

(9) $\frac{1}{2\cos^2 x}+C$;　(10) $\frac{1}{2}\arcsin\frac{2x}{3}+\frac{1}{4}\sqrt{9-4x^2}+C$;

(11) $\frac{1}{2\sqrt{2}}\ln\left|\frac{\sqrt{2}x-1}{\sqrt{2}x+1}\right|+C$;　(12) $\sin x-\frac{\sin^3 x}{3}+C$;

(13) $\frac{1}{2}\cos x-\frac{1}{10}\cos 5x+C$;　(14) $\frac{1}{3}\sec^3 x-\sec x+C$;

(15) $\frac{1}{2}x^2-\frac{9}{2}\ln(9+x^2)+C$;　(16) $\frac{1}{2\sqrt{3}}\arctan\frac{2}{\sqrt{3}}+C$;

(17) $-\frac{10^{2\arccos x}}{2\ln 10}+C$;　(18) $(\arctan\sqrt{x})^2+C$.

19. (1) $\ln|\csc t-\cot t|+C$;　(2) $-2(\sqrt{x}\cos\sqrt{x}-\sin\sqrt{x})+C$;

(3) $2\left(\tan\frac{\sqrt{x^2-4}}{2}-\arccos\frac{2}{x}\right)+C$;

(4) $\frac{a^2}{2}\left(\arcsin\frac{x}{a}-\frac{x}{a^2}\sqrt{a^2-x^2}\right)+C$;

(5) $\frac{x}{\sqrt{1+x^2}}+C$;　(6) $\sqrt{2x}-\ln(1+\sqrt{2x})+C$;

(7) $\frac{1}{2}(\arcsin x+\ln|x+\sqrt{1-x^2}|)+C$;　(8) $\arcsin x-\frac{x}{1+\sqrt{1-x^2}}+C$.

20. (1) $-x\cos x+\sin x+C$;　(2) $x\arcsin x+\sqrt{1-x^2}+C$;

(3) $\frac{1}{3}x^3\ln x-\frac{1}{9}x^3+C$;　(4) $-\frac{2}{17}e^{-2x}\left(\cos\frac{x}{2}+4\sin\frac{x}{2}\right)+C$;

(5) $\frac{1}{3}x^3\arctan x-\frac{1}{6}x^2+\frac{1}{6}\ln(1+x^2)+C$；

(6) $x^2\sin x+2x\cos x-2\sin x+C$；

(7) $x\ln^2 x-2x\ln x+2x+C$；

(8) $\frac{1}{6}x^3+\frac{1}{2}x^2\sin x+x\cos x-\sin x+C$.

21. $y=Ce^{x^2}$.

22. $1+y^2=\frac{C}{1+x^2}$.

23. $y=x(x+C)$.

习　题　5

1. $\frac{35\pi}{256}$.

2. $\frac{16}{35}$.

3. 0.

4. $\frac{8}{3}$.

5. $\left(\frac{1}{2},+\infty\right)$.

6. $\sin x+\frac{2}{1-\pi}$.

7. $\frac{4}{e}$.

8. -2.

9. $x=0$.

10～13. B　D　D　B

14. (1) $-\frac{5}{3}\ln 2$；(2) -1；(3) 2π；(4) $\frac{\pi}{2}$；(5) $\frac{\sqrt{3}}{6}$；(6) $\frac{3\pi}{2}$；

(7) $\ln(\sqrt{2}+1)-\tan\frac{\pi}{8}$；(8) $\frac{\pi}{4}+\frac{1}{2}\ln 2$　(9) $\frac{\pi}{4e^2}$；(10) $\ln(2+\sqrt{3})+\frac{\pi}{2}$；

(11) $\frac{(19)!!\ \pi}{(20)!!}$.

15. $\frac{1}{2}$.

16. $\frac{3}{2}$.

17. $\frac{\pi}{4}$.

18. $\frac{3x^2}{2ye^{-y^4}-3y^2}$.

19. $A=0, f'(0)=\frac{8}{3}$.

20. $f(x)=\cos^4 x+\frac{3\pi}{8(1-\pi)}$.

21. $\frac{4}{15}$.

22. 20.

23. $x=\pm 1$ 极大值点, $x=0$ 极小值点.

习 题 6

1. 5.
2. $x=3$ 或 1.
3. 0.
4. $A_{ij}=(-1)^{i+j}S_{ij}$.
5. $\lambda=\pm 1$.

6~9. C D A D

10. (1) 27; (2) 4; (3) 40; (4) 4.
11. 略.
12. 0.
13. $n!\left(1-\sum_{j=2}^{n}\frac{1}{j}\right)$.
14. $x_1=\frac{1}{3}, x_2=0, x_3=\frac{1}{2}, x_4=1$.
15. $x=-a-b-c$ 或 $x=a+b+c$ 或 $x=c-a+b$ 或 $x=c+a-b$.
16. $k\neq 2$.

习 题 7

1. $\begin{pmatrix} 1 & 4 & 7 \\ -5 & -8 & -10 \\ -2 & 17 & 1 \end{pmatrix}$ 及 $\begin{pmatrix} 0 & 5 & 8 \\ 0 & -5 & 6 \\ 2 & 9 & 0 \end{pmatrix}$.

2. (1) $\begin{pmatrix} 35 \\ 6 \\ 49 \end{pmatrix}$； (2) 10； (3) $\begin{pmatrix} -2 & 4 \\ -1 & 2 \\ -3 & 6 \end{pmatrix}$； (4) $\begin{pmatrix} 6 & -7 & 8 \\ 20 & -5 & -6 \end{pmatrix}$.

3. 略.

4. 略.

5. $\boldsymbol{A}^{-1} = \begin{pmatrix} 1/2 & -1/2 & 0 & 0 \\ 0 & 1 & 0 & 0 \\ 1/2 & -5/2 & 1/2 & 0 \\ -1/3 & 4/3 & -1/6 & 1/3 \end{pmatrix}$.

6. $(-1)^n 3$.

7. $\begin{pmatrix} 0 & 0 & 1/2 \\ 0 & 1/5 & 0 \\ 1/8 & 0 & 0 \end{pmatrix}$.

8. $-\dfrac{1}{3}(\boldsymbol{A}+2\boldsymbol{E})$.

9. 125.

10. $\begin{pmatrix} 3^n & 0 & 0 \\ 0 & 1 & 0 \\ 0 & 0 & 4^n \end{pmatrix}$.

11. $\boldsymbol{A}^{-1} = (\boldsymbol{B}+\boldsymbol{E})^{-1} = \boldsymbol{E} - \dfrac{\boldsymbol{B}}{2} = \dfrac{1}{2}(3\boldsymbol{E}-\boldsymbol{A})$.

12. $\boldsymbol{X} = \begin{pmatrix} 2 & -1 & 0 \\ 1 & 3 & -4 \\ 1 & 0 & -2 \end{pmatrix}$.

13. (1) $\begin{pmatrix} 2 & -1 \\ 3 & -2 \end{pmatrix}^n = \begin{cases} \boldsymbol{E}, & n\text{ 为偶数} \\ \begin{pmatrix} 2 & -1 \\ 3 & 2 \end{pmatrix}, & n\text{ 为奇数} \end{cases}$；

(2) $\begin{pmatrix} -2 & 4 \\ -1 & 2 \\ -3 & 6 \end{pmatrix}$； (3) $\begin{pmatrix} 1 & 0 & n \\ 0 & 1 & 0 \\ 0 & 0 & 1 \end{pmatrix}$.

14. $B=\begin{pmatrix} 3 & -8 & -6 \\ 2 & -9 & -6 \\ -2 & 12 & 9 \end{pmatrix}$.

15. $(AB)^{T}=\begin{pmatrix} 0 & 17 \\ 14 & 13 \\ -3 & 10 \end{pmatrix}$.

16. $\begin{pmatrix} 3/4 & -1/4 & 0 & 0 & 0 \\ 1/4 & 1/4 & 0 & 0 & 0 \\ 0 & 0 & -1/2 & 0 & 0 \\ 0 & 0 & 0 & 1 & -2 \\ 0 & 0 & 0 & 0 & 1 \end{pmatrix}$.

习　题　8

1. (1) 相关;(2) 无关;(3) 相关.
2. $r=n$, $r<n$.
3. 零解.
4. $k\neq\frac{3}{5}$.
5. (1) $X=k_1\begin{pmatrix} 9/4 \\ -3/4 \\ 1 \\ 0 \\ 0 \end{pmatrix}+k_2\begin{pmatrix} 3/4 \\ 7/4 \\ 0 \\ 1 \\ 0 \end{pmatrix}+k_3\begin{pmatrix} -1/4 \\ -5/4 \\ 0 \\ 0 \\ 1 \end{pmatrix}$;

(2) $X=\begin{pmatrix} 3/5 \\ 0 \\ 4/5 \\ 0 \\ 0 \end{pmatrix}+k_1\begin{pmatrix} -3 \\ 1 \\ 0 \\ 0 \\ 0 \end{pmatrix}+k_2\begin{pmatrix} 7/5 \\ 0 \\ 1/5 \\ 1 \\ 0 \end{pmatrix}+k_3\begin{pmatrix} 1/5 \\ 0 \\ -2/5 \\ 0 \\ 1 \end{pmatrix}$.

6. $a\neq0$ 且 $b\neq1$,方程有唯一解;

$a=\frac{1}{2}$ 且 $b=1$,方程有多解;

其余情形,方程有无穷多个解.

通解 $x=\begin{pmatrix}2\\2\\2\end{pmatrix}+k\begin{pmatrix}-1\\0\\1\end{pmatrix},k\in\mathbf{R}.$

7. (1) 当 $\lambda=0$ 时无穷解通解 $x=k_1\begin{pmatrix}-1\\1\\0\end{pmatrix}+k_2\begin{pmatrix}-1\\0\\1\end{pmatrix},k_1,k_2\in\mathbf{R}.$

(2) 当 $\lambda=-1$ 时无解.

(3) 当 $\lambda\neq0$ 且 $\lambda\neq-1$ 唯一解.

习 题 9

1～5. B A D A A

6. $A_1A_2\overline{A}_3\overline{A}_4\cup A_1\overline{A}_2A_3\overline{A}_4\cup A_1\overline{A}_2\overline{A}_3A_4\cup\overline{A}_1A_2A_3\overline{A}_4\cup\overline{A}_1A_2\overline{A}_3A_4\cup\overline{A}_1\overline{A}_2A_3A_4$.

7. $A_1\cup A_2\cup A_3\cup A_4$.

8. 0.94.

9. 0.2.

10. 设 A="投入基金",B="投入股票",$P(A)=0.58,P(B)=0.28,P(AB)=0.19$,

$$P(A|B)=\frac{P(AB)}{P(B)}=\frac{0.19}{0.28}=\frac{19}{28}$$

11. 设 A_i="第 i 次取得正品",

$$\begin{aligned}P(\overline{A}_1\overline{A}_2A_3)&=P(\overline{A}_1)P(\overline{A}_2|\overline{A}_1)P(A_3|\overline{A}_1\overline{A}_2)\\&=\frac{10}{100}\times\frac{9}{99}\times\frac{90}{98}=\frac{9}{1078}=0.008\,349\end{aligned}$$

12. 把 4 个球随机放入 5 个盒子中共有 54=625 种等可能结果.

(1) A="4 个球全在一个盒子里"共有 5 种等可能结果,故 $P(A)=5/625=1/125$.

(2) 5 个盒子中选一个放两个球,再选两个各放一球,有 $C_5^1C_4^2=30$ 种方法.

4 个球中取 2 个放在一个盒子里,其他 2 个各放在一个盒子里,有 12 种方法.

因此,B="恰有一个盒子有 2 个球"共有 4×3=360 种等可能结果.故

$$P(B)=\frac{360}{625}=\frac{72}{125}$$

13. (1) 将 2 名男同学和 4 名女同学分别编号为 1,2,3,4,5,6(其中 1,2 是男同学,3,4,5,6 是女同学),该学院 6 名同学中有 4 名当选的情况有(1,2,3,4),(1,

2,3,5),(1,2,3,6),(1,2,4,5),(1,2,4,6),(1,2,5,6),(1,3,4,5),(1,3,4,6),(1,3,5,6),(1,4,5,6),(2,3,4,5),(2,3,4,6),(2,3,5,6),(2,4,5,6),(3,4,5,6),共15种,当选的4名同学中恰有1名男同学的情况有(1,3,4,5),(1,3,4,6),(1,3,5,6),(1,4,5,6),(2,3,4,5),(2,3,4,6),(2,3,5,6),(2,4,5,6),共8种,故当选的4名同学中恰有1名男同学的概率为 $P(A)=\frac{8}{15}$.

(2) 当选的4名同学中至少有3名女同学,包括3名女同学当选(恰有1名男同学当选),4名女同学当选这两种情况,而4名女同学当选的情况只有(3,4,5,6),则其概率为 $P(B)=\frac{1}{15}$,又当选的4名同学中恰有1名男同学的概率为 $P(A)=\frac{8}{15}$,故当选的4名同学中至少有3名女同学的概率为 $P=\frac{8}{15}+\frac{1}{15}=\frac{3}{5}$.

14. (1) 若 a,b,c 能构成三角形,则 $a+b>c$, $c\geqslant\frac{4}{10}$.

① 若 $c=\frac{4}{10}$ 时, $b=\frac{3}{10}$, $a=\frac{2}{10}$,共1种;

② 若 $c=\frac{5}{10}$ 时. $b=\frac{4}{10}$, $a=\frac{3}{10},\frac{2}{10}$,共2种;

同理, $c=\frac{6}{10}$ 时,有 $3+1=4$ 种;

$c=\frac{7}{10}$ 时,有 $4+2=6$ 种;

$c=\frac{8}{10}$ 时,有 $5+3+1=9$ 种;

$c=\frac{9}{10}$ 时,有 $6+4+2=12$ 种.

于是共有 $1+2+4+6+9+12=34$ 种.

下面求从 $\left\{\frac{1}{10},\frac{2}{10},\cdots,\frac{9}{10}\right\}$ 中任取的三个数 $a,b,c(a<b<c)$ 的种数:

① 若 $a=\frac{1}{10}$, $b=\frac{2}{10}$,则 $c=\frac{3}{10},\cdots,\frac{9}{10}$,有7种; $b=\frac{3}{10}$, $c=\frac{4}{10},\cdots,\frac{9}{10}$,有6种; $b=\frac{4}{10}$, $c=\frac{5}{10},\cdots,\frac{9}{10}$,有5种…… $b=\frac{8}{10}$, $c=\frac{9}{10}$,有1种.

故共有 $7+6+5+4+3+2+1=28$ 种.

同理, $a=\frac{2}{10}$ 时,有 $6+5+4+3+2+1=21$ 种; $a=\frac{3}{10}$ 时,有 $5+4+3+2+1=15$ 种; $a=\frac{4}{10}$ 时,有 $4+3+2+1=10$ 种; $a=\frac{5}{10}$ 时,有 $3+2+1=6$ 种; $a=\frac{6}{10}$ 时,有

$2+1=3$ 种；$a=\frac{7}{10}$时，有 1 种. 这时共有 $28+21+15+10+6+3+1=84$ 种.

所以 a,b,c 能构成三角形的概率为$\frac{34}{48}=\frac{17}{24}$.

(2) a,b,c 能构成三角形的充要条件是$\begin{cases}0<a<b<c<1\\ a+b>c\\ 0<c<1\end{cases}$

在坐标系 aOb 内画出满足以上条件的区域(如图中阴影部分)，由几何概型的计算方法可知，只求阴影部分的面积与图中正方形的面积比即可.

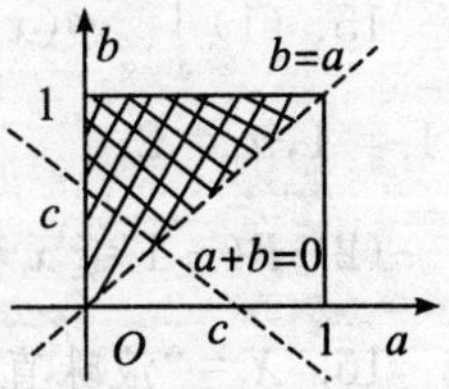

又 $S_{阴影}=\frac{1}{2}$，于是所要求的概率为 $P=\frac{\frac{1}{2}}{1}=\frac{1}{2}$.

15. $x>1,a>0$，

$$\begin{aligned}f(x)&=ax+\frac{x-1+1}{x-1}\\&=ax+\frac{1}{x-1}+1\\&=a(x-1)+\frac{1}{x-1}+1+a\\&\geqslant 2\sqrt{a}+1+a\\&=(\sqrt{a+1})^2\end{aligned}$$

所以 $f(x)\min=(\sqrt{a}+1)^2$，于是 $f(x)>b$ 恒成立就等价于$(\sqrt{a}+1)^2>b$ 成立.

设事件 A=“$f(x)>b$ 恒成立”，则基本事件总数为 12 个，即

$$\begin{gathered}(1,2),(1,3),(1,3),(1,5)\\(2,2),(2,3),(2,4),(2,5)\\(3,2),(3,3),(3,4),(3,5)\end{gathered}$$

事件 A 包含事件：(1,2)，(1,3)；(2,2)，(2,3)，(2,4)，(2,5)；(3,2)，(3,3)，(3,4)，(3,5)，共 10 个.

由古典概型得 $P(A)=\frac{10}{12}=\frac{5}{6}$.

习　题　10

1~9. B　C　C　D　C　B　C　A　C

10. 1.66.

11．2.381.

12．8.

13．44.

14．(1) $\int_{-\infty}^{+\infty} f(x)\mathrm{d}x = c\int_0^2 x^2\mathrm{d}x = c\,\frac{x^3}{3}\Big|_0^2 = \frac{8}{3}c = 1, c = \frac{3}{8}$；

(2) $P(-\int_{-1}^{1} f(x)\mathrm{d}x = \int_{-1}^{0} 0\mathrm{d}x + \int_0^1 \frac{3}{8}x^2\mathrm{d}x = \frac{1}{8}$.

15．(1) $\int_{-\infty}^{+\infty}\varphi(x)\mathrm{d}x = \int_0^1 x\mathrm{d}x + \int_1^2 (a-x)\mathrm{d}x = \frac{x^2}{2}\Big|_0^1 + \left(ax - \frac{1}{2}x^2\right)\Big|_1^2 = a - 1 = 1, a = 2$；

(2) $P(-1\leqslant x\leqslant \frac{3}{2}) = \int_{-1}^{\frac{3}{2}}\varphi(x)\mathrm{d}x = \int_0^1 x\mathrm{d}x + \int_1^{\frac{3}{2}}(2-x)\mathrm{d}x = \frac{7}{8}$.

16．X=“滚珠直径”　$X\sim N(2.05, 0.01)$.

$$
\begin{aligned}
P(|X-2|\leqslant 0.2) &= P(1.8\leqslant X\leqslant 2.2)\\
&= F(2.2) - F(1.8)\\
&= \Phi\left(\frac{2.2-2.05}{0.1}\right) - \Phi\left(\frac{1.8-2.05}{0.1}\right)\\
&= \Phi(1.5) - \Phi(-2.5)\\
&= \Phi(1.5) - 1 + \Phi(2.5)\\
&= 0.9332 - 1 + 0.9938 = 0.927
\end{aligned}
$$

17．$X\sim N(30, 100)$.

$$
\begin{aligned}
P(X>40) &= 1 - P(X\leqslant 40) = 1 - F(40)\\
&= 1 - \Phi\left(\frac{40-30}{10}\right) = 1 - \Phi(1) = 1 - 0.8413 = 0.1587
\end{aligned}
$$

习　题　11

1～3. C　A　A

4．15.263.

5．$\frac{5}{6}$.

6．$L(\beta) = \prod_{i=1}^{n} f(x_i) = \prod_{i=1}^{n}\beta^2 x_i \mathrm{e}^{-\beta x_i} = \beta^{2n}\prod_{i=1}^{n} x_i \mathrm{e}^{-\beta\sum_{i=1}^{n} x_i}$；

$\ln L(\beta) = 2n\ln\beta - \ln\prod_{i=1}^{n} x_i - \beta\sum_{i=1}^{n} x_i$；　$\frac{\mathrm{d}\ln L(\beta)}{\mathrm{d}\beta} = \frac{2n}{\beta} - \sum_{i=1}^{n} x_i = 0$；　$\beta = 2$.

7．$L(\theta) = \prod_{i=1}^{n} f(x_i) = \prod_{i=1}^{n}\frac{1}{24\theta}x_i^{\theta}\mathrm{e}^{-x_i} = \left(\frac{1}{24}\right)^n\theta^{-n}\left(\prod_{i=1}^{n} x_i\right)^{\theta}\mathrm{e}^{-\sum_{i=1}^{n} x_i}$，

$$\ln L(\theta) = -n\ln 24 - n\ln\theta + \theta\sum_{i=1}^{n}\ln x_i - \sum_{i=1}^{n}x_i,$$

$$\frac{\partial \ln L(\theta)}{\partial\theta} = -\frac{n}{\theta} + \sum_{i=1}^{n}\ln x_i = 0,$$

$$\hat{\theta} = \frac{n}{\sum_{i=1}^{n}\ln x_i}.$$

8. $\bar{x}=218.5, n=6, \alpha=0.05, u_{0.975}=1.96.$

$$\frac{\sigma}{\sqrt{n}}u_{1-\frac{\alpha}{2}}=\frac{5\times 1.96}{\sqrt{6}}=4.000\,8, (214.4992, 222.500\,8)$$

9. $\bar{x}=11, s=2.267\,8, \alpha=0.05, n=8, t_{0.025}(7)=2.364\,6.$

$$\frac{s}{\sqrt{n}}t_{\frac{\alpha}{2}}=1.895\,9, (9.104\,1, 12.895\,9).$$

参考文献

[1] 李天胜.微积分[M].成都:电子科技大学出版社,2002.
[2] 李景昌.高等数学[M].北京:经济管理出版社,2007.
[3] 华东师范大学数学系.数学分析[M].3版.北京:高等教育出版社,2001.
[4] 同济大学数学系.高等数学[M].5版.北京:高等教育出版社,2002.
[5] 吴赣昌.线性代数与概率论[M].2版.北京:中国人民大学出版社,2007.
[6] 王社军,董珺.线性代数[M].北京:轻工业出版社,2008.
[7] 邢博特.高等数学[M].北京:经济科学出版社,2010.
[8] 龙永红.概率论与数理统计[M].3版.北京:高等教育出版社,2009.
[9] 刘振兴,郑新卿,王瑞红.经济数学基础[M].长春:吉林大学出版社,2010.
[10] 石有印.概率论与数理统计[M].3版.北京:冶金工业出版社,2002.